会计学

（第五版）

ACCOUNTING

陆正飞　祝继高　许晓芳/编著

图书在版编目(CIP)数据

会计学/陆正飞,祝继高,许晓芳编著. —5版. —北京:北京大学出版社,2023.6
(21世纪MBA规划教材)
ISBN 978-7-301-34055-4

Ⅰ. ①会… Ⅱ. ①陆… ②祝… ③许… Ⅲ. ①会计学—工商管理硕士—教材 Ⅳ. ①F230

中国国家版本馆CIP数据核字(2023)第098194号

书　　　名	会计学(第五版)
	KUAIJIXUE(DI-WU BAN)
著作责任者	陆正飞　祝继高　许晓芳　编著
责 任 编 辑	李　娟
标 准 书 号	ISBN 978-7-301-34055-4
出 版 发 行	北京大学出版社
地　　　址	北京市海淀区成府路205号　100871
网　　　址	http://www.pup.cn
微信公众号	北京大学经管书苑(pupembook)
电 子 邮 箱	编辑部 em@pup.cn　总编室 zpup@pup.cn
电　　　话	邮购部 010-62752015　发行部 010-62750672　编辑部 010-62752926
印 刷 者	河北文福旺印刷有限公司
经 销 者	新华书店
	787毫米×1092毫米　16开本　24印张　577千字
	2007年4月第1版　2012年5月第2版
	2016年7月第3版　2018年10月第4版
	2023年6月第5版　2025年6月第3次印刷
印　　　数	10001—15000册
定　　　价	68.00元

未经许可,不得以任何方式复制或抄袭本书之部分或全部内容。
版权所有,侵权必究
举报电话:010-62752024　电子邮箱:fd@pup.cn
图书如有印装质量问题,请与出版部联系,电话:010-62756370

本 书 资 源

数字资源

➢ 重难点讲解

➢ 练习题答案

读者关注"博雅学与练"微信公众号后扫描右上方二维码即可获取上述资源，之后可通过点击公众号菜单栏"我的书架"—"本书封面"随时查看。

一书一码，相关资源仅供一人使用。为避免不必要的损失，请您第一时间进行绑定。

读者在使用过程中如遇到技术问题，可发邮件至 lij@pup.cn。

教辅资源

➢ 精美教学课件

➢ 案例分析要点

教辅资源仅供任课教师申请。任课教师如需要，可关注"北京大学经管书苑"微信公众号，通过菜单栏"在线申请"—"教辅申请"免费索取。

第五版修订说明

本书第五版的修订工作主要包括以下六个方面：

(1) 根据第四版修订以来我国企业会计准则(如新的租赁准则等)及实务的发展与变化，对各章内容进行了全面、系统的修订。

(2) 除特别经典的案例保持原貌之外，更新或修改了绝大多数案例，同时也相应更新了案例分析要点，以更好地反映我国企业会计实务的最新状况。

(3) 更新或修改了绝大多数章前的小故事或小案例，以更贴近我国企业的当前实际。

(4) 为了更好地服务于立德树人的目标，反映党的二十大精神相关内容，在各章"学习目标"之后，增加了"素养目标"，并将"素养目标"自然地体现在各章内容、案例和思考题之中。

(5) 配合各章内容的修订，相应修订了练习题及其答案。

(6) 除PPT课件和案例分析要点之外，还增加了数字资源，包括重难点讲解和练习题答案。

需要特别说明的是，本书原作者黄慧馨教授和李琦教授出于个人时间和精力方面的原因，无法继续参与本书的修订工作。为此，本人邀请祝继高教授和许晓芳教授与我一起完成本书的修订工作。衷心感谢黄慧馨教授和李琦教授在本书第一版至第四版编写和修订过程中作出的重要贡献，同时也特别感谢祝继高教授和许晓芳教授愿意接受邀请，加入本书的作者队伍。

本书第五版修订的分工情况如下：陆正飞提出第五版修订的总体规划，并负责修订第1、2、3和7章；祝继高负责修订第4、10、11、12和14章；许晓芳负责修订第5、6、8、9和13章。

陆正飞

2022年冬于北京大学光华管理学院

第四版修订说明

本书第三版于2016年修订出版之后,部分企业会计准则(包括第14号收入准则、第22号金融工具确认和计量准则等)于2017年进行了重大修订。在新准则下,收入确认与计量以及金融资产分类与计量等与之前的准则规定相比发生了比较重大的实质性变化。虽然第三版正式出版尚不足两年,但为了及时反映上述企业会计准则重大修订产生的影响,我们进行了第四版的修订工作。此次修订主要涉及第5章(收入与货币性资产)和第7章(投资与投资性房地产),同时对其他章节一些具体的方面也做了适当的修改、补充和调整,并相应修订了教辅资料(PPT和案例分析要点)。另外,各章后练习题参考答案以二维码形式呈现在书中,以方便读者查阅。

陆正飞
2018年5月于北京大学光华管理学院

第三版前言

本书第二版出版以来，又已多次重印，读者和许多使用本书的教师都认为，本书的结构和内容安排合理，配套教学资料也为教师提供了很大的便利。因此，本次修订再版，我们没有对教材基本结构做调整。

本次修订（即第三版）主要是根据部分读者的反馈、最近几年会计准则和实务的发展变化而进行的。重点修改的是第二版内容中那些已不符合当前社会经济环境、法律制度和会计准则规定的方面。因此，就"章"的安排来看，依然保持了全书14章的结构。但是，在一些具体的方面，还是做了适当的修改、补充或调整，主要包括：(1) 修改、调整了部分章前的小故事或小案例；(2) 更新、增补了部分章后的案例资料；(3) 修改了各章的具体内容，无论是概念阐释、原理讨论还是实务分析，都做了全面的修改和完善，特别是反映了财务报表列报、长期股权投资、职工薪酬、公允价值计量、合并财务报表等具体会计准则的最新变化；(4) 增添了部分内容，包括以公允价值计量且其变动计入当期损益的金融负债、权益工具、金融负债与复合金融工具，以及可转换债券等。

本书三位作者在共同讨论形成的修订方案基础上，各自完成了第二版所编写章节的修订工作。北京大学出版社编辑李娟女士对本书的修订也提出了很好的建议，在此表示衷心的感谢。同时，衷心感谢长期以来使用本书的教师和读者对本书的厚爱，以及对本书提出的改进建议。

陆正飞

2015年国庆于北京大学光华管理学院2号楼

第二版前言

本书第一版出版以来,已多次重印,读者对本书给予了充分的肯定。许多使用本书的教师都认为,本书的结构和内容安排合理,配套教学资料也为教师提供了很大的便利。同时,在一些细节问题上,读者也提出了一些非常有价值的改进建议。

本次修订(即第二版)主要是根据读者的建议、最近几年会计准则和实务的发展变化以及作者对相关问题理解和认识的变化而进行的。为了便于教师的使用,本书的基本内容和结构并未做大的调整和改变,重点修改的是第一版内容中那些已不符合当前社会经济环境、法律制度和会计准则规定的方面。因此,就"章"的安排来看,依然保持了全书14章的结构,前13章说明企业经营的一般会计问题,第14章提示学生关注企业集团化经营之后所带来的会计问题。此外,除第7章的章名稍做调整(由"投资"改为"投资与投资性房地产")之外,其余13章的章名均未做改变。但是,在一些具体的方面,还是做了适当的修改、补充或调整,主要包括:(1) 修改、调整了部分章前的小故事或小案例;(2) 更新、增补了部分章后的案例资料;(3) 修改了各章的具体内容,无论是概念阐释、原理讨论还是实务分析,都做了全面的修改和完善;(4) 增添了部分内容,包括投资性房地产及其会计处理、固定资产组合的折旧及其会计处理以及其他综合收益等。

本书三位作者在共同讨论形成的修订方案基础上,各自完成了第一版所编写章节的修订工作。北京大学出版社编辑李娟女士对本书的修订也提出了很好的建议,在此表示衷心的感谢。同样也衷心感谢使用本书的同行教师和读者长期以来对本书的厚爱,以及对本书提出的改进建议。

陆正飞
2011年国庆于北京大学光华管理学院

第一版前言

本书是"21世纪MBA规划教材"之一，着重介绍和讨论会计学的基本理论和实务问题，内容涵盖：会计信息的作用和类别、会计发展规律和会计含义、会计规范及其构成、会计职业基本状况和会计机构设置要求等会计基础问题；财务会计报告的目标、会计核算的前提假设、会计核算的基础、会计核算的原则等财务会计概念问题；资产负债表的基本结构和项目分类、利润表的基本结构和项目分类、现金流量的分类和主要项目、现金流量表编制的基本方法、财务报表分析的基本指标等基本财务报表的信息生成和分析利用问题；会计循环的基本步骤及其结果、经济业务分析与会计分录编制、调整分录的产生与处理、试算平衡与结账、工作底稿的编制与基本财务报表等会计循环问题；收入与货币性资产、存货与销售成本、投资、固定资产与折旧、无形资产及其他资产、负债、所有者权益等财务会计基本业务的处理问题；影响净利润的其他项目、企业合并与合并报表等财务会计特殊业务的处理问题。

主要为MBA的"会计学"课程教学而编写的教材，究竟应该在哪些方面有别于为本科或其他教学目的而编写的同类教材，是一个很难把握的问题。在西方发达国家，虽然有些会计学教材也会专门打上MBA的标签，但绝大部分情况下并不这么做。很多会计学教材篇幅巨大，尤其是习题和案例资料非常丰富，其好处是便于教师在教学过程中根据具体的教学对象和教学目的进行内容取舍。但是，客观地说，这样的教材也会让使用者（尤其是自学者）无所适从。所以，从方便使用这一角度来讲，专门服务于某一特定读者群（如MBA学生）的会计学教材，自然就有其优势。但是，这样做面临的挑战是，如何体现其特色。本书首先力图体现以下四个特色：第一，涵盖内容尽可能广一些，以扩大学生的知识面；第二，语言表达尽可能深入浅出一些，以方便学生自学；第三，习题尽可能一般化一些，以缓解会计准则等制度规范不断变化对会计学教学带来的影响；第四，案例尽可能丰富一些，以满足MBA课程教学中组织案例讨论的需要。除此之外，本书还努力在以下几个方面有所追求：第一，每章章首有小案例或小故事，尽可能引导学生初步领会本章所将讨论的核心问题及其意义；第二，习题数量和难度适当，旨在使学生通过做习题巩固各章重要的知识点；第三，案例均根据中国上市公司的实际素材编写，以方便学生在分析案例时查阅与案例相关的资料，也能使案例讨论更具实战性。

特别需要说明的是，本书初稿早在2005年冬季就已基本完成。但是，考虑到我国2006

年年初即将发布的新会计准则较原有会计准则会有重大变化,经与出版社协商,我们推迟了交稿时间。在2006年2月15日财政部发布新会计准则之后,我们即着手根据新会计准则对书稿进行了修改和完善。2006年7月末,随着会计准则应用指南(征求意见稿)的发布,我们对新会计准则有了更为深入和具体的理解,遂对书稿做了进一步的修改和完善。现在,我们觉得书稿已基本反映了我国会计准则的最新状况,也就决定交稿了。

本书由本人拟订编写方案,并与黄慧馨、李琦共同编写。具体分工如下:陆正飞编写第1、2、3和7章;黄慧馨编写第4、10、11、12和14章,李琦编写第5、6、8、9和13章。博士研究生宋小华和硕士研究生杨清分别协助我们编写了有关案例和习题。

现在呈现给读者的,是一本"暂时"让我们觉得满意的主要为MBA教学而编写的会计学教材。随着时间的推移,尤其是随着新会计准则的实施,许多新的实务问题一定会产生,需要我们去总结和提炼。我们会及时关注新会计准则及其实施动态,适时修订本书。读者在使用本书的过程中无论发现什么问题,都可以向我们提出中肯批评和建设性意见,我们一定在再版时予以完善。

邮件请发至:zflu@gsm.pku.edu.cn。谢谢!

陆正飞
2006年国庆于北京博雅西园

目　　录

第 1 章　会计概要 ·· (1)
　　1.1　会计信息 ·· (4)
　　1.2　会计发展 ·· (7)
　　1.3　会计含义 ·· (8)
　　1.4　会计规范 ·· (9)
　　1.5　会计职业 ··· (13)
　　1.6　企业内部的会计机构 ··· (14)

第 2 章　财务会计概念 ·· (17)
　　2.1　财务会计报告的目标 ··· (20)
　　2.2　会计假设 ··· (22)
　　2.3　会计基础 ··· (26)
　　2.4　会计信息质量要求 ··· (27)
　　2.5　会计原则 ··· (30)

第 3 章　资产负债表与利润表 ··· (35)
　　3.1　资产负债表 ·· (38)
　　3.2　利润表 ·· (46)
　　3.3　资产负债表与利润表分析 ··· (50)

第 4 章　会计循环 ·· (67)
　　4.1　会计系统与会计循环 ··· (70)
　　4.2　账户及其分类 ··· (71)
　　4.3　交易事项分析与复式记账 ··· (73)
　　4.4　调整分录 ··· (81)
　　4.5　结账 ··· (87)
　　4.6　编制工作底稿与财务报表 ··· (89)

第5章　收入与货币性资产 (95)
5.1　收入的定义与分类 (98)
5.2　收入的确认与计量 (99)
5.3　货币性资产 (106)

第6章　存货与销售成本 (125)
6.1　存货概述 (128)
6.2　存货盘存制度 (130)
6.3　以历史成本为基础的存货计价方法 (131)
6.4　成本与市价孰低法 (141)

第7章　投资与投资性房地产 (147)
7.1　投资概述 (150)
7.2　金融资产 (152)
7.3　长期股权投资 (165)
7.4　投资性房地产 (169)

第8章　固定资产与折旧 (177)
8.1　固定资产概述 (180)
8.2　固定资产取得成本的确认与计量 (182)
8.3　固定资产折旧及其会计处理 (188)
8.4　固定资产的后续支出与处置 (195)

第9章　无形资产及其他资产 (203)
9.1　无形资产的特征与种类 (206)
9.2　无形资产的会计处理 (208)
9.3　其他资产 (210)

第10章　负债 (221)
10.1　负债概述 (224)
10.2　流动负债 (225)
10.3　非流动负债 (233)

第11章　所有者权益 (247)
11.1　所有者权益概述 (250)
11.2　非公司制企业的所有者权益 (252)
11.3　公司制企业的所有者权益 (254)
11.4　所有者权益的披露与分析 (264)

11.5 权益工具、金融负债的区分与复合金融工具的分拆 …………………… (265)

第 12 章 影响净利润的其他项目 …………………………………………… (273)
12.1 期间费用 ……………………………………………………………… (276)
12.2 营业外收支 …………………………………………………………… (277)
12.3 所得税与所得税会计 ………………………………………………… (279)
12.4 会计政策、会计估计变更和前期差错更正 ………………………… (284)
12.5 汇兑损益与折算损益的影响 ………………………………………… (286)
12.6 综合收益与其他综合收益 …………………………………………… (293)

第 13 章 现金流量表 ………………………………………………………… (303)
13.1 现金流量与现金流量表 ……………………………………………… (306)
13.2 投资活动和筹资活动现金流量 ……………………………………… (308)
13.3 经营活动现金流量 …………………………………………………… (309)
13.4 现金流量表中的其他重要信息 ……………………………………… (317)

第 14 章 企业合并与合并财务报表 ………………………………………… (323)
14.1 企业合并 ……………………………………………………………… (326)
14.2 合并财务报表 ………………………………………………………… (330)
14.3 取得子公司合并日合并财务报表的编制 …………………………… (339)

中英文术语对照表 ……………………………………………………………… (355)

附录　相关表格 ………………………………………………………………… (363)

第1章　会计概要

[学习目标]

通过本章的学习,你应该掌握:
1. 会计信息的作用和类别;
2. 会计发展规律和会计含义;
3. 会计规范及其构成;
4. 会计职业基本状况和会计机构设置要求。

[素养目标]

通过本章的学习,强化会计法制意识,培养会计职业道德,领悟会计历史文明,懂得会计在资本市场和企业可持续发展中发挥的积极作用。

[小故事/小案例]

近年来,一些领先的会计师事务所引入大量机器人参与审计工作,业界一片哗然。不少人担心,随着机器人取代人类从事大量的会计和审计工作,会计职业是否终将被机器人占领,人类学习会计学是否就没有用了?

让我们先来看看人工智能的应用给会计和审计工作带来的重要变化吧。

变化之一:会计信息更为有用。越来越多的企业将其基础架构转移到云中,通过使用会计人工智能和云计算,可以在更少的时间内计算大量数据。因此,人工智能可以为决策者提供更为有用的信息。人工智能和云计算还提供了数据安全性,可以安全地存储财务数据,从而使管理者专注于更为重要的决策问题。

变化之二:自动生成报告。在自然语言生成技术的支持下,现在会计报告可以自动生成。自然语言生成技术将数据和图表转换为人类可以轻松理解的语言,它还可以很容易地为特定客户提供个性化报告。根据《福布斯》的报道,总部位于德国的德国商业银行现在使用人工智能制作股票研究报告。

变化之三:审计自动化。过去,审计过程需要耗费大量人力,从而使得审计费用高昂。为了节省审计费用,审核范围就不是全面覆盖,而是抽样。现在,通过人工智能,对大型数据集进行连续审核变得可行。审计人员借助人工智能,可以连续实施审核过程,分析整个数据集并在发生错误时将其查找出来。

从以上三个变化可以发现,人工智能不仅可以通过机器自动化处理过去人类需要耗费大量时间才能完成的程序性工作,从而大幅提高会计信息的生产效率;还可以生成过去会计系统所无法提供的大量数据,从而大幅提高会计信息使用者决策的精准度。

那么,人工智能广泛应用于会计和审计工作之后,学习会计学还有用吗?为了回答这一问题,我们首先应该思考一下,是否存在一些复杂性的会计和审计工作是人工智能所难以完成的。若存在,说明人工智能应用于会计和审计工作其实只是替代了程序性工作,复杂性工作依然需要人类去处理,则人类学习会计学依然有用;若不存在,说明人工智能可以替代人类的全部会计和审计工作,则人类学习会计学就基本没用了——除设计和制造会计和审计机器人之外。

你是如何理解这一问题的呢?

1.1　会计信息

1.1.1　会计信息及其需求者

人类所从事的绝大多数社会活动,都是通过一定的组织来完成的。所谓组织,就是指那些为了实现一个或多个共同目标而使许多人集合在一起的团体,如企业、政府机构、学校及医院等。企业是营利性组织,其主要目标是赚取利润;政府机构、学校及医院等通常是非营利性组织,其主要目标是管理社会和/或服务于社会。凡是组织,无论是营利性的还是非营利性的,人们都希望其具有高效率,这就需要对这些组织进行有效的管理,而管理就需要信息。例如,作为一个企业的经理人,需要对库存原材料和库存产品进行有效的管理,以便既能减少不必要的资金占用,又能避免由于缺货而导致的停工待料或销售机会损失。为此,经理人就需要随时了解和掌握这些库存物资的数量和金额在一个过程(比如一天、一周或一个月)中的增减变化情况以及质量情况等。类似地,经理人也需要对企业的人力资源进行有效的管理,以充分发挥所有人的积极性和挖掘其潜力。为此,经理人就需要掌握企业现有人员的数量及构成状况,以及他们能力的发挥情况等方面的信息。

不仅经理人等企业的"内部人"需要了解关于企业的各种信息,企业的"外部人",诸如企业的股东和债权人等,也需要了解企业的各种信息,以便制定相关决策。例如,作为一个企业的股东,需要了解企业在一个过程(比如一个季度、一个年度)中实现了多少销售,赚取了多少利润,在一个过程结束之后企业的资产有多少,负债有多少,归属于股东的净资产(资产减去负债后的结果)有多少,以及该企业所从事的经营业务及其所在行业未来的发展前景等。只有了解了这些信息,股东才有可能对其所持有企业股票的价值及其可能的未来变化趋势作出一定的分析和判断。类似地,作为一个企业的债权人,如银行,也需要了解企业的相关信息,以便分析和判断企业的信贷风险。

综合上面的分析,我们可以发现,信息需求者主要有两大类,即企业的"内部人"(如各个层面上的经营管理者)和"外部人"(如股东、债权人和政府等)。同时,我们还可以发现,企业的"内部人"和"外部人"所需了解的企业信息,有些是定量的,有些则是定性的。会计系统提供的信息,主要是定量信息。当然,上述信息需求者所需要的定量信息,也未必都是会计信息,即未必都是由会计系统提供的。有些信息是由会计部门之外的其他部门提供的。例如,企业经理人可能需要了解本企业的市场份额,诸如此类的信息是定量信息,但它们通常是由市场营销部门提供的,而不是由会计部门提供的。

简而言之,会计信息是定量信息中的一种。会计信息与其他定量信息的最大区别在于,它通常是以货币计量的,尽管财务报告中也可能包含一些非货币信息乃至定性信息。

1.1.2 会计信息的种类

会计信息基本上可以分为三种类别,即财务会计信息、管理会计信息和税务会计信息。

1. 财务会计信息

财务会计信息是指那些描述一个企业在特定时点拥有的资产(财务资源)、负债(对债权人承担的责任)和股东权益(属于股东的净资产),以及在特定时期内所实现的利润(经营成果)情况的信息。财务会计信息主要是用来帮助股东和债权人等"外部人"作出相关决策分析的,诸如:企业盈利吗?企业盈利的主要来源是什么?这些利润来源可以持续吗?企业现有的负债程度有多高?负债风险足够大吗?企业有能力支付利息和红利吗?企业有破产的可能吗?在掌握了这些信息并根据这些信息作出了必要的分析之后,股东和债权人才可能作出比较恰当的投资决策和信贷决策。

财务会计信息的使用者其实并不限于股东和债权人,政府机构、工会、供应商、客户以及社会公众等都可能需要利用财务会计信息。政府在制定产业政策等宏观经济政策时,有时也需要根据财务会计信息判断各行业目前的盈利情况和财务状况。例如,为了限制某些产业领域的过度投资,政府可能考虑通过提高税率来增加对该产业的税收,为此,政府就需要在了解该产业领域现有企业盈利水平的基础上确定恰当的税率。否则,要么税率提高过度,导致该产业领域中现有企业无法获得正常利润;要么税率提高不足,起不到宏观调控的作用。又如,企业(客户)的供应商可能被企业欠着一定数量的货款,为此,供应商就需要判断企业的偿债能力,这就需要关注企业的负债水平和短期资产的流动性等。再如,企业(供应商)的客户需要得到企业的售后服务,为此,客户就有必要关注企业财务状况和经营情况的变化,以避免发生因售后服务中断而导致的经营损失。

2. 管理会计信息

相对于"标准化"的财务会计信息而言,管理会计信息则是一种"个性化"的会计信息。

如前所述,财务会计信息既服务于"内部人",也服务于"外部人"。因此,如果对外披露的财务会计信息过多、过细,就可能导致过高的会计信息处理和披露成本,包括日常会计核算与报告成本、审计成本、错误指控所致的诉讼成本,以及因企业商业秘密泄露所致的竞争劣势成本等。有鉴于此,法律法规要求企业披露的财务会计信息,就不会是事无巨细和无所不包的。例如，在我国现行的企业会计准则和财务报告规则下，上市公司年度财务报告中需要披露的财务会计信息并不包含各种产品的单位生产成本信息，更不包含产品生产过程中的各种消耗信息。国际上的情况也大致如此。从这一意义上讲，财务会计信息是企业应社会的要求而披露的关于企业财务状况和经营情况的基本信息，就其法定披露部分而言，基本是一种标准化的信息披露。显然，这些信息并不能完全满足企业内部管理的需要。

所谓管理会计信息，是指为了满足企业内部各层面管理的需要而专门提供的会计信息。企业内部管理，按照管理职能来讲，包括预测、决策、预算、组织、控制及评价等；按照管理层次来讲，则包括高层管理、中层管理和基层管理等。无论是各管理职能方面，还是各管理层次方面，都需要会计系统提供除财务会计信息以外的更为个性化的会计信息。例如，为了做好产品定价决策，就需要会计系统提供多种核算方式下的产品成本信息。举个具体的例子，假设某企业拥有一条生产能力为年产彩电100万台的生产线。为简化起见，假设该生产线只能生产一个品种的彩电。假定按照企业会计准则核算所得到的该种彩电的单位生产成本（包括生产过程中的原材料消耗、直接人工消耗和分摊给各产品的制造费用）为1 000元。再假定该企业目前的销售能力是年销售60万台。也就是说，该企业存在40%即40万台的生产能力闲置。在这种情况下，如果有一个新的采购者提出订货，年订货量为40万台，但订货价格在1 000元以下（比方说999元），那么该企业是否可以接受这一订货呢？按照一般的想法，基于会计系统所提供的成本信息，这样的订货自然是不能接受的，因为彩电的单位销售价格低于单位生产成本。但是，我们需要注意到，上述单位生产成本1 000元是在生产能力只利用60%情况下的成本水平。这个成本水平是偏高的，因为在生产能力未能充分利用的情况下，单位产品所负担的固定资产（生产线）的折旧较大。若将产量由现有的年60万台增加到年100万台，其实并不增加固定资产（生产线）的折旧。因此，在决定可否接受上述订货条件时，固定资产折旧并非与该项决策相关的成本。也就是说，此时所需考虑的成本，只应是增加产量过程中所发生的增量成本，主要包括增加产量所导致的增量的原材料消耗、人工消耗和一些制造费用（如部分维修费用），但不再发生固定资产折旧。因此，假设增加生产的40万台彩电的单位生产成本（不负担固定资产折旧）为980元，那么，只要订货价格大于980元，就是可以接受的。这个例子说明，更为个性化的管理会计信息对于企业管理决策而言是十分重要的。

3. 税务会计信息

企业必须向税务当局申报应税收入和应税利润。在我国，1993年7月1日会计改革之前，财务会计核算制度与税务会计核算制度是合二为一的，即所谓的"财税合一"的会计制度体系。而自那之后，财务会计制度与税务会计制度分离，即所谓"财税分离"的会计制度体系开始形成。在"财税合一"的会计制度体系下，财务会计信息也就是税务会计信息，两者没有实质性的区别；而在"财税分离"的会计制度体系下，由于企业会计准则与税务会计规则的不一致，会计系统就需要在财务会计信息的基础上，根据税务会计规则与企业会计准则的具体差异对财务会计信息作出必要的调整，从而形成有别于财务会计信息的税务会计信息，也就是专门用于纳税申报的会计信息。

复习与思考　请简要说明财务会计信息与管理会计信息的异同。

1.2 会计发展

1.2.1 西方国家的会计发展

有证据表明，人类在文明早期就开始对经济事件进行记录。公元前3000年，美索不达米亚人用土坯记录税务单据。从那时起，会计就在不断地满足用户信息需要的过程中逐步发展起来。但是，由于生产力发展水平低下，早期的会计发展十分缓慢。作为现代意义上的"会计"，一般认为始于14世纪。其标志是1340年左右形成的"热那亚会计体系"。该体系已具备现代会计的一些特征：企业实体即会计主体观念初步形成；以货币形式记录各种业务事项；开始区分"资本支出"与"经营支出"，设置"费用"和"财产"两类账户。1494年，意大利数学家卢卡·帕乔利(Luca Pacioli)所著的《算术、几何、比与比例概要》一书，专门阐述了现代会计的基础——复式簿记(double-entry bookkeeping)的原理与方法。这一簿记体系是因当时意大利商业贸易的需要而发展起来的。现代簿记体系就是从这一体系演变而来的。17世纪及18世纪，随着世界商业中心由意大利转移到西班牙、葡萄牙、荷兰、英国、法国及北欧诸国，世界会计发展中心也随之转移。在此过程中，会计发展的主要表现有：① 会计期间概念的正式出现——1673年法国规定企业每两年编制一次资产负债表；② 账户的拟人化。

工业革命对西方会计的发展起到了重要的推动作用。19世纪，资本主义工业化推动西方国家会计实现了前所未有的高速发展：

(1) 工业化和批量生产使得折旧会计、存货会计、管理费用分摊等变得复杂和重要。

(2) 工业化和规模化使得企业对大量资本产生了需求，从而促进了企业组织形式由独资企业、合伙企业到股份有限公司的演变。公司制企业组织形式的一个重要特征是企业所有权和经营权的分离，即投资者不直接参与企业的经营管理，而是将这种经营管理委托给管理者。由此，投资者就要求管理者提供反映企业经营情况和财务状况的财务报告。随着公司公开程度的提高，以及随之而来的股东和债权人利益保护呼声的提高，负债及权益会计得到了发展，会计信息公开披露成为一种必然的要求。在19世纪中期的英国，独立(外部)审计这一职能的增加，大大增强了公司财务报告的可信度。

(3) 随着19世纪晚期英国资本投资于不断发展的美国经济，英国的会计师和会计方法也逐渐转移到了美国。但是，此时美国会计尚未形成统一的财务报告准则，这就使得其会计实务中出现了各公司财务报告所披露的财务信息严重不可比的情形，甚至出现了严重的财务欺诈行为。

(4) 20世纪30年代的经济大萧条刺激了证券法和证券交易法的相继出台。据此，美国的财务会计规范即公认会计原则(GAAP)开始逐步形成，美国财务会计发展走上了"正轨"。

(5) 随着企业间竞争的加剧，30年代的科学管理(泰罗制)和50年代的管理科学，促进了企业对成本管理与控制、经营及投资决策、责任控制、全面预算等管理工作的重视,管理会计开始从财务会计中分离出来。自那之后,现代会计就形成了财务会计与管理会计两大分支。

1.2.2 我国的会计发展

与西方国家的情况类似,我国早期的会计现象也是随着人类文明的出现而出现的。人们通常将结绳记事、刻石计数作为会计的萌芽。由于我国经历了两千多年的封建社会,商业并没有像西方资本主义国家那样得到充分发展,因此,至清朝末年,我国的会计发展同样是不充分的。在国民政府统治时期,虽然颁布了"统一会计制度",但半殖民地半封建的社会性质使得当时的统一会计制度只能局限于政府会计方面,还不可能针对民族工商业制定和实施类似的统一会计制度。

在中华人民共和国成立之后的40年左右的时间里,我国会计发展是以统一会计制度为特征的。从根本上讲,这是由高度统一和集中的计划经济体制所决定的。随着1978年起的经济体制改革和对外开放,统一会计制度虽然不断受到冲击和挑战,但毕竟还只是处于一个渐进的量变过程之中。1993年7月1日起实施的《企业会计准则——基本准则》和《行业会计制度》,标志着我国会计发展真正摒弃了统一会计制度模式。这也意味着,我国会计发展加快了国际化的步伐。尤其是随着我国资本市场和上市公司的不断发展,会计国际化的必要性与日俱增。2006年2月15日发布的新的企业会计准则体系,包括经修订的基本准则和38项具体准则(其中,16项为修订,22项为初次发布),其内容与国际会计准则的差异已经非常有限。其后,我国企业会计准则与国际会计准则保持持续趋同。

我国管理会计的发展历史较短。20世纪80年代初期处于引进西方管理会计的时期,诸如量本利分析、短期经营决策等基本的管理会计思想和方法,在我国部分企业得到了初步的应用。随着20世纪80年代中后期企业内部经济责任制的实施,责任会计、标准成本等现代管理会计思想和方法也在我国企业中得到了广泛的应用和一定的发展。20世纪90年代以来,全面预算管理、长期投资决策乃至诸如作业成本会计和平衡计分卡等更为现代的管理会计思想和方法,也在我国企业中得到了广泛的应用。进入21世纪之后,为了加强管理会计工作、提升内部管理水平、促进经济转型升级,财政部先后发布了《管理会计基本指引》和《管理会计应用指引》,为各单位开展管理会计工作提供了参照。

1.3 会计含义

广义地说,会计是为了满足决策和管理需要而对一个主体(如企业等组织)的经济信息进行确认、计量、记录和报告的过程。这里包括三层含义:其一,会计的目的是满足决策和管理的需要,具体的服务对象包括该会计主体的管理者、所有者、债权人、潜在投资者、公司员工、有关政府部门(如税务当局)等;其二,会计的对象是会计主体发生的经济业务活动所生成的各种经济信息;其三,会计的手段和工作过程包括确认、计量、记录和报告。

确认、计量、记录和报告是会计工作过程的四个相继的环节。所谓确认,是指按照会计规范,结合特定会计主体的具体情况,判断由经济业务生成的经济信息是否应当作为会计信息加以记录、在什么时间记录,以及记录为何种会计要素。确认问题的重点是回答"要不要记""什么时间记"以及"记作什么"这样三个相关的问题。所谓计量,是指以货币(有时也同时以非货币)来衡量那些经确认的会计信息对会计要素在数量上的影响及结果。计量的重点是解决"记录多少"的问题。所谓记录,是指对经确认和计量的经济信息,按照既定的会计方法,在一定的载体(如记账凭证、账簿等)上进行登记。所谓报告,是指经确认、计量和记录的会计信息,以财务报表的形式提供给投资者、债权人、管理者及有关政府部门等会计信息的使用者。

需要说明的是,确认、计量、记录和报告是会计工作的基本环节,但这并不意味着会计工作的内容仅限于此。事实上,会计部门往往还可以利用其信息优势,对会计主体的经济业务过程进行控制和监督,以及参与企业战略规划和投资及经营决策等。

1.4 会计规范

1.4.1 会计规范的由来与发展

人们习惯于把会计称为一门商业语言,既然是语言,就得有一定的规范,以使需要相互沟通和交流的人们能够理解对方意欲表达的内容。

语言是随着人类社会活动的需要而逐渐发展的,会计规范的发展也是如此。在西方国家,会计规范一般表现为会计原则,或曰会计标准、会计准则。所谓会计原则,其实是会计规则和惯例的统称,是指会计工作中采纳或认可的规范,它们构成了会计实务的基础。会计原则一般是指导会计工作的通用规则,而不是对各类会计主体发生的纷繁复杂的经济业务和会计事项应该如何确认、计量、记录和报告所做的具体规定。这就意味着,会计主体有着在遵循"公认会计原则"的基础上选用具体会计处理方法的自由。

在美国,会计原则是1929—1933年经济大萧条之后社会经济发展的必然要求。1929—1933年的经济大萧条,尽管其出现的原因众多,但当时混乱的会计实务备受指责。人们普遍认为,财务造假和财务欺诈是导致证券市场上投资者判断失误的重要原因。为了改善会计职业界的形象,提高会计职业在社会经济生活中的地位,美国注册会计师协会和美国会计学会相继积极投身于会计原则的研究和制定工作之中。1938年成立的会计程序委员会和1959年成立的会计原则委员会都做了大量的研究工作,并制定了大量的会计原则。但是,无论是会计程序委员会还是会计原则委员会,其所制定的会计原则都存在先天不足,表现为:会计原则制定机构缺乏独立性,会计原则制定没有充分吸收各利益相关者的意见,所制定的各项原则之间相互矛盾,缺乏必要的内在一致性,等等。于是,会计原则委员会最终于1973年为财务会计准则委员会(FASB)所取代。

为了避免重蹈会计程序委员会和会计原则委员会的覆辙,财务会计准则委员会从一开始就注意到作为肩负会计准则制定之重任的民间会计职业团体所应具备的特征:独立性,广泛代表性,研究工作,权威地位,文告的概念结构。特别是文告概念结构基础的形成,使得各项会计准则避免了相互之间的矛盾和冲突,保持了较好的内在一致性。

1.4.2 我国会计规范的构成状况

如前所述,我国会计发展经历了长期的统一会计制度模式。改革开放以来,统一会计制度逐步为会计准则等会计规范所取代。目前,我国的会计规范体系由会计法律与法规、会计准则及会计制度三个层面的内容构成,下面重点介绍前两个层面的内容。

1. 会计法律与法规

会计法律是由全国人民代表大会制定的。我国基本的会计法律是《中华人民共和国会计法》(以下简称《会计法》)。新中国成立后,《会计法》于1985年首次颁布实施,1993年12月进行第一次修正,1999年10月进行修订,2017年11月进行第二次修正,2024年6月进行第三次修正。在我国,《会计法》是一切会计工作最重要的根本大法。国家机关、社会团体、企业、事业单位、个体工商户和其他组织都必须遵守《会计法》。其他会计法规、会计准则和会计制度的拟订,均应以《会计法》为依据。《会计法》主要规定了立法目的、适用范围、会计工作的管理权限划分等基本方面,以及在会计核算(包括公司、企业会计核算的特别规定)、会计监督、会计机构和会计人员、会计的法律责任等方面的一般要求。

除了《会计法》,《证券法》《公司法》《税法》等相关法律也涉及会计问题,主要是规定了违反会计规定的行为所应承担的法律责任,包括对提供虚假财务报告、伪造和变造会计凭证和会计账簿等的处罚规定。此外,会计法规还包括国务院根据有关法律或全国人民代表大会及其常务委员会的授权制定的各种条例,诸如《企业财务会计报告条例》和《总会计师条例》等,以及各省、自治区、直辖市的人民代表大会及其常务委员会依据国家法律规定,根据本行政区域具体情况和实际需要,在不与国家法律和行政法规相抵触的前提下所制定的地方性的会计法规。

2. 会计准则

我国的会计准则是由财政部根据有关法律、法规的规定制定的。会计准则是处理会计业务的标准、进行会计核算的规范,也是评价会计工作质量的依据。我国企业会计准则业已形成比较完整的体系。

我国企业会计准则由基本准则和具体准则组成。基本准则是关于会计业务处理的基本要求,是对会计核算的基本前提、记账方法、一般原则和会计信息质量要求、会计要素以及财务报表的基本规定。具体准则是对各会计要素和具体、特殊的经济业务或会计事项的会计处理所做的具体规定。基本准则是制定具体准则的理论依据和指导原则,具体准则是基本准则在处理具体会计业务中的应用。

我国企业会计准则的基本准则是 1992 年 11 月颁布的,1993 年 7 月 1 日起施行,适用于设在中国境内的所有企业。我国投资、设在境外的企业,向境内有关方面编报财务报告时,也应按照其规定办理。2006 年 2 月 15 日发布的修订后的基本准则包括十章五十四条,内容涉及总则、会计信息质量要求、资产、负债、所有者权益、收入、费用、利润、财务报表和附则。

2006 年 2 月 15 日发布的具体准则共计 38 项,包括原有 16 项具体准则的修订,以及 22 项初次发布的具体准则。它们是:

第 1 号——存货(修订)

第 2 号——长期股权投资(修订)

第 3 号——投资性房地产

第 4 号——固定资产(修订)

第 5 号——生物资产

第 6 号——无形资产(修订)

第 7 号——非货币性资产交换(修订)

第 8 号——资产减值

第 9 号——职工薪酬

第 10 号——企业年金基金

第 11 号——股份支付

第 12 号——债务重组(修订)

第 13 号——或有事项(修订)

第 14 号——收入(修订)

第 15 号——建造合同(修订)

第 16 号——政府补助

第 17 号——借款费用(修订)

第 18 号——所得税

第 19 号——外币折算

第 20 号——企业合并

第 21 号——租赁(修订)

第 22 号——金融工具确认和计量

第 23 号——金融资产转移

第 24 号——套期保值

第 25 号——原保险合同

第 26 号——再保险合同

第 27 号——石油天然气开采

第 28 号——会计政策、会计估计变更和差错更正(修订)

第 29 号——资产负债表日后事项(修订)

第 30 号——财务报表列报

第 31 号——现金流量表(修订)

第 32 号——中期财务报告(修订)

第 33 号——合并财务报表

第 34 号——每股收益

第 35 号——分部报告

第 36 号——关联方披露(修订)

第 37 号——金融工具列报

第 38 号——首次执行企业会计准则

上述 38 项具体准则包括三个大类,即:通用会计交易和事项的确认和计量准则(第 1—4、6—9、11—24、28—30、38 号),通用的财务报告和披露准则(第 31—37 号),以及特殊行业准则(第 5、10、25—27 号)。凡是括号中有"修订"字样的,均是指 2005 年年底之前就已有的,2006 年进行了修订的;其他没有特别说明的则是 2006 年新增加的。新的企业会计准则的主要特点可以概括为以下几个方面:① 体现了与国际财务报告准则的趋同;② 引入了公允价值计量的要求;③ 规范了企业合并、合并财务报表等重要的会计事项;④ 规范了新的会计业务(如投资性房地产等),原有的表外项目纳入表内核算(如衍生金融工具等);⑤ 增加了与重要的特殊行业有关的准则(如金融工具、原保险合同、再保险合同、石油天然气开采、生物资产等);⑥ 具体规定了资产减值准备的提取和转回;⑦ 披露要求更为严格、具体。

上述企业会计准则体系自 2007 年 1 月 1 日起首先在上市公司施行,并逐步扩大实施范围,以实现由会计制度到会计准则的平稳转换。2007 年 12 月 6 日,中国内地与香港地区签署了两地会计准则等效的联合声明,实现了两地会计准则的等效。2008 年 11 月 14 日,欧盟证券委员会决定,自 2009 年至 2011 年年底的过渡期内,欧盟将允许中国证券发行者在进入欧洲市场时使用中国会计准则,这表明其已认可中国会计准则与国际会计准则等效。

2014 年发布的再次修订后的《企业会计准则——基本准则》包括十一章五十条,内容涉及总则、会计信息质量要求、资产、负债、所有者权益、收入、费用、利润、会计计量、财务会计报告和附则。

近十年来,财政部一直致力于我国企业会计准则标准体系的建设,并与国际会计准则保持持续趋同,随之进行修订与完善。2014 年,发布了新制定的《企业会计准则第 39 号——公允价值计量》《企业会计准则第 40 号——合营安排》《企业会计准则第 41 号——在其他主体中权益的披露》,以及新修订的《企业会计准则第 2 号——长期股权投资》《企业会计准则第 9 号——职工薪酬》《企业会计准则第 30 号——财务报表列报》《企业会计准则第 33 号——合并财务报表》《企业会计准则第 37 号——金融工具列报》;2017 年,发布了新制定的《企业会计准则第 42 号——持有待售的非流动资产、处置组和终止经营》,以及新修订的《企业会计准则第 14 号——收入》《企业会计准则第 16 号——政府补助》《企业会计准则第 22 号——金融工具确认与计量》《企业会计准则第 23 号——金融资产转移》《企业会计准则第 24 号——套期会计》《企业会计准则第 37 号——金融工具列报》;2018 年,发布了新修订的《企业会计准则第 21 号——租赁》;2019 年,发布了新修订的《企业会计准则第 7 号——非货币性资产交换》《企业会计准则第12号——债务重组》。

自1993年进行会计改革以来,我国企业会计准则从无到有,迄今已形成了由1项基本准则和42项具体准则组成的较为完整的企业会计准则体系。

复习与思考 请简要说明我国会计规范的构成。

1.5 会计职业

会计、医生和律师通常被称为现代市场经济社会中的三大职业。专业性强、就业人口多是它们的共同特征。

前面讨论的主要是企业(营利性组织)中的会计问题。事实上,作为一种职业,会计不仅服务于企业,也同样服务于政府机关、学校、医院等非营利性组织,以及会计师事务所。在企业组织中,会计部门通常是除生产和销售等业务部门之外的最大的参谋性职能部门。服务于企业的会计人员,既包括初级的簿记人员(主要负责日常的、程序性的记录和计算工作),也包括中高级的会计人员(主要负责交易和会计事项的分析、会计信息系统的设计和运行、财务报告的编制和解释、财务状况的分析以及内部控制等工作)。如果按照前文所述的会计信息的类别,则又可以将企业组织中的会计人员划分为财务会计人员、管理会计人员和税务会计人员。财务会计人员致力于负责向股东和债权人等提供符合会计规范要求,恰当反映企业财务状况和经营情况的财务报告;管理会计人员负责为内部管理决策提供基础性信息并进行决策分析;税务会计人员则主要负责纳税申报和税务筹划等工作。

会计服务于非营利性组织,就是通常所称的非营利组织会计。在我国,非营利组织会计具体又分为三类:财政总预算会计、行政单位会计和事业单位会计。财政总预算会计是各级政府财政部门核算、反映和监督政府预算执行和各项财政性资金活动的会计。行政单位会计是核算、反映和监督行政单位(包括各级行政机关和实行行政财务管理的其他机关及政党组织)各项经济活动、资金变动和财产状况的会计。事业单位会计是核算、反映和监督事业单位(主要包括学校、医院、科研单位、图书馆、慈善机构等)各项经济活动、资金变动和财产状况的会计。行政单位会计和事业单位会计,习惯上合称为行政事业单位会计。

无论是企业会计,还是行政事业单位会计,都属于组织内部的会计。与此相对照,就职于会计师事务所的注册会计师们接受客户委托,提供审计及税务筹划等咨询服务,并依据协议向客户收取服务费用的会计专业工作,即为相对于内部会计而言的公共会计。狭义而言的会计职业,指的就是公共会计。

公共会计的产生,主要是由于现代企业等组织广泛使用负债资金,以及所有权与经营权分离。债权人和股东等投资者将资金交给企业经营者支配使用,如果没有相应的监督机制,经营者就有可能偷懒,甚至直接侵吞投资者的财富。为了避免或减少上述问题的发生,现代社会"创造"了独立于企业经营者和投资者的"第三者",即注册会计师和会计师事务所(或曰会计公司)。按照各国相关法律规定和商业惯例,所有公开上市的公司都必须提供经由会计师事务所的注册会计师审计的财务报告;非公开上市的公司及其他组织,除一些小规模组织外,通常也需要提供经审计的财务报告。目前,世界上最大的四家会计师事务所是普华永道、德勤、安永和毕马威,即通常所说的"四大"。它们在全球都有着数以百计的分支机构、数以万计的员工和百亿美元计的年营业收入。

注册会计师的职业组织是注册会计师协会,如美国注册会计师协会(AICPA)和中国注册会计师协会(CICPA)等。注册会计师协会的职能包括筛选注册会计师、为注册会计师和会计师事务所提供服务,以及依法对注册会计师和会计师事务所的违规行为进行惩戒等。

1.6 企业内部的会计机构

我国《会计法》规定:"各单位应当根据会计业务的需要,依法采取下列一种方式组织本单位的会计工作:① 设置会计机构;② 在有关机构中设置会计岗位并指定会计主管人员;③ 委托经批准设立从事会计代理记账业务的中介机构代理记账;④ 国务院财政部门规定的其他方式。"同时,《会计法》还规定:"会计机构内部应当建立稽核制度。出纳人员不得兼任稽核、会计档案保管和收入、支出、费用、债权债务账目的登记工作。"

由上述规定可以看到,企业内部会计机构的设置需要遵循两条基本原则:第一,除非企业规模太小,否则一般都需要设置独立的会计机构;第二,会计机构设置必须保证机构内部的互相牵制,尤其是出纳与会计记账职能应该严格分开。当然,企业内部会计机构设置的具体做法,也必须充分考虑企业自身生产经营和管理的特点和要求,不能一概而论。但是,企业会计机构的设置状况还是有一定的规律可循的。例如,企业规模越大,会计机构的设置通常越复杂;企业内部管理要求越高,会计机构的设置通常越细化;企业财务管理越集权,会计机构的权力也就越集中于企业总部层面。

在规模比较大的现代企业组织中,典型的会计机构通常包含以下职能组织:财务会计,主要负责交易和会计事项的确认、计量、记录和报告等工作;管理会计,主要负责基于会计信息的预测、决策、分析和控制等工作;税务会计,主要负责纳税筹划和税收事务处理等工作;财务管理,主要负责融资管理、投资管理和企业内部资金调度等工作。其中,财务管理职能在有些大型企业中也可能独立于会计机构,设置专司"融资管理"和"投资管理"的机构,但是,投融资管理通常与会计机构的传统职能同时由总会计师或财务总监主管,以便有效协调"会计"与"财务"工作。

内部审计主要负责企业内部的财务审计、管理审计以及专项审计(如经理离任审计等)。在早期阶段,内部审计也被作为会计机构的职能之一。但是,在公司治理机制比较完善的现代企业中,内部审计则独立于会计机构,不再由总会计师或财务总监主管,而是对董事会下设的审计委员会负责,以保持其独立性。

本章小结

信息是决策的基础。会计信息包括财务会计信息、管理会计信息和税务会计信息,分别是企业投资者等"外部人"、经理等"内部人"以及税务机关等政府管理部门进行相关决策的重要依据。会计是为了进行决策和作出有根据的判断而对一个主体(组织)的经济信息进行确认、计量、记录和报告的过程。

会计发展的历史表明,经济越发展,会计越重要。尤其是资本市场和上市公司的发展,使得会计信息对于企业外部投资者的重要性日益提高。为了保护投资者利益,会计信息(尤其是指财务会计信息)就必须符合一定的质量特征,以有效地满足外部投资者的决策分析需要,这就促成了会计准则等会计规范的发展。在我国,自1993年进行会计改革以来,会计准则从无到有,迄今已形成了由1项基本准则和42项具体准则组成的较为完整的企业会计准则体系。

会计师、律师和医师被称为现代社会的三大职业。西方所称的会计师,是指从事公共审计业务的符合资格的会计专业人士。按照规定,任何单位都必须根据会计业务的需要,设置会计机构,或者在有关机构中设置会计人员并指定会计主管人员;即使是不具备设置条件的,也应当委托经批准设立从事会计代理记账业务的中介机构代理记账。这就意味着,广义的会计职业,还包括在各类组织(无论是营利性组织还是非营利性组织)中从事会计专业工作的人士。

重要名词

会计(Accounting)
财务会计(Financial Accounting)
管理会计(Managerial Accounting)
税务会计(Taxation Accounting)
会计准则(Financial Accounting Standard)
注册会计师(Certified Public Accountant, CPA)
美国注册会计师协会(American Institution of Certified Public Accountants, AICPA)
中国注册会计师协会(Chinese Institution of Certified Public Accountants, CICPA)
审计(Auditing)
财务管理(Financial Management)
财务总监(Chief Financial Officer)

思考题

1. 相较于其他信息(如市场信息等),会计信息对于企业"外部人"(股东、债权人等)和"内部人"(公司管理层)的作用有什么特殊的重要性?

2. 如同需要交通规则一样,当今社会也需要会计规则,亦即通常所说的会计规范(包括会计法律与法规、会计准则和会计制度等)。试想:如果没有会计规范,会有什么问题?

3. 我国会计规范由"按经济部门分别制定统一会计制度"(简称"制度模式")转变为"以会计法为基础,以会计准则为主体"(简称"准则模式"),对于促进企业、资本市场和社会经济的高质量发展有何重要意义?

第 2 章 财务会计概念

[学习目标]

通过本章的学习,你应该掌握:

1. 财务会计报告目标;
2. 会计假设;
3. 会计基础;
4. 会计信息质量要求;
5. 会计原则。

[素养目标]

通过本章的学习,明确财务会计报告目标,认识确保该目标实现所需的前提和条件,领会财务会计报告为投资者、债权人、政府及其有关部门和社会公众等各利益相关者提供高质量服务的重要性,促进共同富裕目标的实现。

[小故事/小案例]

F教授的儿子Y自懂事起就不怎么瞧得上他父亲所从事的会计教学和研究工作,因为在他看来,算账应该是一件机械的、该怎么算就怎么算的事情。在Y上初一的时候,父子俩展开了一场辩论。F心想,儿子还没有太多的社会阅历,根本就不知道会计是什么,于是给他出了一道"难题":"企业的利润是怎么算出来的?"Y几乎不假思索地回答说:"利润不就是赚的钱吗?不就是卖东西得到的钱扣除买东西付出的钱的差额吗?"F听了,觉得不能说儿子回答得不对,但还是对他正色道:"不对。你还没有说清楚'得到'和'付出'的数字是怎么算出来的呢!"Y听后觉得莫名其妙:"'得到'和'付出'的数字已经是基本事实,这还有什么算不算的?"Y心想,父亲一定是故弄玄虚。

多年之后,Y上了大学,并在父亲F的"怂恿"下开始在股市上练手。Y在大学读的是理科,思维比较严谨。在决定何时买什么股票时,总要认真看一看股票发行公司近年的财务报表,尤其会关注利润数字。Y掌握的一般原则是:最近几年利润比同行业其他企业增长更快,但股票价格较同行业其他企业涨幅更小的企业的股票,值得买入。但是,按此原则购买的股票却往往不赚钱,甚至被深度套牢。慢慢地,Y开始关注媒体关于一些上市公司人为操纵利润的讨论。但是,他还是无法理解:为什么有了会计法、会计准则和会计制度等的规定,公司还能操纵利润呢?难道会计核算的"合法"与"不合法"之间还真的存在"模糊地带"吗?因为实在想不明白,Y只好向父亲"讨教"了。此时,父亲得意万分,滔滔不绝地给儿子讲起了会计核算的假设前提、核算基础和核算原则等,并再三强调,由于各公司业务的复杂性和特殊性,会计规范与公司业务并非一一对应,因此,在处理一些特殊业务时,就需要根据会计规范并结合具体业务来作出"专业判断"。尽管 Y 并没有完全理解父亲所讲解的一切,但对会计核算的理解较以往发生了180度的转变:不再认为会计核算是机械的,而是感觉会计核算简直是可以随心所欲的。

真是教学相长。F 教授通过儿子无商业经验和有商业经验情况下对会计核算截然不同的认识,悟出了一个道理:"简单"的人会认为会计核算是铁板一块,"世故"的人则会认为会计核算是商业游戏;结论相反,但原因相同,那就是对会计核算的假设前提、核算基础和核算原则等缺乏系统的理解。

2.1 财务会计报告的目标

根据我国《企业会计准则——基本准则》的规定,财务会计报告的目标是向财务会计报告使用者提供与企业财务状况、经营成果和现金流量等有关的会计信息,反映企业管理层受托责任履行情况,有助于财务会计报告使用者作出经济决策。其中所指的财务会计报告使用者,包括投资者、债权人、政府及其有关部门和社会公众等。

从上述准则规定可以看出,与过去的财务会计报告目标相比,我国现行的财务会计报告目标体现出以下几个特点:

第一,财务会计报告应该提供的会计信息,不仅包括与企业财务状况和经营成果有关的会计信息,而且包括与现金流量等有关的会计信息。

自1998年要求企业编制现金流量表以来,财务会计报告的使用者对与现金流量有关的会计信息越发重视。尤其是上市公司财务会计报告的使用者,由于担心利润被操纵,逐渐增加了对现金流量相关信息的使用。虽然利润依然是企业价值增值的一个最基本的度量指标,但是,如果没有高质量的现金流量与利润相伴随,利润本身的质量就值得怀疑。因此,财务会计报告重视与现金流量有关的会计信息的披露,是十分必要的。

此外,根据《企业会计准则第30号——财务报表列报》的规定,财务报表至少应当包括下列组成部分:① 资产负债表;② 利润表;③ 现金流量表;④ 所有者权益(或股东权益)变动表;⑤ 附注。由此可见,财务会计报告所应提供的信息,不再限于过去习惯讲的"三张表"(即资产负债表、利润表和现金流量表),而且包括所有者权益变动表和附注等。未来还可能根据财务会计报告使用者的需要,进一步增加披露内容。

第二,财务会计报告不仅要反映企业管理层受托责任的履行情况,而且要有助于财务会计报告使用者作出经济决策。

受托责任观和决策有用观,是会计理论界讨论财务会计报告目标过程中形成的两大理论观点。在受托责任观下,财务会计报告的目标应是以恰当的方式有效地反映资源受托者的受托经管责任及其履行情况。它强调实物资产的保护和资产价值的完整。按照这种观点,财务会计报告是一种控制和约束机制,协调着由于"两权分离"而形成的出资人与经营者之间的利益关系。

在决策有用观下,财务会计报告的目标就是向财务会计报告使用者提供对他们的经济决策有用的会计信息。美国财务会计准则委员会发布的第 1 号财务会计概念公告,将财务会计报告的目标表述为以下三个方面:① 财务会计报告应当提供对现在的和潜在的投资者、债权人以及其他使用者作出合理的投资、信贷及类似决策有用的信息;② 财务会计报告应当提供有助于现在的和潜在的投资者、债权人以及其他使用者评估来自销售、偿付、到期证券或借款等的实得收入的金额、时间分布和不确定性的信息;③ 财务会计报告应当提供关于企业的经济资源、对这些资源的要求权以及使资源和对这些资源的要求权发生变动的交易、事项和情况的信息。美国、英国等西方发达国家会计准则以及国际会计准则的制定,均采用了决策有用观。

受托责任观和决策有用观的产生有其各自的社会经济背景。受托责任观产生的基本社会经济背景是,资源的所有权与经营权是分离的,且资源的委托者与受托者之间的委托—代理关系是直接建立的。决策有用观产生的基本社会经济背景是,资源的所有权与经营权是分离的(这与受托责任观相同),但资源的委托者与受托者之间的委托—代理关系不是直接建立的,而是通过资本市场间接建立的。

从我国会计发展的历史过程来看,受托责任观首先得到了强调。随着我国改革开放的不断深化,决策有用观也日益受到了人们的重视。其中最重要的推动力量就是,伴随资本市场和上市公司发展而不断增加的投资者对企业价值评估和证券投资决策分析的需要。可见,我国 2006 年发布的企业会计准则强调财务会计报告应该同时满足反映企业管理层的受托责任履行情况需要和财务会计报告使用者的经济决策需要,正是反映了我国社会经济背景变迁所带来的影响。

第三,财务会计报告的使用者,不仅包括传统强调的股东和债权人,而且包括政府及其有关部门和社会公众等。

传统上,财务会计报告的使用者,在西方发达国家主要是指股东和债权人,在我国一向包括政府及其有关部门,也特别强调企业内部管理者。我国之所以一向包括政府及其有关部门,是因为企业多为国有企业,政府及其有关部门在与国有企业的关系中扮演着双重角色——一般意义上的政府(公共事务管理者)和国有企业的所有者。之所以也特别强调企业内部管理者,是因为我国传统上没有独立意义上的管理会计,财务会计信息与管理会计信息浑然一体,如果不考虑企业内部管理者对会计信息的需要,财务会计报告就无法支持企业内部的管理决策和控制。但是,时至今日,企业内部管理者的信息需求,可以通过管理会计系统提供,故财务会计报告目标中就无须专门强调满足企业内部管理者的需要。

无论是在西方发达国家,还是在我国,随着社会经济环境的不断发展和变化,企业的生存和发展不再仅仅依赖于股东和债权人等传统意义上的利益主体,同时也离不开诸如政府、员工、客户、供应商及社会公众等利益相关者。企业要恰当处理与上述各利益相关者之间的利益关系,当然需要依靠一定的机制,财务会计报告便是一种重要的机制。例如,通过财务会计报告向外界披露企业在环境保护、社会捐助等方面所作出的努力和取得的成效,可以让企业各利益相关者了解到企业为实现"双碳目标"和共同富裕所作出的努力,从而为各利益相关者分析和判断企业可持续发展能力提供信息基础。

复习与思考 我国现行的财务会计报告目标有哪些特点?

2.2 会计假设

2.2.1 会计主体假设

会计主体假设,也称会计实体假设,是指核算和报告会计信息的特定单位或组织。该假设界定了会计确认、计量和报告的空间范围。我国《企业会计准则——基本准则》规定:"企业应当对其本身发生的交易或者事项进行会计确认、计量和报告。"这一规定意味着,某一特定企业的会计确认、计量和报告,应该也只能是该企业"本身"发生的交易或者事项,而不应该包含该企业之外的其他任何组织或个人发生的交易或事项,无论这些组织或个人与该企业有着多么密切的联系。只有这样,该企业所提供的财务会计报告,才是对该企业财务状况、经营成果及现金流量等方面的恰当表达。例如,假设一家企业只有一个所有者,该所有者从企业出纳那里取走100元现金用于私人消费,虽然就该所有者而言只是将该笔现金从"左口袋"(其拥有的企业的保险柜)搬到"右口袋"(其身上的口袋)而已,其财富没有发生任何变化(假设没有税收因素),但是就该企业而言,其账面现金却减少了。也就是说,该企业的会计需要将"现金因所有者取走而减少100元"这一交易反映出来。

根据会计主体假设,某一特定会计主体与其他任何组织或个人之间不应该有"模糊边界",从而某一交易或事项是否属于该特定会计主体所应该确认、计量和报告的对象,不应该存在模棱两可的情况。但在现实经济生活中,情形未必那么简单。也就是说,要准确划分会计主体,为其保持高度独立的会计账簿记录,实践中可能会面临一些实际的困难。例如,一对夫妇创办了一个水产养殖场,为了便于现场管理,该夫妇几乎常年住在该养殖场旁边的一套租来的房子里,为此,每年需要向房东支付租金(含水电费等杂项费用)12 000元。那么,其中究竟有多少应该算作该养殖场的经营费用,又有多少应该算作该夫妇的生活费用呢?类似地,该夫妇常年管理该养殖场,那么,他们应该从养殖场账面上为自己开多少工资呢?诸如此类问题的答案经常是很难确定的。如果一定要给出一个答案,则在一定程度上是带有主观判断的。但是,从特定会计主体财务会计报告的角度来看,这些是确有必要加以区分的。因为,如果"因所有者个人"而非"因企业"发生的诸如上述住房消费在该养殖场的财务会计系统中加以核算和报告,或者该夫妇从养殖场领取的工资没有从该养殖场的账面上支付,我们就不再能够通过该养殖场的财务会计报告看到其真实的财务状况和利润情况,我们看到的将是该养殖场及其所有者个人财务状况的一个"混合"。这样,就不利于财务会计报告使用者理解和分析该养殖场的财务状况和经营成果,同样也不利于该养殖场的经营者根据会计信息制定或调整经营及财务决策。

同样的问题也会出现在股权结构比较复杂的公司中。例如,上市公司与其母公司及兄弟公司之间的关联交易之所以备受关注,就是因为关联交易往往是上市公司操纵利润的一种惯用手段。而这种操纵事实上就是对会计主体假设的背离。但是,由于市场的不完善,许多上市公司会利用非公允的关联交易,扭曲特定会计主体的财务状况、经营成果及现金流量等会计信息。

总之,会计主体假设要求某一特定企业财务会计系统所确认、计量及报告的内容,不应该涉及该企业以外的任何其他主体,诸如该企业的母公司和兄弟公司等。在本书中,我们所称的会计主体,若无特别说明,一般是指企业尤其是公司制企业,但事实上,会计主体也包括其他性质的主体,诸如政府机构、慈善机构、学校、医院等。

必须注意到,会计主体并非简单地等同于法律主体。个人独资企业、分公司、企业集团等都不是法律主体,但它们都是或者都可能是会计主体。例如,对于企业集团而言,虽然集团中的每一个成员——母公司及子公司——都是独立的法律主体,但它们的"集合"即企业集团却并非独立的法律主体。然而,企业集团是需要编制合并财务报表的。这就表明,企业集团也是一个会计主体,即由多个具有独立法律主体地位的企业集合而成的经济实体。提供企业集团合并的财务会计报告,其目的就在于让投资者等财务会计报告使用者了解到集团整体的财务状况和经营成果等。

2.2.2 持续经营假设

我国《企业会计准则——基本准则》规定:"企业会计确认、计量和报告应当以持续经营为前提。"持续经营假设的基本含义是,企业将在未来无限期地经营下去。更为严格地说,至少假定在可以预见的将来,企业会按照既定的目标持续经营下去,不会停业,也不会大规模削减业务,除非有明确的证据表明不是这样。持续经营假设的主要目的是界定会计核算与报告的时间范围。在持续经营假设下,会计核算就应当以企业持续、正常的生产经营为前提。

是否假设持续经营,对企业会计确认、计量和报告有着重要的影响。如果不是假设持续经营,那就是另外一种相反的假设,即假设企业将要进入清算状态。在清算假设下,就必须计量企业在某一时点所拥有的资源的现时清算价值。例如,在清算假设下,服装生产企业已经裁剪但尚未缝制完毕的正在加工中的服装,其清算价值就可能是很不值钱的,因为清算价值是指这些未完工产品在清算时被迫变卖所将换取的现金。然而,在持续经营假设下,就可以按照已经投入的原材料成本、人工成本及制造费用来确认和计量这些未完工产品的价值,因为在持续经营假设下,我们预期这些生产成本能够正常收回。又如,企业购入或自行建造的诸如房屋、设备等固定资产,虽然从物质上讲可以在一个较长时期内发挥作用,但若不是假设持续经营,这些固定资产就没有理由按历史成本计量其价值,并在未来一定时期内逐年计提折旧,而是应该按清算价值计量其价值,且不应该对其计提折旧。相反,只有在持续经营假设下,才可以合理地预期这些固定资产能够服务于未来持续经营过程中的多个年度,从而以历史成本确认和计量其价值,并按预期可使用的年限分年计提折旧。

2.2.3 会计分期假设

会计分期假设,也称会计期间假设,是指将一个企业持续经营的生产经营过程划分为一个个连续的、长度相等的期间。我国《企业会计准则——基本准则》规定:"企业应当划分会计期间,分期结算账目和编制财务会计报告。会计期间分为年度和中期。中期是指短于一个完整的会计年度的报告期间。"

根据持续经营假设,企业在可以预见的未来将是持续经营的。既然如此,如果不进行会计分期,亦即不将持续经营企业的"无限"寿命长度划分为一个个相对较短的期间,那么企业的经营成果和财务状况只能到终止经营时才能核算清楚。这对于数百年前简单环境下的个体经营或合伙经营而言是可能的。就现代企业而言,无论是股东、债权人等"外部人",还是企业管理者等"内部人",他们的决策都需要建立在及时的会计信息基础之上。这就需要将企业持续经营的生产经营过程人为地划分为一个个会计期间,分期核算和报告财务会计信息。

从财务会计发展历史来看,会计期间的长度并非一成不变的。由政府统一规定会计期间,最早发生在1673年的法国。当时,法国政府规定,企业必须每两年编制一次资产负债表。目前,国际惯例性的会计期间为一个年度,我国也不例外。但是,在各国会计实务中,会计年度的起止时间不尽一致。在我国,《会计法》规定会计年度采用日历年度,即起始于每年公历1月1日,截止于每年公历12月31日。而在许多西方发达国家,会计年度的起止时间并没有统一规定。例如,在美国,虽然比较多的企业的会计年度为公历1月1日至12月31日,但也有相当一部分企业的会计年度的起止时间广泛分布在其他各个月份。又如,在日本,比较多的企业的会计年度为公历4月1日至次年3月31日,同样也有相当一部分企业的会计年度的起止时间广泛分布在其他各个月份。

会计年度是现代财务会计的基本会计期间。为了更及时地满足财务会计报告使用者对会计信息的需求,企业除了需要提供年度财务会计报告,往往还被要求提供中期财务会计报告,即季度报告和/或半年度报告。在实务中,年度财务会计报告是必须经过审计的,而中期财务会计报告则通常不需要经过审计,除非企业具有融资等特殊目的。

会计分期较好地实现了财务会计信息披露的及时性,但它同时也给财务会计带来了新的问题。由于会计分期,便产生了当期与前后期间的严格区别,从而使得很多交易或事项成为"跨期"业务。判断"跨期"业务的会计处理是否合理往往面临一些困难,这就为企业操纵"期间利润"提供了机会。例如,假设某酒店装修支出2 000万元。如果会计不是分期核算,那么这笔装修支出在发生时一次性记为费用即可。然而,在会计分期核算的情况下,该酒店就需要按年度报告其经营成果和财务状况等,为此,该笔装修支出如何分期摊销就成了十分敏感的问题:分多少年摊销?每年摊销的金额应该相同还是不应该相同?这些问题都很难毫无争议地加以确定。不同国家、不同时期的会计准则,可能有着不同的原则规定,不同的会计师也可能有着不尽相同的理解。所以,不同企业之间的年度收益及年末财务状况的表达,是否或在多大程度上具有可比性,就取决于会计准则规定及会计实务中企业会计政策选择的特征。会计实务中前后年度之间的"利润平滑"①和"洗大澡"②等现象,都与会计分期假设有关。

2.2.4 货币计量假设

货币计量假设的基本含义是,财务会计只记录那些能够以货币度量的交易或事项。这样做的好处是,货币提供了一个共同的计量基础,那么,关于同一会计主体发生的不同种类的交易或事项就能够以统一的货币进行计量,从而可以通过相互加减得出一些有价值的综合性的会计信息,如资产总额、利润等。我国《会计法》规定:"会计核算以人民币为记账本位币。业务收支以人民币以外的货币为主的单位,可以选定其中一种货币作为记账本位币,但是编报的财务会计报告应当折算为人民币。"我国《企业会计准则——基本准则》也规定:"企业会计应当以货币计量。"这些规定意味着,我国企业会计核算中的基本计量手段应该是人民币。即便日常核算采用人民币以外的某种货币计量,财务会计报告中的计量单位也应该是人民币。这样做有助于增强同一企业不同年度之间和同一年度不同企业之间会计信息的可比性。

财务会计系统只记录那些能够以货币计量的交易或事项,意味着该系统对会计主体发生的交易或事项的记录是不完整的,即凡是不能以货币计量的交易或事项,诸如企业经营战略、人力资源状况、产品竞争力、客户满意度、研究开发能力等,就不能在财务会计报告中得到综合反映。为了弥补这一不足,实践中往往要求企业在年度报告和中期报告中对这些不能以货币计量,但对于财务会计报告使用者而言又是重要的信息,在财务会计报告之外作出补充性的表外披露。

货币计量假设的深层次含义还在于假定作为计量手段的货币,其自身的价值即"币值"是相对稳定的。如果没有这样的假定,会计确认、计量和报告将很难正常进行。例如,一家百货商店可能有着数以万计甚至更多的商品存货,且各种存货中的不同部分往往是在不同时间点取得的。如果我们不是假定币值稳定,而是假定币值随时发生变化,那么该百货商店要核算出期末存货的总价值将是一件十分困难的事情。因为在币值不稳定假设下,会计就必须仔细检查每一项、每一批存货按货币购买力变化调整后的价值与原来记录的账面价值之间发生了什么样的变化,并根据这些变化调整存货的账面价值。且不说这样做会增加多少会计工作量,就是要弄清楚每一项、每一批存货按货币购买力变化调整后的价值,几乎也是不可能的。因此,会计实务中通常并不反映币值变化(也就是货币购买力变化)带来的影响。当然,这样

---

① 所谓利润平滑,就是通过收入、费用的提前或推迟确认,使得前后年度的利润波动显得较小。利润平滑的可能动机是避免账面利润在年度之间出现剧烈波动,以增强投资者对企业的信心,或者避免因业绩下降而使经理薪酬受到不利影响等。

② 所谓洗大澡,就是在某一特定会计期间处理大量资产损失,从而账面利润较上一会计期间大幅下降甚至出现严重亏损,而该期间之前和之后的会计期间都没有或很少处理资产损失,从而账面利润显得比较高。洗大澡的可能动机是避免出现连续亏损等。

回避现实生活中存在的币值变化影响,使得财务会计又增加了一个局限性,即财务会计信息事实上是那些无法严格可比的数据的"混合"。例如,在利润计算过程中扣除的各项费用,既有当期直接发生支出的费用(如人员工资费用),又有过去取得资产的价值摊销(如固定资产折旧费用),而当期支出的费用与折旧等摊销性费用显然是不可比的,通货膨胀比较严重的时期尤其如此。正因如此,在通货膨胀比较严重的情况下,会计准则制定机构和监管部门就可能要求企业提供按价格指数调整或按现行成本反映的补充性会计信息。

2.3 会计基础

会计确认、计量和报告的基础有两种,即权责发生制和收付实现制。我国《企业会计准则——基本准则》规定:"企业应当以权责发生制为基础进行会计确认、计量和报告。"

所谓权责发生制,也叫应收应付制或应计制,是指企业在某一会计期间确认收入和费用时应当以应收应付为标准,即:凡是本期已经获得的收入和已经发生或应该负担的费用,不论相应的款项是否收付,都应该作为本期的收入和费用加以入账;类似地,凡是不应当归属于本期的收入和费用,即便其相应的款项已经收取或支付,也不应该作为本期的收入和费用加以入账。也就是说,在权责发生制下,应该以导致收入实现和费用发生的"行为"的发生时间为准来确认收入与费用,而不是以收款或付款时间为准来确认收入和费用。例如,某软件开发企业接受客户的一份订单,拟为该客户定制管理软件。假设软件定制合同是在2022年12月20日签订的,合同金额3 000万元,并且在同年12月30日之前收到了客户支付的首期款项1 500万元。假设合同规定的软件开发周期是2023年1—6月,且该软件开发企业在2022年度内确实没有开展实质性的开发工作,那么,在权责发生制下,该软件开发企业就不可以将收到的1 500万元确认为2022年度的收入,而只能将其记为一项负债。类似地,假如该软件开发企业租用了一幢办公楼,年租金1 200万元,但2022年应支付的租金由于企业现金紧缺而没有在年度结束之前付给房屋出租方,那么,在权责发生制下,该软件开发企业还是应该将这1 200万元房租确认为2022年度的费用。

所谓收付实现制,也叫现金制,是指以收到或支付现金的时间为准来确认收入与费用的一种会计基础。目前,我国行政单位会计核算采用现金制,事业单位除经营业务核算采用权责发生制外,其他业务核算也采用现金制。例如,行政单位收到财政拨款,无论这笔款项被规定用于哪个年度,都在收到之时记为收入。

权责发生制与收付实现制各有利弊。权责发生制的主要好处是,会计结果能够比较恰当地反映企业一定期间经营努力的成果,从而既有助于业绩评价,也有助于分析预测。但其主要问题是导致了利润与现金流的不一致,增加了企业财务管理的难度。例如,如果企业销售之后便确认收入,但同时增加大量的应收账款,那么账面反映出利润的时候就没有相应的现金流入,而因为有了账面收入和利润,企业就得交纳增值税和所得税,还会面临来自股东的红利分派压力。收付实现制的利弊则相反。由于服务于业绩评价和分析预测是现代企业财务会计的两个基本目的,因此,权责发生制就成为现代企业会计基础的必然选择。

2.4 会计信息质量要求

2.4.1 可靠性

所谓可靠性,就是要求企业应当以实际发生的交易或者事项为依据进行会计确认、计量和报告,如实反映符合确认和计量要求的各项会计要素及其他相关信息,保证会计信息真实可靠、内容完整。会计信息只有真实可靠,才值得财务会计报告使用者信赖。否则,不真实、不可靠的会计信息,不仅对财务会计报告使用者无益,而且还可能误导其经济决策。

为了贯彻可靠性要求,企业就必须以实际发生的交易或者事项为依据进行确认、计量和报告,不得根据虚构的、没有发生的或者尚未发生的交易或者事项进行确认、计量和报告。企业还应当保证会计信息的完整性,应该编制的报表及其附注内容等必须保证完整,不能随意遗漏或者减少应予披露的会计信息,与使用者决策相关的有用会计信息都应当充分披露。

如果会计信息是真实可靠的,那么它必须是可以核实和验证的,即具有可核性(或称可验证性)。所谓可核性,就是指彼此独立的会计人员对企业发生的交易或者事项,使用同样的会计确认和计量方法,可以得到相同的结果,就如同按同样的程序和方法重复进行的两次或多次化学实验可以得到同样的结果一样。否则,我们就说会计信息不具有可核性。不具有可核性的会计信息,也就不再可能是真实可靠的会计信息了。

为了确保会计信息的真实可靠,还要求会计人员在进行会计确认和计量时保持中立,不偏向与企业相关的利益集团中的任何一方,客观、公正地处理各项交易和事项,不能出于某种特定目的有意歪曲经济事实,导致会计信息失真。例如,上市公司在"一股独大"[①]的情况下,进行会计确认和计量时就有可能为了大股东的利益需要而有意识地进行人为操纵,扭曲特定会计期间的利润等会计信息。

注册会计师审计对于提高会计信息的中立性具有重要的意义。但是,如果负责审计的注册会计师被企业管理层收买,经过审计的财务会计报告所提供的信息就仍然会存在问题。

2.4.2 相关性

所谓相关性,就是要求企业提供的会计信息应当与财务会计报告使用者的经济决策需要相关,有助于财务会计报告使用者对企业过去、现在或者未来的情况作出评价或者预测。

---

① 所谓一股独大,是指第一大股东在公司中的持股比例显著地高于第二及其后的其他股东,从而使得第一大股东对公司的财务和经营决策具有控制权。

服务于财务会计报告使用者的经济决策,是提供会计信息的一个最基本、最重要的目标。相关的会计信息应该能够有助于财务会计报告使用者评价过去的决策,证实或修正过去的预期,从而具有反馈价值。例如,企业提供的利润和利润率等会计信息,应该有助于股东评价企业过去的决策是否得到了有效执行,以及评价企业管理层的经营努力及其所取得的成果。如果会计信息不具有这样的作用,就不能帮助股东决定是否需要更换管理层,是否需要给予管理层奖励或惩罚。

相关的会计信息还应该有助于财务会计报告使用者作出预测和决策,从而具有预测价值。例如,企业提供的利润和利润率等会计信息,应该有助于股票投资者预测公司未来利润,进而合理评估公司股票价值。否则,会计信息就不能算是有用的,甚至可能会对未来利润预测和股票投资决策产生误导。

2.4.3 可理解性

所谓可理解性,就是要求企业提供的会计信息应当清晰明了,便于财务会计报告使用者理解和使用。

会计信息如果表达得不够清晰明了,从而不能为财务会计报告使用者所理解,那么即便符合上述可靠性和相关性要求,也是徒劳无用的。这就要求会计信息的披露方式必须符合必要的规范,从而使得某一特定的会计信息在使用者与供应者之间不会产生不同的理解。当然,由于各类财务会计报告使用者在商业知识(尤其是会计专业知识)和经验方面不可避免地存在差异,因此对某些财务会计报告使用者(如财务分析师)而言是可理解的信息,其他一些财务会计报告使用者(如对会计专业知识缺乏了解的股票投资者)可能依然无法理解。显然,可理解性并不应该要求会计信息能够让所有可能的财务会计报告使用者都理解。那些缺乏专业知识和经验的财务会计报告使用者,要么努力学习专业知识和积累经验,要么委托拥有必要的会计专业知识和经验者代其进行有关的分析和预测。

2.4.4 可比性

所谓可比性,就是要求企业提供的会计信息在纵向和横向之间都应当互相可比。为此,同一企业不同时期发生的相同或者相似的交易或者事项,应当采用一致的会计政策,不得随意变更。确需变更的,应当在附注中说明变更原因、变更情况和变更影响。类似地,不同企业发生的相同或者相似的交易或者事项,应当采用规定的会计政策,确保会计信息口径一致,相互可比。例如,按照我国《企业会计准则第1号——存货》的规定,企业应当采用先进先出法、加权平均法或者个别计价法确定发出存货的成本。假设某企业根据本企业的实际情况,选择采用先进先出法确定发出存货的成本,那么原则上就不能随意改变。因为只有这样,才能使该企业所确定的发出存货的成本从而期末存货价值和营业利润等会计信息,在前后年度之间具有可比性。

当然,可比性并不要求不同类型的业务采用相同的会计方法。例如,企业部分资产按历史成本反映,但另外一部分资产按成本与市价孰低原则反映;一些固定资产(如房屋)按平均年限法进行折旧,另一些固定资产(如运输车辆)按其他折旧方法(如工作量法)进行折旧。这些差异化的做法与可比性要求并不冲突。

2.4.5 实质重于形式

所谓实质重于形式,是指企业应当按照交易或者事项的经济实质进行会计确认、计量和报告,不应仅以交易或者事项的法律形式为依据。

如前所述,财务会计报告的目标是提供有助于股东、债权人等利益相关者作出经济决策的会计信息。因此,财务会计报告必须能够反映企业发生的交易或者事项的经济事实,而不能拘泥于其法律形式。例如,在租赁业务中,按照合同规定,承租方在租赁期间内拥有的是租赁资产的控制权和使用权,而不是所有权;租赁资产的所有权,从法律意义和合同规定上看,在租赁期间内则是为出租方保留的。因此,就法律形式来讲,租赁资产就不是承租方拥有的资产。但是,鉴于承租方业已取得了租赁资产的控制权和使用权,且这种控制权是长期的或者说是非短期的,企业会计准则要求承租人将租赁资产反映为表内资产。

2.4.6 重要性

所谓重要性,是指企业提供的会计信息应当反映与企业财务状况、经营成果和现金流量等有关的所有重要交易或者事项。各种交易或者事项是否重要,其判断标准是这些交易或者事项所产生的会计信息,是否会对股东、债权人等财务会计报告使用者的经济决策产生重要影响。换言之,如果该等会计信息的披露会影响财务会计报告使用者对企业的信念,这样的会计信息便是重要的,因此就应该予以披露。当然,重要与否没有清晰的界限,很大程度上取决于会计师的职业判断。

重要的交易或者事项应当加以反映,并不意味着"非重要"的交易或者事项就可以根本不加以反映。事实上,只要是企业发生的交易或者事项,或多或少都会对财务会计报告使用者的经济决策产生影响。因此,也就很难界定究竟哪些是不重要从而可以不反映的。会计实务中的实际做法是,对于"次要"的交易或者事项,就不必按照严格的会计程序和方法进行处理,而可以适当简化处理。例如,单位价值较小的生产工具(如普通铁锤),可以不必作为固定资产入账,因此也就不必逐期进行折旧,而是作为低值易耗品在领用时一次性转为费用,或者在领用时摊销一半,报废时再摊销另一半。这样既不严重影响企业经营成果和财务状况的公允表达,也可以大大减少会计核算和管理的成本。

2.4.7 谨慎性

所谓谨慎性,也称稳健性,是指企业对交易或者事项进行会计确认、计量和报告应当保持应有的谨慎,不应高估资产或者收益、低估负债或者费用。

如果企业生产经营和财务活动面临的环境都是确定的,那么交易或者事项的会计确认、计量和报告也就是确定性的,从而也就无须提出谨慎性要求了。但是,企业的生产经营和财务活动往往面临诸多的风险和不确定性,无论是资产或者收益的确认和计量,还是负债或者费用的确认和计量,都需要基于会计师的职业判断。既是判断,就可能产生偏颇。谨慎性要求"不应高估资产或者收益、低估负债或者费用",以使财务会计报告的结果较企业实际的情形更为谨慎,而不是更为乐观。例如,每个会计年度末,对有关资产项目(诸如应收账款、存货、固定资产等)的价值进行评估,如果发现资产的现行价值低于原来的账面价值,即资产发生了减值,就计提资产减值准备,这便是会计遵循谨慎性要求的一种具体表现。

需要注意的是,谨慎性要求"不应高估资产或者收益、低估负债或者费用",并不意味着可以故意地低估资产或者收益、高估负债或者费用。如果企业那样做了,便是过度谨慎。那是不应该的,也是应该被限制的。

2.4.8 及时性

所谓及时性,是指企业对于已经发生的交易或者事项,应当及时进行会计确认、计量和报告,不得提前或者延后。

会计信息对于财务会计报告使用者的经济决策而言是有时效性的。即便是相关、可靠的会计信息,如果未能及时提供,对于财务会计报告使用者而言也是没有意义的,不能改进其经济决策,甚至会误导其经济决策。

根据及时性要求,企业应该及时搜集关于已发生的交易或者事项的会计信息,按照会计准则和制度要求及时处理会计信息,及时编制财务会计报告,并及时将财务会计报告传递给会计信息使用者。例如,按照规定,我国上市公司应该在年度结束后的四个月内发布年度报告。如果上市公司没有按此要求去做,年度报告发布过晚,会计信息就可能失去时效性。

2.5 会计原则

2.5.1 历史成本原则

历史成本原则,也称实际成本原则或原始成本原则,简称成本原则。根据该原则,资产或负债(从而所有者权益)应该按照交易发生时的取得成本或承诺支付的金额进行计量。就资产计价而言,凡是通过交易所取得的资产,都应该按该项资产取得时所支付的价格——现金支出加上非现金支出的现金等值(约当现金量)——计价入账,且不得随意改变。其言外之意便是,企业拥有的任何资产(经济资源),如果不是通过可以计量其成本的交易所获得的,就不能计价入账。例如,在企业发展过程中逐渐形成的商誉,是企业多方面努力的综合结果,而不是通过可计量其成本的具体交易获得的。因此,根据历史成本原则,企业自创的商誉就不可以入账。

企业是否应该不论资产市价如何变化而始终如一地报告其历史成本,在会计理论界和实务界都存在很大的争议。鉴于资产的市价会随着时间而变化,资产账面价值似乎应随着资产实际价值亦即市场价值的变化而做相应的调整,并且使用这些资产的费用(如固定资产的折旧费用)的计算也应该以调整后的资产账面价值为基础。具体可以采用的计量标准包括重置成本、可变现净值、现行市价及公允价值等。以这些市场价值计量所产生的会计信息,相较于按历史成本计量所产生的会计信息,对于投资者进行证券估值和评估管理层对公司资源的使用效果等可能更为有用。

尽管其他计量标准对历史成本原则的挑战与日俱增,历史成本原则依然是资产和负债计量的基本原则。这是因为,资产市场价值的估计总会面临许多技术上的困难,且容易受到人为操纵,而采用历史成本计量可以避免因主观估计市场价值而带来的诸多复杂问题,尤其是财务会计信息的不可靠问题。当然,历史成本原则在确保财务会计信息"可靠性"的同时,确实在一定程度上损害了财务会计信息的"相关性"。所以,现代财务会计实践中,人们在坚持历史成本原则的同时,也不断尝试在一些特定条件下采用其他一些基于市场价值的计量标准。例如,现行的国际会计准则和我国企业会计准则业已要求或者允许企业对一些交易业务或者会计事项使用公允价值计量标准。

我国《企业会计准则——基本准则》所规定的会计计量属性既包括历史成本,也包括重置成本、可变现净值、现值和公允价值。具体规定如下:

(1) 历史成本。在历史成本计量下,资产按照购置时支付的现金或者现金等价物的金额,或者按照购置资产时所付出的对价的公允价值计量。负债按照因承担现时义务而实际收到的款项或者资产的金额,或者承担现时义务的合同金额,或者按照日常活动中为偿还负债预期需要支付的现金或者现金等价物的金额计量。

(2) 重置成本。在重置成本计量下,资产按照现在购买相同或者相似资产所需支付的现金或者现金等价物的金额计量。负债按照现在偿付该项债务所需支付的现金或者现金等价物的金额计量。

(3) 可变现净值。在可变现净值计量下,资产按照其正常对外销售所能收到现金或者现金等价物的金额扣减该资产至完工时估计将要发生的成本、估计的销售费用以及相关税费后的金额计量。

(4) 现值。在现值计量下,资产按照预计从其持续使用和最终处置中所产生的未来净现金流入量的折现金额计量。负债按照预计期限内需要偿还的未来净现金流出量的折现金额计量。

（5）公允价值。在公允价值计量下，资产和负债按照市场参与者在计量日发生的有序交易中出售资产所能收到或者转移负债所需支付的价格计量。

企业在对会计要素进行计量时，一般应当采用历史成本，采用重置成本、可变现净值、现值、公允价值计量的，应当保证所确定的会计要素金额能够取得并可靠计量。

复习与思考 我国《企业会计准则——基本准则》所规定的会计计量属性包括哪几种？

2.5.2　实现原则

实现原则，也称收入确认原则，是指企业的收入应该在已实现时加以确认。所谓实现，是指由于销售商品或者提供服务而引起的现金或者现金索取权（如应收账款）的流入。例如，零售商店售出商品的同时就收到客户支付的现金，此时就可以确认收入。又如，在赊销情况下，销售方将所售商品交给了购买方，但购买方并未立即支付货款，而是根据双方约定在一段时间（如60天）之后支付货款。在这种情况下，尽管销售方在销售商品时尚未收到货款，但已经取得了收取货款的权利，那么也就可以确认收入了。

收入确认是财务会计中的一个敏感问题。如果收入确认不可靠，期间利润的反映就有问题。收入确认所面临的不确定性程度，不仅取决于交易过程的形式，也依赖于交易过程所处的社会经济环境。例如，在西方发达国家的早期财务会计实践中，冶炼黄金的企业可以在黄金生产过程完成之后即确认收入，而不必等到黄金销售之后。之所以可以这样处理，主要是因为黄金的销售在当时的社会经济环境中几乎是没有任何风险的，也就是说，黄金只要生产出来，就一定卖得出去，且销售价格也相当稳定。但是，在现代社会经济环境中，情形已非如此，因此，即便像黄金这样的特殊产品，也得在销售之后方可确认收入。

根据我国2017年颁布的修订后的《企业会计准则第14号——收入》的规定，企业应当在履行了合同中的履约义务，即客户取得相关商品（或服务）控制权时确认收入。其中，取得相关商品（或服务）控制权，是指能够主导该商品（或服务）的使用并从中获得几乎全部的经济利益。

2.5.3　配比原则

配比原则，也称匹配原则，是指收入的确认与相关费用的确认应该相互匹配。所谓匹配，就是当某一给定的交易或者事项既影响收入又影响费用时，这两方面的影响应该在同一会计期间内加以确认，以恰当反映该期间的利润。一般地，在应用配比原则时，首先要确定特定交易或者事项引起的收入应归属的期间及应确认的金额，然后将为产生该项收入而已经或将要发生的费用在该期间加以确认。也就是说，企业为生产产品、提供劳务等发生的可归属于产品成本、劳务成本等的费用,应当在确认产品销售收入、劳务收入等时,将已销售产品、已提供劳务的成本等计入当期损益。例如,当一家商贸公司以 150 000 元的销售价格赊销采购成本为 120 000 元的商品时,首先要确定该笔收入应该在哪个会计期间加以确认,然后再相应地考虑相关费用的确认。根据前面讨论的实现原则,该笔收入应该在赊销当期加以确认,而无须等到收款之时。那么,为取得该笔收入而发生的费用——该批商品的采购成本 120 000 元,也就应该在赊销当期加以确认。

在会计实践中,配比其实具有相对性。这是因为有些费用很难说究竟与哪一项特定收入相关。例如,某一特定会计期间发生的销售费用、管理费用和财务费用等间接费用,往往难以具体认定它们究竟与哪一项特定收入相关,因此也就难以完全做到与相关收入相互配比。所以,在会计实务中,对于这些间接费用,并不强调它们与具体收入项目的配比,而是要求它们在发生的期间加以确认,故被称为"期间费用"。此外,对于一些与当期营业不相关的成本,如果它们与未来期间的收入也不相关,那么就把这些成本作为当期费用处理。

2.5.4 划分收益性支出与资本性支出原则

划分收益性支出与资本性支出原则,是指将支出区分为收益性支出和资本性支出,并对它们采取不同的会计处理办法。所谓收益性支出,是指为取得本期收益而发生的支出,会计处理上将其作为本期费用入账。所谓资本性支出,是指为取得本期及以后多期收入而发生的支出,会计处理上将其资本化,即作为资产入账。简而言之,收益性支出与资本性支出的主要区别就在于,前者的发生只有助于企业在本期实现收入,而后者的发生则有助于企业在未来期间实现收入,亦即它们的受益期不同。例如,本期销售业务中发生的业务性费用,属于收益性支出,因为它们对于以后期间的收入实现基本不会发挥作用,故应该在本期作为费用入账。而企业为采购生产设备发生的支出,则应该加以资本化,记为固定资产,并且在固定资产使用寿命期内分期计提折旧,以使固定资产折旧费用与固定资产使用寿命期各会计期间的收入相配比。

严格划分收益性支出与资本性支出,既有助于正确反映各会计期间的经营成果(利润),又有助于恰当反映企业在特定时点的财务状况(资产价值和所有者权益)。

本章小结

财务会计报告的目标是向财务会计报告使用者(包括投资者、债权人、政府及其有关部门和社会公众等)提供与企业财务状况、经营成果和现金流量等有关的会计信息,反映企业管理层受托责任履行情况,有助于财务会计报告使用者作出经济决策。

财务会计报告是建立在财务会计核算(包括确认和计量)基础上的。会计主体、持续经营、会计分期及货币计量,是会计核算的四个前提假设。会计基础包括权责发生制和收付实现制,企业应当以权责发生制为基础进行会计确认、计量和报告,即企业在某一会计期间确认收入和费用时应当以应收应付为标准。

可靠性、相关性、可理解性、可比性、实质重于形式、重要性、谨慎性和及时性等,是衡量会计信息质量的一般要求。提出这些一般要求的目的,是使财务会计报告所提供的会计信息达到必要的质量标准。历史成本原则、实现原则、配比原则、划分收益性支出与资本性支出原则,是会计核算所遵循的基本原则。这些基本原则的作用在于使财务会计信息恰当地反映企业财务状况和经营成果,并增强纵向和横向会计信息之间的可比性。

重要名词

财务会计报告(Financial Reports)
会计主体假设(The Accounting Entity Assumption)
持续经营假设(The Going Concern Assumption)
会计分期假设(The Periodicity Assumption)
货币计量假设(The Monetary Assumption)
权责发生制/应计制(Accrual Basis)
收付实现制/现金制(Cash Basis)
可靠性/真实性(Reliance)
相关性(Relevance)
可理解性(Understandability)
可比性/一致性(Consistency)
实质重于形式(Substance over Form)
重要性(Materialism Practice)
谨慎性/稳健性(Conservatism)
及时性(Timeliness)
历史成本原则(Historical Cost Principle)
实现原则(Realization Principle)
配比原则(Matching Principle)
划分收益性支出与资本性支出原则(Classifying Revenue Expenditures and Capital Expenditures Principle)

思考题

1. 作为衡量会计信息质量的两个基本特征,"相关性"与"可靠性"可能会存在一定的冲突。请结合中国的实际情况,分析说明两者可能存在的冲突,并提出缓解这种冲突的建议。

2. 历史成本原则是会计确认、计量和报告的基本原则之一。你认为历史成本原则的重要性何在?随着公允价值计量模式被越发广泛地应用,应该如何看待历史成本原则的存在价值?

3. 谨慎性是现代会计发展的一个重要特征。你认为会计的谨慎性特征对于股票投资者而言意味着什么?现代会计为什么要求谨慎,但又不赞成过度谨慎?

4. 财务会计报告使用者包括投资者、债权人、政府及其有关部门和社会公众等诸多利益相关者。为了实现共同富裕目标,你认为财务会计报告应该如何平衡不同利益相关者的会计信息需求?

第 3 章 资产负债表与利润表

[学习目标]

通过本章的学习，你应该掌握：
1. 资产负债表的基本结构和项目分类；
2. 利润表的基本结构和项目分类；
3. 资产负债表和利润表分析的基本指标。

[素养目标]

通过本章的学习，深刻领会资产负债表与利润表的基本结构特征和项目分类规则，充分认识会计信息在现代企业产权保护中的重要作用，以及其对企业可持续发展的重要意义。

[小故事/小案例]

教授 Z 在给 MBA 学生讲授资产负债表和利润表之间的基本钩稽关系这个知识点之后，同学 M 有些疑惑不解。下课之后，M 与 Z 进行了个别交流。M 对 Z 说："老师，您讲课思路总体非常清晰，但是，有一个问题我还是不太明白，就是为什么本年实现利润的未分配部分（即未分配利润或留存收益）需要填在资产负债表的右下方呢？"Z 问 M："你觉得这样填上未分配利润有什么不妥吗？"M 回答道："资产负债表右边填了未分配利润，而左边没有相应填上这个数字，那么，资产负债表左边（资产）与右边（负债及所有者权益）怎么能够平衡呢？"

Z 虽已有多年的教学经验，但这个问题还是第一回遇到，一时还真不知道该如何解释才能让 M 明白。于是，Z 把皮球踢回给对方，反问 M："你可否告诉我，如果资产负债表的右边不填上未分配利润，那么资产负债表左右两边会平衡吗？"M 还真的被 Z 问住了。Z 接着说："既然你难以回答我的问题，就可能意味着，如果资产负债表的右边不填上未分配利润，那么资产负债表左右两边就会失去平衡；而只有在资产负债表右边填上了未分配利润，才能使资产负债表左右两边保持平衡。"M 觉得 Z 说得似乎有道理，但还是不明白个中缘由，希望 Z 能从正面回答问题。但是，Z 始终未从正面予以回答，而是对 M 说："如果你要弄清楚上述问题，那就首先去想明白另一个更基本的问题：未分配利润是怎样形成的？它与资产变化具有什么样的关系？"

带着 Z 留下的问题，M 离开了教室。某一天，在反复阅读课本上资产负债表与利润表基本结构和项目分类部分的内容之后，M 顿觉自己找到了答案。兴奋之际，M 拿起电话与 Z 进行了沟通，讲述了自己对上述问题的最新理解。这一回，M 的理解得到了 Z 的肯定。

3.1 资产负债表

3.1.1 资产负债表的基本结构

资产负债表是企业对外提供的主要财务报表之一。它是反映企业在某一特定时点(或者说日期,下同)的财务状况的会计报表。所谓财务状况,是指企业在特定时点的资产、负债及所有者权益状况。资产负债表是根据资产、负债和所有者权益(或称股东权益,下同)之间的相互关系,按照一定的分类标准和顺序,将企业在特定时点的资产、负债和所有者权益各项目予以适当排列,并对日常核算中形成的会计数据进行加工、整理后编制而成的。资产负债表旨在报告企业在特定时点所拥有或控制的经济资源、所承担的现有义务和所有者对净资产的要求权。

资产负债表所反映的内容,表现为资产与负债及所有者权益之间的平衡关系,因此,资产负债表又被称为平衡表。从资产负债表的编制原理来讲,资产负债表中各项目的金额,基本上是有关资产、负债及所有者权益账户的余额,因此,资产负债表也被称为余额表。类似地,由于资产负债表所反映的内容事实上是关于企业在某一特定时点的财务状况,因此资产负债表也被称为财务状况表。表3-1列示的是简化的ABC公司资产负债表。

表3-1 ABC公司资产负债表

20××年12月31日 单位:元

资产		负债及所有者权益	
流动资产:		流动负债:	
现金	2 356 879	短期借款	3 335 862
交易性金融资产	256 321	应付账款	5 689 123
应收账款	6 873 247	应交税费	246 338
存货	10 136 472	应付职工薪酬	332 868
流动资产合计	19 622 919	流动负债合计	9 604 191
非流动资产:		非流动负债:	
长期股权投资	3 456 889	长期借款	8 573 837
固定资产	16 117 325	负债合计	18 178 028
减:累计折旧	4 276 883	所有者权益:	
固定资产净值	11 840 442	实收资本	11 276 421
无形资产	3 197 426	留存收益	8 663 227
非流动资产合计	18 494 757	所有者权益合计	19 939 648
资产总计	38 117 676	负债及所有者权益总计	38 117 676

从表 3-1 列示的 ABC 公司简明资产负债表可以看到,企业资产总计与负债及所有者权益总计是完全相等的。这种相等关系也叫作平衡关系。从原理上讲,这种平衡关系可以有两种解释。第一种解释为资金来源与资金运用之间的平衡。企业是一个法人组织。企业的任何一笔资金,总有一定的来源。从大的方面来看,企业资金的来源无外乎两条途径:一是股东的资金,二是债权人的资金。来源于股东的资金,既包括初始投资(如实收资本),也包括直接或间接的追加投资(如留存收益)。来源于债权人的资金,既包括企业从银行等金融机构借入的资金(如短期借款和长期借款),也包括在交易活动中形成的各种债务(如应付账款、应交税费和应付职工薪酬等)。与此同时,企业的任何一笔资金,无论来源多么不同,在进入企业之后,总是以一定的形式存在着,这就是资金的运用。对于绝大多数企业来讲,资金运用的两个基本方面是现金、应收账款和存货等流动资产,以及房屋、机器设备等固定资产。此外,还可能有各种投资和无形资产等。总之,会计的基本平衡等式——资产=负债+所有者权益,可以解释为:企业来源于股东和债权人的每一笔资金,都以一定的形态存在着,有来源就有运用;换言之,企业运用在资产上的任何一笔资金,总有其来源,不是来自股东就是来自债权人。

资产与负债及所有者权益的平衡关系的第二种解释,是企业拥有的经济资源与相关利益人对企业的索取权之间的平衡。资产负债表左边列示的资产是资产负债表日企业拥有的经济资源,右边列示的负债和所有者权益是资产负债表日债权人和股东对企业的索取权。从静态的观点来看,企业拥有的经济资源,在扣除负债(即债权人对企业的索取权)之后,便是股东对企业的索取权。在表 3-1 中,ABC 公司在 20××年 12 月 31 日的资产即企业在该日拥有的经济资源总计是 38 117 676 元,负债即债权人对企业的索取权是 18 178 028 元,则所有者权益即股东对企业的索取权为两者之差,即 19 939 648 元(38 117 676 - 18 178 028)。但是,从动态的观点来看,所有者权益即股东对企业的索取权可能大于也可能小于账面资产与账面负债之差。例如,一家优秀的公司在实际出售时资产的售价可能远远高于其账面价值,而负债即债权人对企业的索取权通常是固定的,因此资产变现金额与需要偿还的负债之差就会远远高于账面所有者权益。与此相反,一家失败的公司在破产清算时资产的变现金额往往远远低于其账面价值,故资产变现金额与需要偿还的负债之差就会远远低于账面所有者权益。这些情况表明,账面所有者权益数字仅仅是账面意义上的股东对企业的索取权。企业拥有的经济资源与相关利益人对企业的索取权之间的平衡关系事实上具有不确定性。因此,以这种平衡关系来解释资产与负债及所有者权益之间的平衡,就存在一定的局限性。此外,终极意义上的索取只有在企业清算时才成为现实,这与持续经营假设是不一致的。

资产负债表数据能够揭示的只是在资产负债表日的企业财务状况,即静态的财务状况,而不能揭示这种静态财务状况是怎么形成的。因此,欲了解企业的广义财务情况,还要依赖于后面将要介绍的利润表和现金流量表。

表 3-1 中的资产负债表的格式是账户式的。账户式资产负债表,左边列示资产,右边列示负债和所有者权益。资产负债表的格式也可以是报告式的。报告式资产负债表,上边列示资产,中间列示负债,最下边列示所有者权益。

3.1.2 资产负债表的项目分类

如前所述,资产负债表反映的是企业在某一特定时点的资产、负债及所有者权益状况。就具有一定规模的企业而言,资产、负债及所有者权益的具体种类往往纷繁复杂,因此,如果不对资产、负债和所有者权益进行适当分类,而是直接在资产负债表上反映所有具体要素内容,资产负债表将会十分杂乱。例如,一家大型商业零售企业,其拥有的库存商品的具体品种往往数以万计。显然,将各种存货的具体情况都在资产负债表上加以反映是不现实的——资产负债表不能那么杂乱,而且也是不必要的——财务会计报告使用者并不需要如此具体的会计信息。

根据重要性原则,资产负债表项目分类的基本要求应该是,既充分反映企业财务状况的重要信息,又便于财务报表使用者的阅读与理解。也就是说,财务状况的重要方面必须加以充分表达,但又不能事无巨细。报表信息过于琐细,不利于财务会计报告使用者的阅读和理解。资产负债表项目分类应该做到同一项目(类别)中的各构成要素在重要方面彼此相似,不同项目(类别)在重要方面彼此有别。例如,制造业企业的原材料、半成品和产成品等,以及商业企业的库存商品等,无论它们的物质形态等有多大的差异性,由于它们都是企业生产经营的对象,因此都归类为存货。类似地,房屋、建筑物及机器设备等,无论其具体功能等有多大差异,由于它们都是企业生产经营的手段或工具,且经久耐用,因此都归类为固定资产。资产负债表项目的区分,主要看重的也不是它们的外在形式,而是依据它们的内容实质。例如,存货区别于固定资产,不是因为别的,而是因为它们在企业中所起的作用不同。对于房地产开发企业而言,已建成但尚未出售的房屋是存货;而对于购买房屋并将其作为生产经营或办公用房的企业而言,房屋便是固定资产。

各国资产负债表的项目分类和列报方式可能不尽一致,其原因在于各国商业实践中形成的习惯不同和财务会计报告使用者的要求不同。但是,通行的做法是按照流动性进行分类和列报,即资产和负债都区分为流动性项目和非流动性项目,且将流动性项目列在前面,将非流动性项目列在后面。这样做的主要考虑是,财务会计报告使用者在阅读和分析资产负债表时,一般首先关注企业的流动性方面,即关注企业短期资产的周转效率和短期负债的偿还能力,然后再关注企业长期资产的状况和长期负债的偿还能力等。

根据我国《企业会计准则第30号——财务报表列报》的规定,资产和负债应当分别流动资产和非流动资产、流动负债和非流动负债列示。金融企业等销售产品或提供服务不具有明显可识别营业周期的企业,其各项资产或负债按照流动性列示能够提供可靠且更相关信息的,可以按照其流动性顺序列示。

资产满足下列条件之一的,应当归类为流动资产:① 预计在一个正常营业周期中变现、出售或耗用;② 主要为交易目的而持有;③ 预计在资产负债表日起一年内变现;④ 自资产负债表日起一年内,交换其他资产或清偿负债的能力不受限制的现金或现金等价物。正常营业周期,是指企业从购买用于加工的资产起至实现现金或现金等价物的期间。正常营业周期通常短于一年。因生产周期较长等导致正常营业周期长于一年的,尽管相关资产往往超过一年才变现、出售或耗用,仍应当划分为流动资产。正常营业周期不能确定的,应当以一年(12个月)作为正常营业周期。流动资产以外的资产应当归类为非流动资产,并应按其性质分类列示。

按照规定,负债满足下列条件之一的,应当归类为流动负债:① 预计在一个正常营业周期中清偿;② 主要为交易目的而持有;③ 自资产负债表日起一年内到期应予以清偿;④ 企业无权自主地将清偿推迟至资产负债表日后一年以上。流动负债以外的负债应当归类为非流动负债,并应当按其性质分类列示。对于在资产负债表日起一年内到期的负债,企业预计能够自主地将清偿义务展期至资产负债表日后一年以上的,应当归类为非流动负债;企业预计不能自主地将清偿义务展期的,即使在资产负债表日后、财务报告批准报出日前签订了重新安排清偿计划协议的,该项负债仍应当归类为流动负债。此外,企业在资产负债表日或之前违反了长期借款协议,导致贷款人可随时要求清偿的负债,应当归类为流动负债。贷款人在资产负债表日或之前同意提供在资产负债表日后一年以上的宽限期,在此期限内企业能够改正违约行为,且贷款人不能要求随时清偿的,该项负债应当归类为非流动负债。

企业对资产和负债进行流动性分类时,应当采用相同的正常营业周期。企业正常营业周期中的经营性负债项目即使在资产负债表日后超过一年才予以清偿,仍应当划分为流动负债。经营性负债项目包括应付账款、应付职工薪酬等,这些项目属于企业正常营业周期中使用的营运资金的一部分。

复习与思考　在资产负债表项目分类中如何区分流动性项目与非流动性项目?

3.1.3　资产类项目

资产是指企业过去的交易或者事项形成的、由企业拥有或者控制的、预期会给企业带来经济利益的资源。其中,"企业过去的交易或者事项",包括购买、生产、建造行为或其他交易或者事项;"由企业拥有或者控制",是指企业享有某项资源的所有权,或者虽然不享有某项资源的所有权,但该资源能为企业所控制;"预期会给企业带来经济利益",是指直接或者间接导致现金和现金等价物流入企业的潜力。

符合上述资产定义的资源,在同时满足以下条件时,确认为资产:① 与该资源有关的经济利益很可能流入企业;② 该资源的成本或者价值能够可靠地计量。

符合资产定义和资产确认条件的项目,应当列入资产负债表;符合资产定义但不符合资产确认条件的项目,不应当列入资产负债表。

按照我国《企业会计准则第30号——财务报表列报》的规定,资产负债表中的资产类至少应当单独列示反映下列信息的项目:① 货币资金;② 以公允价值计量且其变动计入当期损益的金融资产;③ 应收款项;④ 预付款项;⑤ 存货;⑥ 被划分为持有待售的非流动资产及被划分为持有待售的处置组中的资产;⑦ 可供出售金融资产;⑧ 持有至到期投资;⑨ 长期股权投资;⑩ 投资性房地产;⑪ 固定资产;⑫ 生物资产;⑬ 无形资产;⑭ 递延所得税资产。

1. 货币资金

货币资金是指可以立即用于支付的资金,主要包括现金(钞)、银行存款及其他货币资金。企业持有的、个人或外单位开出的可立即向银行兑现的即期或到期支票、银行本票、银行汇票、旅行支票等,通常也视同银行存款。其他货币资金是指出于某种特定目的的存款,如外埠存款、信用证保证金存款、存出投资款等以及在途货币资金。然而,那些原本属于货币资金,但在资产负债表日已经失去货币资金特征的资产项目,如被冻结的银行存款等,则应该从货币资金项目中被排除。

2. 以公允价值计量且其变动计入当期损益的金融资产

以公允价值计量且其变动计入当期损益的金融资产,包括:① 根据《企业会计准则第22号——金融工具确认和计量》第十九条的规定分类为以公允价值计量且其变动计入当期损益的金融资产;② 根据《企业会计准则第22号——金融工具确认和计量》第二十条的规定指定为以公允价值计量且其变动计入当期损益的金融资产;③ 根据《企业会计准则第24号——套期会计》第三十四条的规定在初始确认或后续计量时指定为以公允价值计量且其变动计入当期损益的金融资产。

3. 应收款项

应收款项是指各种应收而未收的结算款项,主要包括应收账款、应收票据和其他应收款等。其中,应收账款是指一般商业信用销售过程中所形成的客户欠企业的购货款;应收票据是指在票据结算方式下所形成的客户欠企业的购货款或其他款项;其他应收款是指客户以外的其他单位或个人所欠企业的款项。

4. 预付款项

预付款项是指在采购货物或接受服务之前预先支付给供应商的款项。

5. 存货

存货是指企业在日常活动中持有的以备出售的产成品或商品、处于生产过程中的在产品、在生产过程或提供劳务过程中耗用的材料和物料等。我国企业会计准则规定,存货同时满足下列两个条件时才能予以确认:① 与该存货有关的经济利益很可能流入企业;② 该存货的成本能够可靠地计量。

6. 被划分为持有待售的非流动资产及被划分为持有待售的处置组中的资产

同时满足下列条件的非流动资产应当划分为持有待售:一是企业已经就处置该非流动资产作出决议;二是企业已经与受让方签订了不可撤销的转让协议;三是该项转让将在一年内完成。持有待售的非流动资产包括单项资产和处置组。被划分为持有待售的非流动资产应当归类为流动资产。

7. 可供出售金融资产

可供出售金融资产通常是指企业初始确认时即被指定为可供出售的非衍生金融资产,以及没有划分为以公允价值计量且其变动计入当期损益的金融资产、持有至到期投资、贷款和应收款项的金融资产。

8. 持有至到期投资

持有至到期投资是指企业购买的准备持有至到期的投资。也就是说，企业在购买这些投资之后，并不准备在投资到期之前出售，而是准备在投资到期之后收回投资本金和投资收益。

9. 长期股权投资

长期股权投资是指企业长期持有的其他企业的股权，包括以现金支付取得的长期股权投资、以发行权益性证券取得的长期股权投资、投资者投入的长期股权投资、通过非货币性资产交换取得的长期股权投资、通过债务重组取得的长期股权投资及企业合并形成的长期股权投资。

10. 投资性房地产

投资性房地产是指为赚取租金或资本增值，或两者兼有而持有的房地产，包括已出租的土地使用权、持有并准备增值后转让的土地使用权及已出租的建筑物。

11. 固定资产

固定资产是指同时具备下列特征的有形资产：① 为生产商品、提供劳务、出租或经营管理而持有的；② 使用寿命超过一个会计年度。这里所称的使用寿命，是指企业使用固定资产的预计期间，或者该固定资产所能生产产品或提供劳务的数量。固定资产只有同时满足以下条件才能予以确认：① 与该固定资产有关的经济利益很可能流入企业；② 该固定资产的成本能够可靠地计量。

12. 生物资产

生物资产是指有生命的动物和植物，包括消耗性生物资产、生产性生物资产及公益性生物资产。消耗性生物资产是指为出售而持有的或在将来收获为农产品的生物资产，包括生长中的大田作物、蔬菜、用材林以及存栏待售的牲畜等；生产性生物资产是指为产出农产品、提供劳务或出租等目的而持有的生物资产，包括经济林、薪炭林、产畜和役畜等；公益性生物资产是指以防护、环境保护为主要目的的生物资产，包括防风固沙林、水土保持林和水源涵养林等。

13. 无形资产

无形资产是指企业拥有或者控制的没有实物形态的可辨认非货币性资产。主要包括专利权、非专利技术、商标权及著作权等。这里所称的可辨认，是指：① 能够从企业中分离或者划分出来，并能单独或者与相关合同、资产或负债一起，用于出售、转移、授予许可、租赁或者交换；② 源自合同性权利或其他法定权利，无论这些权利是否可以从企业或其他权利和义务中转移或者分离。无形资产在同时满足下列条件时才能予以确认：① 与该无形资产有关的经济利益很可能流入企业；② 该无形资产的成本能够可靠地计量。

14. 递延所得税资产

递延所得税资产是指因暂时性差异导致的应交所得税大于所得税费用之差额。

需要说明的是，根据2017年修订的《企业会计准则第37号——金融工具列报》，金融资产分别列示为"以摊余成本计量的金融资产""以公允价值计量且其变动计入其他综合收益的金融资产"和"以公允价值计量且其变动计入当期损益的金融资产"（详见本书第7章第2节）。因此，已经执行2017年修订的企业会计准则的企业（首先执行新修订准则的是上市公司),就不再列示"可供出售金融资产"和"持有至到期投资";原"被划分为持有待售的非流动资产及被划分为持有待售的处置组中的资产",更名为"持有待售的非流动资产或持有待售的处置组中的资产"。

3.1.4 负债类项目

负债是指企业过去的交易或者事项形成的、预期会导致经济利益流出企业的现时义务。所谓现时义务,是指企业在现行条件下已承担的义务。未来发生的交易或者事项形成的义务,不属于现时义务,不应当确认为负债。

符合上述负债定义的义务,在同时满足以下两个条件时,确认为负债:① 与该义务有关的经济利益很可能流出企业;② 未来流出的经济利益的金额能够可靠地计量。

按照我国《企业会计准则第30号——财务报表列报》的规定,资产负债表中的负债类至少应当单独列示反映下列信息的项目:① 短期借款;② 以公允价值计量且其变动计入当期损益的金融负债;③ 应付款项;④ 预收款项;⑤ 应付职工薪酬;⑥ 应交税费;⑦ 被划分为持有待售的处置组中的负债;⑧ 长期借款;⑨ 应付债券;⑩ 长期应付款;⑪ 预计负债;⑫ 递延所得税负债。

1. 短期借款

短期借款是指从银行等金融机构借入的、偿还期限短于一年(含一年)的借款,主要包括一般的经营周转借款、票据贴现借款、应收账款或存货抵押借款等。

2. 以公允价值计量且其变动计入当期损益的金融负债

以公允价值计量且其变动计入当期损益的金融负债,包括交易性金融负债和直接指定为以公允价值计量且其变动计入当期损益的金融负债。

3. 应付款项

应付款项是指各种应付而未付的结算款项,主要包括应付账款、应付票据、应付股利、其他应付款等。其中,应付账款是指一般商业信用形式下的采购业务所形成的对供应商的欠款;应付票据是指票据(包括商业承兑票据和银行承兑票据)结算方式下形成的对供应商的欠款。

4. 预收款项

预收款项是指提供商品或劳务之前从采购方那里收取的款项。

5. 应付职工薪酬

应付职工薪酬是指应付而尚未支付给职工的薪酬。职工薪酬是指企业为获得职工提供的服务或解除劳动关系而给予的各种形式的报酬或补偿,包括短期薪酬、离职后福利、辞退福利和其他长期职工福利。企业提供给职工配偶、子女、受赡养人、已故员工遗属及其他受益人等的福利也属于职工薪酬。

6. 应交税费

应交税费是指应交而未交的各种税款,主要包括应交增值税和应交所得税等。

7. 被划分为持有待售的处置组中的负债

被划分为持有待售处置组中的负债,是指按转让协议约定随处置组一并转让并已转入持有待售明细科目的负债。

已执行2017年修订的企业会计准则的企业,应将其列示为"持有待售的处置组中的负债"。

8. 长期借款

长期借款是指从银行等金融机构或其他单位借入的、偿还期限长于一年的借款。在资产负债表上反映的长期借款,有可能既包括借款本金,也包括应计利息。是否包括利息,取决于长期借款的利息结付方式。

9. 应付债券

应付债券是指企业发行的一年期以上的债券本金及应计利息。

10. 长期应付款

长期应付款是指各种期限在一年以上的应付而未付的款项,主要包括应付引进设备款等。

11. 预计负债

预计负债是指满足以下条件的、与或有事项相关的义务:该义务是企业承担的现时义务;履行该义务很可能导致经济利益流出企业;该义务的金额能够可靠地计量。预计负债应当按照履行相关现时义务所需支出的最佳估计数进行初始计量。所谓或有事项,是指过去的交易或者事项形成的,其结果须由某些未来事项的发生或者不发生才能决定的不确定事项。

12. 递延所得税负债

递延所得税负债是指因暂时性差异导致的应交所得税小于所得税费用之差额。

3.1.5 所有者权益类项目

所有者权益是指企业资产扣除负债后由所有者享有的剩余权益。公司的所有者权益又称为股东权益。所有者权益的来源包括所有者投入的资本、直接计入所有者权益的利得和损失、留存收益等。所谓直接计入所有者权益的利得和损失,是指不应计入当期损益、会导致所有者权益发生增减变动的、与所有者投入资本或向所有者分配利润无关的利得或损失。其中,利得是指由企业非日常活动所形成的、会导致所有者权益增加的、与所有者投入资本无关的经济利益的流入;损失是指由企业非日常活动所发生的、会导致所有者权益减少的、与向所有者分配利润无关的经济利益的流出。

按照我国《企业会计准则第30号——财务报表列报》的规定,资产负债表中的所有者权益类至少应当单独列示反映下列信息的项目:① 实收资本(或股本);② 资本公积;③ 盈余公积;④ 未分配利润。在合并资产负债表中,应当在所有者权益类单独列示少数股东权益。

1. 实收资本(或股本)

实收资本是指非股份公司制企业投资人的投入资本。股本是指股份公司的投资人购买公司股票所交款项中相当于所购股票的面值部分。

在股份有限公司中,股东以购买股票(股份)的方式出资。根据《公司法》,股东按股份比例分享公司利益和承担公司义务。因此,当股东以超过股票面额的价格购买股票时,股东实际缴入企业的资本将区分为两个部分分别反映:实缴资本中相当于股票面额的部分记为"股本",而实缴资本超过股票面额的部分则记入"资本公积"。

2. 资本公积

资本公积是指来源于盈利之外的公共性的资本积累,主要包括股票发行溢价、法定财产重估增值、接受捐赠的资产价值等。所谓公共性的资本积累,是指这部分权益属于公司所有股东的共同权益。

3. 盈余公积

盈余公积是指企业按法规要求或自身发展需要从税后净利润中提取的利润积累。

4. 未分配利润

未分配利润是指企业历年已实现利润中留于以后年度分配或待分配的部分。未分配利润与盈余公积不同:盈余公积是确定留存于公司的利润,即决定用于积累而不支付给股东的利润;未分配利润则是尚未确定究竟是留存于公司还是支付给股东的利润,即待分配利润。从这一意义上讲,公司有着更多的未分配利润时,其财务灵活性就更大些。

人们往往认为,盈余公积和未分配利润数额越大,公司积累的现金就越充裕。其实,这是一种误解。诚然,盈余公积和未分配利润与公司现金积累之间确实有一定的联系,但却不是简单的对应关系。一家公司可能有很丰厚的盈余公积和未分配利润,但现金紧缺。这是因为,即便在留存利润的那一时点公司有着相对应的现金量,但随着时间的推移,这些现金或者被投资于长期资产,或者被运用于现金以外的流动资产,或者被用于偿还债务或支付股利等。

3.2 利润表

3.2.1 利润表的基本结构

如前所述,资产负债表报告的是企业在一定时点的财务状况,而这里所要讨论的利润表,也称收益表或损益表,则是汇总企业在一定时期内的经营成果。资产负债表是一种静态报表,利润表则是一种动态报表。

从财务角度看,企业经营循环表现为资金循环。一般地,货币资金是企业运行之初最一般的资金存在形态;随后,企业通过购建固定资产、采购原材料以及雇用员工等,为生产经营过程准备各种要素;之后,再经过一系列的"生产加工"过程,形成产品(包括服务,下同);产品经销售收回现金,或形成应收账款之后再收回现金,回到货币资金形态。利润表就是要汇总反映企业经营循环亦即资金循环过程中所发生的收入、费用,以及由收入和费用所决定的利润。通常,我们将企业赚取利润的业务活动称为经营活动,以区别于相对独立于这些经营活动的财务活动,亦即融资和投资活动。

利润表的基本结构是由两大部分组成的,即收入和费用。

收入是指企业在日常活动中形成的、会导致所有者权益增加的、与所有者投入资本无关的经济利益的总流入。这就是说,伴随着收入的实现,总是有经济利益流入企业,但是那些由所有者投入资本所引起的经济利益的流入不能算作收入,因为这不是企业经营活动的结果,而是企业财务活动的结果。此外,收入的确认需要满足一定的条件。收入只有在经济利益很可能流入从而导致企业资产增加或者负债减少,且经济利益的流入额能够可靠计量时才能予以确认。

有得必有失。经营活动在给企业带来收入的同时,也会导致费用的发生。费用是指企业在日常活动中发生的、会导致所有者权益减少的、与向所有者分配利润无关的经济利益的总流出。这就是说,伴随着费用的发生,总会有经济利益流出企业,但是那些因向所有者分配利润而导致的经济利益的流出不能算作费用,因为这不是经营活动引起的,而是由企业财务活动所引起的。费用的确认也需要满足一定的条件。费用只有在经济利益很可能流出从而导致企业资产减少或者负债增加,且经济利益的流出额能够可靠计量时才能予以确认。

企业为生产产品、提供劳务等发生的可归属于产品成本、劳务成本等的费用,应当在确认产品销售收入、劳务收入等时,将已销售产品、已提供劳务的成本等计入当期损益。这是配比原则的要求。此外,根据谨慎性原则的要求,企业发生的支出不产生经济利益的,或者即使能够产生经济利益但不符合或不再符合资产确认条件的,应当在发生时确认为费用,计入当期损益。企业发生的交易或者事项导致其承担了一项负债而又不确认为一项资产的,也应当在发生时确认为费用,计入当期损益。

利润是指企业在一定会计期间的经营成果。利润主要是收入减去费用后的净额,但还包括直接计入当期利润的利得和损失等。所谓直接计入当期利润的利得和损失,是指应当计入当期损益、会导致所有者权益发生增减变动的、与所有者投入资本或者向所有者分配利润无关的利得或损失。

利润表的格式分为单步式和多步式两种。单步式利润表的基本特点是,将所有收入和利得要素列于利润表的上部,所有费用和损失要素列于利润表的下部,一次计算出收入及利得与费用及损失的差额,即净利润或净亏损。多步式利润表的基本特点则是,将相关的收入及利得与费用及损失相互联系地加以列示,分步计算利润形成过程,从而能够在利润表中反映出投资收益、营业利润、营业外收支净额、净利润等分"步骤"的利润。

现代财务会计实务中多采用多步式利润表,其目的是便于财务报表使用者分析企业利润的来源结构,从而更准确地预测企业的未来利润。这是因为,来自不同途径的利润的可持续性不尽相同。只有那些具有持续性特征的利润构成部分,才具有真正的预测价值。ABC 公司简化的多步式利润表如表 3-2 所示。

表 3-2 ABC 公司利润表
20××年度(截至 12 月 31 日)　　　　　　　　　　　　　　　　　　单位:元

项目	金额
销售净额	50 869 463
减:销售成本	36 009 247
毛利	14 860 216
减:销售费用	3 659 221
管理费用	4 870 665
财务费用	2 789 762
加:投资收益	1 367 883
营业利润	4 908 451
加:营业外收入	653 126
减:营业外支出	1 302 464
税前利润	4 259 113
减:所得税费用	1 453 053
净利润	2 806 060

3.2.2 利润表的项目分类

在多步式利润表中,常见的报表项目如表 3-2 所示。按照我国《企业会计准则第 30 号——财务报表列报》的规定,利润表至少应当单独列示反映下列信息的项目,但其他会计准则另有规定的除外:① 营业收入;② 营业成本;③ 营业税金及附加;④ 管理费用;⑤ 销售费用;⑥ 财务费用;⑦ 投资收益;⑧ 公允价值变动损益;⑨ 资产减值损失;⑩ 非流动资产处置损益;⑪ 所得税费用;⑫ 净利润;⑬ 其他综合收益各项目分别扣除所得税影响后的净额;⑭ 综合收益总额。金融企业可以根据其特殊性列示利润表项目。

1. 营业收入

营业收入,也称销售收入或劳务收入等,是指企业在一定期间内销售商品或提供劳务的发票价格总额,减去销售退回及折让等之后的净额。所谓销售退回及折让,是指客户退回货物的销售价格及因为商品有缺陷或存在其他不符合合同要求的问题而给予客户的价格折让。由于销售退回和折让的金额业已在销售形成之时记为销售收入,故在发生销售退回和/或折让时,就应该据以冲减销售收入。

2. 营业成本

营业成本,也称销售成本,是指已销售产品(商品)或劳务的生产(采购)成本,也就是存货成本的减少额。利润表中反映的销售成本的口径,取决于产品生产成本或商品采购成本的计算口径。以制造业企业为例,产品生产成本的计算口径是制造成本,即产品制造过程中发生的直接材料、直接人工及制造费用,但不包括生产过程之外的经营、管理及财务费用。因此,销售成本事实上并非为实现销售收入而发生的全部费用,而仅仅是为实现销售收入而发生在生产环节的费用。

3. 营业税金及附加

营业税金及附加,是指除增值税以外的各种税金及附加税费。由于增值税是一种价外税,在发生时直接记为"应交税费"的增加,不计入营业收入,因此,本项目不包括增值税。

4. 管理费用

管理费用也称一般及行政管理费用,是指企业行政管理活动过程和其他一般性活动中所发生的各种费用,诸如行政管理部门使用的固定资产的折旧费用、管理人员工资、差旅费用、日常办公费用等。

5. 销售费用

销售费用也称营业费用,是指销售过程中发生的各种费用,诸如广告费用、运杂费用等。

6. 财务费用

财务费用,是指企业财务活动所发生的利息(净)支出及汇兑损益。财务费用的基本内容是负债利息支出。在财务会计实务中,由于存款的利息收入可以冲抵负债的利息支出,因此财务费用其实是利息支出与利息收入之差。另外,汇兑损益通常也计入财务费用,即汇兑收益冲抵财务费用,汇兑损失则增加财务费用。

7. 投资收益

投资收益,是指企业对外投资所实现的净收益;若为净损失,则以负数表示。具体包括债权投资的利息收入、股权投资的股息(红利)收入、债权或股权投资的买卖差价收入等。

8. 公允价值变动损益

公允价值变动损益,是指在公允价值计量模式下,由于金融工具、投资性房地产等的公允价值变动而导致的损益。

9. 资产减值损失

资产减值损失,是指由于资产减值准备计提而形成的损失。

10. 非流动资产处置损益

非流动资产处置损益,是指处置固定资产等非流动资产而产生的损益,即非流动资产处置价值与账面价值之间的差额。

11. 所得税费用

所得税费用,是指应计入当期损益的所得税费用。在财务会计利润与应税利润不一致的情况下,所得税费用未必简单地等于财务会计利润与所得税税率之乘积。

12. 净利润

净利润也称净收益,是指税前利润减去所得税费用之后的净额。它是归属于所有股东分享的利润。

13. 其他综合收益各项目分别扣除所得税影响后的净额

其他综合收益,是指企业根据会计准则规定未在当期损益中确认的各项利得和损失。

14. 综合收益总额

综合收益,是指企业在某一期间除与所有者以其所有者身份进行的交易之外的其他交易或事项所引起的所有者权益变动。综合收益总额项目反映净利润和其他综合收益扣除所得税影响后的净额相加后的合计金额。

在利润表中,将公允价值变动损益、资产减值损失和非流动资产处置损益等项目单独列示,有利于财务报表使用者将这些非经常性损益区别于经常性损益。

在合并利润表中,企业应当在净利润项目之下单独列示归属于母公司所有者的损益和归属于少数股东的损益,在综合收益总额项目之下单独列示归属于母公司所有者的综合收益总额和归属于少数股东的综合收益总额。

复习与思考 按照我国企业会计准则的规定,利润表至少应当单独列示哪些项目?

3.3 资产负债表与利润表分析

资产负债表和利润表分别反映了企业在一定时点的财务状况和在一定时期内的盈利情况,利用资产负债表和利润表提供的信息,可以对企业财务状况和盈利情况进行总体的分析和评价。资产负债表和利润表提供的信息,可以分别使用,也可以联合使用。单独使用资产负债表信息,可以分析和评价企业各种财务结构是否合理;单独使用利润表信息,则可以分析和评价企业营业收入在扣除各项费用之后所剩余的净利润,从而反映企业的总体盈利能力。

3.3.1 资产负债表分析

资产负债表反映的是企业在一定时点的财务状况,主要包括资产总额、资产构成信息、负债与股东权益构成、负债构成、所有者权益构成等信息,以及一些更为具体的单项资产金额信息。利用这些信息,可以对企业的财务状况进行总体的分析和评价。这方面常用的分析指标包括流动比率、速动比率、现金比率和资产负债率等。

1. 流动比率

$$流动比率 = \frac{流动资产}{流动负债}$$

流动比率可以用来说明企业的短期偿债能力。一般而言,流动比率越高,说明企业的短期偿债能力越强。经验上,流动比率的适当水平在 2∶1 左右。

2. 速动比率

$$速动比率 = \frac{流动资产 - 存货}{流动负债}$$

速动比率是对流动比率的必要补充。与流动比率类似,一般而言,速动比率越高,说明企业的短期偿债能力越强。经验上,速动比率的适当水平在 1∶1 左右。

3. 现金比率

$$现金比率 = \frac{现金及现金等价物 + 有价证券}{流动负债}$$

现金比率是最为保守的流动性比率。在企业已将应收账款和存货作为抵押品的情况下，或者分析者怀疑企业的应收账款和存货存在流动性问题时，以该指标评价企业短期偿债能力便是适当的选择。

4. 资产负债率

$$资产负债率 = \frac{债务总额}{资产总额} \times 100\%$$

资产负债率反映的是企业基本的资本结构状况，可以用来说明企业长期偿债能力之高低。一般而言，资产负债率越高，意味着财务风险越大，亦即未来不能正常偿债的可能性越大。当然，资产负债率过低，也未必是一件好事。经验上，资产负债率的恰当水平为 30%~70%。

3.3.2 利润表分析

利润表反映的是企业在一定时期内的盈利情况，主要包括营业收入、营业成本、毛利、三项期间费用、投资收益、非常项目、税前利润和净利润等信息。利用这些信息，财务报表使用者可以对企业的盈利情况进行总体的分析和评价。这方面常用的分析指标包括毛利率、营业利润率和(销售)净利率。

1. 毛利率

$$毛利率 = \frac{毛利}{销售净额} \times 100\%$$

其中，毛利 = 销售净额 - 销售成本。

销售成本通常是工商企业最大的费用要素，因此，毛利反映了企业收入在弥补基本费用项目之后的剩余；毛利是利润形成的基础。

2. 营业利润率

$$营业利润率 = \frac{营业利润}{销售净额} \times 100\%$$

营业利润率指标可借以分析企业经营过程的获利水平。

3. (销售)净利率

$$(销售)净利率 = \frac{净利润}{销售净额} \times 100\%$$

(销售)净利率反映企业最终的销售获利水平。

3.3.3 资产负债表与利润表联合分析

对企业财务状况和盈利情况进行分析和评价,还可以联合利用资产负债表和利润表信息。这方面常用的分析指标包括应收账款周转率(或周转天数)、存货周转率(或周转天数)、资产周转率、资产利润率、净资产利润率和利息保障倍数等。

1. 应收账款周转率(或周转天数)

应收账款周转率(次数)是反映应收账款周转效率的指标。

$$应收账款周转率(次数) = \frac{销售净额}{年平均应收账款总额}$$

应收账款周转效率也可以用应收账款周转天数来衡量,即:

$$应收账款周转天数 = \frac{年平均应收账款总额}{\left(\frac{销售净额}{365}\right)} = \frac{365}{应收账款周转率}$$

一般地,一定时期(如一年)内应收账款周转次数越多,或者说应收账款周转一次所需天数越少,表明企业应收账款周转效率越高。

2. 存货周转率(或周转天数)

$$存货周转率(次数) = \frac{年销售成本}{年平均存货}$$

$$存货周转天数 = \frac{年平均存货}{\left(\frac{年销售成本}{365}\right)} = \frac{365}{存货周转率}$$

与应收账款周转效率指标类似,存货周转次数越多,或者说存货周转一次所需天数越少,表明企业存货周转效率越高。

3. 资产周转率

$$资产周转率 = \frac{销售净额}{年平均总资产}$$

这一比率可反映企业全部资产的运用效率,亦即资产产生销售收入的能力。

4. 资产利润率

$$资产利润率 = \frac{息税前利润}{年平均总资产}$$

其中,息税前利润是指尚未扣除利息和所得税之前的利润。

该比率可反映企业全部资产的获利水平。

5. 净资产利润率

$$净资产利润率 = \frac{净利润}{年平均所有者权益}$$

该比率可反映企业为全体股东资本赚取利润的能力。

6. 利息保障倍数

$$\text{利息保障倍数} = \frac{\text{利息费用} + \text{税前利润}}{\text{利息费用}}$$

利息保障倍数可反映企业支付利息费用的能力。该比率越高,通常表示企业不能偿付其利息债务的可能性越小。

附录
一般企业财务报表格式

根据财政部关于修订印发 2018 年度一般企业财务报表格式的通知(财会〔2018〕15 号),为解决执行企业会计准则的企业在财务报告编制中的实际问题,规范企业财务报表列报,提高会计信息质量,针对 2018 年 1 月 1 日起分阶段实施的《企业会计准则第 22 号——金融工具确认和计量》(财会〔2017〕7 号)、《企业会计准则第 23 号——金融资产转移》(财会〔2017〕8 号)、《企业会计准则第 24 号——套期会计》(财会〔2017〕9 号)、《企业会计准则第 37 号——金融工具列报》(财会〔2017〕14 号)(以上四项简称新金融准则)和《企业会计准则第 14 号——收入》(财会〔2017〕22 号,简称新收入准则),以及企业会计准则实施中的有关情况,财政部对一般企业财务报表格式进行了修订。执行企业会计准则的非金融企业中,尚未执行新金融准则和新收入准则的企业应当按照企业会计准则和财会〔2018〕15 号附件 1 的要求编制财务报表,已执行新金融准则或新收入准则的企业应当按照企业会计准则和〔2018〕15 号附件 2 的要求编制财务报表。企业对不存在相应业务的报表项目可结合本企业的实际情况进行必要删减,企业根据重要性原则并结合本企业的实际情况可以对确需单独列示的内容增加报表项目。执行企业会计准则的金融企业应当根据金融企业经营活动的性质和要求,比照一般企业财务报表格式进行相应调整。

财会〔2018〕15 号附件 1:一般企业财务报表格式(适用于尚未执行新金融准则和新收入准则的企业)

资产负债表

会企 01 表

编制单位:　　　　　　　　　　　　____年____月____日　　　　　　　　　　　　单位:元

资产	期末余额	年初余额	负债和所有者权益(或股东权益)	期末余额	年初余额
流动资产:			流动负债:		
货币资金			短期借款		
以公允价值计量且其变动计入当期损益的金融资产			以公允价值计量且其变动计入当期损益的金融负债		
衍生金融资产			衍生金融负债		
应收票据及应收账款			应付票据及应付账款		
预付款项			预收款项		

(续表)

资产	期末余额	年初余额	负债和所有者权益（或股东权益）	期末余额	年初余额
其他应收款			应付职工薪酬		
存货			应交税费		
持有待售资产			其他应付款		
一年内到期的非流动资产			持有待售负债		
其他流动资产			一年内到期的非流动负债		
流动资产合计			其他流动负债		
非流动资产：			流动负债合计		
可供出售金融资产			非流动负债：		
持有至到期投资			长期借款		
长期应收款			应付债券		
长期股权投资			其中：优先股		
投资性房地产			永续债		
固定资产			长期应付款		
在建工程			预计负债		
生产性生物资产			递延收益		
油气资产			递延所得税负债		
无形资产			其他非流动负债		
开发支出			非流动负债合计		
商誉			负债合计		
长期待摊费用			所有者权益（或股东权益）：		
递延所得税资产			实收资本（或股本）		
其他非流动资产			其他权益工具		
非流动资产合计			其中：优先股		
			永续债		
			资本公积		
			减：库存股		
			其他综合收益		
			盈余公积		
			未分配利润		
			所有者权益（或股东权益）合计		
资产总计			负债和所有者权益（或股东权益）总计		

修订新增项目说明：

1. "应收票据及应收账款"行项目，反映资产负债表日以摊余成本计量的、企业因销售商品、提供服务等经营活动应收取的款项，以及收到的商业汇票，包括银行承兑汇票和商业承兑汇票。该项目应根据"应收票据"和"应收账款"科目的期末余额，减去"坏账准备"科目中相关坏账准备期末余额后的金额填列。

2. "其他应收款"行项目，应根据"应收利息""应收股利"和"其他应收款"科目的期末余额合计数，减去"坏账准备"科目中相关坏账准备期末余额后的金额填列。

3. "持有待售资产"行项目，反映资产负债表日划分为持有待售类别的非流动资产及划分为持有待售类别的处置组中的流动资产和非流动资产的期末账面价值。该项目应根据"持有待售资产"科目的期末余额,减去"持有待售资产减值准备"科目的期末余额后的金额填列。

4."固定资产"行项目,反映资产负债表日企业固定资产的期末账面价值和企业尚未清理完毕的固定资产清理净损益。该项目应根据"固定资产"科目的期末余额,减去"累计折旧"和"固定资产减值准备"科目的期末余额后的金额,以及"固定资产清理"科目的期末余额填列。

5."在建工程"行项目,反映资产负债表日企业尚未达到预定可使用状态的在建工程的期末账面价值和企业为在建工程准备的各种物资的期末账面价值。该项目应根据"在建工程"科目的期末余额,减去"在建工程减值准备"科目的期末余额后的金额,以及"工程物资"科目的期末余额,减去"工程物资减值准备"科目的期末余额后的金额填列。

6."应付票据及应付账款"行项目,反映资产负债表日企业因购买材料、商品和接受服务等经营活动应支付的款项,以及开出、承兑的商业汇票,包括银行承兑汇票和商业承兑汇票。该项目应根据"应付票据"科目的期末余额,以及"应付账款"和"预付账款"科目所属的相关明细科目的期末贷方余额合计数填列。

7."其他应付款"行项目,应根据"应付利息""应付股利"和"其他应付款"科目的期末余额合计数填列。

8."持有待售负债"行项目,反映资产负债表日处置组中与划分为持有待售类别的资产直接相关的负债的期末账面价值。该项目应根据"持有待售负债"科目的期末余额填列。

9."长期应付款"行项目,反映资产负债表日企业除长期借款和应付债券以外的其他各种长期应付款项的期末账面价值。该项目应根据"长期应付款"科目的期末余额,减去相关的"未确认融资费用"科目的期末余额后的金额,以及"专项应付款"科目的期末余额填列。

利润表

会企02表

编制单位: ____年____月 单位:元

项目	本期金额	上期金额
一、营业收入		
减:营业成本		
税金及附加		
销售费用		
管理费用		
研发费用		
财务费用		
其中:利息费用		
利息收入		
资产减值损失		
加:其他收益		
投资收益(损失以"-"号填列)		
其中:对联营企业和合营企业的投资收益		
公允价值变动收益(损失以"-"号填列)		
资产处置收益(损失以"-"号填列)		
二、营业利润(亏损以"-"号填列)		
加:营业外收入		
减:营业外支出		

(续表)

项目	本期金额	上期金额
三、利润总额(亏损总额以"-"号填列)		
减:所得税费用		
四、净利润(净亏损以"-"号填列)		
(一) 持续经营净利润(净亏损以"-"号填列)		
(二) 终止经营净利润(净亏损以"-"号填列)		
五、其他综合收益的税后净额		
(一) 不能重分类进损益的其他综合收益		
1. 重新计量设定受益计划变动额		
2. 权益法下不能转损益的其他综合收益		
……		
(二) 将重分类进损益的其他综合收益		
1. 权益法下可转损益的其他综合收益		
2. 可供出售金融资产公允价值变动损益		
3. 持有至到期投资重分类为可供出售金融资产损益		
4. 现金流量套期损益的有效部分		
5. 外币财务报表折算差额		
……		
六、综合收益总额		
七、每股收益:		
(一) 基本每股收益		
(二) 稀释每股收益		

修订新增项目说明:

1. "研发费用"行项目,反映企业进行研究与开发过程中发生的费用化支出。该项目应根据"管理费用"科目下的"研发费用"明细科目的发生额分析填列。

2. "其中:利息费用"行项目,反映企业为筹集生产经营所需资金等而发生的应予费用化的利息支出。该项目应根据"财务费用"科目的相关明细科目的发生额分析填列。

3. "利息收入"行项目,反映企业确认的利息收入。该项目应根据"财务费用"科目的相关明细科目的发生额分析填列。

4. "其他收益"行项目,反映计入其他收益的政府补助等。该项目应根据"其他收益"科目的发生额分析填列。

5. "资产处置收益"行项目,反映企业出售划分为持有待售的非流动资产(金融工具、长期股权投资和投资性房地产除外)或处置组(子公司和业务除外)时确认的处置利得或损失,以及处置未划分为持有待售的固定资产、在建工程、生产性生物资产及无形资产而产生的处置利得或损失。债务重组中因处置非流动资产产生的利得或损失和非货币性资产交换中换出非流动资产产生的利得或损失也包括在本项目内。该项目应根据"资产处置损益"科目的发生额分析填列;如为处置损失,以"-"号填列。

6. "营业外收入"行项目,反映企业发生的除营业利润以外的收益,主要包括债务重组利得、与企业日常活动无关的政府补助、盘盈利得、捐赠利得(企业接受股东或股东的子公司直接或间接的捐赠,经济实质属于股东对企业的资本性投入的除外)等。该项目应根据"营业外收入"科目的发生额分析填列。

7. "营业外支出"行项目,反映企业发生的除营业利润以外的支出,主要包括债务重组损失、公益性捐赠支出、非常损失、盘亏损失、非流动资产毁损报废损失等。该项目应根据"营业外支出"科目的发生额分析填列。

8."(一)持续经营净利润"和"(二)终止经营净利润"行项目,分别反映净利润中与持续经营相关的净利润和与终止经营相关的净利润;如为净亏损,以"-"号填列。该两个项目应按照《企业会计准则第42号——持有待售的非流动资产、处置组和终止经营》的相关规定分别列报。

财会〔2018〕15号附件2:一般企业财务报表格式(适用于已执行新金融准则或新收入准则的企业)

资产负债表

会企01表

编制单位:　　　　　　　　　　___年___月___日　　　　　　　　　　单位:元

资产	期末余额	年初余额	负债和所有者权益(或股东权益)	期末余额	年初余额
流动资产:			流动负债:		
货币资金			短期借款		
交易性金融资产			交易性金融负债		
衍生金融资产			衍生金融负债		
应收票据及应收账款			应付票据及应付账款		
预付款项			预收款项		
其他应收款			合同负债		
存货			应付职工薪酬		
合同资产			应交税费		
持有待售资产			其他应付款		
一年内到期的非流动资产			持有待售负债		
其他流动资产			一年内到期的非流动负债		
流动资产合计			其他流动负债		
非流动资产:			流动负债合计		
债权投资			非流动负债:		
其他债权投资			长期借款		
长期应收款			应付债券		
长期股权投资			其中:优先股		
其他权益工具投资			永续债		
其他非流动金融资产			长期应付款		
投资性房地产			预计负债		
固定资产			递延收益		
在建工程			递延所得税负债		
生产性生物资产			其他非流动负债		
油气资产			非流动负债合计		
无形资产			负债合计		
开发支出			所有者权益(或股东权益):		
商誉			实收资本(或股本)		

(续表)

资产	期末余额	年初余额	负债和所有者权益(或股东权益)	期末余额	年初余额
长期待摊费用			其他权益工具		
递延所得税资产			其中:优先股		
其他非流动资产			永续债		
非流动资产合计			资本公积		
			减:库存股		
			其他综合收益		
			盈余公积		
			未分配利润		
			所有者权益(或股东权益)合计		
资产总计			负债和所有者权益(或股东权益)总计		

修订新增项目说明：

1. "交易性金融资产"行项目，反映资产负债表日企业分类为以公允价值计量且其变动计入当期损益的金融资产，以及企业持有的直接指定为以公允价值计量且其变动计入当期损益的金融资产的期末账面价值。该项目应根据"交易性金融资产"科目的相关明细科目期末余额分析填列。自资产负债表日起超过一年到期且预期持有超过一年的以公允价值计量且其变动计入当期损益的非流动金融资产的期末账面价值，在"其他非流动金融资产"行项目反映。

2. "债权投资"行项目，反映资产负债表日企业以摊余成本计量的长期债权投资的期末账面价值。该项目应根据"债权投资"科目的相关明细科目期末余额，减去"债权投资减值准备"科目中相关减值准备的期末余额后的金额分析填列。自资产负债表日起一年内到期的长期债权投资的期末账面价值，在"一年内到期的非流动资产"行项目反映。企业购入的以摊余成本计量的一年内到期的债权投资的期末账面价值，在"其他流动资产"行项目反映。

3. "其他债权投资"行项目，反映资产负债表日企业分类为以公允价值计量且其变动计入其他综合收益的长期债权投资的期末账面价值。该项目应根据"其他债权投资"科目的相关明细科目期末余额分析填列。自资产负债表日起一年内到期的长期债权投资的期末账面价值，在"一年内到期的非流动资产"行项目反映。企业购入的以公允价值计量且其变动计入其他综合收益的一年内到期的债权投资的期末账面价值，在"其他流动资产"行项目反映。

4. "其他权益工具投资"行项目，反映资产负债表日企业指定为以公允价值计量且其变动计入其他综合收益的非交易性权益工具投资的期末账面价值。该项目应根据"其他权益工具投资"科目的期末余额填列。

5. "交易性金融负债"行项目，反映资产负债表日企业承担的交易性金融负债，以及企业持有的直接指定为以公允价值计量且其变动计入当期损益的金融负债的期末账面价值。该项目应根据"交易性金融负债"科目的相关明细科目期末余额填列。

6. "合同资产"和"合同负债"行项目。企业应按照《企业会计准则第14号——收入》(2017年修订)的相关规定根据本企业履行履约义务与客户付款之间的关系在资产负债表中列示合同资产或合同负债。"合同资产"项目、"合同负债"项目，应分别根据"合同资产"科目、"合同负债"科目的相关明细科目期末余额分析填列，同一合同下的合同资产和合同负债应当以净额列示，其中净额为借方余额的，应当根据其流动性在"合同资产"或"其他非流动资产"项目中填列，已计提减值准备的，还应减去"合同资产减值准备"科目中相关的期末余额后的金额填列；其中净额为贷方余额的，应当根据其流动性在

"合同负债"或"其他非流动负债"项目中填列。

7. 按照《企业会计准则第 14 号——收入》(2017 年修订)的相关规定确认为资产的合同取得成本,应当根据"合同取得成本"科目的明细科目初始确认时摊销期限是否超过一年或一个正常营业周期,在"其他流动资产"或"其他非流动资产"项目中填列,已计提减值准备的,还应减去"合同取得成本减值准备"科目中相关的期末余额后的金额填列。

8. 按照《企业会计准则第 14 号——收入》(2017 年修订)的相关规定确认为资产的合同履约成本,应当根据"合同履约成本"科目的明细科目初始确认时摊销期限是否超过一年或一个正常营业周期,在"存货"或"其他非流动资产"项目中填列,已计提减值准备的,还应减去"合同履约成本减值准备"科目中相关的期末余额后的金额填列。

9. 按照《企业会计准则第 14 号——收入》(2017 年修订)的相关规定确认为资产的应收退货成本,应当根据"应收退货成本"科目是否在一年或一个正常营业周期内出售,在"其他流动资产"或"其他非流动资产"项目中填列。

10. 按照《企业会计准则第 14 号——收入》(2017 年修订)的相关规定确认为预计负债的应付退货款,应当根据"预计负债"科目下的"应付退货款"明细科目是否在一年或一个正常营业周期内清偿,在"其他流动负债"或"预计负债"项目中填列。

利润表

会企 02 表

编制单位:　　　　　　　　　　　　　___年___月　　　　　　　　　　　　　单位:元

项目	本期金额	上期金额
一、营业收入		
减:营业成本		
税金及附加		
销售费用		
管理费用		
研发费用		
财务费用		
其中:利息费用		
利息收入		
资产减值损失		
信用减值损失		
加:其他收益		
投资收益(损失以"-"号填列)		
其中:对联营企业和合营企业的投资收益		
净敞口套期收益(损失以"-"号填列)		
公允价值变动收益(损失以"-"号填列)		
资产处置收益(损失以"-"号填列)		
二、营业利润(亏损以"-"号填列)		
加:营业外收入		
减:营业外支出		

(续表)

项目	本期金额	上期金额
三、利润总额(亏损总额以"-"号填列)		
减:所得税费用		
四、净利润(净亏损以"-"号填列)		
(一)持续经营净利润(净亏损以"-"号填列)		
(二)终止经营净利润(净亏损以"-"号填列)		
五、其他综合收益的税后净额		
(一)不能重分类进损益的其他综合收益		
1.重新计量设定受益计划变动额		
2.权益法下不能转损益的其他综合收益		
3.其他权益工具投资公允价值变动		
4.企业自身信用风险公允价值变动		
……		
(二)将重分类进损益的其他综合收益		
1.权益法下可转损益的其他综合收益		
2.其他债权投资公允价值变动		
3.金融资产重分类计入其他综合收益的金额		
4.其他债权投资信用减值准备		
5.现金流量套期储备		
6.外币财务报表折算差额		
……		
六、综合收益总额		
七、每股收益:		
(一)基本每股收益		
(二)稀释每股收益		

修订新增项目说明:

1. "信用减值损失"行项目,反映企业按照《企业会计准则第22号——金融工具确认和计量》(2017年修订)的要求计提的各项金融工具减值准备所形成的预期信用损失。该项目应根据"信用减值损失"科目的发生额分析填列。

2. "净敞口套期收益"行项目,反映净敞口套期下被套期项目累计公允价值变动转入当期损益的金额或现金流量套期储备转入当期损益的金额。该项目应根据"净敞口套期损益"科目的发生额分析填列;如为套期损失,以"-"号填列。

3. "其他权益工具投资公允价值变动"行项目,反映企业指定为以公允价值计量且其变动计入其他综合收益的非交易性权益工具投资发生的公允价值变动。该项目应根据"其他综合收益"科目的相关明细科目的发生额分析填列。

4. "企业自身信用风险公允价值变动"行项目,反映企业指定为以公允价值计量且其变动计入当期损益的金融负债,由企业自身信用风险变动引起的公允价值变动而计入其他综合收益的金额。该项目应根据"其他综合收益"科目的相关明细科目的发生额分析填列。

5. "其他债权投资公允价值变动"行项目,反映企业分类为以公允价值计量且其变动计入其他综合收益的债权投资发生的公允价值变动。企业将一项以公允价值计量且其变动计入其他综合收益的金融资产重分类为以摊余成本计量的金融资产,或重分类为以公允价值计量且其变动计入当期损益的金融资产时,之前计入其他综合收益的累计利得或损失从其他综合收益中转出的金额作为该项目的减项。该项目应根据"其他综合收益"科目下的相关明细科目的发生额分析填列。

6. "金融资产重分类计入其他综合收益的金额"行项目,反映企业将一项以摊余成本计量的金融资产重分类为以公允价值计量且其变动计入其他综合收益的金融资产时,计入其他综合收益的原账面价值与公允价值之间的差额。该项目应根据"其他综合收益"科目下的相关明细科目的发生额分析填列。

7. "其他债权投资信用减值准备"行项目,反映企业按照《企业会计准则第22号——金融工具确认和计量》(2017年修订)第十八条分类为以公允价值计量且其变动计入其他综合收益的金融资产的损失准备。该项目应根据"其他综合收益"科目下的"信用减值准备"明细科目的发生额分析填列。

8. "现金流量套期储备"行项目,反映企业套期工具产生的利得或损失中属于套期有效的部分。该项目应根据"其他综合收益"科目下的"套期储备"明细科目的发生额分析填列。

案例
昌九生化的"保壳"之战

江西昌九生物化工股份有限公司(以下简称"昌九生化")系经江西省股份制改革领导联审小组赣股〔1998〕02号文批准,由江西昌九化工集团有限公司(以下简称"昌九集团")独家发起,采用募集方式设立的化工企业。1998年12月17日,经中国证券监督管理委员会证监发字〔1998〕311号文批准,昌九生化以每股4.48元的价格在上海证券交易所网上发行6 000万A股股票,并于1999年1月19日在上海证券交易所正式挂牌交易。

2006年5月24日,昌九生化经相关部门批复实施股权分置改革,其非流通股股东向流通股股东支付3 360万股股票。2006年8月8日,经国务院国有资产监督管理委员会国资产权〔2006〕951号文件《关于江西昌九生物化工股份有限公司部分国有股以股抵债有关问题的批复》同意,昌九生化实施股份定向回购,定向回购股份数量为4 668万股。发起人股份10 965.75万股已于2009年6月8日上市流通,后经2009年、2010年、2011年的几次减持,截至2011年年底发起人股份减至6 198万股,占公司总股本的25.68%。2013年7月9日,昌九生化发布《关于控股股东股权司法拍卖结果的公告》,控股股东昌九集团持有的本公司股权被司法拍卖成交1 800万股;2013年7月10日,昌九生化接到中国证券登记结算有限责任公司上海分公司的股权司法冻结及司法划转通知,昌九集团在此次被司法拍卖成交的1 800万股完成过户后,仍持有本公司股份4 398万股,占公司总股本的18.225%。

昌九生化是一家化肥、化工、生化和医药中间体四大业务并存的上市公司。公司主导产品有丙烯酰胺、尿素、粗甲醇和塑料管材等。公司丙烯酰胺产品生产规模在国内较大,产品在国内市场有品牌、质量和成本优势,并且出口到欧美等12个国家和地区。

昌九生化2011—2014年的业绩状况如表3-3所示。

表3-3 昌九生化利润表 单位:千元

项目	2014年	2013年	2012年	2011年
一、营业收入	725 820	719 694	767 145	974 393
减:营业成本	665 254	664 454	744 995	940 288
营业税金及附加	933	2 096	1 428	2 437
销售费用	23 167	23 895	16 777	18 095

(续表)

项目	2014 年	2013 年	2012 年	2011 年
管理费用	23 301	40 363	50 855	55 290
财务费用	38 764	35 757	36 667	36 783
资产减值损失	11 118	115 788	15 762	16 452
加:公允价值变动收益				
投资收益		-1 090	-799	-539
其中:对联营企业和合营企业的投资收益		-1 090	-799	-605
汇兑收益				
二、营业利润	-36 717	-163 749	-100 138	-95 491
加:营业外收入	93 478	3 344	2 675	164 493
减:营业外支出	15 902	43 680	64 708	42 648
其中:非流动资产处置损失	1 676	3 051	121	12
三、利润总额	40 859	-204 085	-162 171	26 354
减:所得税费用	474	1 830	-1 729	4 733
四、净利润	40 385	-205 915	-160 442	21 621
归属于母公司所有者的净利润	34 988	-194 639	-144 683	14 469
少数股东损益	5 397	-11 276	-15 758	7 152

1. 昌九生化的"保壳"压力

昌九生化主要在营产品为控股子公司昌九农科的丙烯酰胺。自 2012 年年初以来,因行业新扩建的丙烯酰胺生产线于年内陆续投产,新增产能集中释放,产品市场出现严重供大于求的局面,厂家之间为抢占市场份额,纷纷降价促销、以价换量。昌九生化为维持现有的客户群和市场份额,也不得不跟随市场变化低价销售,从而导致丙烯酰胺产品销售收入大幅下降。由于行业环境的恶化,2011—2013 年,昌九生化业绩连连下滑,归属于上市公司股东的净利润分别为 1 446.9 万元、-1.45 亿元和-1.95 亿元,被迫"披星戴帽",于 2014 年 5 月 5 日正式更名为 *ST 昌九。根据上海证券交易所 2012 年发布的股票上市规则,上市公司连续三年净利润为负将被暂停上市,因此昌九生化 2014 年"保壳"压力巨大。

2. 昌九生化的"保壳"之战

昌九集团对昌九生化面临的严峻形势进行了认真分析,为保住国资背景的优质壳资源,其必须确保昌九生化 2014 年净利润和净资产同时为正。

(1) 向"家长"伸手要钱

昌九集团的控股股东为赣州市国资委的国有独资企业——赣州工投。因面临退市风险而不知所措的昌九生化,将全部压力转嫁给自己的"家长"——赣州市人民政府,要求赣州市人民政府给自己 8 000 万元的财政性补贴。2014 年 12 月 5 日,昌九生化收到赣州市人民政府办公厅《关于给予江西昌九生物化工股份有限公司经营性财政补贴的通知》(赣市府办字〔2014〕142 号),同意由赣州市财政给予公司 8 000 万元经营性财政补贴;2014 年 12 月 8 日,昌九生化收到赣州市财政局下拨的经营性财政补贴款 8 000 万元人民币。按照《企业会计准则》的有关规定，昌九生化将该项经营性财政补贴款计入 2014 年度损益，进而导致其 2014 年的营业外收入项目相较于 2013 年激增 9 013 万元，其增长幅度高达 2 695%。营业外收入这一利润表项目正是扭转企业盈亏的关键所在。

此外，2014 年 12 月 5 日，昌九生化还收到昌九集团《关于赣州工投同意昌九集团豁免昌九生化债务的通知》（昌九化〔2014〕87 号），赣州工投同意昌九集团在 2014 年 12 月底前豁免昌九生化 1.6 亿元债务。

(2) 通过资产减值准备进行"洗大澡"

2013 年昌九生化在年报中对长期资产计提巨额减值准备这一事项导致审计师在当年度出具了非标准审计意见，引起了投资者们的高度关注。2013 年，昌九生化重组无望，续亏已成定局。一位私募基金经理表示：上市公司连续亏损的第二年通常是财务"洗大澡"的高发期。因此，昌九生化极有可能通过大额计提资产减值准备进行"洗大澡"，为 2014 年"甩包袱"做准备。在公司首年发生亏损而第二年预计无法实现扭亏时，问题已经由避免"戴帽"升级为避免暂停上市，这个时候在第二年通过充分计提资产减值准备，来年转回或者少计提的方式实现盈利，是很多难逃*ST 命运的公司采用的自救办法。

3. 成功"保壳"是否意味着经营改善

昌九生化 2014 年实现营业收入 7.26 亿元，同比增长 0.85%；发生营业成本 6.65 亿元，同比增长 0.12%。昌九生化的营业毛利率仅为 8.34%，而整个行业的营业毛利率高达 22.42%，由此我们看到昌九生化的经营状况并没有得到明显改善。虽然昌九生化 2014 年度实现盈利，但归属于上市公司股东的扣除非经常性损益的净利润为 −37 935 764.44 元，其财务表现仍令人担忧。除控股子公司昌九农科等少数企业还在正常生产经营外，昌九生化大部分分、子公司已停产多年且无法恢复生产，鉴于此，大华会计师事务所（特殊普通合伙）对昌九生化 2014 年财务报告出具了带强调事项段的无保留意见审计报告，认为公司持续经营能力尚存在不确定性。

思考：

1. 你认为昌九生化 2014 年扭亏为盈是否就意味着该公司经营情况和盈利能力得到了实质性改善？为什么？

2. 结合本案例，你认为上市公司为"保壳"进行利润操纵，是否会损害股东利益？是否会影响上市公司和资本市场的健康发展？若是，你有何政策建议？

本章小结

资产负债表和利润表是两张基本的财务报表。资产负债表反映企业在某一特定时点的财务状况，亦即企业在特定时点的资产、负债及所有者权益状况。资产负债表是一种静态报表。资产负债表所反映的内容，表现为资产与负债及所有者权益之间的平衡关系。这种平衡关系可以解释为资金来源与资金运用之间的平衡，或者企业拥有的经济资源与相关利益人对企业的索取权之间的平衡。资产负债表项目通常按流动性进行分类和列报，即资产和负债都区分为流动性项目和非流动性项目,且将流动性项目列在前面,非流动性项目列在后面。

利润表汇总企业在一定时期内的经营成果。它是一种动态报表。利润表的基本结构是由两大部分即收入和费用组成的。收入是指企业在日常活动中形成的、会导致所有者权益增加的、与所有者投入资本无关的经济利益的总流入。费用是指企业在日常活动中发生的、会导致所有者权益减少的、与向所有者分配利润无关的经济利益的总流出。利润主要是收入减去费用后的净额,但还包括直接计入当期利润的利得和损失等。利润表的格式分为单步式和多步式两种。现代企业会计实务中多采用多步式利润表,以便于财务报表使用者分析企业利润的来源结构。

利用资产负债表和利润表提供的信息,可以对企业财务状况和盈利情况进行总体的分析和评价。利用资产负债表信息,可以对企业的财务状况进行总体的分析和评价,常用的分析指标包括流动比率、速动比率、现金比率和资产负债率等。利用利润表信息,可以对企业的盈利情况进行总体的分析和评价,常用的分析指标包括毛利率、营业利润率和(销售)净利率。对企业财务状况和盈利情况进行分析,还可以联合利用资产负债表和利润表信息,常用的分析指标包括应收账款周转率(或周转天数)、存货周转率(或周转天数)、资产周转率、资产利润率、净资产利润率和利息保障倍数等。

重要名词

资产负债表(Balance Sheet)
利润表(Income Statement)
资产(Asset)
负债(Liability)
所有者权益/股东权益(Owners' Equity/Stockholders' Equity)
收入(Revenue)
费用(Expense)
利润/收益(Profit/Income)
流动资产(Current Asset)
固定资产(Fixed Asset)
无形资产(Intangible Asset)
销售成本(Cost of Goods Sold)
毛利(Gross Profit Margin)
营业利润(Operational Income)
利得(Gains)
损失(Losses)
流动比率(Current Ratio)
速动比率(Quick Ratio)
现金比率(Cash Ratio)
资产负债率(Debt Ratio)
毛利率(Gross Profit Margin on Sales)
营业利润率(Net Operating Margin on Sales)
(销售)净利率(Profit Margin on Sales)
应收账款周转率(Accounts Receivable Turnover)
存货周转率(Inventory Turnover)
资产周转率(Total Assets Turnover)
资产利润率(Return on Total Assets, ROA)
净资产利润率(Return on Stockholders' Equity, ROE)
利息保障倍数(Times Interest Earned)

思考题

1. 如何解释资产、负债及所有者权益之间的平衡关系？

2. 结合一家上市公司的利润表，如果将其多步式利润表改编成单步式利润表，那么将会损失哪些有用信息？

3. 利用资产负债表和利润表信息能够分析企业财务的哪些方面？你认为这两张报表提供的信息对于理解一家公司的全面财务情况是否足够？为什么？

4. 产权明晰是现代企业制度的一个重要内涵。你认为资产负债表中负债与所有者权益的项目分类在实现产权明晰方面发挥了怎样的作用？

5. 利润表的基本等式：收入−费用＝利润。假设上市公司在确认收入的会计期间没有将因实现本期收入而发生的全部费用反映到本期利润表中，从而虚增了本期利润。你认为这会对企业可持续发展和资本市场健康发展带来怎样的负面影响？

练习题

1. 请指出下列每一项交易对企业的资产、负债和所有者权益有什么影响。

(1) 公司发行股票获得银行存款 1 000 万元；

(2) 公司向银行借款获得现金 500 万元；

(3) 公司赊购原材料 100 万元；

(4) 用现金购买厂房和设备 1 000 万元；

(5) 公司计提厂房折旧 100 万元；

(6) 公司赊销货物总价款 400 万元；

(7) 公司收到别人的欠款 400 万元；

(8) 计算得出公司应交所得税 30 万元；

(9) 公司用银行存款支付所得税费用；

(10) 公司宣告支付股利 10 万元；

(11) 公司支付股利；

(12) 公司进行股票分割，一股分为两股。

2. 某公司在 2022 年 7 月发生了如下业务，请指出哪些业务会增加公司的本期费用。

(1) 公司支付下半年的报刊费用共 600 元；

(2) 公司收到客户订单，同时收到客户的预付款共 100 万元，合同规定 2018 年 10 月 31 日之前交货；

(3) 新购入存货，花费 58 万元；

(4) 举行一次营销活动，共花费 15 万元；

(5) 计提并支付行政人员工资共 5 万元；

(6) 公司发行的债券共 1 000 万元，年利率为 6%，按月计提利息；

(7) 公司购买货物共 50 万元，因为在折扣期内支付货款，所以获得了 5% 的现金折扣。

3. 某公司2022年年底的账户余额情况如下表所示,请编制该公司该年度末的资产负债表。

单位:元

应付账款	2 100 000	现金	500 000
应收账款	4 700 000	长期股权投资	7 000 000
固定资产	8 000 000	累计折旧	1 200 000
长期借款	5 000 000	短期借款	1 000 000
存货	300 000	无形资产	200 000
应付职工薪酬	2 000 000	应交税费	520 000
实收资本	3 000 000	留存收益	5 880 000

4. 根据第3题的结果,计算并分析该公司的流动比率、速动比率、现金比率和资产负债率。

5. 某公司2022年的经营情况是,销售收入为2 000万元,销售成本为1 200万元。另外,销售费用、管理费用和财务费用分别为80万元、100万元和60万元。公司对外投资获得收益50万元。公司适用的所得税税率为25%,但是按照税法的相关规定,该公司投资收益不用交税。试编制公司2022年度多步式利润表。

6. 根据第5题的结果,计算公司的毛利率、营业利润率和销售净利率。

7. 根据第3题和第5题的结果,计算并分析如下指标:

(因没有上年数据,平均余额可用期末余额近似替代)

(1) 公司的应收账款周转率和周转天数;

(2) 公司的存货周转率和周转天数;

(3) 公司的资产周转率、资产利润率和净资产利润率;

(4) 公司的利息保障倍数。

第 4 章　会计循环

[学习目标]

通过本章的学习,你应该掌握:

1. 会计循环的基本步骤及其结果;
2. 如何分析经济业务,并正确反映经济业务(编制会计分录);
3. 调整分录的产生与处理;
4. 试算平衡与结账;
5. 工作底稿的编制与基本财务报表。

[素养目标]

通过本章的学习,掌握会计循环各环节的处理内容,认识会计与实体企业各项经济业务的联系,理解会计对于实体企业生产经营活动的重要性。

[小故事/小案例]

李明川从小就有一个老板梦,梦想长大后拥有属于自己的商业帝国。

在大学期间,李明川所学的专业为电子信息工程,与商业管理相差甚远,但是他在大一时就开始有意识地为自己以后的创业做准备。为此,他不断尝试在学生群体中做各种各样的生意。其间,他失败过很多次,也没有找到未来可以长期发展的一些商机。一次偶然的机会,他发现许多大学生在校期间会报名校内驾校考取驾照,但是校内驾校的教练少,需要排很久的队才能轮到自己,而校外驾校收费比较高,经常会有额外费用产生,导致很多大学生对考驾照望而却步。于是,他萌生了开办驾校服务平台,专门为大学生考取驾照提供服务的想法,以解决大学生"考取驾照贵"的问题。

为了将自己的创业设想变为现实,李明川将其想法写成创业计划书,并且不断深入实际调研市场发展潜力,同时修改和完善创业计划书,积极参加学校和校外举办的各种创业计划大赛。在一次校外创业计划大赛上,李明川的这个创业计划项目得到了投资评委的青睐,获得一笔天使投资基金。而这笔投资基金也极大地增加了李明川将创业计划项目落地的信心。

毕业后,李明川并没有从事所学专业的相关工作,而是利用比赛中获得的投资基金开始创办自己的公司。经过六年的拼搏和努力,公司规模不断扩大,年业务额从最初的2万多元发展到现在的5 000多万元。人员队伍也越来越壮大,从刚开始创业的4人逐步发展到现在的300多人。此外,公司的业务范围也变得更加多元化,在坚持以驾照培训服务为主营业务之外,还把业务范围拓展到其他相关和不相关的业务领域。

两年前,李明川开始将公司的经营管理权交给其他人,而他自己则将工作重心转移到公司发展战略规划方面。对于公司未来的发展,李明川有一个清晰的规划,那就是先成为地区知名品牌,然后再辐射全国,逐步发展成为全国著名品牌连锁公司。最近,李明川计划开拓西南市场业务,于是他开始了解公司的财务情况,评估公司是否有能力支持开拓新市场。但是,他发现,公司去年的业务量增长了2倍多,但是利润额却只增长不到1倍;公司之前收到的几笔资金还没有入账,缴纳的税款和公司财务报表上的数字也严重不符。

看着电脑里的财务报表,李明川心中充满了困惑和不解:公司财务报表上的数字是公司真实情况的反映吗?公司的销售额增长了那么多,但利润增长为什么却那么低?为什么公司之前收到的资金还没有入账呢?为了解开心中的疑惑,李明川拨通了会计主管的电话。

会计工作对于实体企业的生产经营活动具有重要的辅助决策作用,本章我们将学习会计循环的相关知识。

4.1 会计系统与会计循环

整个会计体系从大的方面来划分,可以分为财务会计与管理会计两个分支。

财务会计的目标是向企业外部的利益相关方提供决策所需要的会计信息,主要包括反映企业财务状况、经营成果和现金流量状况的信息,这些信息的主要载体是财务报表,而在财务报表的编制过程中需要遵循公认会计原则。通常所说的"会计是一门商业语言",是针对财务会计而言的。管理会计的主要目标则在于运用管理会计工具方法,参与组织内部运营和管理等一系列活动,并且运用这些有用的信息服务于管理层的决策,进而推动组织实现战略目标。由此可以看出,财务会计侧重于生成会计信息,而管理会计则侧重于运用这些会计信息服务于组织的生产经营管理决策。

简单地说,会计循环是将企业发生的经济业务转换为会计信息的过程,是将企业的资金状况与经营状况以特定的会计语言(分录、分类账和财务报表)表述出来的过程。具体地说,会计循环是将企业发生的经济业务通过一定的程序和方法以财务报表的形式表现出来的过程,即它表现为一系列编制报表的程序。

当一项经济业务发生时,会计人员首先要确认其影响的企业资源(资产)与权益(负债及所有者权益),然后计量其影响的金额,并且要进行记录(编制分录)、分类处理(登记分类账),经过一些必要的调整与结算,最后汇总编制报表,将信息以各种报表形式报告给信息使用者。具体而言,一个完整的会计循环包括如下步骤:

(1) 分析企业发生的经济业务(目标:收集信息;依据:原始凭证)。

(2) 编制会计分录(目标:将企业发生的经济业务以特有的会计语言形式表述出来,只是一个简单的再说明过程;载体:记账凭证)。

(3) 登记账簿,即过账(目标:将信息进行分类整理;载体:总分类账和明细分类账)。

(4) 编制调整分录前的试算平衡表(目标:检查前面的步骤中是否存在错误;手段:看借贷是否平衡)。

(5) 编制调整分录并过账(目标:会计上某些账户随着时间的推移在性质或金额上会产生变化,因此需要依据权责发生制,定期整理修正某些账户记录,以使各账户能正确反映实际情况)。

(6) 编制结账分录并过账(目标:由于损益类账户反映的是一个会计期间的经营成果,每个会计期末,都需要结清损益类账户,以便下期重新登记损益事项,反映下一会计期间的经营成果。期末要将损益类账户的余额结转为零,并将净收益金额转移到留存收益)。

(7) 编制财务报表(目标:将企业发生的经济业务以会计语言的形式报告出来)。

在这七个步骤中,前三步是企业会计主要的日常工作,从第四步到第七步则一般发生在期末。前三个步骤与最终编制出财务报表(共四个步骤)即可构成一个简单的会计循环。

可以看出,完成会计循环的基础是熟悉财务报表中的各个项目及其与经济业务的关系,以及会计分录编制的基本规律。这就要从"会计是一门商业语言"以及这门商业语言的基本构成单位"账户及其分类"说起。

复习与思考 会计循环是指什么?它包含几个步骤?其中基本步骤有几个?

4.2 账户及其分类

前面已经提到,会计是一门商业语言,它有特殊的基本元素、表达形式和传递信息的方式,这门商业语言传递信息的最终形式是财务报表。通过财务报表,决策者可以了解组织(主要指企业)的资金数额和资金构成情况(资产负债表)、盈利数额和盈利能力(利润表)以及现金流入及流出情况(现金流量表)等方面的内容。可以说,财务报表是财务会计工作的终点,是会计信息的直接表现形式,是会计语言的最终表达方式。

会计账户与会计科目均是对会计对象具体内容的项目分类,会计科目是会计账户的名称,也是设置会计账户的依据,会计账户则是会计科目的具体运用。会计账户和会计科目是构成财务报表(资产负债表和利润表)的基本元素,所以也是构成会计这门商业语言的基本元素,了解会计账户及其分类就要从了解财务报表开始。因此,我们在这里简单地对财务报表进行回顾。

财政部 2014 年发布的《企业会计准则第 30 号——财务报表列报》将财务报表表述为:财务报表是对企业财务状况、经营成果和现金流量的结构性表述。财务报表至少应当包括下列组成部分:① 资产负债表;② 利润表;③ 现金流量表;④ 所有者权益(或股东权益)变动表;⑤ 附注。

资产负债表反映的是企业在某个特定时点(比如 2022 年 12 月 31 日)所拥有的资产,以及所使用资金的来源——负债及所有者权益,它是企业财务状况的集中体现,从资产负债表可以判断一家企业的资金与财务情况是否处于良好的状态。通过资产负债表中各种资产占总资产的比重,还可以分析企业资金的流动能力和偿债能力。比如,用流动资产占总资产的比重可以分析企业资产的变现能力和短期偿债能力。再如,当某一企业的厂房、机器设备等固定资产和非流动资产占总资产的比重很大时,就表明该企业资金受限制的程度很高,将资产换成现金的难度较大,资金调度的弹性也就比较小。

利润表是汇总企业在某一期间经营活动成果的财务报表,它全面揭示了企业在某一特定时期实现的各种收入、发生的各种费用和支出,以及实现的利润或发生的亏损等内容。比如,某公司2022年销售主营业务产品获得300万元收入,而生产这些产品发生成本支出100万元,在销售的过程中产生费用50万元,年末结算时获得利润150万元。那么,该公司2022年利润表中的内容记录为:营业收入300万元,营业成本100万元,销售费用50万元,营业利润150万元。

如果想要了解企业当期的投资及筹资等财务活动的情况,就要查看企业的"现金流量表"。现金流量表中的"现金"包括现金及现金等价物。现金等价物通常包括三个月内到期的国库券、债券、可转让定期存单、商业票据和银行承兑汇票等。从现金流量表中可以获得从资产负债表和利润表中无法直接得到的信息。比如,厂房设备的资金是如何取得的?本年度的利润这么高,为什么企业的现金还不够用?为什么账面上利润很高,但企业还必须借钱才能发放股利?另外,现金流量表的项目列示与资产负债表和利润表不同,现金流量表中的项目不是会计科目,而是直接反映企业经营活动的内容。

除了上面列出的资产负债表、利润表和现金流量表,为了清楚地表明所有者权益的各组成部分当期的增减变动情况,2014年发布的会计准则还要求编制所有者权益变动表。所有者权益变动表以矩阵的形式列示:一方面,列示导致所有者权益变动的交易或事项,而不仅仅按照所有者权益的各组成部分反映所有者权益变动情况,这样可以从所有者权益变动的来源对一定时期所有者权益变动情况进行全面反映;另一方面,按照所有者权益各组成部分(包括实收资本、资本公积、盈余公积和未分配利润)及其总额列示交易或事项对所有者权益的影响。此外,所有者权益变动表还将各项目进一步细分为"本年金额"和"上年金额"两部分。考虑到所有者权益变动表与会计循环无关,此处不再涉及。

学习会计这门商业语言,需要从学习会计账户和会计科目开始,因为会计账户和会计科目是构成会计语言的基本元素,而学习一门语言的基本元素对于掌握这门语言是非常重要的,正如学汉语要先学汉语拼音和单个汉字,学英语要先学ABC等26个字母一样。

会计账户是根据会计科目设置,按照一定的格式和结构,全面、系统、连续记录经济业务,以反映会计要素增减变动及其结果的工具。每个账户都有自己的名称,而会计科目便是会计账户的名称。

会计科目所要核算的内容是会计账户应该记录的经济内容,如果企业要设置账户就需要根据会计科目的分类相应地设置。账户分类主要是指按照不同性质、核算内容、用途和结构,将账户划分成不同类型的账户。按照账户应该记录的经济内容划分,可以划分为资产类、负债类、所有者权益类、成本类和损益类五类账户,每种类型账户按照不同的标准又可以划分为不同的账户。例如,按照流动性快慢,资产类账户可以再划分为流动资产类账户和非流动资产类账户,负债类账户可以再划分为流动负债类账户和长期负债类账户;所有者权益类账户按照来源和构成可以再划分为投入资本类所有者权益账户和资本积累类所有者权益账户;成本类账户按照是否需要分配可以再划分为直接计入类成本账户和分配计入类成本账户;损益类账户按照性质和内容可以再划分为收入类账户和费用类账户。

按照用途和结构划分,可以将账户划分为盘存类、结算类、跨期摊配类、资本类、调整类、集合分配类、成本计算类、集合配比类和财务成果类九类账户。

按照指标详细程度划分,可以将账户划分为总分类账和明细分类账。总分类账是根据总分类会计科目设置,用以对会计要素具体内容进行总括分类核算的账户,总分类账是一级账户,也称总账;明细分类账是根据明细会计科目设置,用以对会计要素具体内容进行明细分类核算的账户,明细分类账包括二级账户和三级账户,是总分类账进一步分类的账户,简称明细账。

账户的分类可以根据会计主体的具体情况进行调整。换言之,会计账户的分类是相对灵活的、可以根据具体情况调整的。

复习与思考 会计语言的表达形式是什么?其最终表达形式是什么?会计语言的基本元素是什么?它们通常是如何分类的?

4.3 交易事项分析与复式记账

4.3.1 交易事项分析与会计分录

会计作为一门商业语言,其表达方式是:利用会计科目这个语言元素,以财务报表的形式反映出会计主体(如企业、机关单位等)发生的经济业务,以及经营情况、财务状况和资金使用情况等内容。广义地说,会计有两种表达方式:一种是通过会计分录将发生的经济业务和资金的来源及使用情况"翻译"为会计的专用语言,即转换为商业语言;另一种是通过财务报表反映会计主体的财务状况、经营成果和现金流量情况。会计分录与财务报表之间是紧密相连的,会计分录是财务报表的必要前提,财务报表是会计分录的最终呈现方式,它们都是会计循环的组成部分。

会计分录是对会计主体发生的经济业务进行"交易事项分析"之后所得到的结果。在企业发生经济业务之后,首先要按照一定的规则将发生的经济业务"翻译"为会计分录。通常,会计分录需要记录在记账凭证或日记账上。

历史上,编制会计分录曾有多种形式,比如单式记账法和复式记账法,其中复式记账法又分为收付记账法和增减记账法,但后来已统一为借贷记账法。因此,我们此处所说的会计分录都是指按照借贷记账法编制的会计分录。

按照借贷记账法编制会计分录的具体程序如下:

(1)分析经济业务,找出经济业务所涉及的会计科目(至少两个);

(2) 确定会计科目的类别,即确定是资产类、负债类、所有者权益类的会计科目,还是损益类、成本类的会计科目;

(3) 确定会计科目反映的经济内容是增加还是减少;

(4) 根据会计分录的记账规则,确定相关会计科目是应该记入借方,还是应该记入贷方。

在第(4)个程序中所提到的记账规则是指不同类别的会计科目具有不同的记账方法。比如,对于资产类科目来说,如果该科目所反映的经济内容是增加,就应该记入该科目的借方;反之,若该科目所反映的经济内容减少,则应该记入该科目的贷方。对于其他类别的会计科目来说,也都有其各自的记账方法。表 4-1 概括了不同类别会计科目的记账方法。

表 4-1　不同类别会计科目的记账方法

会计科目的类别及实例	所反映经济内容的增减情况	记入的借贷方向
资产类(如现金)	增加(如从银行提取现金)	借方
	减少(如用现金支付工资)	贷方
负债类(如借款)	增加(如从银行借入款项)	贷方
	减少(如归还银行借款)	借方
所有者权益类(如所有者投资)	增加(如收到所有者投资)	贷方
	减少(如所有者收回投资)	借方
损益类中的收入类(如营业收入)	增加(如销售产品)	贷方
	减少(如期末结转营业收入至本年利润)	借方
损益类中的费用类(如营业成本)	增加(如售出产品时,产品成本就转化为营业成本)	借方
	减少(如期末结转营业成本至本年利润)	贷方
成本类(如生产成本)	增加(如企业进行工业性生产所发生的各项生产成本)	借方
	减少(如产品完工后转出至产品成本)	贷方

以上列出的不同类别会计科目的记账方法也可以用 T 型账户的形式反映。具体如下:

从以上两种形式的表述中我们可以看出:资产类账户、损益类账户中的费用类账户和成本类账户的记账方法一致,账户的借方表示该类账户所反映的经济业务内容增加,而贷方则表示该类账户所反映的经济业务内容减少;负债类账户、所有者权益类账户和损益类账户中的收入类账户的记账方法一致,账户的借方表示该类账户所反映的经济业务内容减少,而贷方则表示该类账户所反映的经济业务内容增加。

对于"共同类"账户则需要进行具体分析。在一些情况下,"共同类"账户是作为资产类账户或收入类账户出现的,而在另一些情况下,"共同类"账户则是作为负债类账户或费用类账户出现的。

根据以上做会计分录的程序与记账规则,要想掌握好会计分录的登记方法,首先必须熟悉会计科目及其分类。否则,在第一个步骤就会遇到困难。

复习与思考 为什么说会计是一门商业语言?会计这门商业语言的主要表达形式是什么?其最终表达形式是什么?会计分录是什么?应当如何编制会计分录?

4.3.2 会计分录与会计循环实例

会计循环是起始于经济业务发生后填制会计凭证,至会计期末编制财务报表的工作过程,它是企业会计人员日常的财务工作。会计循环要从分析交易项目、编制会计分录开始,到登记账簿,再到编制财务报表。会计循环包括以下七个步骤:① 分析发生的经济业务;② 编制会计分录(登记在记账凭证或日记账上);③ 登记账簿,即根据会计凭证,登记总分类账和明细分类账;④ 编制调整分录前的试算平衡表;⑤ 编制调整分录,将调整分录过入有关总分类账和明细分类账;⑥ 编制结账会计分录并过账;⑦ 编制财务报表。

为了对会计循环进行总体的说明,下面的实例只涉及会计循环中的四个基本步骤,包括:编制会计分录,登记总分类账和明细分类账(即过账),编制试算平衡表,编制财务报表。其他有关调整分录、结账等内容,将在本章后面的内容中再详细说明。

例 4-1 假设某运输公司于 2022 年 6 月 1 日成立,在当年发生如下经济业务:
(1) 所有者投资 300 000 元,存入银行;
(2) 开出支票 100 000 元,购入一部汽车;
(3) 提供运输服务,收入现金 25 000 元;
(4) 提取固定资产折旧,计 30 000 元;
(5) 用现金支付汽油费 5 000 元;
(6) 为 A 公司提供运输服务,应收服务费 60 000 元,尚未收取;
(7) 支付本期司机工资,计 10 000 元;
(8) 按 25% 的所得税税率计提所得税费用,计 10 000 元。

要求:根据以上列出的经济业务,编制该公司本年度的财务报表。

解 根据题意,要最终编制出财务报表,就是要完成一个会计循环。
第一步:分析发生的经济业务,编制会计分录。
(1) 所有者投资 300 000 元,存入银行。
【分析】 涉及的会计科目:银行存款,实收资本。
涉及科目的类别:银行存款——资产类,实收资本——所有者权益类。
科目所反映的经济内容的增减情况:银行存款从无到有——增加,投资从无到有——增加。

记账规则:资产类增加——借,所有者权益类增加——贷。所以有:

借:银行存款　　　　　　　　　　　　　　　　　　　　　　300 000
　贷:实收资本　　　　　　　　　　　　　　　　　　　　　　　300 000

(2) 开出支票100 000元,购入一部汽车。

【分析】　涉及的会计科目:固定资产(汽车),银行存款。

涉及科目的类别:均为资产类。

所反映经济内容的增减情况:固定资产增加,银行存款减少。

记账规则:资产类增加——借,资产类减少——贷。可得:

借:固定资产——汽车　　　　　　　　　　　　　　　　　　100 000
　贷:银行存款　　　　　　　　　　　　　　　　　　　　　　　100 000

(3) 提供运输服务,收入现金25 000元。

【分析】　涉及的会计科目:现金,营业收入。

涉及科目的类别:现金——资产类,营业收入——收入类。

所反映经济内容的增减情况:现金增加,营业收入增加。

记账规则:资产类增加——借,收入类增加——贷。可得:

借:现金　　　　　　　　　　　　　　　　　　　　　　　　　25 000
　贷:营业收入　　　　　　　　　　　　　　　　　　　　　　　　25 000

(4) 提取固定资产(汽车)折旧30 000元。

【分析】　涉及的会计科目:营业费用,累计折旧。

涉及科目的类别:营业费用——费用类,累计折旧——资产类。

在制造型企业中,与产品生产直接有关的固定资产的折旧费要记入"制造费用",如机器设备的折旧;与产品生产没有直接关系的固定资产的折旧费则记入"管理费用"。

这里要特别说明的是:累计折旧虽然属于资产类科目,但它是一个很特殊的资产类科目。它是作为"固定资产"科目的抵减科目列为资产类的。所以它的记账规则与其他资产类科目的记账规则正好相反,增加记贷方(表示固定资产价值的减少),减少记借方(只在固定资产报废或损毁时才会冲减累计折旧)。

所反映经济内容的增减情况:营业费用增加,累计折旧增加。

记账规则:费用类增加——借,"累计折旧"增加——贷。可得:

借:营业费用——折旧费　　　　　　　　　　　　　　　　　30 000
　贷:累计折旧　　　　　　　　　　　　　　　　　　　　　　　30 000

(5) 用现金支付汽油费5 000元。

【分析】　涉及的会计科目:现金,营业费用。

涉及科目的类别:现金——资产类,营业费用——费用类。

所反映经济内容的增减情况:现金减少,营业费用增加。

记账规则:资产类减少——贷,费用类增加——借。可得:

借:营业费用——汽油费　　　　　　　　　　　　　　　　　　5 000
　贷:现金　　　　　　　　　　　　　　　　　　　　　　　　　　5 000

(6) 为 A 公司提供运输服务,计 60 000 元,尚未收取。

【分析】 涉及的会计科目:应收账款,营业收入。

涉及科目的类别:应收账款——资产类,营业收入——收入类。

所反映经济内容的增减情况:应收账款增加,营业收入增加。

记账规则:资产类增加——借,收入类增加——贷。可得:

借:应收账款——A 公司　　　　　　　　　　　　　　　60 000
　　贷:营业收入　　　　　　　　　　　　　　　　　　　　　　　60 000

(7) 支付本期司机的工资 10 000 元。

【分析】 涉及的会计科目:现金,营业费用。

这里要说明的是:通常在核算工资时,要通过"应付职工薪酬"科目,即在登记工资费用时,借记有关费用科目,贷记"应付职工薪酬"科目;在实际支付工资时,再借记"应付职工薪酬"科目,贷记"现金"。但此处将两笔分录简化。

涉及科目的类别:现金——资产类,营业费用——费用类。

所反映经济内容的增减情况:现金减少,营业费用增加。

记账规则:资产类减少——贷,费用类增加——借。可得:

借:营业费用——司机工资　　　　　　　　　　　　　　10 000
　　贷:现金　　　　　　　　　　　　　　　　　　　　　　　　　10 000

(8) 按 25% 的所得税税率计提所得税 10 000 元。

【分析】 涉及的会计科目:所得税费用,应交税费——应交所得税。

涉及科目的类别:所得税费用——费用类,应交所得税——负债类。

所反映经济内容的增减情况:所得税费用增加,应交所得税增加。

记账规则:费用类增加——借,负债类增加——贷。可得:

借:所得税费用　　　　　　　　　　　　　　　　　　　10 000
　　贷:应交税费——应交所得税　　　　　　　　　　　　　　　10 000

第二步:登记总分类账和明细分类账。

在实务中,总分类账和明细分类账都有固定的格式和印好的账页。在这里,我们不按实务的形式设置账户,而采用简单的 T 型账户形式。

无论是印好的账页还是 T 型账户,都必须包含几个内容:账户的名称、借方金额、贷方金额和余额。在 T 型账户中,账户的左方是借方,右方是贷方,余额若在左方则为借方余额,若在右方则为贷方余额。另外,无论是总分类账还是明细分类账,其格式都一样。

登记账户的方法是:根据记账凭证或日记账上的会计分录,分别登记在总分类账和明细分类账上。以第(1)笔业务为例:首先设置"银行存款"和"实收资本"账户(实务中即建立两个账本),然后将分录中的借、贷金额登记在账簿上。登记时注意要注明经济业务发生的日期、摘要、金额、登记人和审核人等(在 T 型账户中这些都被简化了),且一定要注明经济业务编号。另外,如果存在明细分类账的话,总分类账与明细分类账通常要同时登记;登记的借、贷方向要相同;明细分类账的金额之和应当与总分类账的金额相等。

以上 8 笔业务涉及 10 个总分类账、6 个明细分类账,因此,我们就要设置 16 个账户,对发

生的经济业务进行登记、汇总。具体如下(单位:元):

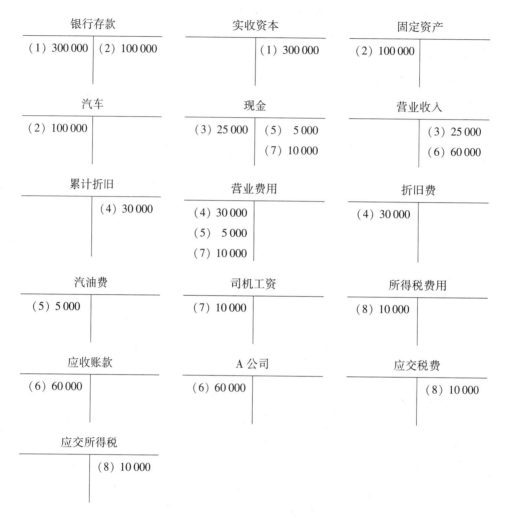

第三步:编制试算平衡表。

在登记完总分类账、明细分类账(即过账)以后,为了检查在前面的数据处理过程中是否有错误,通常都要编制试算平衡表。试算平衡表有两种形式:发生额平衡与余额平衡。其原理是:对各个总分类账上借方、贷方的发生额(或余额)进行加总,如果两者相等,则认定在记账和登账过程中没有发生错误;如果两者不相等,则说明在记账和登账过程中有错误,必须及时予以更正。编制试算平衡表已经成为企业经常性的会计工作之一。

试算平衡是基于会计记账"有借必有贷,借贷必相等"的平衡原理,就总分类账中各账户金额,检查分录与过账工作有无错误的验证工作。具体而言,就是将总分类账中各账户的借方总额和贷方总额相抵销以后的余额汇总列表,得到试算平衡表。

试算平衡表一般包括如下内容:

(1) 日期。编制试算平衡表时,总分类账中各账户记录的截止日期。

(2) 会计科目。当期经济交易事项所影响的总分类账中各个账户的名称。

(3) 借方余额和贷方余额。总分类账中各个账户的余额。

(4) 合计。所有账户的借方余额合计数和贷方余额合计数。

试算平衡表借贷两方不平衡可能是由一种错误所引起的,也可能是几种错误综合造成的,一般来说,出错的原因可能有如下三类:

第一,编制试算平衡表时出现错误。例如,栏目加总错误,总分类账余额移入时出错,借方余额写入贷方余额栏或相反,以及余额遗漏等。

第二,确定账户余额时出现错误。例如,某个总分类账余额加计出错,借方余额错置入贷方余额栏或相反。

第三,总分类账记录出现错误。例如,记账错误,借方(贷方)分录过入总分类账贷方(借方),以及借项或贷项记账遗漏等。

当试算平衡表不平衡时,账务处理工作必然有误。但是当试算平衡表平衡时,却不能保证账务处理工作绝对正确。例如,在编制试算平衡表时借贷同时遗漏,借贷同时重复记录,借贷双方正好发生等额的错误,等等,这些情形下发生的错误很难被发现。另外,对于使用凭证不符、交易日期记录不准确、会计科目用错等不影响借贷总额的错误,在编制试算平衡表时也都难以发现。

尽管如此,试算平衡表仍被普遍运用,因为会计上的许多错误通常是由金额记录错误所造成的。除上述特殊情形以外,这种金额上的错误都可以通过试算平衡表进行纠错。而且,由于试算平衡表是依据各总分类账的借贷余额编制,虽然未经调整及结账,但也已经反映了各科目的概况,因此通过试算平衡表还可以初步了解企业所有的经济业务活动和企业的财务状况。

本例中涉及10个总分类账户。编制发生额(及余额)的试算平衡表如表4-2所示。如果单独编制发生额或余额的试算平衡表,其格式是一样的。

表4-2 发生额(及余额)的试算平衡表   单位:元

科目名称	发生额平衡		余额平衡	
	借方	贷方	借方	贷方
银行存款	300 000	100 000	200 000	
实收资本		300 000		300 000
固定资产	100 000		100 000	
现金	25 000	15 000	10 000	
营业收入		85 000		85 000
营业费用	45 000		45 000	
累计折旧		30 000		30 000
所得税费用	10 000		10 000	
应收账款	60 000		60 000	
应交税费		10 000		10 000
总计	540 000	540 000	425 000	425 000

第四步:根据总分类账编制财务报表。

在试算平衡之后,就可以编制财务报表了。通常首先编制利润表(见表4-3),然后编制资产负债表(见表 4-4)和现金流量表(见表 4-5)。

表 4-3　××运输公司利润表

2022 年度　　　　　　　　　　　　　　　　　　　　　　　　单位:元

项目	金额
营业收入	85 000
减:营业费用	45 000
营业利润	40 000
减:所得税费用	10 000
净利润	30 000

表 4-4　××运输公司资产负债表

2022 年 12 月 31 日　　　　　　　　　　　　　　　　　　　　单位:元

资产		负债与所有者权益	
现金	10 000		
银行存款	200 000	应交税费	10 000
应收账款	60 000	流动负债合计:	10 000
流动资产合计:	270 000		
固定资产	100 000	实收资本	300 000
减:累计折旧	30 000	未分配利润	30 000
固定资产净值	70 000	所有者权益合计:	330 000
资产总计:	340 000	负债与所有者权益总计:	340 000

表 4-5　××运输公司现金流量表

2022 年度　　　　　　　　　　　　　　　　　　　　　　　　单位:元

项目	金额
一、经营活动产生的现金流量:	
营业收入	25 000
汽油费	(5 000)
工资费	(10 000)
所得税费用	(10 000)
经营活动产生的现金流量净额	0
二、投资活动产生的现金流量:	
购置汽车	(100 000)
投资活动的现金流量净额	(100 000)
三、筹资活动产生的现金流量:	
所有者投资	300 000
筹资活动产生的现金流量净额	300 000
四、现金净流量:	200 000

到这里为止,会计循环实现了其最终的目标,即已编制出财务报表,将企业的经营情况与财务状况对外进行了披露。

复习与思考 会计循环的基本步骤有几个?这几个基本步骤起到什么作用?其最终目标是什么?

4.4 调整分录

会计分录是会计循环中的重要环节,它主要由企业的经济业务所决定。但在实际工作中,会计人员在期末结账时,还需要对企业的某些经济业务进行调整,按照会计上特有的要求与原则,主动编制一些没有明显经济业务发生的分录。这种需要会计人员主动去编制的分录,就是所谓的调整分录。

调整分录主要涉及收入与费用科目,因此主要影响企业的利润表。在会计上调整分录要求采用权责发生制。因此,掌握调整分录必须要先了解和学习权责发生制和收付实现制。

关于权责发生制和收付实现制,本书在前面的章节已有一定论述,这里进行简单回顾。

4.4.1 权责发生制和收付实现制

权责发生制又称应计制或应收应付制。它确定本期收入和费用,以应收应付作为标准。凡属于本期已获得的收入,不管其款项是否收到,都作为本期的收入处理;凡属于本期应当负担的费用,不管款项是否支付,都作为本期的费用处理。凡不应当归属于本期的收入,即使款项已经收到并入账,都不作为本期的收入处理;凡不应当归属于本期的费用,即使款项已经支付并入账,都不作为本期的费用处理。

权责发生制下,属于本期的收入(费用),包括当期收到(支付)现金且应当进行确认的收入(费用),也包括当期未收到(支付)现金但应当确认的收入(费用),还包括以前会计期间内收到(支付)现金而应当由本期获得(承担)的收入(费用)。所以,在会计期末,要确定本期的收入和费用,就要根据账簿记录,按照权责发生制的原则重新分析归类,进行必要的账项调整。

收付实现制又称现金制或实收实付制,它是与权责发生制相对应的一个概念,是确认收入和费用的另一种记账基础。在收付实现制下,收入和费用的确认是以当期款项的实际收付为标准。凡属于本期收到的收入和支付的费用,不管其是否应归属于本期,都作为本期的收入和费用处理;凡本期未收到的收入和未曾支付的费用,即使应当归属于本期,也不作为本期的收入和费用处理。由于款项的收付实际上以现金收付为准,因此又称现金制。

在收付实现制下,企业当期的收入和费用不考虑预收收入、预付费用,以及应计收入和应计费用。因此,在会计期末,只需根据账簿记录确定本期的收入和费用即可。因为实际收到和支付的款项已经登记入账,所以在会计期末不用进行账项调整。

收付实现制比权责发生制在会计操作上要简单,但从配比原则的角度看则不适当,而权责发生制确认收入和费用是以权利和责任的实际发生为依据,确认的收入和费用之间存在合理的配比关系,因此现行企业会计准则和会计实务都基本以权责发生制作为确认当期收入和费用的基础。

但是以权责发生制作为会计核算的基础,会在会计实务上带来一些相应的问题。比如,企业已经为某些事项支付了款项,但费用并没有实际发生;有时,企业应当支付的费用还没有支付;有时,企业应当收取的收入项目拖延了几个月没有收回;有时,企业又对某些项目提前收取了款项。这就需要在会计上进行调整分录处理。由权责发生制而产生的调整分录通常有四类,即应收收入项目、应计费用项目、摊销已支付的费用和预收收入的项目。这四类都可以归纳为下面要说明的"应计项目"和"递延项目",具体情况主要通过例4-2来说明。

例 4-2 春华管理学院将一部分教室出租给 EDP 培训班使用,租金为每月 1 000 元,租期为 2022 年 7 月 1 日至 12 月 31 日。假定有以下两种不同的租金支付方式,请分别为春华管理学院和 EDP 培训班作出相应的账务处理。假定双方都要在每个月月末结账。

(1) EDP 培训班于 6 月 20 日预付半年租金;

(2) EDP 培训班于 12 月 31 日支付半年租金。

解 第一种支付租金的方式:EDP 培训班于 6 月 20 日预付半年租金。

如果 EDP 培训班于 6 月 20 日预付半年租金,则对于双方来说,关于租借教室业务的权利和义务都尚未实际发生,即从春华管理学院来说,由于培训班还没有实际使用教室,学院虽然收取了现金,但这笔收入实际还没有实现。也就是说,如果 EDP 培训班发现了更划算的租借教室的地方,不再租用春华管理学院的教室,则春华管理学院要把预收的这笔租金退还给 EDP 培训班(可能收取的违约金是另外一种形式的收入,不属于租金收入)。这在会计上称为"虽然已经收取了款项,但收入尚未实现"。按照权责发生制的要求,不能确认收入,只能作为"预收收入"(负债类科目)加以反映。

对于 EDP 培训班来说也一样,如果它们决定不租借春华管理学院的教室,则其有权将预付的这笔租金要回来。这种情况在会计上称为"虽然已经支付了款项,但费用尚未发生"。同样,按照权责发生制的要求,不能确认费用,只能作为"预付费用"或是"预付租金"(资产类科目)加以反映。

那么,春华管理学院应当在什么时候确认租金收入?它的收入什么时候实现?按照权责发生制的要求,它必须在 EDP 培训班真正使用了教室一段时间之后,才能在账上确认这笔租金收入。会计上通常都以一个月作为最短的核算期间,因此,春华管理学院应当在每个月月末登记一笔租金收入。而由于月末时春华管理学院并不会再收到现金,不会有什么事件发生来提醒会计人员登记这笔业务,因此,需要会计人员在月末时主动登记,从而构成春华管理学院的调整分录。

同理,EDP 培训班应当在什么时候确认租金费用？它的费用什么时候发生？按照权责发生制的要求,它也必须在真正使用了教室一个月之后,才能在账上确认这笔租金费用。它也应当在每个月月末登记一笔租金费用。这时,EDP 培训班也不会再支付现金,这笔业务也需要它的会计人员在月末时主动登记,从而构成 EDP 培训班的调整分录。

综上所述,春华管理学院和 EDP 培训班分别应当在收付现金的时候和各个月末在账上做相应的反映,总结如表 4-6 所示。

表 4-6　第一种支付方式下的会计分录

	春华管理学院(需确定租金收入)	EDP 培训班(需确定租金费用)
6 月 20 日(收付现金)	借:现金　　　　　　6 000 　贷:预收收入　　　　　6 000	借:预付租金　　　　　6 000 　贷:现金　　　　　　　6 000
7 月 31 日、8 月 31 日及以后的每个月末,至 12 月 31 日止	借:预收收入　　　　　1 000 　贷:租金收入　　　　　1 000	借:租金费用　　　　　1 000 　贷:预付租金　　　　　1 000

第二种支付租金的方式:EDP 培训班于 12 月 31 日支付半年租金。

如果 EDP 培训班于 12 月 31 日支付半年租金,则对于双方来说,关于租借教室业务的权利和义务在 7—12 月期间都已经实际发生,对于春华管理学院来说,由于 EDP 培训班已经实际使用了教室,虽然学院尚未收到现金,但这笔收入已经实现了。也就是说,春华管理学院在收到现金之前,已经具备了收取这笔款项的权利。这在会计上称为"虽然尚未收到款项,但收入已经实现"。按照权责发生制的要求,春华管理学院应当在 7—12 月的各个月末都确认收入,即登记一笔"应收租金"(资产类科目),同时登记"租金收入"(收入类科目)。

对于 EDP 培训班来说也是一样,它们在实际支付款项之前,已经用了半年教室,已经承担了应当支付款项的责任和义务。这种情况在会计上称为"虽然尚未支付款项,但费用已经发生"。同样,按照权责发生制的要求,EDP 培训班应当在月末确认费用,即在"租金费用"(费用类科目)和"应付租金"(负债类科目)中分别进行登记。

总体来看,在第二种支付方式下,春华管理学院和 EDP 培训班分别应当在各个月末和支付款项时在账上做相应的反映,总结如表 4-7 所示。

表 4-7　第二种支付方式下的会计分录

	春华管理学院(需确定租金收入)	EDP 培训班(需确定租金费用)
7 月 31 日、8 月 31 日及以后的每个月末,至 12 月 31 日止	借:应收租金　　　　　1 000 　贷:租金收入　　　　　1 000 (共需要做六笔同样的分录,总金额为 6 000 元)	借:租金费用　　　　　1 000 　贷:应付租金　　　　　1 000 (共需要做六笔同样的分录,总金额为 6 000 元)
12 月 31 日(收付现金)	借:现金　　　　　　6 000 　贷:应收租金　　　　　6 000	借:应付租金　　　　　6 000 　贷:现金　　　　　　　6 000

复习与思考　在例 4-2 中,一共有几笔调整分录？分别是哪几项？由于权责发生制的使用,在会计上产生了几类调整分录？

例4-2仅是说明调整分录产生的一个实例。从更广泛的意义上来看,调整分录会涉及更多应予调整的账项。下面将进行更为详细的讨论。

4.4.2 应予调整的账项

在权责发生制下,企业在期末应当调整的账项包括应计项目、递延项目和估计项目。下面逐一进行说明。

1. 应计项目

凡是在当期发生,但是因未收付现金且未在账簿上反映的费用以及赚取的收入,在期末时均应予调整。

应付费用又称应计费用,是指本期已发生而尚未实际支付现金的各项费用,如应付职工薪酬。企业员工工作一天,便已赚取一天的收入,对企业来讲,就是发生了一天的工资费用,但在实际生活中,企业往往到下个月的某一天才给员工发放上个月的工资,因此,在当月结算时,就需要在月末做调整分录,把当月发生但还未实际支付的工资费用反映出来,以便正确计算当月的经营成果。诸如此类的费用还有应付水电费、应付租金、应付利息等。应付费用的调整分录,应当一方面确认费用,另一方面增加负债,费用类账户用来计算当期损益,负债类账户则等到以后实际支付现金时再进行冲销。

例4-3 假设企业的长期借款期末余额为20 000元,出票日为7月31日,年利率为6%,则8月31日应计算当期承担的利息费用为:

当期应计利息费用 = 本金 × 利率 × 所跨期间 = 20 000 × 6% × 1/12 = 100(元)

调整分录如下:

借:财务费用　　　　　　　　　　　　　　　　　　　　　　　　100
　　贷:应付利息　　　　　　　　　　　　　　　　　　　　　　　　100

对上述分录进行过账:

应收收入又称应计收入,是指本期已赚取而尚未收到的各项收入,如应收利息、应收租金、应收佣金等。应收收入的调整一方面增加收入,另一方面增加资产。收入类账户用来正确计算当期损益,资产类账户则等到以后收到现金时再予以冲销。

例4-4 企业应收票据期末余额为20 000元,出票日为7月31日,年利率为6%。8月31日,应收利息的计算与调整如下:

当期应计利息收入 = 本金 × 利率 × 所跨期间 = 20 000 × 6% × 1/12 = 100(元)

调整分录如下:

借：应收利息　　　　　　　　　　　　　　　　　　　　　　　　　　　　100
　　贷：利息收入　　　　　　　　　　　　　　　　　　　　　　　　　　　100

再将上述分录进行过账：

2. 递延项目

所谓递延项目,是指已有实际现金的收付,并已在账上记录,但尚未赚取的收入或消耗的费用。这种预收收入或预付费用,以后随着企业提供服务(或货物)或消耗费用而转化成已实现的收入或已发生的费用。

预付费用是指尚未得到服务,但已经支付了现金,并且取得将来享受该项服务的权利。这种经济业务在现金付出时记为资产,因为取得了未来享受服务的经济利益,以后随着服务的享受而逐渐耗用资产;若未能享受到应得的服务,则可要求退款。这类费用包括预付保险费、预付租金、预付利息,因此在期末时应将已耗用部分调整为费用。

例 4-5　假设企业于当年 8 月 1 日支付一年期保险费 1 200 元,则在 8 月 31 日确认的当月应承担的费用为 100 元(1 200/12)。调整分录如下：

借：保险费　　　　　　　　　　　　　　　　　　　　　　　　　　　　100
　　贷：预付保险费　　　　　　　　　　　　　　　　　　　　　　　　　　100

过账后的结果如下：

预收收入是指在未提供产品或服务之前预先收取的款项。由于预先收取了款项,企业产生了在未来提供货物或服务的义务,因此预收收入既增加了企业的资产,同时也增加了企业的负债。随着企业货物或服务的提供,预收收入由负债转变为真正的收入。预收收入包括预收货款、预收利息、预收房租等。

例 4-6　假设企业于当年 8 月 1 日收到一年租金 6 000 元,分录为：

借：现金　　　　　　　　　　　　　　　　　　　　　　　　　　　　6 000
　　贷：预收收入　　　　　　　　　　　　　　　　　　　　　　　　　6 000

8 月 31 日,随着时间的推移,部分租金收入得以实现,则调整分录为：

借：预收收入　　　　　　　　　　　　　　　　　　　　　　　　　　　500
　　贷：租金收入　　　　　　　　　　　　　　　　　　　　　　　　　　500

对上述分录进行过账：

现金	预收收入		租金收入
(4-6) 6 000	(4-6) 500	(4-6) 6 000	(4-6) 500

3. 估计项目

在会计期末,除上述应计项目和递延项目之外,企业还需要对一些为了使费用与收入更能密切配比的账项进行调整以正确计算利润。与前面几类账项调整不同,这些账项调整的金额具有不确定性,需要以未来的事项作为计算依据,因此,这类账项调整为估计项目,如坏账损失的估计、固定资产折旧的提取、售后保证费用的估计等。下面以应收账款的坏账损失为例进行说明。

企业若因提供劳务或销售货物而有了向其他个体收取款项的权利,则这种债权资产就成为企业的应收账款。这种应收账款可能会因债务人无法偿还而无法全部或部分收回,从而发生坏账,又称为呆账。企业的债权资产通常是因赊销而产生的,如果应收账款最后确定无法收回,则原来确认的销售收入就被高估,债权资产也被高估。但因为在赊销时不能判断哪一笔赊销的款项不能收回,所以只能在年底就全部应收款项估计可能的坏账损失,并在销售活动发生的年度以费用及资产的抵销科目入账,以抵销高估的销售收入及应收账款。坏账损失的调整分录,需要单设一个抵销科目来冲销应收账款,这是因为:

(1) 坏账是估计产生,并非确定会发生,同时由于无法判断究竟哪一笔交易有坏账损失,所以如果在总分类账上直接注销"应收账款",明细分类账上则无法填列,有悖于"总分类账与明细分类账平行登记"的原则。

(2) 企业估计坏账仅是内部的估算,并非对债权的放弃,更不能理解成对外债权的丧失。

例4-7 假设工业企业8月末应收账款及应收票据的余额经估计约有1 500元不能收回,则调整分录如下:

借:信用减值损失——坏账损失　　　　　　　　　　　　　　　1 500
　贷:坏账准备　　　　　　　　　　　　　　　　　　　　　　　1 500

过账后的结果如下:

信用减值损失	坏账准备
(4-7) 1 500	(4-7) 1 500

坏账准备在资产负债表中列在应收款项的下面,作为应收款项的抵销科目,以便于计算应收款项的正确余额。

小练习 请为以下两笔业务做调整分录:

(1) 期末结算时,应付未付的银行利息为4 500元;
(2) 摊销上一年度已经支付的财产保险费,本期摊销额为23 000元。

4.5 结账

4.5.1 结账的概念

结账是指为了了解在某个会计期间内的经营成果和财务收支情况,在把会计期间内企业发生的全部经济业务登记入账的基础上,编制企业财务会计报表,而对报表内各种会计账户的本期发生额和期末余额进行汇总和结转到下个会计期间的过程。根据企业会计准则,现金日记账、银行存款日记账需要按日结账,而其他会计账户则要按月度、季度和年度结账。

结账需要遵循一定的程序。在结账前,应将本会计期间内所发生的各项经济业务全部登记入账;结账时,应结出每个账户的期末余额,会计年度终了时,所有总分类账都应结出全年发生额和年末余额;会计年度结束后,应将各账户的余额结转到下个会计年度。

结账也需要采取合理的结账方法,对于不需要按月结账的账户,每次记完账后,要随时结出余额;对于需要按月结计的收入和费用等明细分类账,月末终了时,要结出本月发生额和月末余额;对于总分类账,年度终了时,要结出所有总分类账的全年发生额和年末余额。会计年度结束时,有余额的账户,要将余额结转到下一会计年度。

4.5.2 虚账户与实账户

根据结账工作的不同,企业所使用的账户可以分为虚账户与实账户。

虚账户又称为临时性账户,具体包括收入及费用两类账户,也就是利润表中的科目。这两类账户在会计期间终了时都要结转到"本年利润"账户及"利润分配"账户,并且结账后账户期末余额变为零,原来的账户也随之消失,下一会计期间须开设新的账户,重新记录及累积损益情况。

实账户又称为永久性账户,是指资产、负债及所有者权益各类账户,亦即资产负债表中的科目。这些账户期末一般有余额,并随着企业经营活动的延续而递延到下一会计期间。

虚账户与实账户的结账方法是不同的。对于虚账户而言,期末应通过做正式的结账分录使其余额成为零;对于实账户而言,期末只需逐一计算各账户借贷方总额及其余额,并将该余额记在各账户借贷金额较小的一方,于同一行的摘要栏内注明"结转下期",再将每一账户结总,并画双线表示结平。下一会计期间开始时,将各账户上期余额转回原来方向,并于同一行的摘要栏中写上"上期结转",以便于继续记录下期的各项交易。因此,对于实账户,一般不需要做正式的结账分录。下面以"现金"账户为例,说明实账户的结转。假设现金的期初余额为

450元,本期发生额为26 000元。

现金

摘要	借方金额	摘要	贷方金额
期初余额	450		
本期发生额	26 000		26 000
		结转下期	450
	26 450		26 450

虚账户的结账分录形式则根据账户类别的不同而不同,其结果是将虚账户余额结清。具体形式为:

借:本年利润
　　贷:费用类账户
借:收入类账户
　　贷:本年利润

具体的结账程序为:

(1)借助工作底稿。在所有虚账户余额栏内填列相反方向同等的金额,同时按照与账户余额相同的方向及金额填列会计科目栏中的"本年利润"。

(2)在工作底稿中做结账后试算平衡表,以验证试算工作正确与否。

(3)根据正确的工作底稿数据编制正式的结账分录。

(4)过账。根据结账分录进行过账,过账以后所有收入类账户和费用类账户的借贷金额持平,余额均为零,画线结平虚账户。

对于工作底稿中的资产负债表栏,由于结账后只有实账户有余额,而实账户即为资产负债表账户,因此正确的结账后试算平衡表信息实际上就相当于资产负债表所提供的信息。

4.5.3 年度结账与月度(季度)结账

对于结账工作,还需要特别一提的是,会计期间有年度、月度、季度之分,平时每个月对上述损益类账户的结账一般都在工作底稿上进行,不做结账分录,也不结平每一个账户。而只有到会计年度结束时,才做正式的结账分录,并结清损益类账户。因此,在实务上对损益类账户的结账方法分成两种:一种为"账结法",即编制正式结账分录并过账的方法;另一种为"表结法",即不编制正式结账分录,而只在工作底稿中进行结转的方法。在实际会计工作中,不要求在会计年度内进行正式结账,只需采用"表结法",即编制月报、季报或期中财务报表;而到了会计年度结束时,则要求用"账结法"将所有虚账户结清。这样做可以使各有关账户反映出企业在一个会计年度内的完整经营成果。

财务报表编制结束也就意味着完成一个完整的会计循环。

4.6 编制工作底稿与财务报表

企业在编制财务报表之前通常都会编制工作底稿。工作底稿在会计循环中不是正式的会计资料,但编制工作底稿可以给企业的会计工作带来很大的方便,且能减少错误的发生。期末编制完工作底稿以后,再利用经过验证的工作底稿编制正式的调整分录、结账分录并进行必要的过账,最后利用工作底稿编制基本的财务报表。因此,工作底稿在会计工作中具有非常重要的作用。

4.6.1 工作底稿的内容及格式

企业在会计期末进行调整、结账、编表时,常将资料汇总在一张工作草稿上,经各方验证无误后,才编制正式的分录及财务报表。会计上称这种工作草稿为工作底稿,它不是会计循环中一个必要的程序,但由于借助工作底稿可以节省工作量,还可以减少错误,因此工作底稿在实际工作中被普遍使用。

工作底稿是多栏式的草稿,编制的目的是方便期末调整、结账、编表工作的进行,因此应包括如下栏目:

(1)"会计科目"栏。试算、调整、结账、编表工作都须汇总全部会计科目,故应设置这一栏目。

(2)"试算平衡表"栏。科目的期末余额,是调整、结账以及编表的基础。将各账户期末余额汇总列为试算平衡表,可以用来进行调整,从而省去逐一翻阅账簿的工作。

(3)"调整分录"栏。编制工作底稿的目的之一,是便于调整工作的进行,故应设置此栏。

(4)"调整后试算平衡表"栏。为了检验调整工作的正确与否以及便于编制基本财务报表,可以设置"调整后试算平衡表"栏。

(5)"利润表"栏。根据工作底稿可以编制财务报表,所以将损益项目集中汇总,就可得到基本财务报表之一——利润表。

(6)"结账分录"栏。为了汇总反映结账工作,还应设置"结账分录"栏。

(7)"结账后试算平衡表"栏。为了检验结账工作的正确与否及便于编制资产负债表,还可以设置"结账后试算平衡表"栏。

(8)"资产负债表"栏。将"结账后试算平衡表"栏中的资产、负债及所有者权益项目集中汇总,就可得到资产负债表。

由于工作底稿是企业内部账务处理的工具,因此上述栏目在实际工作中可根据需要适当增减,但其中的"会计科目"栏、"试算平衡表"栏、"调整分录"栏、"利润表"栏和"资产负债表"栏是所有工作底稿中必备的栏目。另外,除"会计科目"栏外,其他栏目都应有借、贷两栏,所以工作底稿会有八栏式、十栏式、十二栏式等不同栏式的区分。表 4-8 为十四栏式工作底稿。

表 4-8 十四栏式工作底稿

会计科目	试算平衡表		调整分录		调整后试算平衡表		利润表		结账分录		结账后试算平衡表		资产负债表	
	借	贷	借	贷	借	贷	借	贷	借	贷	借	贷	借	贷

4.6.2 工作底稿的编制

工作底稿并不是正式的会计记录,并且编制工作底稿时牵涉的项目繁多,很容易出错,故通常用铅笔在表上计算或记载,以便于发生错误时进行更正。编制工作底稿时,应在工作底稿的上方注明企业名称、工作底稿的名称及编制期间的终止日。下面将具体说明工作底稿各栏目的填列:

(1) 会计科目。将企业所用到的会计科目,按照其在总分类账中的次序依次填列;当编制调整分录及结账分录时,需要在合适的位置加设所用到的会计科目。

(2) 试算平衡表。按试算平衡表编制的办法在工作底稿中进行,所以期末试算工作可以和工作底稿的编制工作同时进行。

(3) 调整分录。将企业应该调整的有关资料汇总分析,并将受影响的科目金额逐一记入工作底稿"调整分录"栏内,再于金额前标明调整顺序的编号,同一笔调整分录的借、贷科目编同一号码,以便正式入账时查证。"调整分录"栏的借贷方合计加总数也应互相平衡。

(4) 调整后试算平衡表。将所有调整分录所影响的金额与试算平衡表的借贷金额,按同方向相加、异方向相减的原则,列出调整后的数额,其他未受影响的科目,则按原方向、原金额转列,即可得到调整后试算平衡表。对调整后试算平衡表验证无误后,可以做正式的调整分录,并进行过账工作。

(5) 利润表。根据调整后试算平衡表,将属于利润表项目的各科目及其金额,按原借贷方向转列入"利润表"栏,然后分别加总借贷方金额,并比较两者的大小。若贷方大于借方,则说明企业当年有盈余,应按税法的规定计算所得税费用,作为最后一项调整分录,即借记"所得税费用"科目,贷记"应交税费"科目;若加总的结果是借方大于贷方,则说明企业当年亏损,无须考虑所得税费用。借贷方的差额应以相反方向、同等金额填入利润表项目,以便结平利润表,差额对应的"会计科目"栏为"本期利润"。

(6) 结账分录。将年末结账时所做的结账分录填在本栏中,要注意将同一笔分录的借、贷科目编同一号码,以便查证。

(7) 结账后试算平衡表。将"调整后试算平衡表"栏的数字与"结账分录"栏的数字按同方向相加、异方向相减的原则计算后填列。

(8) 资产负债表。根据"结账后试算平衡表"栏中相关项目的数据填列即可。

4.6.3 基本财务报表的编制

财务会计的基本目标就是向信息使用者提供有助于其决策的财务信息,主要包括企业在会计期间内的财务状况、经营成果和现金流量等信息。在实际工作中,财务会计通过对外披露的财务报表向信息使用者提供这些相关的信息。

关于财务报表的具体格式与编制方法,详见本书第 3 章和第 13 章的相关内容。

案例
华夏幸福花式融资的思考

华夏幸福基业股份有限公司(以下简称"华夏幸福")创立于 1998 年,总部设在北京,它既是一家产业新城运营商,同时又是一个不动产投资开发及运营管理平台。2007 年,华夏幸福顺利完成股份制转型,并于 2011 年在上海证券交易所成功上市。

华夏幸福的主营业务为房地产开发。在此基础上,华夏幸福不断扩展事业版图,不仅建立了"产业高度聚集、城市功能完善、生态环境优美"的产业新城这一核心产品,而且还通过不断优化市场运作机制,为区域提供高质量发展的解决方案。在坚持做强做优产业新城业务的同时,华夏幸福积极把握都市圈核心圈层的发展机遇,开拓新模式、新领域和新地域,在传统产业新城业务领域外,积极布局包括商业综合体、公共住房、康养、科学社区等商业地产及相关业务。

房地产开发投资项目周期较长,资金占用量较大,并且周转较为缓慢,融资问题一直是困扰房地产企业发展的难题。"四处找钱"成为各房地产企业的主旋律,房地产企业不是在找钱,就是在找钱的路上。银行贷款是房地产企业主要的融资渠道,但是随着国家信贷政策的收紧以及银行贷款门槛的提高,加之房地产企业业务扩张和分散风险的需要,单一的银行贷款融资模式很难满足房地产企业发展的需要,为此,房地产企业纷纷开辟各种融资方式,以解决公司发展和资金不相匹配的难题。

作为我国知名的房地产企业,华夏幸福自然不可避免地要面临四处融资的问题。但是民营企业的身份、产业新城的不确定性、收益的未知性、抵押物的缺乏,以及历年来负债率过度高企和不断增加的短期偿债压力,使华夏幸福注定不可能过多地指望银行贷款。迫于各种形势,华夏幸福把所有能用的融资方式都用了一遍,硬生生把自己修炼成了一部"花式融资百科全书"。统计显示,2012—2016年,华夏幸福通过银行借款、销售回款、信托借款、公司债、夹层融资、关联方借款、债务重组以及债权、应收账款收益权、特定收益权和股权收益权转让等传统融资和非传统融资方式,获得融资额3 000亿元,涉及的融资方式多达21种。

多元的融资方式一定程度上缓解了华夏幸福的融资困境,但同时也为其日后的债务违约埋下了隐患。在2020年第三季度报告中,华夏幸福的债务问题已经初见端倪。根据第三季度报告,截至2020年9月30日,该公司短期借款和一年内到期债务共计940.2亿元,较上年年末的604亿元增长55.7%;长期借款共652.1亿元,较上年年末的487.9亿元增长33.7%;另有应付债券余额525.45亿元。债务攀升的同时,华夏幸福的现金持有却在不断减少。截至2020年9月30日,其持有的现金为366.8亿元,比2019年减少10%,现金短债比仅为0.39。

陆续到期的债务,最终引爆这家曾经依靠产业新城和城市商圈开发运营而名噪一时的另类地产企业。2021年2月1日,华夏幸福发布债务违约公告,透露华夏幸福及其下属子公司发生债务逾期,涉及本息金额合计52.55亿元。对于扣除预收款之后债务总额已逼近3 000亿元的华夏幸福而言,纾困或将是一个漫长且阻力重重之旅。

思考:
1. 从资产负债表的结构来看,企业的融资途径主要有哪些?
2. 你如何评价华夏幸福的多元融资行为?

本章小结

财务会计的目标是为企业外部的相关利益方提供决策所需的会计信息,会计信息的主要载体是财务报表,而财务报表的编制需要遵循公认会计原则。因此,掌握财务报表的相关内容,通过阅读财务报表来了解企业的经营信息,不能脱离各个国家颁布的公认会计原则。

会计是一门商业语言。每一门语言都有其独特的表达方式。会计这门商业语言的表达方式可以概括为:会计科目是它的基本构成单位(单词),会计分录是它的词组,每一个分类账是它的段落,而财务报告(核心是财务报表)则是它的篇章。因此,了解财务报表的结构与形成对于掌握会计这门商业语言十分重要。

会计循环是会计主体编制财务报表的过程,是企业提供会计信息的必经程序。可以说,财务会计的整体框架是由会计循环搭建起来的。

具体地说,会计循环是将企业发生的经济业务通过一定的程序和方法以财务报表的形式表现出来的过程,即它表现为一系列编制报表的程序。一个完整的会计循环包括以下几个步骤：① 分析企业发生的经济业务；② 编制会计分录；③ 登记账簿，即过账；④ 编制调整分录前的试算平衡表；⑤ 编制调整分录并过账；⑥ 编制结账分录并过账；⑦ 编制财务报表。

重要名词

财务报表（Financial Statements）
会计循环（Accounting Cycle）
会计准则（Accounting Principles）
会计分录（Journal Entries）
借方（Debit）
贷方（Credit）
过账（Posting）
权责发生制（Accrual Basis）

收付实现制（Cash Basis）
调整分录（Adjusting Entries）
试算平衡表（Trial Balance）
结账（Closing）
试算平衡（Trial Balancing）
工作底稿（Work-sheet）
虚账户（Nominal Accounts）
实账户（Real Accounts）

思考题

1. 什么是会计循环？会计循环的起点和终点是什么？它的作用是什么？
2. 经济业务发生时，为何不直接记入分类账？
3. 为何需要编制调整分录？为何不将所有现金支付都作为费用，所有现金收入都作为收入？

练习题

1. 假设某饭店于2022年11月1日成立，在当年发生如下经济业务：
（1）所有者投资80 000元，存入银行；
（2）开出支票20 000元，购入冰箱、空调、桌椅等经营用资产；
（3）11月30日，经统计确定11月营业收入为5 000元，全部收到现金；
（4）提取固定资产折旧，计800元；
（5）支付购入的食品、副食及酒水等项目费用1 300元；
（6）12月31日，经统计确定12月营业收入为7 200元，其中尚未收取的金额为2 500元；
（7）支付本期员工工资，计2 000元；
（8）按25%的所得税税率计提所得税费用。
要求：根据以上列出的经济业务，编制该公司本年度的利润表和资产负债表。

2. 华能服务公司是一家服务型企业，主要从事打包业务。现有职工20人，在管理上实行经理负责制和岗位责任制。华能服务公司2022年11月30日资产负债表如下所示：

华能服务公司资产负债表

2022 年 11 月 30 日　　　　　　　　　　　　　　　　　　　　　　　　　　　单位：元

项目	金额	项目	金额
流动资产：		负债：	
现金	267 000	短期借款	2 000 000
银行存款	2 800 000	应付账款	370 000
应收账款	240 000	所有者权益：	
物料用品	250 000	实收资本	1 700 000
非流动资产：		留存收益	2 687 000
家具用具	3 200 000		
资产合计	6 757 000	负债及所有者权益合计	6 757 000

该公司 12 月发生下列经济业务：

（1）收到达声工厂所欠上月打包费 200 000 元，存入银行存款账户。

（2）预收锦绣公司打包费 500 000 元，存入银行存款账户。

（3）从银行存款账户中提取现金 1 450 000 元，发放职工工资。

（4）用银行存款归还短期借款 1 000 000 元。

（5）购入物料用品 480 000 元，货款已用银行存款付讫。

（6）锦绣公司委托的打包业务完成，打包收入 680 000 元，扣除预收款，其余部分已收到，存入银行存款账户。

（7）购入办公桌一张，价值 60 000 元，已用银行存款付讫。

（8）购入物料用品 380 000 元，当即以银行存款支付 250 000 元，余款暂欠。

（9）发生设备修理费 74 000 元，以现金付讫。

（10）本期短期借款利息 12 000 元，以银行存款支付。

（11）以现金支付市内车票 30 000 张，共 45 000 元。

（12）用银行存款支付上月所欠货款 300 000 元。

（13）本月打包收入 3 500 000 元，均存入银行存款账户。

（14）用银行存款支付本月水电费 56 000 元。

（15）经盘点本月共耗用物料用品 583 000 元。

要求：

（1）根据上列资料填制原始凭证。

（2）根据原始凭证编制记账凭证。

（3）根据收款凭证、付款凭证登记现金日记账和银行存款日记账。

（4）根据记账凭证登记总分类账。

（5）编制结账前试算平衡表。

（6）在记账凭证中编制结账分录。

（7）将记账凭证中的结账分录过入分类账有关账户。

（8）编制结账后试算平衡表。

（9）编制资产负债表。

第 5 章　收入与货币性资产

[学习目标]

通过本章的学习,你应该掌握:

1. 收入的定义和分类;
2. 收入确认与计量方法;
3. 货币资金的会计处理;
4. 应收账款及坏账的会计处理;
5. 应收票据的会计处理;
6. 合同资产的会计处理;
7. 其他应收款的会计处理;
8. 货币性资产的列报。

[素养目标]

通过本章的学习,充分认识收入确认与计量对于企业经营业绩和公司估值,以及货币性资产对于企业经营周转的特殊重要性,从而为提高有利于保护投资者利益的盈利信息质量奠定基础。

[小故事/小案例]

财政部、国家税务总局、商务部、海关总署联合发文明确,自2018年10月1日起,对跨境电子商务综合试验区电商出口企业实行免税新规,鼓励和促进跨境电商业务的发展。随着跨境电商业务的发展,跨境物流业务也得到了迅猛发展。跨境物流,就是通过空运、海运或陆运等方式,将货物从一个国家(或地区)运送到另一个国家(或地区)。

为了了解我国跨境物流企业的发展状况,F教授于2022年春对YW公司进行了实地调研,与YW公司COO(首席运营官)、CFO(首席财务官)和CIO(首席信息官)等高管进行了交流和讨论。

YW公司是一家总部设在北京的跨境物流公司,主营跨境物流小件业务,提供门到门的服务。具体就是接受跨境出口电商企业(包括平台公司和卖家)委托,将境外买家通过互联网平台从境内卖家手中所购买的商品,运送到境外买家手中。该公司从事的跨境物流小件业务,主要有以下六个业务环节:① 境内揽货,即从卖家仓库取货;② 口岸集中,即将来自境内各地卖家的货物,集中到某一口岸城市;③ 分类装运,即根据报关等要求,将同一买家的货物分类包装;④ 运达境外,即通过空运、海运或陆运等方式将货物运送至境外目的地;⑤ 转交境外合作物流企业,即委托境外买家所在国家(或地区)物流企业完成后续的运送和投递;⑥妥投,即投递到境外买家门口。

F教授在调研过程中了解到,YW公司正在准备上市申报,因此,公司高管都特别关心收入和盈利的增长。以往年度中,YW公司都是在业务进行到第五环节(即转交境外合作物流企业)时确认收入。管理层认为,业务进行到第五环节时,YW公司已经完成了自己的所有履约义务,第六环节(即妥投)则是境外合作物流企业应该履行的义务。但是,在为上市申报而进行的审计过程中,审计师不认同管理层的这一判断,坚持认为只有业务进行完第六环节(即妥投),YW公司才算完成了所有履约义务,从而才能确认收入。显然,按管理层的判断进行收入确认与按审计师的判断进行收入确认存在一个时间差,从而导致当前年度收入确认结果的重大差异——前者大于后者。也就是说,按审计师而非管理层的判断进行收入确认,会导致当前年度收入确认金额的下降。这是管理层所不愿意看到的。

你认为管理层和审计师的判断,究竟哪个更有道理呢？大家可以带着这一问题来学习本章将要介绍和讨论的收入确认和计量问题。

5.1 收入的定义与分类

5.1.1 收入的定义

收入,是指企业在日常活动中形成的、会导致所有者权益增加的、与所有者投入资本无关的经济利益的总流入,包括商品销售收入、提供劳务收入和让渡资产使用权收入。

上述收入定义中所谓的"日常活动",是指企业为完成其经营目标所从事的经常性活动以及与之相关的活动。例如,工业企业制造并销售产品、商业企业销售商品、软件企业为客户开发软件、咨询公司提供咨询服务、安装公司提供安装服务、商业银行对外贷款、保险公司签发保单、租赁公司出租资产等,均属于企业为完成其经营目标所从事的经常性活动,由此而产生的经济利益的总流入构成收入。企业出售不需用的原材料、利用闲置资金对外投资、对外转让无形资产使用权等,也属于与经常性活动相关的活动,由此而产生的经济利益的总流入也构成收入。但是,企业处置固定资产、无形资产等活动,就不是企业为完成其经营目标所从事的经常性活动,也不属于与经常性活动相关的活动,因此,其所产生的经济利益的总流入就不构成收入,而应当确认为营业外收入或资产处置收益。

本章主要介绍和讨论企业为完成其经营目标所从事的经常性活动以及与之相关的活动所产生的收入,即营业收入。本章后续部分,若无特别说明,收入即指营业收入。

5.1.2 收入的分类

企业在经营过程中实现的收入,可以划分为主营业务收入和其他业务收入两类。

主营业务收入是指企业主要生产经营活动所带来的收入。主营业务在企业经营活动中发生频繁,其产生的收入在营业收入中所占的比重较大。不同行业的企业,由于其经营业务的具体内容存在差异,主营业务收入的具体名称也不尽相同。例如,制造业企业和商品流通企业的主营业务收入,主要是产品销售收入或商品销售收入,故称为销售收入或销货收入;商业银行等金融企业的主营业务收入,主要是利息收入和佣金等非利息收入,故称为利息收入和非利息收入;咨询等服务性企业的主营业务收入,主要是服务(劳务)收入,故称为劳务收入或服务收入。

其他业务收入是指企业主要生产经营活动以外的业务所带来的收入。其他业务在企业经营活动中并不经常发生,其产生的收入在营业收入中所占的比重较小。在制造业企业中,其他业务收入指除产品销售和提供工业性劳务以外的材料销售、包装物出租和提供非工业性劳务等其他业务所带来的收入。此外,转让技术使用权、商标使用权等无形资产所带来的收入,也属于其他业务收入。

5.2 收入的确认与计量

5.2.1 收入确认与计量的一般原则

收入确认,是指确定一笔收入的入账时间。收入计量,是指确定一笔收入的入账金额。

根据企业会计准则的要求,收入应该按照实现原则加以确认。企业的生产经营过程通常由一系列连续的活动所组成,这些活动相互衔接并交替循环。例如,制造业企业的生产经营过程包含原材料的购入、产品的生产和加工、产品完工后的检验入库、产品的出售以及账款的收取等一系列活动,其中每一步都对收入的取得有贡献。因此,理论上,收入的取得是一个连续的过程。但是在实际工作中,不可能按照生产经营的每一步来确认相应的收入。由于在生产经营初期,企业产品能否销售出去、收入能否取得、产品成本能否得到补偿具有很大的不确定性,并且要准确衡量每一个经营活动步骤对收入的具体贡献金额也是非常困难的,因此在实际工作中,不太适合在生产经营初期确认收入,一般是等到生产经营过程已经完成或者基本完成时再确认收入。也就是说,通常只有在未来经济利益很可能流入企业且经济利益增加金额能够可靠计量时,才能确认收入。其中,未来经济利益的增加可能表现为资产的增加(如银行存款的增加),也可能表现为负债的减少(如预收账款的减少)。

一般来讲,收入入账的金额应根据企业与购买方或企业与其资产使用者之间达成的协议来确定。在现销的方式下,一般以实际收到的现金作为收入计量的依据;在赊销的方式下,一般以应收账款、应收票据的账面价值作为计量的依据。从理论上讲,考虑现值的话,企业应以设定的利率对未来的实际现金流入进行折现,以计算出的现值入账,即应确认的收入金额应少于应收现金的名义金额。但是,由于商业信用期限较短(通常为2~3个月),是否折现影响不大,因此赊销方式下的收入在实务中就直接按交易时应收现金的名义金额进行计量和入账了。

5.2.2 收入确认的条件

收入确认主要取决于合同的履行情况。企业应当在履行了合同中的履约义务,即在客户取得相关商品控制权时确认收入。取得相关商品控制权,是指能够主导该商品的使用并从中获得几乎全部的经济利益。

根据我国《企业会计准则第14号——收入》的规定,当企业与客户之间的合同同时满足下列条件时,企业应当在客户取得相关商品控制权时确认收入:① 合同各方已批准该合同并承诺将履行各自义务;② 该合同明确了合同各方与所转让商品或提供劳务(以下简称"转让商品")相关的权利和义务;③ 该合同有明确的与所转让商品相关的支付条款;④ 该合同具有商业实质,即履行该合同将改变企业未来现金流量的风险、时间分布或金额;⑤ 企业因向客户转让商品而有权取得的对价很可能收回。

在合同开始日即满足上述条件的合同,企业在后续期间无须对其进行重新评估,除非有迹象表明相关事实和情况发生重大变化。合同开始日通常是指合同生效日。

在实际工作中,商品控制权是否转移要视不同情况来判断。在大多数情况下,随着所有权凭证的转移或实物的交付,企业对商品的控制权也进行了转移。例如,采用直接收款方式销售产品的,在实际收到货款(如零售交易)或取得收取货款的凭证时,就可确认商品销售收入。但在某些特殊情况下,即使企业已交付商品的所有权凭证或实物,商品的控制权也可能仍未转移,这就需要管理层和会计人员根据具体情况进行专业判断,正确把握确认收入的时点。例如,对于委托其他单位代销的商品,企业应在收到代销单位转来的代销清单时确认收入,因为只有代销清单才能表明商品已经卖出;对于需要安装和检验的商品的销售,企业应在购买方接受商品并已安装和检验合格时确认收入,因为安装和检验也是销售合同的重要组成部分,当然安装和检验作为独立合同义务的除外;对于附有销售退回条款的商品的销售,企业无法确定退货可能性的,应在退货期满时确认收入;对于质量、品种、规格等不符合合同规定的商品,企业在未履行正常的保证条款前,即使交付了商品且收到了货款,也不能马上确认收入,因为企业仍负有补偿责任。

复习与思考 企业收入确认的一般原则是什么?收入确认要符合哪些条件?

5.2.3 收入的确认

由于不同企业的生产经营业务各具特色,会计人员需要依据收入实现原则的一般要求,判断和选择决定收入是否实现的"关键时间节点"作为收入确认的时间点。因此,关于收入确认的会计处理的主要问题是:如何确定各种类型业务的收入在何时符合收入确认的条件,从而进行收入确认。由于"销售"通常是最为常见的收入确认时间点,因此,确认收入的时间点一般区分为销售点确认收入、销售点前确认收入和销售点后确认收入三种情况。

1. 销售点确认收入

如果企业在销售点为赚得收入所应执行的工作已完成大部分,且在销售点已有客观凭证作为决定收入金额的可靠依据,那么企业可以在销售点确认收入的实现。

根据我国《企业会计准则第14号——收入》的规定,对于在某一时点履行的履约义务,企业应当在客户取得相关商品控制权时点确认收入。在判断客户是否已取得商品控制权时,企业应当考虑下列迹象:① 企业就该商品享有现时收款权利,即客户就该商品负有现时付款义务;② 企业已将该商品的法定所有权转移给客户,即客户已拥有该商品的法定所有权;③ 企业已将该商品实物转移给客户,即客户已实物占有该商品;④ 企业已将该商品所有权上的主要风险和报酬转移给客户,即客户已取得该商品所有权上的主要风险和报酬;⑤ 客户已接受该商品;⑥ 其他表明客户已取得商品控制权的迹象。

大多数企业都是在销售商品或提供劳务时确认收入的实现。通常只有在销售点才具备收入实现所要求的基本条件,因此一般都以销售为标志来确认收入。也就是说,当企业已经向客户发运商品或提供劳务,并且客户已经付款或同意在近期内付款时,企业就可确认收入。

2. 销售点前确认收入

如果企业可以赚得的收入金额确定性极高,且为赚取收入可能发生的成本已经发生或可以合理估计,那么企业可以在销售点前确认收入而不必等到实际交货时。例如,造船、修建桥梁、制造飞机、修建高层建筑等长期工程项目,从设计开发到建造生产完工通常需要几个会计年度的时间,这些项目不可能等到全部完工销售时才确认收入、费用,结算利润,而建造期间却不确认收入。因此,长期工程合同一般会在销售点前根据企业具体情况来确认部分或全部收入,具体可分为在生产进行中确认和在生产完成时确认两种情况。

根据我国《企业会计准则第14号——收入》的规定,属于在某一时段内履行履约义务的,要满足下列条件之一:① 客户在企业履约的同时即取得并消耗企业履约所带来的经济利益;② 客户能够控制企业履约过程中在建的商品;③ 企业履约过程中所产出的商品具有不可替代用途,且该企业在整个合同期间内有权就累计至今已完成的履约部分收取款项。其中,具有不可替代用途,是指因合同限制或实际可行性限制,企业不能轻易地将商品用于其他用途;有权就累计至今已完成的履约部分收取款项,是指在由于客户或其他方原因终止合同的情况下,企业有权就累计至今已完成的履约部分收取能够补偿其已发生成本和合理利润的款项,并且该权利具有法律约束力。

对于在某一时段内履行的履约义务,企业应当在该段时间内按照履约进度确认收入,但是,履约进度不能合理确定的除外。企业应当考虑商品的性质,采用产出法或投入法确定恰当的履约进度。① 其中,产出法是根据已转移给客户的商品对于客户的价值确定履约进度;投入法是根据企业为履行履约义务的投入确定履约进度。

3. 销售点后确认收入

如果企业在销售点可赚得的收入金额具有高度的不确定性,企业就不宜在销售点确认收入,而应将收入的确认递延到销售点后。这是因为,企业在销售商品或提供劳务时,如果无法准确地预计最终到底能否收到款项,则该销售行为并不代表企业从生产经营到盈利实现这一"赚得收入"的过程所应执行的工作已完成大部分,企业应将收入的确认递延到实际收到款项之时。例如,从事国际贸易业务的企业,如果在销售发生后,购买方即因突发事件(如战争)而无力支付货款,从而使得企业(销售方)收取货款面临高度的不确定性,那么,企业就应暂不确认收入,而是等到收款风险消除或收到货款时确认收入。

5.2.4 收入的计量

根据我国《企业会计准则第14号——收入》的规定,企业应当按照分摊至各单项履约义务的交易价格计量收入。② 企业应当根据合同条款,并结合其以往的习惯做法确定交易价格。下面主要介绍销售折扣、销售退回与折让对收入计量的影响,以及长期工程合同的收入计量。

1. 销售折扣

对商品销售收入金额的确定,还要注意销售折扣的问题。销售折扣一般分为两种,即商业折扣和现金折扣。

商业折扣是指企业为促进商品销售而在商品标价上给予的价格扣除,一般是给予大量购买者的一种特殊价格优惠,或者企业对不同购买者(如国内顾客和国外顾客)、不同销售时间(如换季)想使用差别价格时,为避免目录价格的经常更改,而减除一定金额(如按定价的某个百分比)来作为最后的销售价格。定价扣除商业折扣后的净额才是商品真正的成交价格,也是销货发票上的金额,因此商业折扣并不入账,它只是计算商品总价的依据。

现金折扣是指债权人为鼓励债务人在规定的期限内付款而向债务人提供的债务扣除,是企业赊销后为鼓励顾客提早付款而给予顾客的一种优惠。一般的表示方式为"2/10,$n/30$",表示顾客必须在30天内付清全部货款,如果在10天之内付款就可以享受成交价格(即发票价格)2%的折扣,如果超过10天付款就不能享受折扣。例如,甲公司向乙公司赊销一批产

---

① 当履约进度不能合理确定时,企业已经发生的成本预计能够得到补偿,应当按照已经发生的成本金额确认收入,直到履约进度能够合理确定为止。

② 交易价格是指企业因向客户转让商品而预期有权收取的对价金额。企业代第三方收取的款项以及企业预期将退还给客户的款项,应当作为负债进行会计处理,不计入交易价格。合同中存在重大融资成分的,如分期收款销售商品,企业应当按照假定客户在取得商品控制权时即以现金支付的应付金额确定交易价格。该交易价格与合同对价之间的差额,应当在合同期间内采用实际利率法摊销。合同开始日,企业预计客户取得商品控制权与客户支付价款间隔不超过一年的,可以不考虑合同中存在的重大融资成分。

品,售价为 1 000 元,付款条件为"2/10,n/30"。如果乙公司在 10 天之内付款,则可以享受 20 元的现金折扣,只需要支付 980 元;否则,乙公司必须支付 1 000 元。企业给予顾客现金折扣的优惠是为了尽早收取现金,减少坏账损失的风险,因此一般现金折扣的条件是相当优惠的,通常会远远高于正常的利息率,购买方如果没有财务困难,一般都会积极争取提前付款,取得现金折扣。

现金折扣必须入账。但是在实际的会计处理过程中会碰到这样一个问题,即由于在销售时销售方并不能确定购买方是否会取得现金折扣,因此销售方到底是以未扣除现金折扣前的总销售价格来确认销售收入,还是以扣除现金折扣后的净额来入账? 对于这个问题会计上有两种处理方法,即总价法和净价法。

总价法

在总价法下,销售方按照未扣除现金折扣前的金额(即发票金额)来确认销售收入和应收账款,如果顾客取得现金折扣,销售方可将其视为为加速企业资金周转而发生的融资费用,记入"财务费用"科目。

例 5-1 甲公司向乙公司赊销一批产品,售价为 5 000 元,付款条件为"2/10,n/30",增值税税率为 13%。在总价法下,甲公司相应的会计分录编制如下:

(1) 销售商品时

借:应收账款——乙公司   5 650
  贷:主营业务收入   5 000
    应交税费——应交增值税(销项税额)   650

(2) 如果乙公司在 10 天之内付款

借:银行存款   5 550
  财务费用   100
  贷:应收账款——乙公司   5 650

这里要注意的是,只有销售货款才可以享受现金折扣的优惠,增值税的计算和交纳不享受现金折扣的优惠。

(3) 如果乙公司在 10 天后付款

借:银行存款   5 650
  贷:应收账款——乙公司   5 650

净价法

在净价法下,销售方假设购买方不会放弃优惠的现金折扣条件,会积极提前付款取得现金折扣,因而销售时就按照扣除现金折扣后的净额来确认销售收入和应收账款。如果购买方未取得现金折扣,则此笔金额就作为财务费用的冲减。

例 5-2 同例 5-1,在净价法下,甲公司相应的会计分录编制如下:

(1) 销售商品时

借:应收账款——乙公司   5 550
  贷:主营业务收入   4 900
    应交税费——应交增值税(销项税额)   650

(2) 如果乙公司在 10 天之内付款

借：银行存款　　　　　　　　　　　　　　　　　　　　　　　　5 550
　　贷：应收账款——乙公司　　　　　　　　　　　　　　　　　　　5 550

(3) 如果乙公司在 10 天后付款

借：银行存款　　　　　　　　　　　　　　　　　　　　　　　　5 650
　　贷：应收账款——乙公司　　　　　　　　　　　　　　　　　　　5 550
　　　　财务费用　　　　　　　　　　　　　　　　　　　　　　　　100

总价法能比较完整地反映销售的具体过程，但是在顾客取得现金折扣的情况下，这种处理方法将会高估企业的销售收入和应收账款，从而虚增企业利润。净价法能弥补总价法的不足，较合理地反映应收账款的净变现价值，销售收入的确认也较为合理。但是由于净价法需要做较多的分析，账务处理成本较高，而总价法下记录简单明了，因此在我国会计实务中，企业通常采用总价法来处理。我国现行企业会计准则也规定现金折扣应采用总价法来处理。

2. 销售退回与折让

企业在销售过程中伴随着一定的不确定性，已入账的销售收入有时不一定能按售价如数收回。购买方可能会因产品质量或品种不符合规定而向销售方退回其所购产品；或者购买方对所购产品不做退回处理，而是销售方同意在产品价格上给予某些折让。对于销售方来说，当发生销售退回或折让时，不论其产品是本会计期间销售的，还是以前会计期间销售的，都应通过"销售退回与折让"科目冲减本期的销售收入。对于退回的产品，若已结转销售成本，则企业还应在当月冲减其销售成本。

例 5-3　同例 5-1，假定乙公司在未付款前向甲公司退回不合格商品 1 000 元，剩余货款于 10 日内付清，则甲公司相应的会计分录编制如下：

(1) 退货时

借：销售退回与折让　　　　　　　　　　　　　　　　　　　　　1 000
　　应交税费——应交增值税(销项税额)　　　　　　　　　　　　　130
　　贷：应收账款——乙公司　　　　　　　　　　　　　　　　　　　1 130

如果甲公司已经结转了销售成本，该批被退回的商品销售成本总额为 600 元，则甲公司需另编制如下会计分录：

借：库存商品　　　　　　　　　　　　　　　　　　　　　　　　600
　　贷：主营业务成本　　　　　　　　　　　　　　　　　　　　　　600

(2) 10 日内付款时

借：银行存款　　　　　　　　　　　　　　　　　　　　　　　　4 440
　　财务费用　　　　　　　　　　　　　　　　　　　　　　　　　80
　　贷：应收账款——乙公司　　　　　　　　　　　　　　　　　　　4 520

如果乙公司对该批不合格商品不做退回处理，而是经甲公司同意给予一定的折让，乙公司由此可以少支付 500 元的货款，则甲公司会计分录编制如下：

借：销售退回与折让　　　　　　　　　　　　　　　　　　　　　500
　　应交税费——应交增值税(销项税额)　　　　　　　　　　　　　65
　　贷：应收账款——乙公司　　　　　　　　　　　　　　　　　　　565

"销售退回与折让"是"营业收入"的抵减科目,在利润表中作为营业收入的减项列示,以最终反映企业销售收入的净额。在我国会计实务中,对于销售退回与折让,企业可以直接冲减当期收入,即借记"主营业务收入",而不专门将"销售退回与折让"设置为一级科目。企业可以在"主营业务收入"科目下设置"销售退回与折让"明细分类科目。

3. 长期工程合同收入的计量

长期工程合同主要指工期在一年以上的承建工程合同,是指为建造一项资产或者在设计、技术、功能、最终用途等方面密切相关的数项资产而订立的合同,如为建造房屋、桥梁或者船舶等而订立的合同。这种建造合同可以分为固定造价合同和成本加成合同两种。其中,固定造价合同是按照固定的合同价格或固定单价确定工程价款的建造合同;成本加成合同是指以合同约定或其他方式议定的成本为基础,加上该成本的一定比例或定额费用确定工程价款的建造合同。

根据长期工程合同,承建商有义务按合同约定的原料及设计,将工程在约定时间内完成,同时可以按工程进度向委托方开出账单,要求委托方预付部分工程款,等工程完工经委托方验收后再进行资产的交接。由于长期工程合同的工期一般都在一年以上,因此工程收入的确认和相关成本的分摊是会计上的特殊问题。

根据我国企业会计准则,在建造合同的结果可以可靠估计的情况下,企业应当根据完工百分比法在资产负债表日确认合同收入和合同费用。在固定造价合同下,合同结果可以可靠估计是指同时符合以下四个条件:① 合同总收入能够可靠地计量;② 与合同相关的经济利益很可能流入企业;③ 实际发生的合同成本能够清楚地区分和可靠地计量;④ 合同完工进度和为完成合同尚需发生的成本能够可靠地确定。在成本加成合同下,工程结果能够可靠估计是指同时符合以下两个条件:① 与合同相关的经济利益很可能流入企业;② 实际发生的合同成本能够清楚地区分并且能够可靠地计量。

应用完工百分比法要求企业必须恰当、合理地确定工程的完工比例。合同的完工进度可以按累计实际发生的合同成本占合同预计总成本的比例、已经完成的合同工作量占合同预计总工作量的比例或实际测量已完工工程进度等方法来确定。在实际工作中,较为常见的是按投入的成本来计算完工比例。但在应用时要注意,企业应根据实际情况,随时对工程预算进行调整,以保证完工比例的确定更加准确和合理。

完工百分比法下,完工比例和当期确认的合同收入的计算公式如下(以投入的成本计量完工比例):

$$完工百分比 = \frac{已投入的成本}{预计工程总成本} \times 100\%$$

当期确认的收入 = (完工百分比 × 合同总收入) - 前期累计已确认的收入

例 5-4 2022 年年初,甲建筑公司为乙公司建造一幢大楼,合同规定工程为期 3 年,2024 年 12 月底交工,工程总造价为 1 500 万元,预计工程总成本为 1 000 万元,乙公司按合同规定应每年支付给甲公司部分工程价款。根据甲公司记录,各年发生的工程成本分别为 400 万元、400 万元、200 万元,各年所收到的合同价款分别为 450 万元、450 万元、600 万元。甲公司

采用完工百分比法确认收入,各年收到价款时相应的确认收入的会计分录编制如下①:

(1) 2022 年年底

$$工程进度 = \frac{4\,000\,000}{10\,000\,000} \times 100\% = 40\%$$

$$应确认的工程收入 = 15\,000\,000 \times 40\% = 6\,000\,000(元)$$

借:银行存款	4 500 000
应收账款	1 500 000
贷:主营业务收入	6 000 000

(2) 2023 年年底

$$工程进度 = \frac{4\,000\,000 + 4\,000\,000}{10\,000\,000} \times 100\% = 80\%$$

$$应确认的工程收入 = 15\,000\,000 \times 80\% - 6\,000\,000 = 6\,000\,000(元)$$

借:银行存款	4 500 000
应收账款	1 500 000
贷:主营业务收入	6 000 000

(3) 2024 年工程完工

$$应确认的工程收入 = 15\,000\,000 - 12\,000\,000 = 3\,000\,000(元)$$

借:银行存款	6 000 000
贷:主营业务收入	3 000 000
应收账款	3 000 000

建造合同的结果不能可靠地估计,但是合同成本能够收回的,合同收入应根据能够收回的实际合同成本加以确认,合同成本在其发生的当期作为费用处理。建造合同的结果不能可靠地估计,合同成本也不可能收回的,合同成本应当在实际发生时立即作为费用处理,不确认收入。如果合同预计总成本将超过合同预计总收入,应当将预计损失立即作为当期费用处理。

最后,需要补充说明的是,在确定交易价格时,企业还应当考虑可变对价、合同中存在的重大融资成分、非现金对价、应付客户对价等因素的影响。

5.3 货币性资产

货币性资产是指金额不随币值变化而变化的资产,主要包括货币资金、应收账款、应收票据、合同资产以及其他应收款等。

---

① 企业同时需结转相应的工程成本,具体介绍请参考中级会计学教材的相关章节。

5.3.1 货币资金

货币资金是企业在生产经营过程中以货币形态存在的资产。受到限制、不能作为交换媒介和支付手段的货币资金,在资产负债表列报时需要从货币资金中加以剔除,如已限定用途的款项等。

按存放地点的不同,货币资金主要分为现金、银行存款和其他货币资金。

1. 现金

现金是企业管理者可以自由支配其用途,并有十足购买力的支付工具。现金具有货币性、通用性和自由支配性等特点,是流动资产中流动性最强的资产。在我国会计实务中,现金是指库存现金,即由出纳人员保管,作为日常零星开支所需的货币资金。西方会计实务中所指的现金,除了库存现金,还包括银行存款和其他符合现金定义的票证(如即期支票、汇票等)。

由于现金的高度流动性,它可以直接使用,也可以立即投入流通进行结算。为了保证企业货币资金的安全和完整,加强银行对企业的监督和控制,我国对现金的使用和管理有较严格的规定。根据国务院颁发的《现金管理暂行条例》的规定,企业现金的使用范围主要有:① 职工工资津贴;② 个人劳务报酬;③ 根据国家规定办法给个人的科学技术、文化艺术、体育等各种奖金;④ 各种劳保、福利费用以及国家规定的对个人的其他支出;⑤ 向个人收购农副产品和其他物资的价款;⑥ 出差人员必须随身携带的差旅费;⑦ 结算起点以下的零星支出;⑧ 中国人民银行确定需要支付现金的其他支出。企业在遵守以上条例的基础上,可结合本单位的实际情况,确定本单位现金的开支范围。

由于现金最易被盗窃或被经营人员挪用或侵占,为了保护现金的安全,有效地节约使用现金,提高现金的使用效率,防止发生意外或损失,企业应当健全内部控制制度。企业应健全现金事项的会计处理程序,实行合理分工,将出纳和会计记账工作分开;将现金收入业务和现金支出业务分开,所有收入的现金必须逐日存入银行,超过一定限额的支出,应当使用支票;此外,企业还应当加强现金库存限额的管理,超过库存限额的现金应及时存入银行。

企业应设置"现金"科目,总括反映企业库存现金的收支和结存情况。企业收入现金时,应借记"现金"科目,贷记"主营业务收入""银行存款""应收账款"等科目;企业支出现金时,应借记"管理费用""财务费用""应付职工薪酬"等有关科目,贷记"现金"科目。

为了进一步加强对现金的有效管理,随时了解现金收入和结存情况,企业还应设置"现金日记账"来进行现金的明细分类核算。出纳人员应按照经济业务发生的先后顺序,逐日逐笔登记现金日记账。每日终了,应计算全日的现金收入合计数、现金支出合计数和结余数,并将结余数与实际库存数进行核对,做到账实相符;每月终了,应将现金日记账的余额与现金总账的余额进行核对,做到账账相符。

为了及时、准确地反映库存现金的余额,加强对出纳工作的监督,确保库存现金的安全,防止各种非法行为的发生,企业平时应经常对库存现金进行清查,通过实地盘点的方式,对库存现金实际余额与现金日记账上余额加以核对。盘点结束时,应直接填制"现金盘点报告表",据以调整账簿记录。如果发现库存余额与账面余额不符,应先通过"待处理财产损溢"科目进行核算,同时设法查明产生差异的原因,经批准处理后再结转入"其他应收款""管理费用"或"营业外收入"等相关科目。

例 5-5 甲公司清查现金时发现库存现金短缺 300 元,经查明原因,其中 240 元是出纳人员疏忽所致,应由其赔偿;剩余 60 元短缺原因确实无法查明,经批准作为管理费用处理。企业相关会计分录编制如下:

(1) 发现现金短缺时

借:待处理财产损溢　　　　　　　　　　　　　　　　　　　300
　　贷:现金　　　　　　　　　　　　　　　　　　　　　　　　　300

(2) 查明原因处理短缺损失时

借:其他应收款　　　　　　　　　　　　　　　　　　　　240
　　管理费用　　　　　　　　　　　　　　　　　　　　　60
　　贷:待处理财产损溢　　　　　　　　　　　　　　　　　　　300

例 5-6 甲公司清查时发现库存现金溢余 60 元,经查原因不明,批准作为营业外收入处理。甲公司相关会计分录编制如下:

(1) 发现现金溢余时

借:现金　　　　　　　　　　　　　　　　　　　　　　60
　　贷:待处理财产损溢　　　　　　　　　　　　　　　　　　　60

(2) 查明原因处理现金溢余时

借:待处理财产损溢　　　　　　　　　　　　　　　　　　60
　　贷:营业外收入　　　　　　　　　　　　　　　　　　　　　60

2. 银行存款

银行存款是企业存放在银行或其他金融机构的货币资金。根据国家有关法规,凡实行独立核算的企业,都必须按照规定在银行开设账户,以办理存取款和结算业务。企业在经营活动中与外部其他单位所发生的各项结算业务,除少量按国家规定可以用现金支付外,大部分都必须通过银行办理转账结算。银行转账结算又称非现金结算,是由银行将结算款项从付款单位的存款账户中划拨到收款单位的存款账户中。根据我国《银行结算办法》的规定,银行转账结算方式主要有银行本票、银行汇票、商业汇票(包括商业承兑汇票和银行承兑汇票)、支票、汇兑、委托收款和托收承付等。

企业应当设置"银行存款"科目来反映和监督银行存款的收支和结存情况,该科目借方登记企业存款的增加额,贷方登记企业存款的减少额;期末借方余额表示尚存在银行的余额。企业存入款项时,应借记"银行存款"科目,贷记"现金""主营业务收入"等相关科目;提取和支出款项时,应借记"现金""管理费用"等相关科目,贷记"银行存款"科目。同时,企业应按照银行或其他金融机构的名称、存款种类,分别设置"银行存款日记账"进行明细分类核算。银行存款日记账根据收款凭证、付款凭证,按照业务发生顺序,逐日逐笔登记,并结出账面余额,定期与"银行存款"总账核对,以便检查账簿记录是否正确无误。

为了加强银行存款的管理和核算,企业还应当指定专人定期核对银行存款,即展开对银行存款的定期清查,至少每月清查一次。银行存款的清查可通过核对企业银行存款的账面余额和银行对账单上的银行存款余额,编制银行存款余额调节表来进行。银行对账单是银行定期编制的反映与企业发生往来的企业存款收支和结存情况的记录单。企业的银行存款是公司的资产、银行的负债。理论上,企业银行存款账面余额与银行对账单上企业存款余额应相等,但有时由于记账时间的差异,或某一方的记录有错误,两者会不一致。因此,企业必须定期对两者加以核对,找出差异,分析原因,作出必要的调整与改正,以免因不及时核对造成差异过大而影响对原因的分析;同时,也可及时防止舞弊,提高银行存款的内部控制效率。

一般情况下,由于存在未达账项,企业银行存款日记账和银行对账单不可能完全一致。未达账项是指对于同一经济业务,由于企业和银行双方记账时间不一致而发生的一方已经入账而另一方尚未入账的事项。企业的未达账项有下列四种情况:① 企业已经收款入账,而银行尚未入账的事项,如企业送存银行而银行未来得及入账的款项;② 企业已经付款,而银行尚未入账的事项,如企业开出支票而持票人尚未去银行兑现;③ 银行已经收款入账,而企业尚未入账的事项,如企业委托银行代收的货款银行已经收款入账而未通知到企业;④ 银行已经付款入账,而企业尚未入账的事项,如手续费、水电费等由银行直接代付的款项已由银行直接从企业存款账户拨付给对方而未通知到企业。

经过核对后发现本企业银行存款日记账与银行对账单不符的,企业可编制银行存款余额调节表来进行调整。如果没有发生记账方面的错误,经过调整后,企业银行存款账面余额和银行账面余额就会相符。银行存款余额调节表一般采用补记式,即双方账面余额各自补记对方已入账而本单位尚未入账的金额。

例 5-7 假设某企业 2022 年 10 月 31 日银行存款日记账月末余额为 89 600 元,银行对账单余额为 104 500 元,经逐笔核对,发现未达账项有如下几笔:

(1)银行为企业代收托收承付款项 16 000 元,收款通知尚未转达到企业会计部门;
(2)银行代付本月水电费 3 000 元,付款通知尚未送达企业;
(3)企业已送存银行而银行尚未入账的支票一张,金额为 3 000 元;
(4)企业已开出但持票人尚未到银行办理兑付的支票一张,金额 5 000 元;
(5)银行代扣手续费 100 元,付款通知尚未送达企业。

根据以上资料,企业银行存款余额调节表编制如表 5-1 所示。

表 5-1　银行存款余额调节表

日期:2022 年 10 月 31 日　　　　　　　　　　　　　　　　　　　　　　　　　　　　　　单位:元

项目	金额	项目	金额
企业银行存款账面余额	89 600	银行对账单余额	104 500
加:银行代收货款	16 000	加:银行未记的企业送存支票	3 000
减:银行代付水电费	3 000	减:企业已付持票人未兑支票	5 000
银行代扣手续费	100		
调节后余额	102 500	调节后余额	102 500

在我国会计实务中,企业的银行存款余额调节表仅作为检查账簿记录是否正确的一种工

具,并未将其作为原始凭证及据以登记账簿。对于银行已经入账而企业尚未入账的未达账项,要等到结算凭证到达后才能进行账务处理。这样做可以简化会计核算,防止重复记账。如果经过调节,双方余额仍不相等,则表明记账中有错漏,应查明原因,并按照差额调整账面余额。

3. 其他货币资金

其他货币资金是指除库存现金、银行存款以外的其他各种货币资金,包括企业的外埠存款、银行汇票存款、银行本票存款和在途货币资金等。其中,外埠存款是指企业为了满足到外地进行临时或零星采购的需要而汇往采购地点的银行开立采购专户的款项;银行汇票存款和银行本票存款是指企业为了取得银行汇票和银行本票,按照规定存入银行的款项;在途货币资金是指企业同所属单位之间和上下级之间汇、解款项,在月终时尚未到达的汇入款项。企业应设置"其他货币资金"科目及其明细科目进行货币资金的总分类核算和明细分类核算。

例 5-8 甲公司有关其他货币资金的业务如下:

(1) 甲公司委托当地银行将 100 000 元汇往采购地开立专户,会计分录编制如下:

借:其他货币资金——外埠存款　　　　　　　　　　100 000
　　贷:银行存款　　　　　　　　　　　　　　　　　　　　　100 000

(2) 收到采购员交来供应单位供货发票 70 000 元,支付增值税 9 100 元,会计分录编制如下:

借:材料采购　　　　　　　　　　　　　　　　　　70 000
　　应交税费——应交增值税(进项税额)　　　　　9 100
　　贷:其他货币资金——外埠存款　　　　　　　　　　　　79 100

(3) 采购员将多余的外埠存款转回当地银行,银行收账通知已到达甲公司,会计分录编制如下:

借:银行存款　　　　　　　　　　　　　　　　　　20 900
　　贷:其他货币资金——外埠存款　　　　　　　　　　　　20 900

5.3.2 应收账款

1. 应收账款概述

应收账款是企业在经营过程中,由于赊销产品、材料或提供劳务等形成的应收款项,包括应该向顾客收取的销售价款和代垫的运杂费、包装费等,但不包括非销售原因产生的其他应收款,如应收的各种赔款、罚款、存出保证金、应向职工收取的各种垫付款等。应收账款属于企业拥有的短期债权资产,故在资产负债表中列示为流动资产项目之一。应收账款的偿付不像应收票据那样有书面的承诺,因此,在账款偿付的法律约束力上较应收票据弱一些。当然,还是有一些表明商品或劳务提供过程已经完成、债权债务关系已经成立的书面文件(如销货发票、购销合同、商品发运单等),可以用来证明应收账款这种短期债权资产的存在。

应收账款一般是在交易发生日或销售收入确认时,按实际发生的销售金额加以确认入账。事后如果发生销售退回与折让,就应调整(减少)之前已入账的应收账款金额。特别是,如果应收账款可能发生坏账,也会影响到它的后续计量。

2. 坏账

(1) 什么是坏账

所谓坏账,是指企业已经无法收回的应收款项。坏账的产生是企业信用扩张的结果。

为了扩大商品的销售市场,企业势必同时扩大信用交易,有的甚至会放松信用尺度以扩大销路。信用尺度越宽松,账款无法收回的风险越大,同时企业在收账方面的相应费用越高。如果账款无法收回,就会给企业带来损失,这种损失就被称为"坏账损失"。

坏账的产生会降低应收账款的净变现价值,因此,企业信用部门在制定信用政策时应把握好信用尺度,做到既不能因过度放松信用而增加过多的坏账损失,又不能因过分紧缩信用而影响商品的销路。同时,企业会计部门应在每个会计期末估计可能发生的坏账损失,对应收账款做适当的评价。

判定一笔账款是不是属于坏账并没有特别统一的标准,通常是当欠款公司破产、欠款公司结束营业或账款拖欠多年实在无法收回时,才将其确认为坏账。实践中,当符合以下条件之一时,就可以确认为坏账:① 债务人破产,债务人按照破产清算程序进行清偿后仍然确认无法偿还所欠的账款;② 债务人死亡,债务人死亡后没有财产可供清偿,也没有义务承担人代为清偿,债权人确实无法收回账款;③ 债务人较长时间(如3年)未履行清偿义务,并且债权人有足够的依据表明账款无法收回或收回的可能性极小。企业一旦把一笔应收账款确认为坏账,就应该将其注销,而不应该继续将其列报为资产负债表中的一项资产。

(2) 坏账损失的会计处理

对于坏账损失的会计处理有两种方法,即直接注销法和备抵法。

直接注销法

直接注销法是指企业平时不必考虑赊销所带来的应收账款的收现可能性,即平时无须计提坏账准备,只有在应收账款确定无法收回时才按实际发生的坏账数确认坏账损失,一次性地计入当期损益,并直接注销应收账款。

例 5-9 甲公司于2019年赊销给乙公司一批价款为30 000元的产品,由于乙公司经济状况恶化,该笔应收账款一直未能收回,甲公司在2022年决定将该笔应收账款确认为坏账。2022年甲公司确认坏账的会计分录编制如下:

借:信用减值损失——坏账损失　　　　　　　　　　　　30 000
　　贷:应收账款——乙公司　　　　　　　　　　　　　　　　　30 000

对于上述已经注销的坏账,甲公司仍然拥有追索权。如果坏账被注销后又重新收回,企业就应做相反的会计分录。如上例中,乙公司的经济状况于2023年得到比较大的改善,乙公司如数偿还了所欠的账款,则甲公司2023年收回该笔账款时应编制的会计分录如下:

借:应收账款——乙公司　　　　　　　　　　　　　　30 000
　　贷:信用减值损失——坏账损失　　　　　　　　　　　　　30 000
借:银行存款　　　　　　　　　　　　　　　　　　　30 000
　　贷:应收账款——乙公司　　　　　　　　　　　　　　　　30 000

直接注销法在账务处理上简便易行,但是它不符合收入与费用的配比原则和权责发生制原则。例 5-9 中的坏账是由 2019 年的销售引起的,根据权责发生制原则和收入与费用的配比原则,该笔坏账损失应该在 2019 年确认,以便与该年所确认的该项业务的收入相匹配。采用直接注销法就使得坏账损失确认的期间与销售收入确认的期间不一致,收入和费用无法适当地配比,从而导致年度利润被扭曲。在例 5-9 中,将使得 2019 年的利润偏高而 2022 年的利润偏低。同时,2019 年资产负债表上应收账款的价值被高估,没有正确反映出应收账款实际可收回的净额,使得期末的财务状况也被一定程度地扭曲了。另外,直接注销法也给了管理者通过坏账确认时点的选择来操纵利润的机会。因此,现行企业会计准则要求采用备抵法,而非直接注销法。

备抵法

在备抵法下,企业应在赊销发生年度估计其所产生的应收账款可能发生的坏账损失金额,预先入账,即记入相应的费用科目,同时设置"坏账准备"科目来反映计提的坏账准备,而不直接冲减应收账款。"坏账准备"是"应收账款"的抵减科目,计提时贷记该科目,借记"信用减值损失"科目;待坏账实际发生时,再借记"坏账准备"科目,贷记"应收账款"科目,从而注销应收账款和之前所计提的坏账准备,因此坏账的实际发生对当期企业利润和应收账款的净变现价值都没有影响;企业收回已注销的坏账时,应先恢复应收账款,再做收款记录。备抵法比较符合收入与费用的配比原则,可以正确地反映应收账款的可实现净值,企业年度利润的反映也更为真实。

例 5-10 甲公司一贯采用赊销的方式销售其产品,根据以往经验,甲公司于 2020 年年底估计本年度应计提的坏账准备为 12 000 元,会计分录编制如下:

借:信用减值损失——坏账损失　　　　　　　　　　12 000
　　贷:坏账准备　　　　　　　　　　　　　　　　　　12 000

2021 年发生坏账 5 000 元,甲公司编制坏账注销的会计分录如下:

借:坏账准备　　　　　　　　　　　　　　　　　　5 000
　　贷:应收账款　　　　　　　　　　　　　　　　　　5 000

2022 年甲公司收回 2021 年注销的坏账 5 000 元,会计分录编制如下:

借:应收账款　　　　　　　　　　　　　　　　　　5 000
　　贷:坏账准备　　　　　　　　　　　　　　　　　　5 000
借:银行存款　　　　　　　　　　　　　　　　　　5 000
　　贷:应收账款　　　　　　　　　　　　　　　　　　5 000

(3) 坏账损失的估计方法

在实际工作中,由于应收账款的收现可能性无法精确地计量,因此备抵法下,企业计提的坏账准备只是个估计数,未来到底会发生多少坏账有很大的不确定性。因此,企业只能根据以往的经验、顾客的信用状况、本企业的信用政策以及市场情况和制度规定或行业惯例等来估计坏账损失。坏账损失的估计方法主要有销货百分比法、应收账款余额百分比法和账龄分析法三种。

销货百分比法

销货百分比法,就是按当期赊销额的一定比例来计算坏账损失的一种方法。这种方法将当期估计的坏账损失数与当期利润表上的赊销收入直接关联。企业可根据过去实际发生的坏账占赊销净额的比例,并参考本年度的经济环境和信用政策,估计出本年度的坏账率,再与本年度的赊销净额相乘得出本年度应确认的坏账损失和应计提的坏账准备。

例 5-11 甲公司 2021 年度销售收入共 1 750 000 元,其中现金销售额为 150 000 元,根据以往经验及本年度状况,甲公司估计本年度坏账率为 0.4%,其根据销货百分比来估计坏账损失,则 2021 年甲公司应计提的坏账准备金额计算如下:

$$(1\ 750\ 000 - 150\ 000) \times 0.4\% = 6\ 400(元)$$

2021 年年底甲公司计提坏账准备的会计分录编制如下:

借:信用减值损失——坏账损失　　　　　　　　　　　　　　　　6 400
　　贷:坏账准备　　　　　　　　　　　　　　　　　　　　　　　　6 400

2022 年如果实际发生坏账 5 600 元,则坏账注销的会计分录编制如下:

借:坏账准备　　　　　　　　　　　　　　　　　　　　　　　　　5 600
　　贷:应收账款　　　　　　　　　　　　　　　　　　　　　　　　5 600

可以看到,采用销货百分比法,在决定各年度应提列的坏账准备金额时,并不需要考虑坏账准备账户上已有的余额。从利润表角度看,由于这种方法主要是根据当期利润表上的销售收入金额来估计当期的坏账损失,因此坏账损失与销售收入能较好地匹配,比较符合配比原则。但是由于计提坏账时没有考虑到坏账准备账户已有的余额,如果以往年度出现坏账损失估计错误的情况就得不到自动更正,资产负债表上的应收账款净额也就不一定能正确地反映其变现价值。因此,采用销货百分比法还应该定期评估坏账准备是否适当,及时地作出调整,以便更加合理地反映企业的财务状况。

应收账款余额百分比法

应收账款余额百分比法,就是根据应收账款余额的一定比例来计算坏账损失的一种方法。在应收账款余额百分比法下,企业应在每个会计期末根据本期末应收账款的余额和相应的坏账率估计出期末坏账准备账户应有的余额,它与调整前坏账准备账户已有的余额的差额,就是当期应计提的坏账准备金额。

例 5-12 甲公司 2022 年"应收账款"余额为 800 000 元,计提本年度坏账准备前"坏账准备"账户有贷方余额 1 600 元,根据应收账款余额百分比法,按期末应收账款余额的 0.3% 计提坏账准备,则甲公司到本年年末累计应计提的坏账准备总额为 2 400 元(800 000×0.3%),本年度应补提的坏账准备金额为 800 元(2 400-1 600)。甲公司 2022 年年底应编制如下会计分录:

借:信用减值损失——坏账损失　　　　　　　　　　　　　　　　800
　　贷:坏账准备　　　　　　　　　　　　　　　　　　　　　　　　800

如果"坏账准备"原有的贷方余额不是 1 600 元,而是 3 000 元,则表明以前多提了坏账准备,甲公司应冲回多提的 600 元(3 000-2 400)坏账准备,会计分录编制如下:

借:坏账准备　　　　　　　　　　　　　　　　　　　　　　　　　600
　　贷:信用减值损失——坏账损失　　　　　　　　　　　　　　　　600

如果"坏账准备"原有的余额不是在贷方,而是有 500 元的借方余额,则表明甲公司实际发生而注销的坏账比较多,原有的坏账准备计提不足,期末应补提2 900元(2 400+500)坏账准备,会计分录编制如下:

借:信用减值损失——坏账损失　　　　　　　　　　　　　　2 900
　　贷:坏账准备　　　　　　　　　　　　　　　　　　　　　　　　2 900

应收账款余额百分比法简便易行,并且在计提坏账准备时考虑到了该账户原有的余额,对以往年度坏账损失估计的错误可以进行更正。但是采用该种方法对所有的应收账款都采用一个相同的坏账率,而实际上坏账的风险是因欠账时间的长短而异的,通常欠账时间越长,发生坏账的可能性越大,因此,为了更合理地估计坏账损失,企业可采用账龄分析法。

账龄分析法

账龄分析法,就是根据应收账款账龄的长短来估计坏账损失的一种方法。企业可在期末编制"应收账款账龄分析表"来加强对应收账款的管理,根据应收账款欠账时间的长短将期末应收账款分组,确定各组不同的坏账率,拖欠时间越长,估计的坏账率越高,应确认的坏账损失也越多。

例5-13　甲公司于2022年年底编制"应收账款账龄分析表",如表5-2所示。

表5-2　甲公司应收账款账龄分析表　　　　　　　　　　　　　　　　　　单位:元

客户名称	金额	未过期	已过期			
			1~30天	31~60天	61~360天	360天以上
乙公司	140 000	60 000	80 000			
丙公司	180 000		40 000	60 000	80 000	
丁公司	70 000					70 000
合计	390 000	60 000	120 000	60 000	80 000	70 000

甲公司根据以往经验和本年度经济环境,对每组应收账款估计的坏账率和所确认的坏账损失列表如表5-3所示。

表5-3　甲公司坏账准备的确认

账龄	应收账款余额(元)	估计坏账率(%)	估计坏账准备(元)
未过期	60 000	1	600
过期1~30天	120 000	3	3 600
过期31~60天	60 000	10	6 000
过期61~360天	80 000	20	16 000
360天以上	70 000	40	28 000
合计	390 000		54 200

假设甲公司在2022年年底计提坏账准备前"坏账准备"账户有贷方余额6 000元,则本年度应补提48 200元(54 200－6 000),会计分录编制如下:

借:信用减值损失——坏账损失　　　　　　　　　　　　　　48 200
　　贷:坏账准备　　　　　　　　　　　　　　　　　　　　　　　48 200

如果"坏账准备"账户有借方余额3 000元,则本年度应补提57 200元(54 200＋3 000),会

计分录编制如下:

借:信用减值损失——坏账损失　　　　　　　　　　　　　57 200
　　贷:坏账准备　　　　　　　　　　　　　　　　　　　　57 200

与应收账款余额百分比法一样,账龄分析法在计提坏账准备时也是在考虑到该账户原有的余额后再作出调整。这两种方法都是从资产负债表角度来估计坏账,注重的是期末坏账准备应有的余额,使资产负债表中的应收账款能更合理地按净变现价值列示。但是,期末的应收账款并不都是由本期的赊销产生的,可能含有以往年度赊销产生的账款,采用这两种方法计算出的坏账损失就无法与本期的销售收入完全匹配,在实务中账龄分析法也使得账务处理成本有所提高。

计提坏账准备的方法由企业自行确定。企业应当制定计提坏账准备的政策,明确计提坏账准备的范围、提取方法、账龄的划分和提取比例,按照法律、行政法规的规定报有关各方备案,并置于企业所在地备查。坏账率估计通常要求企业的会计师具备相当的经验与判断力。

以下为某上市公司某年度财务报表附注中关于坏账核算方法的说明:

(八) 坏账核算方法

1. 坏账的确认标准

对因债务人撤销、破产,依照法定清偿程序后确实无法收回的应收款项;因债务人死亡,既无遗产可清偿,又无义务承担人,确实无法收回的应收款项;因债务人逾期未履行偿债义务并有确凿证据表明确实无法收回的应收款项,按照公司管理权限批准核销。

2. 坏账损失的核算方法

采用备抵法核算,按账龄分析法并结合个别认定法估算坏账损失。

3. 坏账准备的计提方法和计提比例

坏账准备的计提范围为全部应收账款和其他应收款,汇总、合并范围内的各单位之间的内部往来款按6%的比例计提坏账准备。对于可收回性与其他各项应收款项存在明显差别的应收款项(例如,债务单位所处的特定地区、债务人的财务和经营状况、与债务人之间的争议和纠纷等),导致该项应收款项如果按照与其他应收款项同样的方法计提坏账准备,将无法真实地反映其可收回金额的,采用个别认定法计提坏账准备,即根据债务人的经营状况、现金流量状况、以前的信用记录等对其欠款的可收回性进行逐笔详细分析,据以分别确定针对每一笔此类应收款项的坏账准备计提比例。

坏账准备的具体计提比例如下:

应收款项账龄	计提比例(%)
1年以内(含1年)	6
1~2年(含2年)	10
2~3年(含3年)	20
3年以上	35

复习与思考　坏账的会计处理有哪两种方法?这两种方法有何差别?

5.3.3　应收票据

1. 应收票据概述

除了应收账款,应收票据也是应收款项的一个重要组成部分。应收票据与应收账款一样代表未来收取一定金额款项的权利,但是应收票据有正式的书面承诺,在法律上具有较强的约束力。

我国会计实务中的应收票据,是指企业在采用商业汇票结算方式下,因销售产品、材料等而收到的商业汇票,包括商业承兑汇票和银行承兑汇票。商业承兑汇票是指购货单位签字承诺到期无条件支付货款的汇票;银行承兑汇票是指由银行签字承诺到期付款的汇票。根据我国现行法律的规定,商业汇票的期限不超过6个月,因此应收票据是资产负债表中的一项流动资产。

企业的应收票据来自两个方面:一是当企业赊销时购买方直接开出票据承诺到期付款所产生;二是应收账款到期购买方因无法按时偿还而开出票据以期延期付款所产生。应收票据可以背书转让,企业在票据到期前急需资金的,也可以到银行贴现。

应收票据的到期价值由本金和利息组成。本金是指应收票据的票面金额即面值,是出票人承诺的债务金额;利息是指债务到期时出票人应支付的资金占用费。根据应收票据的票面是否载明利率,可将票据分为带息票据和不带息票据两种。带息票据的票面载明利率,到期价值等于票据的面值加上按票面利率计算的利息;不带息票据也叫"光票",票面不载明利率,到期价值就等于票面金额。在实际工作中,不带息票据的票面金额通常已包含了利息因素。

带息票据的利息计算公式为:

$$利息 = 本金 \times 利率^{①} \times 时期$$

2. 应收票据的会计处理

理论上,应收票据应按现值入账,而票据的现值受票据是否带息及票面利率是否与公平利率相等、票据期限的长短等因素的影响。在我国会计实务中,由于票据期限通常较短,为简化账务处理,不论应收票据是否带有利息,一般都按票面金额计价。

为了总括反映和监督企业商业汇票的取得、收回和贴现情况,企业应设置"应收票据"科目。该科目借方登记企业因销售产品等而收到的经承兑的商业汇票的票面金额,贷方登记到期收回或已经贴现的票面金额;期末余额在借方,表示尚未收回的商业汇票金额。

企业收到商业汇票时,应按票据面值,借记"应收票据"科目,贷记"主营业务收入"或"应收账款"等科目;带息票据到期收回货款时,应按收到的本息金额,借记"银行存款"科目,按本金金额,贷记"应收票据"科目,按利息金额,贷记"财务费用"科目;当带息票据逾期未能收回货款时,应将应收票据本息金额转为应收账款,即借记"应收账款"科目,贷记"应收票据"或"财务费用"科目。

---

① 如果没有特别说明,利率指的是票面上的年利率。在实际工作中,为了计算方便,常将一年定为360天。

例 5-14 甲公司赊销一批产品给乙公司,价款为 500 000 元,增值税税率为 13%,甲公司会计分录编制如下:

借:应收账款——乙公司　　　　　　　　　　　　　565 000
　贷:主营业务收入　　　　　　　　　　　　　　　　　　500 000
　　　应交税费——应交增值税(销项税额)　　　　　　　65 000

应收账款信用期限到期,乙公司要求延期付款,向甲公司签发一张面额为 565 000 元、期限为 60 天、年利率为 6% 的商业承兑汇票。收到票据后,甲公司会计分录编制如下:

借:应收票据——乙公司　　　　　　　　　　　　　565 000
　贷:应收账款——乙公司　　　　　　　　　　　　　　565 000

60 天后,应收票据到期,乙公司如数付款,甲公司会计分录编制如下:

借:银行存款　　　　　　　　　　　　　　　　　　570 650
　贷:应收票据——乙公司　　　　　　　　　　　　　　565 000
　　　财务费用——利息收入　　　　　　　　　　　　　　5 650

其中,利息收入计算如下:

$$565\ 000 \times 6\% \times (60 \div 360) = 5\ 650\ (元)$$

如果 60 天后商业汇票到期,乙公司无力付款,则甲公司应编制如下会计分录:

借:应收账款——乙公司　　　　　　　　　　　　　570 650
　贷:应收票据——乙公司　　　　　　　　　　　　　　565 000
　　　财务费用——利息收入　　　　　　　　　　　　　　5 650

3. 应收票据贴现

贴现是指票据持有人在票据到期前,通过背书手续向银行收取票据到期价值扣除银行贴现息后的余额的行为。企业在应收票据到期前如急需资金,可以持未到期的商业汇票向银行申请贴现,以达到融通资金的目的。票据贴现的计算公式如下:

票据到期价值 = 票据面值 + 票据到期利息

贴现息 = 票据到期价值 × 贴现率 × 贴现期

贴现所得额 = 票据到期价值 − 贴现息

其中,不带息票据的到期价值就等于票据面值。贴现期是指汇票贴现日到汇票到期日的时间间隔。

对于应收票据贴现的会计处理,要视贴现的商业汇票是否带有追索权分别采用不同的处理方法。不带追索权的应收票据贴现后,贴现企业将票据到期被拒付的风险转移给了银行,如到期票据被拒付,贴现企业在法律上不承担连带偿付责任。因此,在贴现时,企业可直接冲销"应收票据"科目。由于银行承兑汇票的承兑方是银行,所以在中国会计实务中,通常将银行承兑汇票贴现视为不带追索权的贴现,贴现时可直接贷记"应收票据"科目。

例 5-15 甲公司将一张面值为 30 000 元的不带息商业汇票向银行贴现,该汇票期限为半年,企业已持有 4 个月,银行贴现率为 9%。贴现所得额计算如下:

贴现息 = 30 000 × 9% × (6 − 4) ÷ 12 = 450(元)

贴现所得额 = 30 000 − 450 = 29 550(元)

企业收到贴现额时,会计分录编制如下:

借:银行存款　　　　　　　　　　　　　　　　　　　　　　　29 550
　　财务费用　　　　　　　　　　　　　　　　　　　　　　　　450
　　贷:应收票据　　　　　　　　　　　　　　　　　　　　　　　　30 000

带追索权的票据贴现时,贴现企业在法律上负有连带责任。例如,商业承兑汇票是一种商业信用,如果贴现的商业承兑汇票到期,而承兑方又拒绝付款,则贴现企业仍有责任向银行兑付,会计上把这种责任称为或有责任,这种或有责任要等到付款人如数付款时才可解除。如果这种或有责任金额重大而不在报表上加以披露的话,会影响报表使用者对企业财务状况的正确判断。因此,企业在报表上应对这种因应收票据贴现而形成的或有责任进行披露,会计上有两种处理方法:

第一种方法是直接注销"应收票据"科目。也就是在贴现时直接注销已入账的应收票据,并在当期资产负债表附注中注明因贴现而产生的或有负债金额。当票据到期承兑方拒付,贴现企业收到银行退回的应收票据和支款通知时,应按票据的到期价值,借记"应收账款"科目,贷记"银行存款"科目;如果贴现企业的银行存款账户余额不足,银行则将不足部分做逾期贷款处理。

例 5-16　甲公司持一张面值为 12 000 元、期限为 120 天的带息应收票据向银行贴现,该商业汇票票面利率为 6%,银行贴现率为 9%,甲公司已持有 90 天。贴现所得额计算如下:

票据到期价值 = 12 000 + 12 000 × 6% × (120 ÷ 360) = 12 240(元)

贴现息 = 12 240 × 9% × (120 - 90) ÷ 360 = 91.80(元)

贴现所得额 = 12 240 - 91.80 = 12 148.20(元)

企业收到贴现额时,会计分录编制如下:

借:银行存款　　　　　　　　　　　　　　　　　　　　　　　12 148.20
　　贷:应收票据　　　　　　　　　　　　　　　　　　　　　　　　12 000.00
　　　　财务费用　　　　　　　　　　　　　　　　　　　　　　　　148.20

如果到期银行通知甲公司票据被拒付,银行按规定从甲公司账户扣除 12 240 元存款,则甲公司会计分录编制如下:

借:应收账款　　　　　　　　　　　　　　　　　　　　　　　12 240
　　贷:银行存款　　　　　　　　　　　　　　　　　　　　　　　　12 240

第二种方法是通过设置"应收票据贴现"科目来进行核算,而不直接注销应收票据。企业将票据贴现时,应按票据面值,贷记"应收票据贴现"科目,该科目是"应收票据"科目的备抵科目;等到票据到期付款人如数付款后,企业再做冲销分录,分别冲销"应收票据"和"应收票据贴现"科目。如果到期票据被拒付,则企业除做冲销分录外,还要再借记"应收账款"科目,贷记"银行存款"或"短期借款"科目。

例 5-17　同例 5-16,如果采用第二种方法进行票据的会计处理,则票据贴现时,甲公司会计分录编制如下:

借:银行存款　　　　　　　　　　　　　　　　　　　　　　　12 148.20
　　贷:应收票据贴现　　　　　　　　　　　　　　　　　　　　　　12 000.00
　　　　财务费用　　　　　　　　　　　　　　　　　　　　　　　　148.20

如果到期付款人将票据款如数支付给银行,则甲公司应编制如下会计分录:

借:应收票据贴现 12 000
　　贷:应收票据 12 000

如果到期银行通知甲公司票据被拒付,银行按规定从甲公司账户扣除其全部存款额10 000元,而不足的2 240元做逾期贷款处理,则甲公司应编制如下会计分录:

借:应收票据贴现 12 000
　　贷:应收票据 12 000
借:应收账款 12 240
　　贷:银行存款 10 000
　　　　短期借款 2 240

比较带追索权的应收票据贴现的两种会计处理方法:第一种方法账务处理比较简单,但是因应收票据贴现而产生的或有负债只是在报表附注中披露,容易被报表使用者忽略;第二种方法将这种或有负债通过账户的形式表现,能使报表使用者比较清晰地了解企业的或有责任,但是账务处理比第一种方法复杂。我国会计实务中一般采用第一种方法。

5.3.4　合同资产

合同资产,是指企业已向客户转让商品而有权收取对价的权利,且该权利取决于时间流逝之外的其他因素。例如,企业向客户销售两种可明确区分的商品,企业因已交付其中一种商品而有权收取款项,但收取该款项还取决于企业交付另一种商品的,企业应当将该收款权利作为合同资产。企业拥有的、无条件(即"仅取决于时间流逝")向客户收取对价的权利应当作为应收款项单独列示。

当企业按照履约进度计算出应该确认的收入,而尚未得到业主或总包方确认时,应借记"合同资产"科目,贷记"主营业务收入"等科目;当企业取得无条件收款权时,也就是相应工程款得到业主或总包方确认时,借记"应收账款"等科目,贷记"合同资产"等科目。

"应收账款"所反映的应收权利,只取决于时间因素,不存在其他任何附加条件,因而只面临信用风险,不面临履约风险。也就是说,只需等待约定的时间结束即可收取款项。而"合同资产"所反映的收款权利,不仅仅取决于时间因素,还取决于时间因素之外的其他因素,因而既面临信用风险,又面临履约风险。比如,施工方只有在保证工程质量合格后,才能满足无条件收款的条件。

5.3.5　其他应收款

其他应收款是指除应收票据、应收账款、预付账款以外的其他各种应收、暂付款项。主要包括应收的各种赔款、应收的罚款、存出保证金、备用金、应向职工收取的各种垫付款项以及其他应收、暂付款项等。其他应收款的发生一般与企业正常的生产经营活动没有直接关系，属于非营业的应收项目，是企业的一项流动资产。企业不可将这些应收款项记入"应收账款"科目，而应设置"其他应收款"科目进行核算。

以企业备用金为例，备用金是指企业财务部门拨付给企业内部用款单位或职工个人作为零星开支的备用款项，如职工预借差旅费、零星采购用款等。备用金采用先领后用、用后报销的做法。在一般备用金制度下，车间、部门或职工个人预借备用金时，企业应借记"其他应收款——备用金"科目，贷记"现金"科目；使用备用金后根据发票报销时，应借记"管理费用"等相关科目，贷记"其他应收款——备用金"科目。在定额备用金制度下，企业为车间、部门或职工设立一定额度的备用金，应借记"其他应收款——备用金"科目，贷记"现金"科目；企业每隔一段时间应对备用金进行补充，使其达到最初的额度，此时，应根据备用金实际使用后的发票履行报销手续并补足备用金定额，借记"管理费用"等相关科目，贷记"现金"科目。

货币性资产在企业的资产负债表中应按照其流动性列报于流动资产项下。其中，现金、银行存款及其他货币资金以合计数列报于资产负债表中的货币资金项下；应收票据位于以公允价值计量且变动计入当期损益的金融资产之后，应以扣除向银行贴现后的金额列报，其中已贴现的应收票据通常在资产负债表下端的补充资料栏内披露；应收账款通常以扣除了坏账准备后的净额列报；其他应收款列报于存货之前；合同资产列报于存货之后。

案例
恒大与碧桂园收入确认方式的比较

中国恒大集团(以下简称"恒大")于2006年6月26日在开曼群岛注册成立，是"多元产业＋数字科技"的世界500强企业集团，旗下拥有恒大地产、恒大新能源汽车、恒大物业、恒腾网络、房车宝、恒大童世界、恒大健康、恒大冰泉等八大产业，为数亿用户提供全方位服务。恒大于2009年11月5日在香港联合交易所主板上市，股票代码为03333。

碧桂园控股有限公司(以下简称"碧桂园")是中国最大的城镇化住宅开发商之一。碧桂园采用集中及标准化的运营模式，业务包含物业发展、建安、装修、物业投资、酒店开发和管理等。碧桂园提供多元化的产品以切合不同市场的需求，各类产品包括连体住宅及洋房等住宅区项目以及车位和商铺。同时，碧桂园也开发及管理若干项目内的酒店，提升物业适销性。除此之外，碧桂园还经营机器人及现代农业等业务。碧桂园于2007年4月20日在香港联合交易所主板上市，股票代码为2007.HK。2020年8月，碧桂园位列《财富》"世界500强"榜单第147位。

恒大房地产开发业务的收入494 550百万元全部在某一时点确认，详见恒大2020年度报告附注6。碧桂园房地产开发业务收入为449 341百万元，其中357 274百万元在某一时点确认，但92 067百万元则在一段时间内确认，详见碧桂园2020年度报告附注5。

思考：

1. 在查看恒大和碧桂园2020年度报告中相关信息披露的基础上，分析说明导致这两家公司房地产开发业务收入确认差异的主要原因。
2. 上述差异对这两家公司利润表所反映的盈利能力带来了怎样的影响？
3. 你认为上述差异是否会影响投资者对这两家公司价值的评估？为什么？

本章小结

收入是构成收益的重要部分，它是指企业销售商品、提供劳务及让渡资产使用权等日常活动中所形成的、会导致所有者权益增加的、与所有者投入资本无关的经济利益的总流入。收入确认是指确定一笔收入的入账时间，收入计量是指确定一笔收入的入账金额。不同种类的收入只有在符合规定的收入确认条件时才能予以确认。

货币性资产是指金额不随币值变化而变化的资产，如现金、银行存款、应收账款和应收票据。其中，应收账款是企业在生产经营过程中因赊销产品、材料或提供劳务等而形成的应收款项，一般在交易发生日或销售收入确认时按实际发生额入账。无法收回的应收款项被称为坏账。坏账的会计处理方法有直接注销法和备抵法两种，其中备抵法符合公认会计原则。坏账损失的估计方法主要有销货百分比法、应收账款余额百分比法和账龄分析法三种。

应收票据是企业应收款项的另一个重要组成部分，分为带息和不带息两种。带息应收票据到期价值由本金和利息组成。应收票据贴现是企业融通资金的一种方式。对于应收票据贴现的会计处理，要视贴现的票据是否带有追索权而异。带追索权的票据贴现时，企业应在资产负债表上披露因票据贴现而带来的或有责任。

现金及银行存款是企业具有高度流动性的货币性资产，企业应通过定期清查或编制银行存款余额调节表进行内部控制。

重要名词

收入（Revenue）
收入确认原则（The Revenue Principle）
销售点确认收入（Point-of-sale Method）
商业折扣（Trade Discounts）
现金折扣（Cash Discounts）
总价法（Gross-price Method）
净价法（Net-price Method）
销售退回与折让（Sales Returns and Allowances）
完工百分比法（Percentage-of-completion Method）
现金（Cash）
银行存款（Bank Accounts）

银行存款余额调节表（Bank Reconciliation）
应收账款（Accounts Receivable）
坏账（Uncollectible Accounts）
直接注销法（Direct Write-off Method）
备抵法（Allowance Method）
坏账损失（Bad Debt Expense）
坏账准备（Allowance for Doubtful Accounts）
销货百分比法（Credit Sales Estimation Method）
应收账款余额百分比法（Accounts Receivable Estimation Method）
账龄分析法（Aging of Accounts Receivable Es-

timation Method) 拒付(Dishonored)
应收票据(Notes Receivable) 应收票据贴现(Discounting Notes Receivable)
本金(Principal) 或有负债(Contingent Liability)
利息(Interest) 合同资产(Contract Assets)
到期价值(Maturity Value) 备用金(Petty Cash)

思考题

1. 收入确认与计量的原则是什么？如何理解？

2. 为什么我国企业会计准则要求采用备抵法处理坏账损失？这一方法在实际应用中可能会产生哪些问题？

3. 带追索权的应收票据贴现为什么是一项或有负债？如果此项金额重大而不在报表上披露的话对报表使用者可能会产生怎样的影响？

练习题

1. A 服装公司向 B 公司赊销一批服装产品，由于 B 公司采购量巨大，经协商，A 公司在原价 300 万元的基础上给予 20% 的折扣，另收取的增值税税率为 13%。这笔交易 A 公司如何入账？

2. A 服装公司向 B 公司赊销一批服装产品，售价为 300 万元，增值税税率为 13%，付款条件为"2/10, $n/30$"。要求：

（1）编制销售当日 A 公司收入确认的会计分录（总价法）。

（2）若 B 公司在 10 日内付款，请编制 A 公司的会计分录。

（3）若 B 公司在 30 日内付款，请编制 A 公司的会计分录。

（4）若 B 公司在第二天发现这批服装产品有一些质量问题，要求 A 公司在总价上给予 20% 的折让，A 公司相关的会计分录又是怎样的？

3. 2019 年年初，A 公司为 B 公司建造厂房，合同规定：工程总价款为 2 000 万元，工期 4 年，B 公司每年年底向 A 公司支付工程价款 500 万元。A 公司预计工程总成本为 1 500 万元。2019 年，A 公司实际发生成本为 300 万元；2020 年，实际发生成本为 500 万元，但是公司预计工程总成本可能要达到 1 600 万元。2021 年和 2022 年实际发生成本各为 400 万元。A 公司每年收到工程价款时应如何编制会计分录？

4. A 公司 2022 年年初应收账款余额为 1 000 万元，坏账准备余额为 5 万元（公司按照 0.5% 的比例采用应收账款余额百分比法计提坏账准备）。2022 年，A 公司发生坏账共 10 万元，年底应收账款余额为 800 万元，请计算年底 A 公司应计提（冲回）多少坏账准备，并编制会计分录。

5. A 公司年底应收账款余额为 800 万元，坏账准备余额为 4 万元，公司按照账龄分析法估计坏账损失（见下表），请编制 A 公司计提坏账准备的会计分录。

应收账款账龄	应收账款金额(万元)	估计损失率(%)
未到期	500	1
过期1年	200	4
过期2年及以上	100	10
合计	800	

6. A公司因急需一笔资金,将一张票面金额为20 000元、期限为90天的带息应收票据向银行贴现,该商业汇票票面利率为6%,银行贴现率为9%,A公司已持有60天,并对应收票据贴现通过设置"应收票据贴现"科目进行处理。要求:

(1) 计算贴现所得额。

(2) 编制贴现时的会计分录。

(3) 如果票据到期付款人如期付款,请为A公司编制相应的会计分录。

(4) 如果票据到期被拒付,银行根据票据的到期价值按规定从A公司银行存款账户扣除相应金额,请为A公司编制相应的会计分录。

第 6 章 存货与销售成本

[学习目标]

通过本章的学习,你应该掌握:

1. 存货的种类与范围;
2. 定期盘存制与永续盘存制;
3. 存货取得的会计处理;
4. 以历史成本为基础的存货计价方法;
5. 成本与市价孰低法;
6. 存货与销售成本的列报。

[素养目标]

通过本章的学习,充分认识存货与销售成本的确认与计量对于企业经营业绩和企业估值的重要性,以及通过合理的存货计价提高会计信息质量的必要性。

[小故事/小案例]

2021年四季度,受籽棉收购价高开且大幅高走的影响,国内棉花价格也呈持续攀高态势,2021年年内最高点达23 593元/吨,较年内最低点上涨53.22%。2022年一季度棉花价格维持高位震荡。但是,由于高价棉花向下传导不畅,纺织企业订单跟进不足、亏损严重,且国内新冠疫情多点暴发,棉花消费持续处于疲软态势,轧花企业销售进度远慢于上年同期,棉花企业库存高企,因此2022年3月之后,棉花价格处于阴跌态势。随着美联储加息政策持续,全球经济出现衰退风险预期,2022年5月之后,棉花价格多次大幅下跌探底,最低触及18 145元/吨,较年内最高点下跌29.69%。

SD是一家专业从事棉花批发贸易业务的商贸公司。利用2021年四季度棉花价格持续走高的机会,SD在2021年10—11月大量出售棉花,至11月底棉花库存已所剩无几(姑且假设为"0")。根据当初的棉花价格走势,SD管理层判断棉花价格上涨还将持续至少6个月。为此,2021年12月,SD按每吨22 000元的价格采购棉花10万吨,年内未出售,全部形成2021年的年末库存。2022年一季度,由于棉花价格高位震荡,但纺织企业因亏损严重而大幅减少了棉花采购,因此棉花销售不畅。这一时期,SD处于观望状态,既没有高价采购,也没有降价销售。2022年二、三季度,利用棉花价格探底机会,SD按每吨19 000元的价格,采购棉花10万吨。2022年四季度,SD按每吨21 000元的价格,销售棉花10万吨。

SD董事会规定,公司CEO的年终奖金与当年利润挂钩,按实现的税前利润的2%计算,上不封顶,下不保底。2022年,SD的销售收入是明确的,即2 100 000 000元。为了计算利润,还需要明确销售成本。销售成本取决于销售数量和所销售库存的采购成本。其中,销售数量是明确的,即10万吨。问题在于,2022年销售出去的10万吨棉花,其每吨的采购成本是多少呢?CEO认为,应该采用2022年年初库存棉花与本年采购棉花的平均成本来计算2022年的销售成本,若如此,就会计算得出正的利润,从而CEO就有奖金;董事会则认为,2022年销售的棉花应该是年初存货,因此,应该采用2022年年初库存棉花的成本来计算2022年的销售成本,若如此,就会计算得出负的利润,从而CEO就没有奖金了。

你认为SD应该如何计算2022年的销售成本呢?

6.1 存货概述

存货是指企业在日常生产经营过程中持有以备出售,或者仍然处在生产过程中,或者在生产或提供劳务过程中将消耗的材料或物料等,包括各类原材料、商品、在产品、半成品、产成品等。

存货是企业重要的流动资产之一,在流动资产中所占的比重很大,在商品流通业,存货甚至是总资产的重要组成部分,因此对企业来说,存货的会计核算和管理是个非常重要的问题。企业存货规划和控制得不好,会使企业遭受较大的损失。如果企业存货不足,生产车间就可能发生停工待料的损失,销售部门就可能因无货可销而失去盈利机会,严重的甚至会影响到企业的声誉。如果企业的存货过多,就会占用企业的大量资金,并增加存货过时、陈旧、自然损耗以及被盗窃的风险,仓储费用也会相应增加。因此,企业必须加强存货管理,对存货进行恰当的规划和控制。

存货核算包括对存货数量的确定及价值的计算。存货核算既影响企业资产负债表中的期末存货金额,又影响利润表中的销售成本金额,从而会进一步影响报表使用者对企业财务状况和经营绩效的分析,因此,企业应做好存货核算工作。

6.1.1 存货的种类

存货的类型因企业的性质而异,即使在同一企业,存货的品种也可能比较繁多,不同的存货在生产经营中的用途和所起的作用也不相同。

存货按其经济用途可分为以下几类:

1. 制造业存货

制造业存货是指从事产品制造的生产型企业所拥有的存货,一般要先经过生产加工改变其实物形态再出售给顾客。根据生产经营阶段的不同,制造业存货可以分为以下几类:

(1)为生产耗用而储存的存货。例如,用于构成产品主体的可供生产使用但尚未投入生产线的原材料和各种产品生产必需的辅助材料、燃料、外购半成品、修理用备件、包装物、燃料和低值易耗品等。这些存货的价值会随着其在生产经营过程中被耗用而转化为产品的价值,构成产品成本的重要部分。

(2)为了最后出售而正处于生产中的存货,包括企业的在产品和自制半成品。其中,在产品是企业已投入原材料进行生产加工,但尚未加工完成,也不能对外销售的中间产品;自制半成品是企业已完成一定的加工过程,并已检验合格交付半成品仓库,但尚需要进一步加工或装配才能出售或可以直接对外出售的中间产品。

(3)储备待售的存货。它是指已经完成全部的加工或装配过程,并已验收入库(合乎标准规格和技术条件),可以按照合同规定的条件送交订货单位,或可以对外销售的产成品。

2. 商品流通企业存货

商品流通企业存货是指商品流通企业采购的用以待售的存货,通常不改变其实物形态而直接销售给顾客。具体包括各种商品、非商品材料物资、低值易耗品和包装物等。商品流通企业存货主要是商品存货。

3. 其他行业存货

其他行业存货是指除制造业企业和商品流通企业以外的其他行业企业(如服务业企业)的存货。具体包括办公用品、物料用品、家具用具等。

此外,存货按其存放地点,还可以分为库存存货、在途存货和委托加工存货。库存存货是指已经运抵企业并验收入库的各种原材料、自制半成品、产成品以及商品存货等。在途存货是指企业已经支付货款但尚未验收入库,处于运输途中的各种原材料和商品存货等。委托加工存货是指企业委托外单位加工的各种材料和半成品存货等。

6.1.2 存货的范围

如上所述,企业存货的形态有多种,那么到底哪些才算是某个特定企业的存货呢?只有明确界定了存货的范围,我们才能准确地确定存货的数量和计算存货的金额。我国企业会计准则规定,存货必须同时满足两个条件才能够予以确认:一是与该存货有关的经济利益很可能流入企业,二是该存货的成本能够可靠地计量。

根据企业会计准则,资产是企业过去的交易或者事项形成的、由企业拥有或者控制的、预期会给企业带来经济利益的资源。因此,作为企业资产重要构成部分的存货,它必须能够直接或者间接地给企业带来现金或现金等价物的流入。那么在实际工作中,如何判断一项存货能否为企业带来经济利益呢?通常存货的法定所有权是与存货有关的经济利益很可能流入企业的重要标志。企业拥有一项存货的法定所有权,也就享有与该项存货所有权相关的经济利益,当然,同时也承担相应的存货风险。凡是在盘存日法定所有权属于企业的一切存货,不管其是否存放在本企业,都应该作为本企业的存货列报于企业的资产负债表上。因此,界定存货范围的关键是法定所有权,而不是存货的实际存放地点。有些物品虽然存放于本企业仓库等场所,但是本企业对这些物品并没有所有权,这些物品带来的经济利益也不会流入本企业,这些物品就不属于本企业的存货。例如,根据销售合同或协议已将商品所有权上的风险和报酬都转移给买方,而货物尚未发出,仍存放在本企业仓库,这些货物就不属于本企业的存货。有些物品虽然不在本企业存放,但是企业对这些物品拥有法定所有权,那么这些物品仍应该作为本企业的存货列报。例如,按照目的地交货条件,货品应在运到买方指定地点交给买方后,其所有权才转移给买方。货品在运输途中,卖方仍对货品具有法定所有权,这些货品所有权上的风险和报酬仍为卖方所有,因此,虽然这部分货品已经运离卖方,但是在到达目的地交付买方之前,卖方仍应将这些货品作为本企业的存货列报;类似地,按照起运点交货条件,无论货品是否实际上运达买方,只要卖方将货品移交运送人,其所有权就转移买方,因此,买方对这种已经拥有所有权的在途商品应作为本企业的存货列报。

委托代销商品是一企业(委托方)委托另一企业(受托方)代为销售的商品,委托方通常会将委托的商品存放于受托方以待销售。委托代销商品虽然不在委托方存放,但是委托方对代销商品拥有法定所有权,这部分代销商品仍应列为委托方的存货;而对受托方来说,代销商品虽然存放于本企业,但是由于本企业没有所有权,因此不能将其包括在本企业的存货中。但是,为了加强受托方对受托代销商品的核算和管理,受托方应该在资产负债表中的资产方列报"受托代销商品"这一资产项目,同时在资产负债表中的负债方相应列报"代销商品款"这一负债项目。

复习与思考 如何界定企业存货的范围?

6.2 存货盘存制度

存货核算既要确定存货数量,又要确定存货单位成本。其中,存货实物数量要通过一定的方法来确定,这种确定存货实物数量的方法叫存货盘存制度,主要有定期盘存制和永续盘存制两种。

6.2.1 定期盘存制

定期盘存制又叫实地盘存制,是通过期末实地盘点来确定存货的期末结存数量和金额的一种盘存制度。在定期盘存制下,企业平时只在购入存货时记录存货数量和成本的增加,发出存货时不记录存货数量和成本的减少,通过实地盘点来确定期末存货的结存数量,再乘以单位成本,计算出期末存货的金额。本期发出存货数量,根据期末盘点出来的结存数量和期初结存数、本期购货数倒挤得出,即以存计耗或以存计销。本期发出存货数量的计算公式如下:

本期发出存货数量 = 期初存货量 + 本期进货量 − 期末存货量

定期盘存制的账务处理比较简单,可以减少会计核算工作,但是其所提供的会计信息相对不足,无法随时反映存货的收、发和结存情况,不利于存货的管理和控制。由于平时账面上看不到存货的结存数字,企业无法随时了解存货是否短缺或过多等信息,从企业的财务报表中也无法看出因存货管理不当而发生的损失,除期末存货外的数量都被倒挤入企业的销货数量中,因此,毁损、盗窃、浪费等造成的存货减少数也被倒挤入企业的销售数量,从而虚增了企业的销售成本。从存货管理角度来看,这种定期盘存制不利于加强存货的管理与控制,一般只适用于价值低廉而又收发频繁的存货核算。

6.2.2 永续盘存制

永续盘存制又称账面盘存制,是指通过对各项存货设置明细分类账,并在明细分类账上序时登记各种存货的购入、发出数量,随时计算出存货的结存数量的一种盘存制度。永续盘存制下,存货的购入和发出都要随时记入相应的存货账户,即在存货的明细分类账中随时记录各种存货的增减变动和结存数量。因此,永续盘存制有助于存货的管理和控制,企业可以随时了解到存货是短缺还是过多,及时、准确地分析是否需要订购存货和存货的经济订购量,也有助于分析存货是否畅销,从而制定相应的生产和营销策略。但是,永续盘存制的账务处理比较复杂,会计核算工作的成本较高。当然,随着会计核算信息化程度的提高,采用永续盘存制的核算成本已基本不是问题。例如,超市通过标准条码和光学扫描仪器的应用,在消费者结账时,可以方便地计算出售货金额、存货变动和销售成本,大大提高了会计核算工作的效率。

需要注意的是,在永续盘存制下,为了核对账面记录的正确性,加强存货管理,也应定期进行存货的清查盘点。因为在永续盘存制下,虽然从存货账户就能得出存货的数量和金额,但是由于可能存在记录错误、商品被偷窃、出货错误或者损耗等情况,存货的账面数量可能与实际数量不符,因此在使用永续盘存制时,为了保证账实相符,企业仍应定期对存货进行实地盘点。如果发现账实不符,应查明原因,并在账面上作出差异调整,使得账实相符。

复习与思考　永续盘存制下企业为什么还要进行实地盘点?

6.3　以历史成本为基础的存货计价方法

6.3.1　存货取得成本的计量

企业取得存货的方式有购入、自制、投资转入、接受捐赠等。根据我国企业会计准则的规定，无论取得方式如何，存货都应按取得时的成本进行初始计量。存货取得时的成本是指实际成本或者历史成本，是为使该存货达到可耗用或可销售状态所发生的所有必要支出。但是，下列费用不应当包括在存货成本之内，而应当在其发生时计入当期损益：① 非正常消耗（如因自然灾害而发生）的直接材料、直接人工和制造费用。由于这些费用的发生无助于使该存货达到目前场所和状态，因此这些费用不应计入存货成本，而应计入当期损益。② 存货在采购入库后发生的仓储费用。但是，在生产过程中为达到下一个生产阶段所必需的仓储费用，应计入存货成本。例如，酒类产品生产企业为使生产的酒达到规定的质量标准而必须发生的仓储费用，就应当计入酒的生产成本。③ 不能归属于使存货达到目前场所和状态的其他支出。这些支出因为不符合存货的定义和确认条件，应在发生时计入当期损益。

在实际工作中，存货取得成本的具体构成内容会因取得方式的不同而有所不同，现分述如下：

1. 外购存货的成本计量

外购存货的成本，也就是通常所说的存货采购成本，具体包括购买价款、相关税费、运输费、装卸费、保险费及其他可归属于存货采购成本的费用。其中，购买价款是指企业购入的材料或商品的发票账单上列明的价款，但不包括按规定可以抵扣的增值税额。相关税费是指企业购买存货发生的消费税、资源税和不能从增值税销项税额中抵扣的增值税进项税额等。其他可归属于存货采购成本的费用，是指存货采购过程中发生的仓储费、包装费、运输途中的合理损耗、入库前的挑选整理费用等。这些费用能分清负担对象的，应直接计入存货的采购成本；不能分清负担对象的，应选择合理的分配方法，分配计入有关存货的采购成本。分配方法通常包括按所购存货的数量或采购价格比例进行分配。

在赊购方式下，如果存在现金折扣条件，则企业在会计上有总价法和净价法两种处理方法。我国企业在会计实务中通常采用总价法。

（1）总价法

在总价法下，进货时存货和应付账款等账户都按存货的购买价格即发票价格入账，该发票价格一般都已经考虑因不能立即付现而包含的部分延期付款的利息费用，因此如果企业获得了现金折扣，则实际支付的金额将小于应付的金额，这部分因提前付款而获得的现金折扣就相当于企业少付的利息费用或取得的利息收入，可以通过贷记"财务费用"或专门设置的"现金折扣"账户来进行核算。

例 6-1 甲公司购入一批原材料，发票价格为 20 000 元，增值税税率为 13%，付款条件为"1/10，n/30"，材料已验收入库。在总价法下，甲公司有关会计分录编制如下：

① 购入时

借：原材料	20 000
应交税费——应交增值税（进项税额）	2 600
贷：应付账款	22 600

② 在折扣期内付款时

借：应付账款	22 600
贷：银行存款	22 400

财务费用	200

③ 超过折扣期付款时

借:应付账款	22 600
贷:银行存款	22 600

（2）净价法

在净价法下,进货时应以现金等值(即付现价格)作为成本,因延迟付款所增加的支出应作为利息费用处理。因此,进货时存货和应付账款等账户都按发票价格减去现金折扣(无论是否取得)的金额入账,未享受的现金折扣通过"财务费用"或专门设置的"现金折扣"账户来进行核算。

例6-2 同例6-1,在净价法下,甲公司有关会计分录编制如下:

① 购入时

借:原材料	19 800
应交税费——应交增值税(进项税额)	2 600
贷:应付账款	22 400

② 在折扣期内付款时

借:应付账款	22 400
贷:银行存款	22 400

③ 超过折扣期付款时

借:应付账款	22 400
财务费用	200
贷:银行存款	22 600

在制造业企业的实务中,为加强对材料物资采购的管理和控制,在原材料验收入库前,可通过"材料采购"科目进行核算。"材料采购"科目是过渡性科目,专门用以归集计算材料物资的购买价格和附带费用,以确定材料物资的最终实际成本。企业购入存货时,发生的买价及运输费、保险费等附带费用均先借记"材料采购"科目,待材料物资验收入库后,再转入"原材料"等存货科目。

例6-3 甲公司购入原材料一批,发票价格为100 000元,增值税税率为13%,款项已经通过银行存款支付,另以银行存款支付运输及保险费1 000元、整理挑选等杂项费用200元。甲公司相应会计分录编制如下:

① 购入原材料支付价款及增值税时

借:材料采购	100 000
应交税费——应交增值税(进项税额)	13 000
贷:银行存款	113 000

② 支付运输、保险及杂项费用时

借:材料采购	1 200
贷:银行存款	1 200

③ 该批原材料验收入库时
借:原材料　　　　　　　　　　　　　　　　　　　　　　　　101 200
　　贷:材料采购　　　　　　　　　　　　　　　　　　　　　　101 200

商品流通企业在采购商品过程中发生的运输费、装卸费、保险费以及其他可归属于存货采购成本的进货费用,也均应计入存货采购成本;只有当进货费用金额较小时,才可以直接计入当期损益(销售费用)。但是,商品流通企业在采购商品过程中发生的运输费、装卸费、保险费以及其他可归属于存货采购成本的费用等进货费用,也可以先进行归集,期末再根据所购商品的存销情况进行分摊:对于已售商品的进货费用,计入当期损益;对于未售商品的进货费用,计入期末存货成本。

2. 自制存货的成本计量

自制存货的成本即加工成本,包括直接材料、直接人工以及按照一定方法分配的制造费用。其中,制造费用是指企业为生产产品或提供劳务而发生的各项间接费用。企业应当按照一定的标准将制造费用分配计入存货成本中。分配的标准可依据企业生产经营的特点,按照制造费用的性质合理选择,一般常用的标准有耗用原材料的数量或成本、直接成本(包括直接材料和直接人工等)、机器工时、生产工人工时或工资等。

能直接认定计入某种产品成本的加工成本,如直接材料、直接人工等,应该由该种产品来负担,通过"生产成本"科目来进行核算。如果在同一生产过程中,企业同时生产两种或两种以上的产品,并且每种产品的加工制造成本不能直接区分,其加工制造成本应当按照合理的方法在各种产品之间进行分配。例如,企业为生产产品和提供劳务而发生的、应由各产品负担而又无法直接认定计入哪种产品成本的辅助材料、生产车间管理费、固定资产折旧费等间接费用,可先通过"制造费用"科目进行归集,待月终再根据合理的分配标准计入各种产品的生产成本中去。因此,月终"制造费用"科目经结转后其余额为零。如果月终产品仍未加工完成,则"生产成本"科目会留有余额,表示企业的在产品成本;如果产品加工完成,则企业应将这部分产品成本从"生产成本"科目转到"库存商品"科目。

例 6-4　甲公司本月发生如下有关材料领用和产品生产等交易事项:

(1) 仓库发出甲材料(价值 80 000 元),用于生产 A 产品(价值 43 800 元)和 B 产品(价值 36 200 元)。

(2) 仓库发出乙材料(价值 4 000 元),供车间作为辅助材料使用。

(3) 本月职工工资分配如下:

A 产品生产工人工资	20 000 元
B 产品生产工人工资	20 000 元
车间管理人员工资	6 000 元
行政管理部门职工工资	2 000 元
合计	48 000 元

(4) 计提本月固定资产折旧 6 320 元。其中,车间使用固定资产折旧 4 760 元,管理部门使用固定资产折旧 1 560 元。

（5）将制造费用按生产工人工资比例分摊到 A、B 两种产品成本中。

（6）A、B 产品已全部加工完成,按其实际生产成本结转账户。

根据以上资料,甲公司应编制相应会计分录如下:

（1）借:生产成本——A 产品　　　　　　　　　　　　　　　43 800
　　　　　　　　——B 产品　　　　　　　　　　　　　　　36 200
　　　　贷:原材料——甲材料　　　　　　　　　　　　　　　　　　　80 000

（2）借:制造费用　　　　　　　　　　　　　　　　　　　　　4 000
　　　　贷:原材料——乙材料　　　　　　　　　　　　　　　　　　　4 000

（3）借:生产成本——A 产品　　　　　　　　　　　　　　　20 000
　　　　　　　　——B 产品　　　　　　　　　　　　　　　20 000
　　　　　　制造费用　　　　　　　　　　　　　　　　　　6 000
　　　　　　管理费用　　　　　　　　　　　　　　　　　　2 000
　　　　贷:应付职工薪酬——工资　　　　　　　　　　　　　　　　　48 000

（4）借:制造费用　　　　　　　　　　　　　　　　　　　　　4 760
　　　　　　管理费用　　　　　　　　　　　　　　　　　　1 560
　　　　贷:累计折旧　　　　　　　　　　　　　　　　　　　　　　　6 320

（5）制造费用分配率 $= \dfrac{4\,000 + 6\,000 + 4\,760}{40\,000} = 0.369$

A 产品应分摊的制造费用 $= 0.369 \times 20\,000 = 7\,380$（元）

B 产品应分摊的制造费用 $= 0.369 \times 20\,000 = 7\,380$（元）

　　　借:生产成本——A 产品　　　　　　　　　　　　　　　7 380
　　　　　　　　——B 产品　　　　　　　　　　　　　　　7 380
　　　　贷:制造费用　　　　　　　　　　　　　　　　　　　　　　14 760

（6）结转 A 产品实际生产成本 $= 43\,800 + 20\,000 + 7\,380 = 71\,180$（元）

　　　结转 B 产品实际生产成本 $= 36\,200 + 20\,000 + 7\,380 = 63\,580$（元）

　　　借:库存商品——A 产品　　　　　　　　　　　　　　　71 180
　　　　　　　　——B 产品　　　　　　　　　　　　　　　63 580
　　　　贷:生产成本——A 产品　　　　　　　　　　　　　　　　　71 180
　　　　　　　　　　——B 产品　　　　　　　　　　　　　　　　　63 580

3. 其他方式取得存货的成本计量

企业除了外购和自制获取存货,有时还可能通过非货币性资产交换、投资者投入、债务重组、接受捐赠、盘盈和企业合并等方式取得存货,这些方式下取得存货的成本计量方法分别是:

（1）通过非货币性资产交换换入的存货,应当以公允价值和应支付的相关税费作为换入资产的成本[①],公允价值与换出资产账面价值的差额计入当期损益。采用上述做法的前提条

[①] 企业在按照公允价值和应支付的相关税费作为换入资产(存货)成本的情况下,如果支付补价,换入资产(存货)的成本应该是换出资产的公允价值、应支付的相关税费与支付的补价之和;如果收到补价,换入资产(存货)的成本应该是换出资产的公允价值与应支付的相关税费之和,减去收到的补价。

件有两个:一是该项交换具有商业实质,二是换入资产或换出资产的公允价值能够可靠地计量。当换入资产和换出资产的公允价值均能够可靠计量时,应当以换出资产的公允价值作为换入资产(存货)的成本,但有确凿证据表明换入资产的公允价值更加可靠的除外。未同时满足这两个条件的非货币性资产交换,应当以换出资产的账面价值和应支付的相关税费作为换入资产(存货)的成本。所谓非货币性资产交换具有商业实质,必须满足下列条件之一:一是换入资产的未来现金流量在风险、时间和金额方面与换出资产显著不同;二是换入资产与换出资产的预计未来现金流量现值不同,且其差额与换入资产和换出资产的公允价值相比是重大的。在确定非货币性资产交换是否具有商业实质时,应当关注交易各方之间是否存在关联方关系;关联方关系的存在往往会导致发生的非货币性资产交换不具有商业实质。

(2)投资者投入存货的成本,应当按照投资合同或协议约定的价值确定,但合同或协议约定价值不公允的除外。

(3)因债务重组取得的存货,债权人应当对受让的存货按其公允价值入账。重组债权的账面余额与受让存货的公允价值之间的差额,计入当期损益。但是,如果债权人已对债权计提减值准备,则应当先将该差额冲减减值准备;减值准备不足冲减的部分,计入当期损益。

(4)接受捐赠取得的存货,若捐赠方提供了相关凭据,则按凭据上标明的金额加上应支付的相关税费作为实际成本;若没有相关凭据,则应当参照同类或类似存货的市场价格估计的金额加上应支付的相关税费,作为实际成本。

(5)盘盈的存货,应当按照同类或者类似存货的市场价格作为实际成本。

(6)企业合并中取得的存货,应当区分同一控制下企业合并和非同一控制下企业合并两种情形。同一控制下企业合并过程中取得的存货,按被合并方原账面成本确定其成本。非同一控制下企业合并过程中取得的存货,其中的产成品和商品的成本应按其估计售价减去估计的销售费用、相关税费以及购买方(合并方)出售类似产成品或商品估计可能实现的利润确定;在产品的成本应按完工产品的估计售价减去至完工仍将发生的成本、估计的销售费用、相关税费以及基于同类或类似产成品估计出售可能实现的利润确定;原材料的成本按现行重置成本确定。

6.3.2 存货发出成本的计量

在企业的生产经营活动中,存货始终处于一种流动状态,其形态和分布位置会不断地改变,随着存货的不断购入和发出(生产领用或销售),原有的存货不断流出,新的存货不断流入,从而构成了存货实物流转。存货实物流转的方式由企业根据存货的特点和管理控制的需要而定,对于有些容易变质和陈旧的存货(如超市里的牛奶、面包等),通常采取先进先出的方式,即尽量把最先进来的存货先发出去,以避免变质和陈旧带来的存货损耗。

随着存货的耗用和销售,企业需要确定每批发出存货的成本,以便合理计算和结转产品生产成本和销售成本,因此,在存货发生实物流转的同时,其成本也随之流转。但是在实务中,由于每批购入存货的产地、价格、运输费用或每批存货的生产制造成本不尽相同,企业同一种存货不同批次的实际成本也常常不同,因此企业会计人员应对存货的成本流转作出合理的假设,采用一定的存货计价方法,计算确定本期发出存货和期末存货的成本。

根据不同的存货成本流转假设所形成的存货计价方法,主要包括个别计价法、先进先出法、加权平均法等,不同的企业会根据自身的特点来选择适合本企业的存货计价方法。

1. 个别计价法

个别计价法,又称个别认定法或具体认定法,是指在能够分别辨认存货批次的情况下,按每一批存货的实际进价确定发出存货的成本和期末存货成本。采用这种方法要求企业对每一批存货的品种规格、入账时间、单位成本和存放地点等都做详细的记录,企业在每次发出存货时,应查明其所属的购入批别或生产批别,分别以其实际成本作为发出成本。

个别计价法既适用于永续盘存制,也适用于定期盘存制。存货成本流转假设与实物流转假设完全相符,确定发出的存货成本符合实际情况,能使成本与收入做最好的配比。但是这种方法在操作上较为困难,记录和辨认成本较高,并且当同种商品多次购入的单价不同时,企业管理者有机会通过在几种单位成本中任意选用某种较高或较低的成本来操纵企业的当期利润和期末存货价值。因此,个别计价法一般适用于体积较大、价格较高及数量较少,其辨认实际上可行且辨认成本不高、售价与成本关系密切的存货,如古董、高档汽车和高档首饰等。根据我国企业会计准则,企业对于不能替代使用的存货、为特定项目专门购入或制造的存货以及提供的劳务,通常采用个别计价法确定发出存货的成本。

2. 先进先出法

先进先出法是指以"先入库的存货先发出"这种存货实物流转假设为前提,对发出存货和期末结存存货进行计价的一种方法。在先进先出法下,企业发出的存货都被认为是最先进来的那批,期末结存的存货则被认为是最近进来的那批。

例 6-5 甲公司 2022 年 1 月初 A 存货数量为 400 件,单价 20 元;6 日发出 200 件;8 日入库 800 件,单价 22 元;16 日发出 800 件;23 日入库 1 200 件,单价 26 元;28 日发出 600 件。甲公司采用先进先出法进行存货计价。

根据以上资料,甲公司 1 月存货收发及结存明细情况如表 6-1 所示。

表 6-1 甲公司 A 存货收发明细表 单位:元

日期		摘要	收入			发出			结存		
月	日		数量(件)	单价	金额	数量(件)	单价	金额	数量(件)	单价	金额
1	1	期初结存							400	20.00	8 000
	6	发出				200	20.00	4 000	200	20.00	4 000
	8	入库	800	22.00	17 600				200 800	20.00 22.00	4 000 17 600
	16	发出				200 600	20.00 22.00	4 000 13 200	200	22.00	4 400
	23	入库	1 200	26.00	31 200				200 1 200	22.00 26.00	4 400 31 200
	28	发出				200 400	22.00 26.00	4 400 10 400	800	26.00	20 800
1	31	合计	2 000		48 800	1 600		36 000	800	26.00	20 800

先进先出法既适用于永续盘存制,又适用于定期盘存制。在永续盘存制下,"先"是相对于每次发货来说的;在定期盘存制下,"先"是相对于期末存货来说的。因此,无论是在哪种盘存制度下,采用先进先出法,期末存货都是以最近进来的存货的单价来计价,所计算出的存货成本结果是相同的,从而销售成本金额也是相同的。

由于大多数存货的实物流转假设通常是先进先出的,因此先进先出法的成本流转假设与实物流转假设比较相符,尤其是当存货容易变质、陈旧时。按此方法确定的期末存货价值比较接近于当前市价,资产负债表上的存货金额能比较准确地反映该项目资产的当前价值。但是在先进先出法下,由于销售成本是按较早的那些存货的成本来确定的,与现行的销售收入配比性较差,因此利润表上的利润数字就不太能准确地反映企业当期的经营业绩。尤其是在物价上涨期间,根据先进先出法计算出的利润事实上还包含了存货的持有利得,从而无法准确地评估企业管理者的经营业绩;同时,先进先出法计算出的发出存货的成本偏低,利润表上的利润数字被高估,会加重企业的税收负担,不利于资本保全。

3. 加权平均法

加权平均法假定相同商品的单位成本应该相同。由于定期盘存制和永续盘存制下结转销售成本的时点有所不同,因此加权平均法又可分为一次加权平均法和移动加权平均法。

(1) 一次加权平均法

一次加权平均法是指以期初存货数量和本期各批收入的数量作为权数来计算存货平均单位成本的一种方法。在一次加权平均法下,企业应以月初结存存货金额加全月收入存货金额,除以月初结存数量加全月收入存货数量,算出存货的平均单位成本,再分别乘以本月发出存货的数量和期末结存的数量,计算出本月发出的存货成本和期末结存的存货成本。

加权平均单位成本的计算公式如下:

$$加权平均单位成本 = \frac{期初结存存货金额 + 本期收入存货金额}{期初结存存货数量 + 本期收入存货数量}$$

例 6-6 根据例 6-5 的资料,如果甲公司采用一次加权平均法进行存货的计价,则甲公司 1 月存货收发及结存明细情况如表 6-2 所示。

表 6-2 甲公司 A 存货收发明细表   单位:元

日期		摘要	收入			发出			结存		
月	日		数量(件)	单价	金额	数量(件)	单价	金额	数量(件)	单价	金额
1	1	期初结存							400	20.00	8 000
	6	发出				200			200		
	8	入库	800	22.00	17 600				1 000		
	16	发出				800			200		
	23	入库	1 200	26.00	31 200				1 400		
	28	发出				600					
1	31	合计	2 000		48 800	1 600	23.67	37 872	800	23.67	18 936

$$加权平均单位成本 = \frac{8\,000 + 48\,800}{400 + 2\,000} \approx 23.67(元)$$

由于一次加权平均法假定相同的商品成本应该相同,因此,它已经将物价变动的影响加以平均,不像先进先出法那样极端,在一定程度上可以消除先进先出法存在的弊端。但是一次加权平均法下所得出的发出存货成本和期末存货成本都不是每批存货的真实成本,而只是一个折中的平均成本,因此在物价剧烈波动的情况下,根据一次加权平均法所计算的结果与当前市价会有一定的差距。一次加权平均法一般在定期盘存制下使用。在定期盘存制下,只需在月末计算一次存货的加权平均成本,从而可以简化平时的核算工作。但是,在一次加权平均法下,平时的账面不能反映存货的发出金额和结存金额,因此会影响成本计算的及时性,不利于存货的日常管理。

(2)移动加权平均法

移动加权平均法是指企业每收入一批存货,就要以各批收入数量与各批收入前的结存数量为权数重新计算一次加权平均成本。因此,在移动加权平均法下,存货的平均单位成本将随着每批进货而变动。只要两次发货之间有进货发生,就必须重新计算单位成本,并据以决定该批的发出存货成本,因此移动加权平均法只适用于永续盘存制,不适用于定期盘存制。

移动加权平均法的计算公式如下:

$$移动加权平均单位成本 = \frac{本次收入存货前存货的结存金额 + 本次收入存货的金额}{本次收入存货前存货的结存数量 + 本次收入存货的数量}$$

例 6-7 根据例 6-5 的资料,如果甲公司在永续盘存制下采用移动加权平均法进行存货的计价,则甲公司 1 月存货收发及结存明细情况如表 6-3 所示。

表 6-3 甲公司 A 存货收发明细表　　　　　　　单位:元

日期		摘要	收入			发出			结存		
月	日		数量(件)	单价	金额	数量(件)	单价	金额	数量(件)	单价	金额
1	1	期初结存							400	20.00	8 000
	6	发出				200	20.00	4 000	200	20.00	4 000
	8	入库	800	22.00	17 600				1 000	21.60	21 600
	16	发出				800	21.60	17 280	200	21.60	4 320
	23	入库	1 200	26.00	31 200				1 400	25.37	35 518
	28	发出				600	25.37	15 222			
1	31	合计	2 000		48 800	1 600		36 502	800	25.37	20 296

1月8日存货入库后:

$$加权平均单位成本 = \frac{200 \times 20 + 800 \times 22}{200 + 800} = 21.60(元)$$

1月23日存货入库后:

$$加权平均单位成本 = \frac{200 \times 21.60 + 1\,200 \times 26}{200 + 1\,200} \approx 25.37(元)$$

采用移动加权平均法，可以将存货的计价工作分散在月内进行，从而均衡了核算工作，但是在企业存货收入较多的情况下，采用移动加权平均法的核算工作量仍然较大。根据移动加权平均法所确定的存货成本虽然与当前市价有一些差距，但是比定期盘存制下的一次加权平均法更接近于当前市价。由于移动加权平均法只适用于永续盘存制，因此企业可以随时了解存货的结存金额和发出成本，方便企业进行存货管理。

从以上实例可以看到，不同的存货计价方法所计算出的本期期末存货价值和本期发出存货成本的金额是不同的，在物价持续变动的情况下，各种方法都有利有弊。显然，先进先出法更有利于资产评价，期末存货的价值更接近于当前市价，特别是在企业进出存货频繁及物价变动剧烈的情况下，该方法能够更好地反映企业期末资产和存货价值。然而，需注意的是，在物价持续上涨的情况下，先进先出法会导致利润偏高，企业有可能过度分配利润，不利于资本保全，但从股价的角度看，高估的利润会刺激股价上扬，提高股东和债权人对企业的信心。

企业会计准则在存货计价方法上给予企业一定的自主选择空间。企业可以在准则允许的范围内选择适合自己的存货计价方法。从理论上讲，存货计价方法应该符合企业财务报告的基本目标，有利于企业进行决策、评价业绩、公平反映其财务状况和现金流量等。除了考虑存货的特点，企业对存货计价方法的选择应该以能公平表达企业的财务状况和经营业绩为导向。然而，由于在物价持续变动的情况下，各种存货计价方法各有利弊，因此在实际工作中，企业往往更多地从实用主义的角度出发来选择存货计价方法，除了存货的特点及企业的财务状况和经营业绩等方面，企业还会更多地考虑存货计价方法对现金流量、税收负担甚至股票市价的影响。例如，当管理者的薪酬奖励与企业的业绩或股价挂钩时，管理者更愿意采用能提高报告期利润的计价方法。西方国家的许多公司曾在通货膨胀高居不下的20世纪七八十年代，纷纷将存货计价方法从先进先出法改为后进先出法[①]，以达到节税的目的。会计准则允许多种计价方法存在本来是为了有助于企业根据自身的存货特点更公正地表达其财务状况和经营业绩，然而由于实际运用过程中，这种"自由选择"经常被管理者用来作为操纵企业利润的工具，因此有些国家的会计准则在授予企业自由选择存货计价方法的权利的同时也进行了一些限制。例如，考虑到后进先出法容易导致期末存货金额严重偏离其当前的实际价值，我国现行企业会计准则已剔除了后进先出法，要求企业采用先进先出法、加权平均法或者个别计价法确定发出存货的实际成本。[②]

最后需要说明的是，根据企业会计准则的要求，企业采用的存货计价方法应该在前后年度保持一致，不能随意更改。

复习与思考 企业可以随意改变其存货计价方法吗？为什么？

[①] 后进先出法是以后入库的存货先发出这种实物流转假设为前提，对发出存货和期末结存存货进行计价的一种存货计价方法。在后进先出法下，企业每批发出的存货都被认为是最后进来的那批，期末结存的存货被认为是最先进来的那批。

[②] 对于企业在正常生产经营过程中多次使用的，但未列入固定资产目录的周转材料等存货，可以采用一次转销法、五五摊销法和分次摊销法进行摊销。

6.4 成本与市价孰低法

在上一节的讨论中,各种存货计价方法都以历史成本为基础,存货的收入、发出和结存的金额都是按照取得时的历史成本来计量确定。但是,在某些特殊情况下,企业在存货取得时采用历史成本来计量,而期末对持有存货的计量并不适合采用历史成本,而是采用其他的非历史成本基础来进行计量。例如,当存货由于过时、陈旧、损坏或者市价下跌等而使其价值降低时,可采用成本与市价孰低法来计量期末存货价值。

成本与市价孰低法要求企业比较存货的账面成本与市场价值,以两者中较低的一个作为计价基础。因此,在成本与市价孰低法下,企业应在每个会计期末取得存货的市场价值信息,将其与原有的账面成本进行比较,如果企业现有存货的市价低于原有的账面成本,则应按市价对存货重新计价并将其作为本期期末存货的新账面成本列报;如果现有存货的市价高于原有的账面成本,则存货仍按原来的账面成本计价。

实务中采用成本与市价孰低法比较成本与市价时有三种方法:一是单项比较法,即将每一项存货的成本与市价进行比较,取较低的作为评价基础;二是分类比较法,即将企业的存货进行分类,计算每类存货的总成本与总市价,取较低的作为评价基础;三是综合比较法,即分别计算所有存货的总成本与总市价,取较低的作为评价基础。

例 6-8 甲公司 2022 年 6 月 30 日存货资料如表 6-4 所示。

表 6-4 成本与市价孰低法的应用　　　　　　　　　　　　　　单位:元

种类	品名	成本	市价	单项比较法	分类比较法	综合比较法
甲类	A	10 000	9 000	9 000		
	B	16 000	18 000	16 000		
	合计	26 000	27 000		26 000	
乙类	C	40 000	30 000	30 000		
	D	56 000	63 000	56 000		
	合计	96 000	93 000		93 000	
总计		122 000	120 000	111 000	119 000	120 000

从以上实例可以看出:单项比较法得出的期末存货价值最为保守(111 000 元),会计核算的工作量也最大;综合比较法计量的期末存货价值最高(120 000 元);分类比较法的结果(119 000 元)介于单项比较法和综合比较法之间。

存货市价的下跌一般意味着存货未来的获利能力即售价的下跌,成本与市价孰低法的本质就是要把由市价下跌所引起的损失在损失发生的当期就予以确认,而不需要等到存货实际出售的时候。因此,当市价低于成本时,企业除了以较低的市价列报期末存货,还应确认相应的跌价损失,这样做比较符合谨慎性原则。如果已经确认了跌价损失的存货在下一期并未出售而市价有所回升,则企业可以将原来确认的跌价损失转回,但转回的金额不得超过原来已确认的跌价损失金额。

存货跌价损失的确认方法通常有两种:一种是直接冲销法,即直接冲销存货价值,同时将损失直接转入销售成本,不单独列示存货跌价损失;另一种是备抵法,即单独列示存货跌价损失(作为"资产减值损失"的明细分类科目),同时专门设置"存货跌价准备"科目来记录存货市价低于成本的部分,而不直接冲减存货。"存货跌价准备"在资产负债表上作为"存货"的抵减科目,"存货跌价损失"则在利润表上列入"资产减值损失"予以披露。显然,直接冲销法改变了本期销售成本的构成,从而会影响到本期销售毛利计算的正确性;而备抵法既可以使资产负债表中期末存货价值得到合理的反映,又不影响利润表中销售毛利的计算,比直接冲销法更为科学。

对于成本与市价孰低法中的市价,各国有不同的理解。在美国,市价指的是重置成本,即买入或制造相同存货所需要的成本。在我国,市价指的是可变现净值,并采用备抵法来进行处理。我国企业会计准则规定:"资产负债表日,存货应当按照成本与可变现净值孰低计量,存货成本高于其可变现净值的,应当计提存货跌价准备,计入当期损益。"这里的可变现净值,是指"在日常活动中,存货的估计售价减去至完工时估计将要发生的成本、估计的销售费用以及相关税费后的金额"。在科目设置上,企业持有存货的价值跌损记入"资产减值损失"一级科目,同时设置"存货跌价准备"科目来记录存货价值的降低。

同时,根据我国企业会计准则的要求,企业通常应当按照单项比较法来计提存货跌价准备;对于数量繁多、单价较低的存货,可以按照分类比较法来计提存货跌价准备;与在同一地区生产和销售的产品系列相关、具有相同或类似最终用途或目的,且难以与其他项目分开计量的存货,可以采用综合比较法来计提存货跌价准备。显然,由于单项比较法中每一项存货都按成本与市价中较低者计价,所有跌价损失都得到了确认,因此得出的结果更为谨慎;而分类比较法和综合比较法由于各存货项目成本与市价的差异有可能相互抵销,因此计价结果不如单项比较法稳健。

如上述例6-8,甲公司如果采用单项比较法来计提存货跌价准备,则相应的会计分录编制如下:

借:资产减值损失——存货跌价损失　　　　　　　　　　　　11 000
　　贷:存货跌价准备　　　　　　　　　　　　　　　　　　　　　　11 000

如果在下一期期末,A、C产品尚未出售而市价有所回升,总回升金额为16 000元,则甲公司应将原来计提的存货跌价准备金额转回,但是转回的金额不能超过原来已计提的金额。会计分录可编制如下:

借:存货跌价准备　　　　　　　　　　　　　　　　　　　　　11 000
　　贷:资产减值损失——存货跌价损失　　　　　　　　　　　　　　11 000

在采用成本与市价孰低法时,要注意的是市价一旦降至低于成本,这个市价就将作为下期的新成本与下期的市价进行比较,因此在成本与市价孰低法下,并非所有用于与市价比较的成本都是真正的原始成本,有些则是前期比较后所选择的较低的市价。

会计准则要求企业采用成本与市价孰低法来计量期末存货价值是为了会计上的谨慎性，避免企业虚增资产和利润，更好地保护投资者和债权人的利益。然而，由于存货的可变现净值是个估计的结果，它的金额大小除了会影响资产负债表上存货的期末价值金额，也会影响企业当期利润表中的资产减值损失以及利润金额，因此管理者可以通过高估或低估可变现净值来少提或多提存货跌价准备，从而调节利润。在实际工作中，成本与市价孰低法也有可能成为企业操纵利润的工具。例如，某上市公司曾经在某一年度转回坏账准备0.5亿元、转回存货跌价准备2.12亿元，从而使公司业绩从前一年亏损15亿元变为该年盈利1亿元，实现了一个大逆转。

在资产负债表中，存货一般披露在其他应收款项目之下。资产负债表主体中的存货金额只是企业所有种类存货的总金额，看不到具体的各类存货的构成以及存货跌价准备的计提等信息。因此，企业会计准则规定，企业应当在附注中披露与存货有关的会计政策和相关信息，例如，各类存货的期初和期末账面价值、确定发出存货成本所采用的方法、存货可变现净值的确定依据、存货跌价准备的计价方法、当期计提的存货跌价准备的金额、当期转回的存货跌价准备的金额、计提和转回的有关情况以及用于担保的存货账面价值。同时，存货的计价方法一经确定便不得随意更改，如要变更，则要在附注中说明变更的理由及其影响。

销售成本在企业利润表中披露，一般列报于销售收入项下，通过比较企业的销售收入与销售成本，可以计算企业的销售毛利，了解企业销售商品的初始盈利能力。由于有多种确定发出存货成本的方法可供选择，因此在比较不同企业的销售成本时要注意所采用的发出存货计价方法是否一致。

▎案例
獐子岛的存货疑云

獐子岛集团股份有限公司(以下简称"獐子岛")于2006年9月28日在深交所上市，注册资本7.1亿元，截至2022年年底资产总额45亿元，员工4 000余人，旗下设有分公司、全资子公司和控股、参股中外合资公司40余家，是一家在海洋生物技术支撑下，以海珍品种业、海水养殖、海洋食品为主业，集冷链物流、海鲜休闲、渔业装备等相关多元产业于一体的综合海洋企业。獐子岛的起步可追溯至1958年，曾被誉为"黄海深处的一面红旗""黄海明珠""海底银行""海上蓝筹"，是农业产业化国家重点龙头企业。

海洋牧场业务是獐子岛的支柱产业之一，以虾夷扇贝、海参、皱纹盘鲍、海胆、海螺等海珍品为主要产品。由于地处世界公认的海珍品适宜生长地带——北纬39度，在渤海、黄海、东海拥有距离大连56海里的国家一类清洁海域100余万亩，獐子岛拥有国内唯一的国家级虾夷扇贝原良种场和国内一流的海参、鲍鱼等海珍品育苗基地，也是国内最大的海珍品养殖基地。

2018年1月底，獐子岛发布公告称，公司正在进行底播虾夷扇贝的年末存量盘点，发现部分海域的底播虾夷扇贝存货异常，因此可能会对部分海域的底播虾夷扇贝存货计提跌价准备或核销处理。2018年4月28日，獐子岛发布2017年年度报告，称受公司海洋牧场的重大灾害影响,归属于上市公司的净利润巨亏7.23亿元,较2016年同比下降1 008.19%,其中公司海洋牧场存货核销及计提跌价准备影响合计6.38亿元,审计机构对其出具了"保留意见"的非标准审计报告。獐子岛表示,除了虾夷扇贝存货异常,由于底播虾夷扇贝肥满度下降以及国外扇贝产品冲击国内市场,虾夷扇贝的收入及毛利下滑,部分库存扇贝产品出现了减值,从而加剧了公司的亏损。

事实上,獐子岛出现存货异常已不是第一次,2014年其就因"冷水团"事件而深陷舆论漩涡。2014年10月30日,獐子岛发布公告称因北黄海遭遇异常的冷水团,公司在2011年和2012年播撒的100多万亩即将进入收获期的虾夷扇贝绝收,因此当年度的业绩由原来预报的盈利变为亏损8亿元,由此引发大众对其存货价值的质疑。

獐子岛自2006年上市以来,即因其头顶"中国水产第一股"的名号而受到市场热捧,其股票也迅速成为中小板块的第一高价股,2008年1月其股价高达每股151.23元。此后其存货逐年上升,存货占总资产的比重居高不下。上市后前三年,獐子岛的存货规模都在10亿元以下,2006年、2007年和2008年存货占总资产的比重分别为31.41%、48.41%和54.41%。此后几年其存货的规模在10亿元至20亿元之间,存货占总资产的比重均在50%左右,公司披露其存货增长的原因是"消耗性生物资产——虾夷扇贝底播面积及种苗投入增加"。2011—2013年,虾夷扇贝的存货账面价值分别为15.54亿元、17.19亿元和17.88亿元,占主要存货"消耗性生物资产"的比重分别高达86%、84%和83%。然而这么高比重的存货资产并未给獐子岛带来相应比例的收入。其2014年三季报的存货核销处理及计提跌价准备高达10.18亿元,是2013年净利润9 694.28万元的10.5倍。

獐子岛近几年反复出现的"扇贝跑路"事件使得生物资产的存货价值问题成为大众热议的话题。由于海产品本身就是生物资产中最为特殊的部分,肉眼无法直接观测,存货盘点工作极具挑战性,因此其存货价值自然也很容易受到质疑。

(本案例根据巨潮资讯网发布的獐子岛公司相关年度报告及其他相关资料编写。)

思考:
1. 根据案例资料,阐述獐子岛的存货核销和存货跌价准备计提是否恰当。
2. 结合本案例资料,阐述你对生物资产的存货盘点有哪些深入理解。

本章小结

存货是指企业在日常生产经营过程中持有以备出售,或者仍然处在生产过程中,或者在生产或提供劳务过程中将消耗的材料或物料等。凡是在盘存日法定所有权属于企业的一切存货,不管其是否存放在本企业,都应该作为本企业的存货列报于企业的资产负债表上。

存货的盘存制度是指确定存货实物数量的方法,主要有定期盘存制和永续盘存制两种。企业取得存货的方式有多种,不论以何种方式取得存货,都应该遵循历史成本基础,按取得时的成本即实际成本进行计量。外购存货如存在现金折扣条件,企业可采用总价法或净价法进行会计处理。

存货的成本流转假设主要包括个别计价法、先进先出法和加权平均法等,不同的存货计价方法对企业资产负债表以及利润表的表达有不同的影响,企业可在企业会计准则允许的范围内自由选择适合本企业的存货计价方法。企业一经选定本企业的存货计价方法,就不能随意更改。

成本与市价孰低法是非历史成本基础的存货计价方法,是以存货的账面成本和市场价值中较低者来对存货进行计价的,主要有单项比较法、分类比较法和综合比较法三种。存货跌价损失的确认方法有直接冲销法和备抵法两种。备抵法下通过"存货跌价准备"科目来记录存货市价低于成本的部分,不直接冲减存货,比直接冲销法更为科学,是公认会计原则要求的会计处理方法。

重要名词

存货(Inventory)
定期盘存制(Periodic Inventory System)
永续盘存制(Perpetual Inventory System)
总价法(Gross-price Method)
净价法(Net-price Method)
存货成本流转(Inventory Cost Flow)
个别计价法(Specific Identification Method)
先进先出法(First-in, First-out Method)
加权平均法(Weighted-average Method)
移动加权平均法(Moving-average Method)
成本与市价孰低法(Lower of Cost or Market Method)
可变现净值(Net Realizable Value)
直接冲销法(Direct Inventory Reduction Method)
备抵法(Inventory Allowance Method)
存货跌价准备(Allowance to Reduce Inventory)

思考题

1. 哪种存货盘存制度对企业存货的内部控制更为有效?为什么?
2. 存货的确认条件是什么?需要注意什么问题?
3. 先进先出法的特点是什么?在材料价格上涨和下跌的情况下,对企业利润有怎样的影响?
4. 企业应如何选择适合自己的存货计价方法?
5. 取消后进先出法对于提高资产负债表信息质量和改善公司估值有何积极意义?

练习题

1. 某制造业企业购入一批原材料,共30吨,发票价格100万元,增值税税率13%,货款已经以银行存款支付。货到后发现货物为28吨(合理损耗范围内),并用现金支付运输费和装卸费共5 000元。货物经验收合格后入库。请编制相应的会计分录。

2. 甲公司和乙公司商定,乙公司以一批公允价值为计税价格的1 000万元货物(原材料)对甲公司进行投资,获得甲公司20%的股权,甲公司的所有者权益总额为5 800万元。乙公司该产品账面价值为850万元,已经开具了130万元的增值税专用发票。请编制甲公司收到原材料时的会计分录(提示:收到股东投资,记入"实收资本"科目)。

3. 某工业企业采用永续盘存制进行存货盘存,2022年1月存货的收发情况如下表所示:

单位:万元

日期		摘要	收入			发出			结存		
月	日		数量(件)	单价	金额	数量(件)	单价	金额	数量(件)	单价	金额
1	1	期初结存							100	20	2 000
	5	入库	40	25							
	8	入库	50	28							
	10	发出				40					
	20	发出				40					
	23	入库	40	26							

要求:

(1)假设企业对存货的发出采用先进先出法,请计算本月企业的发出存货成本以及1月31日存货的账面金额。

(2)假设企业对存货的发出采用一次加权平均法,请计算本月企业的发出存货成本以及1月31日存货的账面金额。

4. 某公司每年计提存货跌价准备。2021年12月库存甲、乙两种原材料共10吨,单位成本均为20万元。其中,甲材料5吨,可变现净值为90万元;乙材料5吨,暂时没有用处,市场价格为80万元。

(1)请编制该公司2021年计提存货跌价准备的会计分录。

(2)2022年年底,公司剩余的5吨乙材料仍然没有使用,但是此时市场价格为90万元,请编制与存货跌价准备有关的会计分录。

(3)假设2022年年底,公司剩余的5吨乙材料仍然没有使用,但其市场价格上升到120万元,请编制与存货跌价准备有关的会计分录。

第 7 章　投资与投资性房地产

[学习目标]

通过本章的学习,你应该掌握:
1. 投资及其分类情况;
2. 金融资产的分类与初始计量;
3. 金融资产的后续计量;
4. 金融资产的终止确认与重分类;
5. 长期股权投资的确认和初始计量;
6. 长期股权投资的后续计量;
7. 投资性房地产的会计处理。

[素养目标]

通过本章的学习,掌握投资与投资性房地产会计确认与计量的准则要求,认识该类资产的会计信息质量与财务风险特征,理解其对于防范化解系统性金融风险的重要性。

[小故事/小案例]

老张是20世纪60年代初生人,长期从事会计工作。他早年在某国有企业工作了十余年,随后长期供职于某上市公司。他在会计实务方面可以说具有十分丰富的经验,对我国改革开放以来的会计制度(准则)演变和会计实务发展了如指掌。但是,这些年来,老张的内心越发充满矛盾:一方面,他支持会计改革,认为会计改革顺应了我国社会经济发展、国有企业改革、资本市场发展以及中国经济国际化等大的环境变迁,因此应该是一种进步;另一方面,他又觉得现在的会计准则和会计信息变得越发难以理解了。他觉得,会计准则变得越来越具有弹性,给企业管理层提供了大量的判断和选择空间,企业管理层很容易利用会计准则留给企业的判断和选择空间操纵会计信息。他认为,这可能就是部分上市公司会计信息失真乃至严重造假现象频发的主要原因。因此,老张对我国企业会计准则改革的走向是否正确存有疑虑。

老张有个同学G在B大学担任会计学教授。某日,老张带着上述疑惑找G进行交流。G了解了老张的来意之后,建议他就某一具体事项提出其想法。老张表示同意,并提议就金融资产会计问题与G进行讨论。G表示可以。老张跟G说:"根据我国现行企业会计准则,金融资产分为三类,即以摊余成本计量的金融资产、以公允价值计量且其变动计入其他综合收益的金融资产以及以公允价值计量且其变动计入当期损益的金融资产。但是,在将一项金融资产分类为上述三类中的某一类时,企业管理层需要在综合考虑金融资产的'合同现金流量特征'和'业务模式'的基础上作出判断,十分复杂,且具有一定的主观性。如果企业会计准则能够明确规定金融资产的分类方式而无须企业管理层判断和选择,会计操纵不就可以避免了吗?"G听了之后,感觉还真不那么容易简单明了地回答老张的问题,于是反过来问他:"当今社会,资本市场上交易的金融资产种类繁多,投资者和发行人就金融资产交易订立的合同条款十分复杂,金融资产的合同现金流量特征和业务模式也各不相同。这样的情况下,你觉得企业会计准则如何才能明确规定金融资产的分类方式呢?"老张听了,也觉得很难。

讨论至此,G总结说:"业务的复杂性,决定了需要企业管理层作出判断和选择;管理层进行判断和选择,就可能带有主观性。这就意味着现行的企业会计准则确实存在一定的局限性。但是,如果为了克服这些局限性,企业会计准则进行'一刀切'的规定,而不让企业管理层根据企业自身业务实际情况进行具体会计处理方式的判断和选择,那么就会带来更为严重的问题,即会计不能'如实'反映业务各具特点的企业的实际情况。"老张听了G的这番话之后感慨道:"原来是'两害相权取其轻'啊!"

7.1 投资概述

广义而言,投资包括对外投资和内部投资两大类。所谓对外投资,就是将资金投入其他单位,具体又包括直接投资和间接投资。直接投资是指直接将资金投入其他单位,从而取得该单位的股权或债权。间接投资是指通过购买其他单位发行的股票、债券等有价证券而形成的投资。为了叙述方便,我们把发生投资行为的公司称为投资公司(企业),把接受投资的公司称为被投资公司(企业)。所谓内部投资,就是将资金投入企业内部的生产经营活动,诸如添置生产设备等固定资产、购买专利技术等无形资产。

财务会计中讨论投资问题时使用的是投资的狭义概念,即对外投资。固定资产、无形资产等内部投资另有专门讨论。除非另有说明,本章所指的投资即为对外投资。

从一般意义上讲,企业资金首先并主要地用于满足本企业的生产经营需要。但是,现代企业往往会在满足生产经营需要的同时,进行一定的对外投资。企业对外投资的动机和目的多种多样。有的是为了将暂时闲置的现金用于投资,以获取比银行存款利率更高的回报,待生产经营业务发展需要补充资金时,再将投资出售变现用于生产经营周转。有的是为了长期获得比较高又相对稳定的投资收益,如保险公司收取大量保费,这些资金中的一部分就可以用于长期性的投资,如购买国家公债。有的则是为了获得对被投资公司的控制权,或能够对被投资公司的重大经营和财务决策施加影响,如一家炼油公司通过投资于一家采油公司而获得其控制权或能对其重大决策施加影响,就可以稳定和保障本公司生产所需原油的供应。

投资的分类方法主要有以下几种:

1. 按投资期限分类

按照投资期限,可以将投资划分为短期投资和长期投资两类。

(1) 短期投资

短期投资是指持有时间不准备超过一年的投资。短期投资的目的通常是利用暂时闲置的资金进行投资,谋取一定的收益。由于短期投资所用资金是暂时性闲置的,而非可以长期游离于生产经营之外的,因此,短期投资的对象必须是那些高度可流通,从而能够迅速变现的股票、债券等金融资产,或者其他可以根据合同按期变现的资产。

短期投资的持有期限通常不超过一年,指的是管理层的意图或动机,并不意味着投资的实际持有时间一定不足一年。也就是说,那些出于短期持有目的而购买的短期投资,即便实际持有时间超过了一年,在会计处理中仍将其反映为短期投资,除非管理层业已改变了投资意图。如果管理层改变了投资意图,则需要将短期投资转化为长期投资予以反映。

(2) 长期投资

长期投资是指不准备随时变现,持有时间在一年以上的投资。长期投资的意图不同于短期投资,不是为了资金的短期调度和利用,而往往是为了控制或影响被投资公司的重大决策,或者是为了获取长期的投资回报。

长期投资的持有时间在一年以上,同样是指管理层的意图或动机,并不意味着投资的实际持有时间一定超过一年。也就是说,那些出于长期持有目的而进行的投资,事后看实际持有时间不到一年就出售也是可能的。当然,如果管理层改变了投资意图,则需要将长期投资转化为短期投资予以反映。

2. 按投资品种(对象)分类

按照投资品种(对象),可以将投资划分为债权投资、股权投资和混合投资三类。

(1) 债权投资

债权投资是指公司通过购买其他主体发行的短期票据或债券等方式,取得其他主体的债权。其中,作为债权投资对象之一的债券,包括政府发行的公债、银行等金融机构发行的金融债和企业发行的公司债等。发生债权投资后,投资公司就成为被投资公司的债权人。

(2) 股权投资

股权投资是指公司通过在股票市场上购买其他主体发行的股票,在其他股权交易市场上购买其他主体的股权,以及单独或与其他主体联合地直接投资于某一独立法人企业而形成的投资。发生股权投资后,投资公司就成为被投资公司的股东。

(3) 混合投资

混合投资是指公司通过购买混合性证券等方式而形成的投资。混合性证券是指兼有债务性证券和权益性证券特性的证券,诸如可转换债券和优先股股票等。

可转换债券是一种特殊的债券,其区别于普通债券的基本特点是,该种债券的持有人可以按债券发行条款所规定的时间及转换价格,将所持有的债券转换为股票。购买可转换债券的投资首先是债权投资,但是,一旦转股,就成了股权投资。正因如此,我们才将其归于混合投资。

优先股股票与普通股股票的主要区别是,在被投资公司股息分派及清算财产分配中,该种股票的持有人较普通股股东具有顺序上的优先权。但是,优先股股息通常是事先规定的,这又使其类似于债券。因此,我们也将其归于混合投资。

3. 按投资期限及品种的混合分类

按照投资期限及品种,可以将投资划分为短期债权投资、短期股权投资、长期债权投资和长期股权投资四类。

4. 按现行企业会计准则的分类

按照我国现行企业会计准则,投资需要区分为金融资产和长期股权投资。根据《企业会计准则第22号——金融工具确认和计量》,金融资产是指企业持有的现金、其他方的权益工具以及符合下列条件之一的资产:① 从其他方收取现金或其他金融资产的合同权利;② 在潜在有利条件下,与其他方交换金融资产或金融负债的合同权利;③ 将来须用或可用企业自身权益工具进行结算的非衍生工具合同,且企业根据该合同将收到可变数量的自身权益工具;④ 将来须用或可用企业自身权益工具进行结算的衍生工具合同,但以固定数量的自身权益工具交换固定金额的现金或其他金融资产的衍生工具合同除外。

根据《企业会计准则第2号——长期股权投资》,长期股权投资是指投资方对被投资单位实施控制、重大影响的权益性投资,以及对其合营企业的权益性投资。

复习与思考 投资按现行企业会计准则的分类与其他几种分类方法有何异同?

7.2 金融资产

7.2.1 金融资产的分类与计量

2017年3月31日,财政部发布了经修订的包括《企业会计准则第22号——金融工具确认和计量》在内的三项金融工具会计准则。关于金融资产分类与计量,新准则(2017年版)较原准则(2006年版)最主要的变化有如下两个方面:

1. 金融资产分类由"四分类"改为"三分类"

原准则下,金融资产按照持有意图和目的分为四类:以公允价值计量且其变动计入当期损益的金融资产(fair value through profit and loss, FVTPL)、持有至到期投资、贷款和应收款项以及可供出售金融资产。新准则以企业持有金融资产的"业务模式"和"金融资产合同现金流量特征"作为金融资产分类的判断依据,将金融资产分为三类:以摊余成本计量的金融资产、以公允价值计量且其变动计入其他综合收益的金融资产(fair value through other comprehensive income, FVOCI)以及以公允价值计量且其变动计入当期损益的金融资产三类。新准则下金融资产分类与计量的判断规则如图7-1所示。

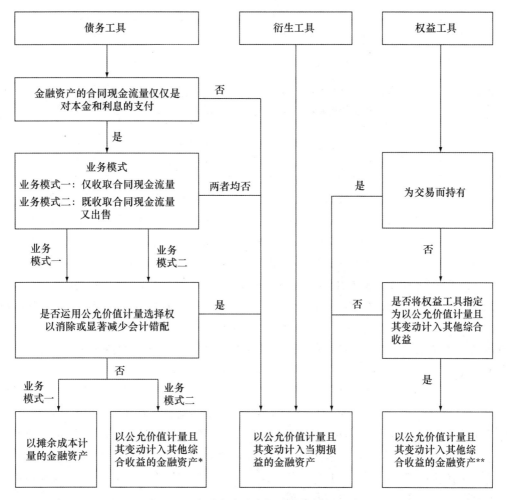

图 7-1 金融资产分类与计量的判断规则

注:* 只适用于债务工具,终止确认时,累计在其他综合收益的公允价值变动计入当期损益;
** 只适用于权益工具,终止确认时,累计在其他综合收益的公允价值变动不可计入当期损益。

2. 金融资产减值会计由已发生损失法改为预期信用损失法

原准则下,对于金融资产减值的会计处理采用的是已发生损失法,即只有在客观证据表明金融资产已经发生损失时,才对相关金融资产计提减值准备。新准则下,将金融资产减值会计处理由已发生损失法修改为预期信用损失法,要求考虑金融资产未来预期信用损失情况。已发生损失法和预期信用损失法的差异比较如表 7-1 所示。

表 7-1 已发生损失法和预期信用损失法的差异比较

事项	已发生损失法	预期信用损失法
损失估计依据	过去、当前信息	过去、当前以及前瞻性信息
实际利率的确定	基于初始账面净值与预期未来现金流量,不考虑未来信用损失	基于初始账面净值和扣除未来预期信用损失后的现金流量现值

(续表)

事项	已发生损失法	预期信用损失法
减值测试是否需要触发事件	需要	不需要
损失估计期间	已发生的损失识别期间	12个月(含)或整个存续期
减值准备	账面价值、未来现金流量现值之间的差额	利息收入、预期现金流量之间的差额
后续减值确认	再次出现客观减值迹象继续确认	重估预期信用损失
减值转回	触发事件	自动转回

原准则下的金融资产分类较为复杂,也存在一定的主观性,从而一定程度上影响了会计信息的可比性。新准则下的金融资产分类方法减少了金融资产类别,提高了分类的客观性和会计处理的一致性。金融资产减值会计处理采用预期信用损失法,能够更加及时、足额地计提金融资产减值准备,有助于更好地揭示和防控金融资产信用风险。

在金融资产会计核算过程中,企业一般应当设置"银行存款""贷款""应收账款""债权投资"等科目核算以摊余成本计量的金融资产;应当设置"其他债权投资""其他权益工具投资"科目核算以公允价值计量且其变动计入其他综合收益的金融资产;应当设置"交易性金融资产"科目核算以公允价值计量且其变动计入当期损益的金融资产,企业持有的直接指定为以公允价值计量且其变动计入当期损益的金融资产也在本科目核算。

新准则的积极意义主要表现在:第一,新准则下的金融资产分类突出了企业持有金融资产的"业务模式"和"金融资产合同现金流量特征",有助于推动企业在战略决策、业务管理和合同管理层面提升金融资产的精细化管理水平。第二,新准则要求基于过去、现在和前瞻性信息,按照预期信用损失法计提金融资产减值准备,有助于推动企业建立以信用数据和评价为基础的信用风险管理体系,提升应对信用风险事件和信用损失的能力。第三,新准则的实施需要业务部门、风险管理部门和财务部门的密切配合,对业务模式的判断可能使业务部门的业务流程发生变化,预期信用损失将对许多业务部门的经济实质产生重大影响。这些都将推动企业风险管理和会计工作的深度融合,全面提升企业的风险管理水平。第四,新准则要求企业充分披露信用风险等相关信息,有助于进一步提高信息披露的质量和金融市场的整体透明度,从而为监管部门强化金融监管、提升监管效能奠定坚实的基础。

7.2.2 金融资产的初始计量

按照我国《企业会计准则第22号——金融工具确认和计量》的规定,对于以常规方式购买金融资产的,企业应当在交易日确认将收到的资产和为此将承担的负债。以常规方式购买金融资产,是指企业按照合同规定购买金融资产,并且该合同条款规定,企业应当根据通常由法规或市场惯例所确定的时间安排来交付金融资产。

企业初始确认金融资产,应当按照公允价值①计量。对于以公允价值计量且其变动计入当期损益的金融资产,相关交易费用应当直接计入当期损益;对于其他类别的金融资产,相关交易费用应当计入初始确认金额。

交易费用,是指可直接归属于购买、发行或处置金融工具的增量费用。增量费用是指企业没有发生购买、发行或处置相关金融工具的情形就不会发生的费用,包括支付给代理机构、咨询公司、券商、证券交易所、政府有关部门等的手续费、佣金、相关税费以及其他必要支出,不包括债券溢价、折价、融资费用、内部管理成本和持有成本等与交易不直接相关的费用。

1. 购入不含股利或利息的有价证券

企业购入的有价证券,如果不含有已宣告发放但尚未支付的股利或利息,那么购入时所支付的价款(对于以公允价值计量且其变动计入当期损益的金融资产,需要扣除交易费用,下同),就完全属于投资成本。这时,企业在购入有价证券时,就可以按实际投资成本确认和计量金融资产,即借记"债权投资""其他债权投资"或"交易性金融资产"科目,贷记"银行存款"科目。

例7-1 H公司于2022年2月25日用暂时闲置的资金购入J公司股票50 000股,每股价格20元,共计1 000 000元,另支付手续费5 000元。假设H公司管理层是为交易而持有J公司股票,或者虽非为交易而持有J公司股票,但不考虑将权益工具指定为以公允价值计量且其变动计入其他综合收益的金融资产,那么,对J公司股票的投资就应该确认为以公允价值计量且其变动计入当期损益的金融资产。

该笔业务应编制的会计分录如下:

借:交易性金融资产　　　　　　　　　　　　　　　　1 000 000
　　投资收益　　　　　　　　　　　　　　　　　　　　　5 000
　　贷:银行存款　　　　　　　　　　　　　　　　　　1 005 000

2. 购入含有股利的股票

购入有价证券时,如果支付的价款中包含已宣告分派但尚未支付的股利,则应将购入有价证券所支付的价款中包含的应收股利从有价证券购入成本中扣除,单独反映为"应收股利"。

例7-2 假设例7-1中H公司于2022年2月25日购入J公司股票之前,J公司已于该年2月20日宣布发放现金股利,每股0.10元,并定于该年3月10日起按3月1日的股东名册支付。又假设H公司已于3月1日之前办妥了股东过户手续。那么,H公司就可以在3月10日之后取得J公司支付的股利5 000元。在这种情况下,H公司就应该按实际取得成本(即支付的全部价款扣除应收股利后的金额)借记"交易性金融资产"科目,按应收取的股利借记"应收股利"科目,按支付的手续费借记"投资收益"科目,按所支付的全部价款贷记"银行存款"科目。

---

① 公允价值,是指在公平交易中,熟悉情况的交易双方自愿进行资产交换或者债务清偿的金额。在公平交易中,交易双方应当是持续经营企业,不打算或不需要进行清算、对经营规模进行重大缩减,或在不利条件下仍进行交易。存在活跃市场的金融资产或金融负债,活跃市场中的报价应当用于确定其公允价值。活跃市场中的报价是指易于定期从交易所、经纪商、行业协会、定价服务机构等处获得的价格,且代表了在公平交易中实际发生的市场交易的价格。金融工具不存在活跃市场的,企业应当采用估值技术确定其公允价值。估值技术包括参考熟悉情况并自愿交易的各方最近进行的市场交易中使用的价格、参照实质上相同的其他金融工具的当前公允价值、现金流量折现法和期权定价模型等。初始取得或原生的金融资产或承担的金融负债,应当以市场交易价格作为确定其公允价值的基础。

该笔业务应编制的会计分录如下：

借：交易性金融资产	995 000
应收股利	5 000
投资收益	5 000
贷：银行存款	1 005 000

3. 购入含有利息的债券

如果债券购买发生在前后两个利息支付日之间，则所购入的债券就含有从上一个利息支付日到购买日之间的应计利息。在这种情况下，债券购买所支付的金额中就包含了应计利息。也就是说，企业购买债券的同时，连带购买了应收利息。因此，企业为得到该项应收利息而支付的价款，不应混同于债券购入成本。企业应将为取得债券本身所需支付的价款计入投资成本，同时将应计利息记入"应收利息"科目；当实际收到该笔利息时，贷记"应收利息"科目，同时贷记"投资收益（利息收入）"科目。

例 7-3 2022 年 4 月 1 日，F 公司以 520 000 元的价格买入 G 公司于同年 1 月 1 日发行、票面利率为 4%、面值为 500 000 元的公司债券，债券期限 5 年，利息支付日为每年 1 月 1 日和 7 月 1 日。价款已由银行存款支付。假设 F 公司购买 G 公司债券属于业务模式二，即既收取合同现金流量又出售。

本例中，F 公司购入债券所含有的应计利息为 5 000 元（500 000 × 4% × 3/12），因此，该批债券的实际购入成本应该为 515 000 元（520 000 – 5 000）。那么，F 公司 2022 年 4 月 1 日应编制的会计分录如下：

借：其他债权投资	515 000
应收利息	5 000
贷：银行存款	520 000

2022 年 7 月 1 日，F 公司收到 1—6 月债券利息 10 000 元时，应编制的会计分录如下：

借：银行存款	10 000
贷：应收利息	5 000
投资收益（利息收入）	5 000

7.2.3　金融资产的后续计量（投资收益）

1. 债券投资收益

由于债券利率通常是固定的，因此债券投资在一年（或半年）内所取得的利息收益就是债券面值与债券年利率（或半年利率）的乘积。在收到利息时，借记"银行存款"科目，贷记"投资收益（利息收入）"科目。

上述会计处理方法适用于债券按面值购入的情况。债券购入价格也可能高于或低于面值，购入价格高于债券面值的部分称为溢价，购入价格低于债券面值的部分称为折价。导致溢价或折价产生的根本原因在于债券票面利率和债券购买日（发行日）市场利率之间的差异。

如果票面利率高于现行市场利率,那么投资者就愿意付出比债券面值更高的价格(即溢价)购买债券,以获得更多的未来利息收入;如果现行市场利率高于票面利率,那么投资者就会以低于债券面值的价格(即折价)购买债券,以事先弥补票面利率低于市场利率导致的未来利息损失。从本质上看,债券溢价或折价其实是对票面利率与实际利率(即现行市场利率)差异的一种抵销。

如果债券购入价格高于或低于债券面值,并且投资公司拟将其持有至到期,或者说没有出售债券的动机,那么就需要通过摊销溢价或折价,对利息收入和投资成本进行调整,以确保以摊余成本计量的金融资产在到期日的账面价值等于债券面值。以公允价值计量且其变动计入当期损益的金融资产和以公允价值计量且其变动计入其他综合收益的金融资产,理论上也可以摊销溢价或折价,但是,既然该类金融资产交易频繁,进行溢价或折价摊销事实上就没有什么必要了。我国企业会计准则要求对以摊余成本计量的金融资产的债券投资溢价或折价进行摊销,而对以公允价值计量且其变动计入当期损益的金融资产和以公允价值计量且其变动计入其他综合收益的金融资产的债券投资,按公允价值进行后续计量,无须对溢价或折价进行摊销。

例7-4 2022年1月1日,S公司购入T公司发行的总面值为100 000元的债券,票面利率为4%(每年年末付息一次),市场利率为5%,到期日为2027年1月1日。S公司实际购入该批债券的价格(即T公司的发行价格)为95 668元①,另支付手续费1 500元,款已以银行存款支付。

(1) 如果作为以公允价值计量且其变动计入其他综合收益的金融资产购入,则S公司购入该批债券时应编制的会计分录为:

借:其他债权投资 97 168
 贷:银行存款 97 168

S公司在每年年末收到利息时,就按实际收到的利息数,借记"银行存款"科目,贷记"投资收益"科目,即:

借:银行存款 4 000
 贷:投资收益 4 000

(2) 如果作为以摊余成本计量的金融资产购入,则S公司购入该批债券时应编制的会计分录为:

借:债权投资——T公司债券投资——面值 100 000
  债权投资——T公司债券投资——其他成本 1 500
 贷:债权投资——T公司债券投资——利息调整 4 332
  银行存款 97 168

---

① 债券购入价格(发行价格)= 债券面值(即到期值)的现值 + 债券利息的现值。本例中,有关计算如下:
  面值的现值:$100\,000 \times (P,5,5\%) = 100\,000 \times 0.7835 = 78\,350$(元)
  利息的现值:$100\,000 \times 4\% \times (P/A,5,5\%) = 4\,000 \times 4.3295 = 17\,318$(元)
  债券购入价格(发行价格):$78\,350 + 17\,318 = 95\,668$(元)
$(P,5,5\%)$表示5年期、利率为5%的复利现值系数;$(P/A,5,5\%)$表示5年期、利率为5%的年金现值系数。

S公司在每年年末收到利息时,就需要按实际收到的利息(也称名义利息或票面利息)借记"银行存款"科目,按应摊销的折价数借记"债权投资——T公司债券投资——利息调整"科目,按两者之差贷记"投资收益(利息收入)"科目。也就是说,作为以摊余成本计量的金融资产购入的债券,投资收益不能按名义利息反映,而应该按以折价(或溢价)调整名义利息而得到的实际利息反映。本例中,折价摊销①的计算如表7-2所示。

表7-2　S公司债券投资的折价摊销　　　　　　　　　　　　单位:元

期次	(1) 期初账面价值	(2) 投资收益= (1)×5%	(3) 票面利息= (面值×4%)	(4) 折价摊销= (2)-(3)	(5) 债券面值	(6) 期末未摊销折价= 期初(6)-(4)	(7) 期末账面价值= (1)+(4)
01/01/2022	95 668				100 000	4 332	
12/31/2022	95 668	4 783	4 000	783	100 000	3 549	96 451
12/31/2023	96 451	4 823	4 000	823	100 000	2 726	97 274
12/31/2024	97 274	4 864	4 000	864	100 000	1 862	98 138
12/31/2025	98 138	4 907	4 000	907	100 000	955	99 045
12/31/2026	99 045	4 955*	4 000	955	100 000	0	100 000

注:* 99 045×5%=4 952.25。由于2025年年末有未摊销折价955元,该笔未摊销折价必须在最后一年即2026年全部摊销完毕,因此,2026年的投资收益就近似地取4 955元(4 000+955)。2.75元(4 955-4 952.25)的误差,是前面各年度有关数据计算中四舍五入导致的。

2022年12月31日收到第一期利息时,S公司应编制的会计分录如下:

借:债权投资——T公司债券投资——利息调整　　　　　　　783
　　银行存款　　　　　　　　　　　　　　　　　　　　4 000
　贷:投资收益(利息收入)　　　　　　　　　　　　　　　　4 783

以后各年反映利息收入和债券投资折价摊销的会计分录同上。唯一的差异是具体数额逐年有所变化。如表7-2所示,在采用实际利率法进行折价摊销和投资收益计算时,各年的折价摊销和投资收益随时间而逐年增加,这是因为实际利率是不变的,但债券投资的期初账面价值是随折价摊销而逐年增大的,所以期初账面价值乘以实际利率得到的结果(即当年应反映的投资收益)就自然呈逐年增大的趋势。与此相反,如果债券是溢价购入的话,那么由于期初账面价值会随溢价摊销而逐年减少,因此期初账面价值乘以实际利率得到的结果(即当年应反映的投资收益)也就会呈逐年下降的趋势。

作为以公允价值计量且其变动计入其他综合收益的金融资产购入的债券,应在资产负债表日以其公允价值与摊余成本之差为公允价值变动,计入其他综合收益,同时将账面价值从摊余成本调整到公允价值。

---

① 债券折价或溢价摊销的方法有直线法和实际利率法两种。直线法也称平均摊销法,即将债券发行溢价或折价在债券期限内平均分摊。实际利率法是指用实际利率(市场利率)乘以债券投资的期初账面价值来计算各期的投资收益(实际利息收入),然后以实际利息减去票面利息得出各期应摊销的折价或溢价。我国企业会计准则要求以摊余成本计量的金融资产的折价或溢价摊销采用实际利率法。表7-2中采用的即是实际利率法。

复习与思考 债券溢价或折价摊销采用实际利率法比采用直线法有什么优势?

2. 权益性证券投资收益

权益性证券投资,有可能属于以公允价值计量且其变动计入当期损益的金融资产或者以公允价值计量且其变动计入其他综合收益的金融资产,也可能属于长期股权投资。如果购买某一公司发行的权益性证券之后,投资方对被投资方既不存在控制关系,也不具有重大影响,并且在活跃市场中有报价、公允价值能够可靠计量,那么该项权益性证券投资就应被划分为以公允价值计量且其变动计入当期损益的金融资产或者以公允价值计量且其变动计入其他综合收益的金融资产。

如果购买权益性证券的投资属于以公允价值计量且其变动计入当期损益的金融资产或者以公允价值计量且其变动计入其他综合收益的金融资产,只有在同时满足三个条件时,才能确认股利收入并计入当期损益,即借记"银行存款"或"应收股利"科目,贷记"投资收益"科目。需要同时满足的三个条件是:① 企业收取股利的条件已经确立;② 与股利相关的经济利益很可能流入企业;③ 股利的金额能够可靠计量。如果被投资方实现了利润,但并没有宣布分派,那么投资方就不能反映投资收益,尽管理论上讲被投资方实现利润中相当于投资方持股比例的部分属于投资方的投资收益。企业会计准则之所以这样规定,其理由主要是:第一,作为以公允价值计量且其变动计入当期损益的金融资产或者以公允价值计量且其变动计入其他综合收益的金融资产,投资方对被投资方的利润分派决策没有重大影响,故投资方将来未必能得到这些当前未宣告分派的利润;第二,以公允价值计量且其变动计入当期损益的金融资产或者以公允价值计量且其变动计入其他综合收益的金融资产业已按公允价值计量,故不反映被投资方未宣告分派的利润并不妨碍金融资产价值的恰当反映。

例 7-5 沿用例 7-1 的相关数据,假设 J 公司于 2022 年 3 月 1 日发布的 2021 年度财务报告显示,2021 年度实现净利润 100 万元。又知 H 公司持有的 J 公司股票占 J 公司发行在外股份的 1%。这就意味着,H 公司理论上享有 J 公司 2021 年度实现利润 100 万元中的 1%,即 10 000 元。但是,H 公司的会计账面上将对此不做任何反映,原因就在于 H 公司持有 J 公司股票,属于以公允价值计量且其变动计入当期损益的金融资产或者以公允价值计量且其变动计入其他综合收益的金融资产,而非长期股权投资。只有当 J 公司宣布分派红利时,H 公司才能反映投资收益。例如,假设 J 公司于 2022 年 4 月 1 日宣布分派每股 0.10 元的现金股利,那么,H 公司将获得现金股利 5 000 元 (50 000 × 0.10)。这时,H 公司就应编制如下会计分录:

借:应收股利　　　　　　　　　　　　　　　　　　　　　　5 000
　　贷:投资收益　　　　　　　　　　　　　　　　　　　　　　5 000

当实际收到上述股利时,再编制如下会计分录:

借:银行存款　　　　　　　　　　　　　　　　　　　　　　5 000
　　贷:应收股利　　　　　　　　　　　　　　　　　　　　　　5 000

作为长期股权投资持有的权益性证券投资,其投资收益确认的会计处理方法将在本章第 3 节中进行介绍。

7.2.4　金融资产的后续计量(公允价值调整与减值)

1. 金融资产公允价值调整

前面图 7-1 已经列明了各类金融资产是否需要根据公允价值变化进行账面调整。由图 7-1 可知,以公允价值计量且其变动计入当期损益的金融资产和以公允价值计量且其变动计入其他综合收益的金融资产,需要按公允价值披露,故每当会计期末就需要按公允价值变化进行账面调整;以摊余成本计量的金融资产则按摊余成本披露,无须按公允价值变化进行账面调整。下面,我们通过举例来说明公允价值变化时的金融资产后续计量及其会计处理。

例 7-6　M 公司于 2022 年 4 月 15 日购买了三种不同的金融资产,相关信息如表 7-3 所示。

表 7-3　三种金融资产信息　　　　　　　　　　　　　　　　　　　单位:元

证券名称	金融资产类别	购入成本	2022 年 12 月 31 日公允价值
A	以公允价值计量且其变动计入当期损益的金融资产	85 000	80 000
B	以公允价值计量且其变动计入其他综合收益的金融资产	68 000	71 000
C	以摊余成本计量的金融资产	50 000*	49 000

注:* 证券 C 按面值购入。如果证券 C 不是按面值购入,而是折价或溢价购入,就需要计算考虑本期折价或溢价摊销后的账面成本,即摊余成本。

上述金融资产购入时,即 2022 年 4 月 15 日,M 公司应编制的会计分录如下:

借:交易性金融资产　　　　　　　　　　　　　　　　　　85 000
　　其他债权投资(或其他权益工具投资)　　　　　　　　68 000
　　债权投资　　　　　　　　　　　　　　　　　　　　　50 000
　贷:银行存款　　　　　　　　　　　　　　　　　　　　　203 000

2022 年 12 月 31 日,即会计年度结束时,为了在年度财务报表中恰当反映金融资产的价值和当期损益情况,就需要对以公允价值计量且其变动计入当期损益的金融资产和以公允价值计量且其变动计入其他综合收益的金融资产的公允价值变化进行调整。本例中,以公允价值计量且其变动计入当期损益的金融资产的期末公允价值比购入成本低了 5 000 元,而以公允价值计量且其变动计入其他综合收益的金融资产的期末公允价值则比购入成本高了 3 000 元。

对于以公允价值计量且其变动计入当期损益的金融资产的公允价值变化,需要一方面反映损益的变化,另一方面相应地反映以公允价值计量且其变动计入当期损益的金融资产的价值变化。由于以公允价值计量且其变动计入当期损益的金融资产并未真正出售,因此这种因公允价值上升或下降而引起的损益属于"未实现损益",故应该借记(若为损失)或贷记(若为收益)"公允价值变动损益(交易性金融资产)"科目。同时,为了使"交易性金融资产(成本)"科目保持历史成本记录,以公允价值计量且其变动计入当期损益的金融资产的公允价值变化,不能直接在"交易性金融资产(成本)"科目进行反映,而是需要为"交易性金融资产(成本)"科目设置一个调整科目,可称为"交易性金融资产(公允价值变动)"科目,即贷记(若为损失)或借记(若为收益)"交易性金融资产(公允价值变动)"科目。本例中,以公允价值计量且其变动计入当期损益的金融资产的公允价值下降了5 000元,故应该编制如下会计分录:

借:公允价值变动损益(交易性金融资产)　　　　　　　　　5 000
　　贷:交易性金融资产(公允价值变动)　　　　　　　　　　　　　5 000

"交易性金融资产(公允价值变动)"账户贷方余额5 000元,将体现为资产负债表上"交易性金融资产"项目的金额减少5 000元。也就是说,在M公司2022年12月31日的资产负债表上,"交易性金融资产"项目的金额将表达为80 000元(85 000 – 5 000),或者也可以具体表达如表7-4所示。

表7-4　以公允价值计量且其变动计入当期损益的金融资产在资产负债表上的披露

M公司资产负债表(节选)

2022年12月31日　　　　　　　　　　　　　　　　　　　　单位:元

现金		50 000
交易性金融资产(成本)	85 000	
减:交易性金融资产(公允价值变动)	(5 000)	80 000
存货		120 000
流动资产合计		250 000

以公允价值计量且其变动计入其他综合收益的金融资产的公允价值调整,与上述以公允价值计量且其变动计入当期损益的金融资产公允价值调整的会计处理方法基本相似。唯一的不同是,对于以公允价值计量且其变动计入其他综合收益的金融资产,公允价值变动引起的未实现损益不构成本期净利润,而是计入其他综合收益。[①] 在本例中,M公司2022年12月31日以公允价值计量且其变动计入其他综合收益的金融资产的公允价值上升至71 000元,即增加了3 000元。为此,M公司应编制如下会计分录:

借:其他债权投资(或其他权益工具投资)(公允价值变动)　　3 000
　　贷:其他综合收益　　　　　　　　　　　　　　　　　　　　　　3 000

这表明,M公司2022年12月31日的资产和其他综合收益同时增加了3 000元。以公允价值计量且其变动计入其他综合收益的金融资产在资产负债表上的披露方式,与以公允价值计量且其变动计入当期损益的金融资产的披露方式类似。

---

① 虽然计入其他综合收益的公允价值变动损益也要在利润表中列示为"其他综合收益",从而构成"综合收益总额"的一部分,但是它并不构成"利润总额"和"净利润"的一部分。而交易性金融资产公允价值变动损益直接构成"利润总额"和"净利润"的一部分。

2. 金融资产减值

根据我国《企业会计准则第22号——金融工具确认和计量》，企业应以预期信用损失为基础，对以摊余成本计量的金融资产和以公允价值计量且其变动计入其他综合收益的金融资产，进行减值会计处理并确认损失准备。预期信用损失，是指以发生违约的风险为权重的金融工具信用损失的加权平均值。信用损失，是指企业按照原实际利率折现的、根据合同应收的所有合同现金流量与预期收取的所有现金流量之间的差额，即全部现金短缺的现值。其中，对于企业购买或源生的已发生信用减值的金融资产，应按照该金融资产经信用调整的实际利率折现。由于预期信用损失考虑付款的金额和时间分布，因此即使企业预计可以全额收款但收款时间晚于合同规定的到期期限，也会产生信用损失。

以摊余成本计量的金融资产发生减值时，减记的金额确认为信用减值损失，计入当期损益，即借记"信用减值损失——债权投资"科目，贷记"债权投资减值准备"科目。

根据例7-6中提供的数据，以摊余成本计量的金融资产减值1 000元，则M公司应编制如下会计分录：

借：信用减值损失——债权投资　　　　　　　　　　　　1 000
　　贷：债权投资减值准备　　　　　　　　　　　　　　　　　1 000

会计期末，"信用减值损失"科目余额构成净利润的内容之一。"债权投资减值准备"科目余额则作为"债权投资"科目余额的一个抵减项目，使得资产负债表上反映的"债权投资"披露为摊余成本扣除减值准备后的差额。

以摊余成本计量的金融资产发生减值转回时，借记"债权投资减值准备"科目，贷记"信用减值损失——债权投资"科目。

对于分类为以公允价值计量且其变动计入其他综合收益的金融资产，企业应当在其他综合收益中确认其损失准备，并将减值损失或利得计入当期损益，且不应减少该金融资产在资产负债表中列示的账面价值。

7.2.5　金融资产出售（终止确认）

金融资产出售会计处理的基本要求是：一方面注销金融资产的账面余额，另一方面反映因出售金融资产而收到的现金；所注销的金融资产账面余额与出售金融资产所收到的现金之间的差异，反映为金融资产出售损益。按溢价或折价购入的以摊余成本计量的金融资产，其出售时的账面价值为摊余成本。

例7-7　W公司于2022年10月15日购入以公允价值计量且其变动计入当期损益的金融资产，购入成本为15 000元。2022年12月31日，其市场价值上升到16 000元，已于该日借记"交易性金融资产（公允价值变动）"科目1 000元，相应贷记"公允价值变动损益（交易性金融资产）"科目1 000元。2023年1月26日，W公司将该项金融资产出售，售价为14 500元。

该项金融资产出售时,W公司应编制如下两笔会计分录:

(1) 借:银行存款　　　　　　　　　　　　　　　　　　　　14 500
　　　　投资收益　　　　　　　　　　　　　　　　　　　　1 500
　　　贷:交易性金融资产(成本)　　　　　　　　　　　　　15 000
　　　　　交易性金融资产(公允价值变动)　　　　　　　　1 000
(2) 借:公允价值变动损益(交易性金融资产)　　　　　　　1 000
　　　贷:投资收益　　　　　　　　　　　　　　　　　　　1 000

以上第(1)笔会计分录反映了交易性金融资产的初始成本及公允价值变动的注销和银行存款的增加,同时将两者之间的差异(本例中,售价小于初始成本及公允价值变动之和)反映为投资收益的减少。事实上,"投资收益"反映的金额,只是取决于投资的实际出售价格和购入成本,而与其持有期间公允价值变动无关。本例中,交易性金融资产持有期间公允价值变动产生的会计影响是:购入年度末,反映了因公允价值上升而形成的交易性金融资产公允价值变动收益和交易性金融资产(公允价值变动)的增加,从而使得该年末资产负债表上反映的交易性金融资产净值增加了1 000元,以及利润表上反映的公允价值变动收益(从而净利润)增加了1 000元;而在出售年度,则将以往年度反映的交易性金融资产"公允价值变动收益"转入"投资收益"。

分类为以公允价值计量且其变动计入其他综合收益的金融资产(即其他债权投资)出售时,之前计入其他综合收益的累计利得或损失,应当从其他综合收益中转出,计入当期损益。指定为以公允价值计量且其变动计入其他综合收益的非交易性权益工具投资出售时,之前计入其他综合收益的累计利得或损失,应当从其他综合收益中转出,但不得转入当期损益,而是应该转入留存收益。

下面再举例说明以摊余成本计量的金融资产出售的会计处理。

例7-8　沿用例7-4提供的资料,再假设S公司于2023年4月1日出售其持有的T公司发行的总面值为100 000元的债券,售价为98 500元。

为了反映该项投资出售业务,首先就需要计算该项投资在出售日的账面价值。由表7-2可以看到,2022年12月31日,该项投资的账面价值为96 451元。2023年1—3月,该项投资应摊销的折价为206元(96 451×5%×3/12 - 100 000×4%×3/12)。那么,该项投资在出售日的账面价值为96 657元(96 451 + 206);未摊销折价为3 343元(3 549 - 206)。S公司应编制如下会计分录:

借:应收利息　　　　　　　　　　　　　　　　　　　　　1 000
　　债权投资——T公司债券投资——利息调整　　　　　206
　贷:投资收益(利息收入)　　　　　　　　　　　　　　　1 206
同时,
借:银行存款　　　　　　　　　　　　　　　　　　　　　98 500
　　债权投资——T公司债券投资——利息调整　　　　　3 343
　贷:债权投资——T公司债券投资——面值　　　　　　100 000
　　　债权投资——T公司债券投资——其他成本　　　　1 500

投资收益　　　　　　　　　　　　　　　　　　　　　　　　　　343

以上第一笔分录反映了2023年1—3月的应计利息,以及相应的折价摊销和利息收入确认。第二笔分录则反映了对所出售债权投资账面价值(面值与未摊销折价之差、其他成本即买入时支付的手续费)的注销,以及出售债权投资所形成的损益(售价与账面价值之差)。

7.2.6　金融资产的重分类

1. 金融资产重分类的原则

企业管理层改变其管理金融资产的业务模式时,就应当对相关金融资产按准则规定进行重分类,即在以摊余成本计量、以公允价值计量且其变动计入其他综合收益和以公允价值计量且其变动计入当期损益之间进行重分类。

企业对金融资产进行重分类时,应当自重分类日起采用未来适用法进行相关会计处理,不得对之前已经确认的利得、损失(包括减值损失或利得)或利息进行追溯调整。重分类日是指导致重分类的管理金融资产的业务模式发生改变后的首个报告期间的第一天。

2. 金融资产重分类的计量

(1) 以摊余成本计量的金融资产的重分类

企业将以摊余成本计量的金融资产重分类为以公允价值计量且其变动计入当期损益的金融资产时,应当按照金融资产在重分类日的公允价值进行计量。原账面价值与公允价值之间的差额计入当期损益。

企业将以摊余成本计量的金融资产重分类为以公允价值计量且其变动计入其他综合收益的金融资产时,应当按照金融资产在重分类日的公允价值进行计量。原账面价值与公允价值之间的差额计入其他综合收益。该金融资产重分类不影响其实际利率和预期信用损失的计量。

(2) 以公允价值计量且其变动计入其他综合收益的金融资产的重分类

企业将以公允价值计量且其变动计入其他综合收益的金融资产重分类为以摊余成本计量的金融资产时,应当将之前计入其他综合收益的累计利得或损失转出,调整该金融资产在重分类日的公允价值,并以调整后的金额作为新的账面价值,即视同该金融资产一直以摊余成本计量。该金融资产重分类不影响其实际利率和预期信用损失的计量。

企业将以公允价值计量且其变动计入其他综合收益的金融资产重分类为以公允价值计量且其变动计入当期损益的金融资产时,应当继续以公允价值计量该金融资产。同时,应当将之前计入其他综合收益的累计利得或损失从其他综合收益转入当期损益。

(3) 以公允价值计量且其变动计入当期损益的金融资产的重分类

企业将以公允价值计量且其变动计入当期损益的金融资产重分类为以摊余成本计量的金融资产时,应当以其在重分类日的公允价值作为新的账面价值。

企业将以公允价值计量且其变动计入当期损益的金融资产重分类为以公允价值计量且其变动计入其他综合收益的金融资产时,应当继续以公允价值计量该金融资产。

对以公允价值计量且其变动计入当期损益的金融资产进行重分类的,应当根据该金融资产在重分类日的公允价值确定其实际利率。同时,企业应当自重分类日起对该金融资产使用金融资产减值的相关规定,并将重分类日作为初始确认日。

7.3 长期股权投资

长期股权投资,是指投资方对被投资单位实施控制、重大影响的权益性投资,以及对其合营企业的权益性投资。其中,控制,是指投资方拥有对被投资方的权力,通过参与被投资方的相关活动而享有可变回报,并且有能力运用对被投资方的权力影响其回报金额。重大影响,是指投资方对被投资单位的财务和经营政策有参与决策的权力,但并不能控制或者与其他方一起共同控制这些政策的制定。合营企业,是指合营方仅对该安排的净资产享有权利的合营安排①。

7.3.1 长期股权投资的确认与初始计量

长期股权投资的取得方式可以划分为两大类:一类是通过企业合并取得的长期股权投资,另一类是通过企业合并以外的其他方式取得的长期股权投资。②

企业合并包括两种情形,即同一控制下的企业合并和非同一控制下的企业合并。所谓同一控制下的企业合并,是指参与合并的企业在合并前后均受同一方或相同的多方最终控制且该控制并非暂时性的。参与合并的各方在合并前后不受同一方或相同的多方最终控制的,为非同一控制下的企业合并。在非同一控制下的企业合并中,于购买日取得对其他参与合并企业控制权的一方被称为购买方,参与合并的其他企业则被称为被购买方。

在同一控制下的企业合并中,合并方以支付现金、转让非现金资产或承担债务方式作为合并对价的,应当在合并日按照取得被合并方所有者权益账面价值的份额作为长期股权投资的初始投资成本。长期股权投资的初始投资成本与支付的现金、转让的非现金资产以及所承担债务账面价值之间的差额,应当调整资本公积;资本公积不足冲减的,调整留存收益。合并方以发行权益性证券作为合并对价的,应当在合并日按照取得被合并方所有者权益账面价值的份额作为长期股权投资的初始投资成本。按照发行股份的面值总额作为股本,长期股权投资的初始投资成本与所发行股份面值总额之间的差额,应当调整资本公积;资本公积不足冲减的,调整留存收益。

---

① 合营安排,是指一项由两个或两个以上的参与方共同控制的安排。合营安排具有下列特征:(1)各参与方均受到该安排的约束;(2)两个或两个以上的参与方对该安排实施共同控制。任何一个参与方都不能单独控制该安排,对该安排具有共同控制的任何一个参与方均能够阻止其他参与方或参与方组合单独控制该安排。

② 企业合并的会计处理,将在第14章"企业合并与合并财务报表"中具体介绍。本章涉及企业合并问题,主要是为了说明长期股权投资初始投资成本的确认和计量。

例7-9 2022年3月31日,A公司向同一集团内D公司的原股东定向增发1 000万股普通股(每股面值为1元,市价为11元),取得D公司100%的股权,并于当日起能够对D公司实施控制。合并后D公司仍保持其独立法人资格继续经营。合并日,D公司账面所有者权益总额为7 600万元。

合并日,A公司应编制如下会计分录:

借:长期股权投资	76 000 000
贷:股本	10 000 000
资本公积	66 000 000

在非同一控制下的企业合并中形成的长期股权投资的初始投资成本,就是购买方所发生的合并成本。合并成本依下列情况加以确定:① 一次交换交易实现的企业合并,合并成本为购买方在购买日为取得对被购买方的控制权而付出的资产、发生或承担的负债以及发行的权益性证券的公允价值;② 通过多次交换交易分步实现的企业合并,合并成本为每一单项交易成本之和;③ 在合并合同或协议中对可能影响合并成本的未来事项作出约定的,购买日如果估计未来事项很可能发生并且对合并成本的影响金额能够可靠计量的,购买方应当将其计入合并成本。合并方为企业合并发生的审计、法律服务、评估咨询等中介费用以及其他相关管理费用,应当于发生时计入当期损益。

通过企业合并以外的其他方式取得的长期股权投资,其初始投资成本的确定依据为:① 以支付现金取得的长期股权投资,应当按照实际支付的购买价款作为初始投资成本,初始投资成本包括与取得长期股权投资直接相关的费用、税金及其他必要支出;② 以发行权益性证券取得的长期股权投资,应当按照所发行的权益性证券的公允价值作为初始投资成本;③ 通过非货币性资产交换取得的长期股权投资,应当以非货币性资产公允价值和应支付的相关税费作为初始投资成本;④ 通过债务重组取得的长期股权投资,债权人应当将享有股份的公允价值确认为对债务人的投资。在取得长期股权投资时,应当根据如上确定的初始投资成本,借记"长期股权投资"科目,贷记"银行存款"等科目。

例7-10 2022年5月21日,M公司以现金400 000元购入L公司25%的股权,另支付中介机构佣金10 000元。

M公司在取得对L公司的长期股权投资时,应编制如下会计分录:

借:长期股权投资——L公司	410 000
贷:银行存款	410 000

本例中,如果M公司是以一项账面原值为500 000元、已提折旧150 000元、公允价值为400 000元的固定资产交换L公司25%的股权,另支付中介机构佣金10 000元,则应编制的会计分录如下:

借:长期股权投资——L公司	410 000
累计折旧	150 000
贷:固定资产	500 000
银行存款	10 000
资产处置损益	50 000

7.3.2 长期股权投资的后续计量:成本法与权益法

根据长期股权投资的目的及在被投资企业股权中所占比例的不同,长期股权投资可以划分为三种情形,即消极投资、少数积极投资和多数积极投资。

所谓消极投资,是指投资方购买被投资企业股票的目的,只是获取投资收益,包括股利收益和资本利得,而无意对被投资企业的经营和财务决策实施控制或施加重要影响。根据惯例,当持股比例小于20%时,该项长期股权投资就被认为是消极投资。

所谓少数积极投资,是指投资方以实现对被投资企业的经营和财务决策施加重要影响为目的而购买被投资企业的股权。根据惯例,当持股比例达到或超过20%但又不足50%时,该项长期股权投资就被认为是少数积极投资。

所谓多数积极投资,是指投资方以对被投资企业的经营和财务决策实施控制为目的而购买被投资企业的股权。根据惯例,当持股比例达到或超过50%时,该项长期股权投资就被认为是多数积极投资。

事实上,持股比例并非区分消极投资与积极投资所依据的绝对标准,更重要的是看投资方是否真正能够对被投资企业的经营和财务决策"施加重要影响"或"实施控制"。有时持股比例虽不足20%,但投资方也可能对被投资企业的经营和财务决策施加重要影响,如在被投资企业的股权高度分散的情况下,即便是小于20%的持股比例,也可能是位居前列的较大股东,从而在被投资企业的经营和财务决策中有着重要影响。

长期股权投资的后续计量方法有两种,即成本法和权益法。

所谓成本法,是指长期股权投资始终以投资成本反映,而不反映投资形成之后被投资企业已实现但未分配的收益或已发生的损失。只有当被投资企业实际分配利润时,才将分配到的利润反映为"投资收益"。成本法适用于投资企业对被投资企业实施控制的长期股权投资,以及投资企业对被投资企业不具有共同控制或重大影响,并且在活跃市场中没有报价、公允价值不能可靠计量的长期股权投资。

所谓权益法,是指在投资形成时,长期股权投资以投资成本反映;投资企业取得长期股权投资后,应当按照应分享或应分担的被投资企业净损益的份额,确认投资损益并调整长期股权投资的账面价值;被投资企业实际分配利润时,投资企业按照应分得的数额调减长期股权投资的账面价值。权益法适用于投资企业对被投资企业具有共同控制或重大影响的长期股权投资。

例 7-11 假设 P 公司于 2022 年 1 月 1 日分别购买甲、乙两家公司的股权作为长期股权投资。购买甲公司 10% 股权的投资成本为 5 000 万元,对甲公司的经营和财务决策不能施加重要影响。购买乙公司 25% 股权的投资成本为 2 500 万元,对乙公司的经营和财务决策能够施加重要影响。假设甲、乙两家公司 2022 年分别盈利 4 000 万元和 3 000 万元,股利分配率均为 50%;又假设 2023 年甲、乙两家公司分别亏损 2 000 万元和 1 000 万元。P 公司在甲公司中的投资适用成本法进行后续计量,而在乙公司中的投资适用权益法进行后续计量。这两项长期股权投资的有关会计处理情况即成本法与权益法的比较见表7-5。

表7-5 成本法与权益法的比较　　　　　　　　　　　　单位:万元

交易业务	成本法 (对甲公司的投资)		权益法 (对乙公司的投资)	
1. 购买股票,形成长期股权投资	借:长期股权投资 　贷:银行存款	5 000 　　5 000	借:长期股权投资 　贷:银行存款	2 500 　　2 500
2. 2022年甲、乙公司实现净利润	不做分录		借:长期股权投资 　贷:投资收益	750 　　750
3. 2022年甲、乙公司分红	借:银行存款 　贷:投资收益	200 　　200	借:银行存款 　贷:长期股权投资	375 　　375
4. 2023年甲、乙公司发生亏损	不做分录		借:投资收益 　贷:长期股权投资	250 　　250

由表7-5中成本法和权益法的比较可以看到,在成本法下,长期股权投资的账面价值不因被投资企业实现损益而发生任何变化,始终保持投资形成时的初始投资成本。而在权益法下,长期股权投资的账面价值会因被投资企业实现净利润而增加,因被投资企业分配净利润而减少,以及因被投资企业发生亏损而减少。归纳起来看,权益法下长期股权投资的账面余额,等于初始投资成本加上被投资企业留存收益增加额(或减去被投资企业留存收益减少额)中投资企业所分享(或需分担)的份额。当然,由于投资企业对被投资企业的债务通常只需承担有限清偿责任,因此,如果被投资企业发生连续亏损,长期股权投资账面价值以减至"0"为限,除非投资企业对被投资企业负有承担额外损失的义务。这就是说,当亏损使得"长期股权投资"的账面价值等于"0"之后,投资企业就应停止使用权益法,即不进一步反映被投资企业的亏损。如果这样的被投资企业后来实现了净利润,那么投资企业应在其收益分享额弥补了未确认的亏损分担额之后,才能恢复确认收益分享额。

一般而言,投资企业应享有被投资企业净利润的份额,等于被投资企业账面净利润与投资企业在被投资企业中持股比例的乘积。但是,按照我国企业会计准则的规定,该份额的确认不能简单地按上述方法计算,而应当以取得投资时被投资企业各项可辨认资产为基础,对被投资企业的净利润进行调整后加以确认。例如,假设例7-11中P公司于2022年1月1日取得乙公司投资时,乙公司固定资产的公允价值为10 000万元,账面价值为8 000万元,估计使用年限为10年,估计净残值为零,按直线法计提折旧。乙公司2022年度利润表报告的净利润为3 000万元。乙公司在计算净利润时扣除的折旧费用为800万元(8 000/10),而若按公允价值计算,应扣除的折旧费用则为1 000万元(10 000/10),两相比较,对该年度乙公司净利润的影响是200万元(不考虑所得税)。那么,按照我国企业会计准则的规定,P公司2022年度应确认的乙公司净利润分享额为700万元[(3 000 − 200)×25%]。

最后,投资企业对于被投资企业除净损益以外的所有者权益的其他变动,在持股比例不变的情况下,按持股比例与被投资企业除净损益以外的所有者权益的其他变动额计算应分享或应分担的份额,调整长期股权投资的账面价值,同时增加或减少资本公积。

7.3.3 长期股权投资的减值准备与处置

在资产负债表日,企业若确定长期股权投资发生了减值,就应按估计的减值金额,借记"资产减值损失——长期股权投资"科目,贷记"长期股权投资减值准备"科目。长期股权投资减值准备计提之后不得转回。

企业处置长期股权投资时,其账面价值与实得价款之间的差额应当计入当期损益。同时,还要结转已计提的长期股权投资减值准备。

例 7-12 沿用例 7-11 的资料,再假设 P 公司所取得的甲公司的长期股权投资在 2022 年 12 月 31 日估计发生减值 600 万元。2023 年 5 月 16 日出售该项投资,实得价款 4 200 万元。那么,P 公司在 2022 年 12 月 31 日和 2023 年 5 月 16 日应编制的会计分录分别如下:

(1) 2022 年 12 月 31 日

借:资产减值损失——长期股权投资——甲公司　　　　6 000 000
　　贷:长期股权投资减值准备——甲公司　　　　　　　　6 000 000

(2) 2023 年 5 月 16 日

借:银行存款　　　　　　　　　　　　　　　　　　42 000 000
　　长期股权投资减值准备——甲公司　　　　　　　　6 000 000
　　投资收益　　　　　　　　　　　　　　　　　　　2 000 000
　　贷:长期股权投资——甲公司　　　　　　　　　　　50 000 000

7.4 投资性房地产

投资性房地产,是指为赚取租金或资本增值,或者两者兼有而持有的房地产。投资性房地产的范围包括已出租的土地使用权、持有并准备增值后转让的土地使用权、已出租的建筑物。企业自用房地产和作为存货的房地产,不属于投资性房地产。

7.4.1 投资性房地产的确认和初始计量

投资性房地产只有在符合上述定义并同时满足下列条件的情况下,才能予以确认:① 与该投资性房地产有关的经济利益很可能流入企业;② 该投资性房地产的成本能够可靠地计量。对于已出租的土地使用权和已出租的建筑物,其作为投资性房地产确认的时点一般为租赁期开始日。但是,对于企业持有以备经营出租的空置建筑物或在建建筑物,董事会或类似机构作出书面决议,明确表明将其用于经营出租且持有意图短期内不再发生变化的,即使尚未签订租赁协议,也应视为投资性房地产。

投资性房地产应当按照成本进行初始计量。对于外购的投资性房地产,在采用成本模式进行后续计量的情况下,按照取得时的实际成本进行初始计量,借记"投资性房地产"科目,贷记"银行存款"等科目。取得时的实际成本包括购买价款、相关税费和直接归属于该资产的其他支出。在采用公允价值模式进行后续计量的情况下,外购的投资性房地产应当按照取得时的实际成本进行初始计量。企业应当在"投资性房地产"科目下设置"成本"和"公允价值变动"两个明细科目,按照外购的土地使用权和建筑物发生的实际成本,记入"投资性房地产——成本"科目。

例7-13 2023年2月,A公司计划购入一栋写字楼用于出租。3月20日,A公司与B公司签订了经营租赁合同,约定自写字楼购买日起将这栋写字楼出租给B公司,为期10年。4月10日,A公司实际买入写字楼,支付价款共计15 000万元。

如果A公司采用成本模式进行后续计量,则应编制如下会计分录:
借:投资性房地产——写字楼　　　　　　　　　　　　　　150 000 000
　　贷:银行存款　　　　　　　　　　　　　　　　　　　　　150 000 000

如果A公司采用公允价值模式进行后续计量,则应编制如下会计分录:
借:投资性房地产——成本(写字楼)　　　　　　　　　　　150 000 000
　　贷:银行存款　　　　　　　　　　　　　　　　　　　　　150 000 000

自行建造的投资性房地产,其成本为建造该项资产达到预定可使用状态前所发生的必要支出,包括土地开发费、建筑成本、安装成本、应予以资本化的借款费用、支付的其他费用和分摊的间接费用等。按照建造过程中发生的成本,借记"投资性房地产"科目,贷记"银行存款"等科目。建造过程中发生的非正常损失,不计入建造成本,直接计入当期损益。

通过非货币性资产交换等取得的投资性房地产,按照所付出的非货币性资产的公允价值计量所得到的投资性房地产的成本。

7.4.2 投资性房地产的后续计量

投资性房地产的后续计量,通常应当采用成本模式。采用成本模式计量的投资性房地产,应当按照《企业会计准则第4号——固定资产》和《企业会计准则第6号——无形资产》的有关规定,按月计提折旧(建筑物)或摊销(土地使用权),借记"其他业务成本"等科目,贷记"投资性房地产累计折旧(摊销)"科目。此外,投资性房地产经测试后确定发生减值的,还应当计提减值准备,借记"资产减值损失"科目,贷记"投资性房地产减值准备"科目。已经计提减值准备的投资性房地产,即使在以后期间价值得以恢复,也不得转回。

例7-14 沿用例7-13的资料。A公司拟对该投资性房地产(写字楼)采用成本模式进行后续计量。假设该写字楼的使用寿命预计为20年,预计净残值为零。按照经营租赁合同的约定,B公司每月向A公司支付租金100万元。2023年12月31日,该写字楼经减值测试确定发生减值1 000万元。

A公司应当为上述业务编制如下会计分录：

(1) 计提折旧

每月应计提的折旧 = 150 000 000 ÷ 20 ÷ 12 = 625 000(元)

借：其他业务成本　　　　　　　　　　　　　　　　625 000
　　贷：投资性房地产累计折旧　　　　　　　　　　　625 000

(2) 确认租金

借：银行存款(或其他应收款)　　　　　　　　　　1 000 000
　　贷：其他业务收入　　　　　　　　　　　　　　1 000 000

(3) 计提减值准备

借：资产减值损失　　　　　　　　　　　　　　　10 000 000
　　贷：投资性房地产减值准备　　　　　　　　　　10 000 000

企业存在确凿证据表明其投资性房地产的公允价值能够持续可靠取得的，可以采用公允价值模式进行后续计量。具体来讲，应当同时满足下列条件：① 投资性房地产所在地有活跃的房地产交易市场；② 企业能够从房地产交易市场上取得同类或类似房地产的市场价格及其相关信息，从而对投资性房地产的公允价值作出合理估计。

需要特别注意的是：① 同一企业只能采用一种模式对所有投资性房地产进行后续计量，而不得同时采用两种计量模式。② 企业对投资性房地产的计量模式一经确定，不得随意变更，由成本模式转变为公允价值模式的，应当作为会计政策变更处理；已采用公允价值模式计量的投资性房地产，不得从公允价值模式转为成本模式。投资性房地产采用公允价值模式进行后续计量的，不计提折旧或摊销。资产负债表日，投资性房地产的公允价值高于其账面余额的，借记"投资性房地产——公允价值变动"科目，贷记"公允价值变动损益"科目；投资性房地产的公允价值低于其账面余额的，则做相反的会计分录。

例7-15 沿用例7-13的资料。A公司拟对该投资性房地产(写字楼)采用公允价值模式进行后续计量。假设2023年12月31日该写字楼的公允价值为160 000 000元。

A公司2023年12月31日应编制如下会计分录：

借：投资性房地产——公允价值变动　　　　　　　10 000 000
　　贷：公允价值变动损益　　　　　　　　　　　10 000 000

7.4.3　投资性房地产的转换

投资性房地产的转换，是指将投资性房地产转换为非投资性房地产或者将非投资性房地产转换为投资性房地产。主要包括：① 投资性房地产开始自用；② 作为存货的房地产，改为出租；③ 自用土地使用权停止自用，用于赚取租金或资本增值；④ 自用建筑物停止自用，改为出租。

投资性房地产发生转换时，在成本模式和公允价值模式下的会计处理不尽相同。在成本模式下，应当将房地产转换前的账面价值作为转换后的入账价值。

在公允价值模式下，投资性房地产转换为自用时，以其转换日的公允价值作为自用房地产的入账价值，公允价值与原账面价值之间的差额计入当期损益。自用房地产或存货转换为采用公允价值模式计量的投资性房地产时，投资性房地产按照转换日的公允价值计量，公允价值小于原账面价值的，其差额计入当期损益；公允价值大于原账面价值的，其差额计入所有者权益。

案例
金地集团投资性房地产计量模式转换

金地集团初创于 1988 年，总部设在中国深圳，1993 年开始经营房地产业务，2001 年在上海证券交易所上市，是中国最早上市并完成全国化布局的房地产企业之一。金地集团开创了我国房地产行业极具竞争力的房地产品牌，形成了地产开发业务核心竞争优势，涉及包括住宅开发与销售及装修、商用地产开发与销售及持有运营、房地产金融等在内的多项业务。2017 年，金地集团实现房地产销售金额 1 403 亿元，销售面积约 766 万平方米。

在 2011—2016 年的六年间，金地集团的资产、负债和所有者权益总额均处于持续上升态势，尤其是 2012—2013 年，资产和所有者权益有一个明显的大幅增长，相关财务数据如表 7-6 所示。相应地，该公司 2011—2016 年杠杆水平（即资产负债率）发生了明显的下降，由 2011 年的 71.11% 降为 2016 年的 65.43%，其中 2012 年财务重述之后的资产负债率下降为 67.75%。

表 7-6 金地集团 2011—2016 年相关财务数据　　　　　金额单位：亿元

项目	成本模式	重述	公允价值模式			
	2011	2012	2013	2014	2015	2016
资产总额	905.00	1 025.21* 1 071.38**	1 239.26	1 246.67	1 393.46	1 536.34
负债总额	643.58	725.82	858.91	841.48	917.30	1 005.30
资产负债率	71.11%	70.80%* 67.75%**	69.31%	67.50%	65.83%	65.43%
经营活动产生的现金流量净额	15.30	63.27	-15.61	-9.51	83.94	170.82
投资活动产生的现金流量净额	-11.16	-21.62	-36.80	-34.04	-74.33	-9.65
筹资活动产生的现金流量净额	-28.60	-11.77	29.78	38.62	-28.64	-95.52
净利润	37.41	47.66	45.10	49.64	48.43	85.76

注：*表示重述前，**表示重述后。

从金地集团 2012—2013 年财务数据可以发现，资产和所有者权益均有明显增长，但是其货币资金和经营活动产生的现金流量净额两项并没有明显提升，经营活动产生的现金流量净额在 2013 年甚至出现明显下降（为负值）。这意味着该公司 2013 年资产总额增长的驱动因素非同寻常。

通过关注金地集团披露的相关信息，发现在 2013 年 11 月 29 日，公司第六届董事会第七十一次会议、第六届监事会第十三次会议审议通过了《关于投资性房地产后续计量模式变更的议案》,决定对投资性房地产由成本模式改为公允价值模式进行后续计量,自2013年12月1日起执行。而在2013年年报中,金地集团也阐述了计量模式转变的原因。主要是公司投资性房地产所在地有活跃的房地产交易市场,而且公司能够从房地产交易市场上取得同类或类似房地产的市场价格及其他相关信息,从而能够对投资性房地产的公允价值作出合理估计。同时,基于统一会计政策、提高工作效率和商业地产发展战略等因素,公司认为采用公允价值模式对投资性房地产进行后续计量能够更加客观地反映投资性房地产的价值,便于公司管理层及投资者及时了解公司的财务状况。

由表7-7可知,2013年投资性房地产科目较2012年(重述前)增加了69.50亿元,而表7-6中,资产总额增加了214.05亿元,投资性房地产的增长占了资产总额增长的近三分之一。再通过对比资产负债表其他科目的变化,可以发现2013年资产和所有者权益的增长,很大程度上是由投资性房地产计量模式变更导致的。

表7-7 金地集团2011—2016年投资性房地产数据　　　　　　　　　　单位:亿元

项目	成本模式	重述	公允价值模式			
	2011	2012	2013	2014	2015	2016
投资性房地产	12.83	30.88(重述前) 75.92(重述后)	100.38	112.85	133.91	147.74

(本案例根据金地集团公开披露的相关资料编写。)

思考:

1. 你认为金地集团变更投资性房地产计量模式的主要目的是什么?
2. 你认为金地集团变更投资性房地产计量模式的理由是否充分?为什么?
3. 结合本案例,为了防范和化解系统性金融风险,你对房地产行业的会计监管有何政策建议?

本章小结

企业对外投资的动机和目的多种多样。有的是为了将暂时闲置的现金用于投资,以获取比银行存款利率更高的回报,待生产经营业务发展需要补充资金时,再将投资出售变现。有的是为了长期获得既比较高又相对稳定的投资收益。在现行企业会计准则下,投资首先区分为金融资产与长期股权投资,其中金融资产又进一步分为以摊余成本计量的金融资产、以公允价值计量且其变动计入其他综合收益的金融资产和以公允价值计量且其变动计入当期损益的金融资产三类。

现行企业会计准则将金融资产划分为以上三类,并对它们进行不同的确认、计量和披露。总体做法是:以摊余成本计量的金融资产,就是以摊余成本计量,不反映公允价值变动;以公允价值计量且其变动计入其他综合收益的金融资产,就是以公允价值计量,但公允价值变动不得计入当期损益,而是计入其他综合收益;以公允价值计量且其变动计入当期损益的金融资产,就是以公允价值计量,且其公允价值变动计入当期损益。

企业应以预期信用损失为基础,对以摊余成本计量的金融资产和以公允价值计量且其变动计入其他综合收益的金融资产,进行减值会计处理并确认损失准备。以摊余成本计量的金融资产发生减值时,减记的金额确认为信用减值损失,计入当期损益。对于分类为以公允价值计量且其变动计入其他综合收益的金融资产,企业应当在其他综合收益中确认其损失准备,并将减值损失或利得计入当期损益,且不应减少该金融资产在资产负债表中列示的账面价值。分类为以公允价值计量且其变动计入其他综合收益的金融资产(即其他债权投资)出售时,之前计入其他综合收益的累计利得或损失应当从其他综合收益中转出,计入当期损益。指定为以公允价值计量且其变动计入其他综合收益的非交易性权益工具投资出售时,之前计入其他综合收益的累计利得或损失应当从其他综合收益中转出,但不得转入当期损益,而是应该转入留存收益。

长期股权投资原则上应按其取得时发生的实际成本进行初始计量,但是以非货币性资产交换等方式取得的长期股权投资,则应按公允价值进行初始计量。长期股权投资的后续计量方法有成本法与权益法之别。所谓成本法,是指长期股权投资始终以投资成本反映,而不反映投资形成之后被投资企业已实现但未分配的收益或已发生的损失。只有当被投资企业实际分配利润时,才将分配到的利润反映为"投资收益"。成本法适用于投资企业对被投资企业实施控制的长期股权投资,以及投资企业对被投资企业不具有共同控制或重大影响,并且在活跃市场中没有报价、公允价值不能可靠计量的长期股权投资。所谓权益法,是指在投资形成时,长期股权投资以投资成本反映;投资企业取得长期股权投资后,应当按照应分享或应分担的被投资企业净损益的份额,确认投资损益并调整长期股权投资的账面价值;被投资企业实际分配利润时,投资企业按照应分得的数额调减长期股权投资的账面价值。权益法适用于投资企业对被投资企业具有共同控制或重大影响的长期股权投资。

投资性房地产应依其实际取得成本进行初始计量。投资性房地产的后续计量,通常应当采用成本模式,只有当满足企业会计准则规定的相关条件时才可以采用公允价值模式。

重要名词

短期投资(Short-term Investment)
长期投资(Long-term Investment)
债权投资(Debt Investment)
股权投资/权益工具投资(Equity Investment)
可转换债券(Convertible Bonds)
优先股(Preferred Stock)
以公允价值计量且其变动计入当期损益的金融资产(Fair Value Through Profit and Loss,FVTPL)
以公允价值计量且其变动计入其他综合收益的金融资产(Fair Value Through Other Comprehensive Income,FVOCI)
以摊余成本计量的金融资产(Amortized Cost)
长期股权投资(Long-term Equity Investment)
公允价值(Fair Value)
本金/面额(Principal/Face Amount)
债券溢价(Bond Premium)
债券折价(Bond Discount)
实际利率法(Effective-interest Method)
直线法(Straight-line Method)
成本法(Cost Method)
权益法(Equity Method)

思考题

1. 现行企业会计准则将投资分为以摊余成本计量的金融资产、以公允价值计量且其变动计入其他综合收益的金融资产和以公允价值计量且其变动计入当期损益的金融资产三类分别进行会计处理和披露，试分析说明这样分类的判断依据。

2. 金融资产的公允价值变动损失与减值损失在性质上有何差异？如果你作为公司的股票投资者，你将如何理解这两种损失导致的当期利润下降？

3. 长期股权投资会计处理的成本法和权益法的基本差异是什么？它们各自的适用条件是什么？为什么要这样规定？

4. 投资性房地产采用公允价值模式进行后续计量需要具备哪些条件？为什么要对公允价值模式的采用加以限制？

5. 从保护投资者利益和促进资本市场健康发展的角度来看，你认为企业会计准则要求部分金融资产按公允价值计量是否具有积极作用？

练习题

1. A公司出于交易目的于2022年3月19日购买股票进行投资，实际支付价款400万元，其中包括印花税、手续费2万元，已经宣告但尚未领取的股利20万元。4月12日公司收到股利，4月18日以480万元的价格将股票卖出。请编制上面各项业务的会计分录。

2. B公司2022年11月5日购入股票进行投资（指定为以公允价值计量且其变动计入其他综合收益的金融资产），支付股票价格3 200万元，支付手续费等12万元，12月31日由于股市大跌，股票的公允价值为2 000万元。2023年12月31日股市回暖，该股票价值又上涨至3 500万元。请编制上述业务的会计分录。

3. C公司2022年1月1日购入当日A公司发行的三年期公司债券，作为业务模式一进行管理，实际支付款项为9 811 430元（不考虑税费），债券面值为10 000 000元，分期付息，到期还本，票面利率为3%。按照直线法摊销折价，请计算2022年公司应确认的投资收益，并编制相关的会计分录。

4. 第3题中实际利率为4%，请按照实际利率法计算2022年、2023年公司应确认的投资收益。

5. D公司2022年1月1日购入当日A公司发行的三年期公司债券，作为业务模式一进行管理，实际支付款项为10 515 100元（不考虑税费），债券面值为10 000 000元，分期付息，到期还本，票面利率为10%。按照直线法摊销溢价，请计算2022年公司应确认的投资收益，并编制相关的会计分录。

6. 第5题中实际利率为8%，请按照实际利率法计算2022年、2023年公司应确认的投资收益。

7. 2022年1月1日，B公司以银行存款8 000万元购入A公司20%的股份进行长期股权投资（已经包括了相关税费），并采用权益法核算。A公司总股数为1亿股，2022年盈利4 000万元。A公司2023年2月10日宣布支付现金股利0.2元/股，B公司于3月10日收到股利。请为B公司编制与上述长期股权投资有关的会计分录。

第 8 章 固定资产与折旧

[学习目标]

通过本章的学习,你应该掌握:

1. 固定资产及其分类;
2. 固定资产的计价标准;
3. 固定资产取得成本的确认与计量;
4. 固定资产折旧及其会计处理;
5. 固定资产后续支出的会计处理;
6. 固定资产处置的会计处理;
7. 固定资产的列报。

[素养目标]

通过本章的学习,充分认识固定资产及其折旧的会计处理对于正确反映企业财务状况和经营结果的重要性,以及合理的固定资产价值计量和折旧计提对于提供高质量会计信息的必要性。

[小故事/小案例]

王先生于 2002 年年末注册了 A 公司,并以 2 亿元购买了一座新建大楼,用以经营宾馆酒店业务。A 公司宾馆于 2003 年年初开始正式营业。2003—2019 年,A 公司经营稳健,每年实现的营业收入平稳增长,除最初两年略有亏损之外,后续各年都有一定盈利。以 2019 年为例,全年实现营业收入 5 800 万元,发生各项营业支出 4 500 万元。A 公司宾馆大楼按 25 年折旧,每年应计提的折旧额为 800 万元(2 亿元/25 年)。因此,扣除折旧之后,A 公司 2019 年实现税前利润 500 万元(5 800 − 4 500 − 800)。受新冠疫情的影响,2020—2022 年 A 公司营业收入严重下滑,分别为 2 700 万元、2 900 万元和 2 800 万元。尽管采取了一系列成本控制措施,但是由于成本具有一定的黏性,营业支出下降幅度还是小于营业收入的下降幅度。这三年的营业支出分别为 2 600 万元、2 700 万元和 2 650 万元。虽然每一年的营业收入都大于营业支出,但是扣除每年需要计提的宾馆大楼折旧 800 万元之后,每年就都是亏损了,亏损金额分别为−700 万元、−600 万元、−650 万元。

王先生看着利润表中的亏损数字,心里很不好受。他认为,2020—2022 年利润表中反映的亏损,并不是公司经营业绩的恰当反映。王先生注意到,2022 年 12 月 31 日,宾馆大楼的市价(资产评估机构给出的评估值)为 10 亿元,较 2002 年年末的购买成本升值了 8 亿元。宾馆大楼已大幅升值,而会计处理中每年却对宾馆大楼计提折旧800万元,2003—2022年已累计折旧1.6亿元,从而使宾馆大楼的账面净值仅反映为4 000万元,严重偏离了其市场价值。因此,王先生询问会计部门负责人:"在宾馆大楼大幅升值的情况下,是否就不应该计提折旧了?"若不计提折旧,A公司2020—2022年就依然是盈利的。

如果你是A公司的会计部门负责人,你该如何回答王先生的问题呢?本章将主要介绍固定资产及其折旧的会计处理,学完本章内容后,你便能回答王先生的这一问题了。

8.1 固定资产概述

资产是企业所拥有的经济资源,这些经济资源能为企业带来未来的经济利益,但是带来经济利益的持续时间有长有短。受益期不超过一年的资产为流动资产,其余则为非流动资产。固定资产是非流动资产中的重要内容之一。

8.1.1 固定资产及其特征

固定资产是指使用年限在一年以上,并在使用过程中保持原来物质形态的资产,如企业的房屋及建筑物、机器设备、运输工具、工具器具等。

固定资产是企业持有的耐久性资产,几乎所有企业,不管其规模大小或者从事何种经营活动,都要用到固定资产,而且固定资产是供企业生产经营使用,而不是以出售为目的的。在实际使用过程中,固定资产的实物形态也不会发生变化,但是其价值会发生转移。固定资产是企业的重要资产,尤其是在制造业企业中,固定资产在全部资产中的占比通常会比较大。

确定一项资产是否为固定资产,需要遵循区分资本性支出和收益性支出的原则,并结合企业生产经营的具体特点加以判断。购置固定资产的支出属于资本性支出,它不仅会给企业当期带来经济利益,而且会给以后各期带来经济利益,因此固定资产支出应先进行资本化,再在以后固定资产使用期间分期转化为费用。如果企业误将购置固定资产的支出作为收益性支出而在当期全部作为费用处理,那么不仅会使当期净利润被低估,而且会使以后各期的净利润被高估,从而不能正确反映企业各期的经营状况。另外要注意的是,有时同一种形态的资产在不同企业扮演的角色不同,从而其所归属的资产类别也会有所不同。例如,房屋在一般企业中属于固定资产,而对于专门开发和销售房屋的房地产公司来说则属于存货。因此,在实际工作中,企业应当根据固定资产的定义,同时结合本企业的具体情况,制定本企业的固定资产目录。

按照我国企业会计准则的规定,固定资产是指同时具备下列特征的有形资产:① 为生产商品、提供劳务、出租或经营管理而持有的;② 使用寿命超过一个会计年度。

从固定资产的定义可以看出,固定资产具有以下三个特征:① 固定资产为有形资产。固定资产具有实物形态,这一特征使其区别于无形资产。② 固定资产是为生产商品、提供劳务、出租或经营管理而持有的。这就意味着,企业持有的固定资产是企业生产经营中的劳动根据和手段,而不是直接用于出售的产品。这一特征使固定资产区别于存货。当然,这里所讲的"出租",是指用于出租的机器设备类固定资产,不包括以经营租赁方式出租的建筑物,后者属于投资性房地产。③ 固定资产的使用寿命超过一个会计年度。固定资产的使用寿命,是指企业使用固定资产的预计期间,或者该固定资产所能生产产品或提供劳务的数量。通常情况下,固定资产的使用寿命是指企业使用固定资产的预计期间。但是,对于某些类型的机器设备或运输设备等固定资产,其使用寿命往往以该固定资产所能生产产品或提供劳务的数量来表示,例如发电设备按其预计发电量估计使用寿命。

8.1.2 固定资产的分类

企业的固定资产种类繁多,对固定资产进行适当的分类,是组织固定资产核算和进行固定资产管理的重要条件。根据不同的管理需要和分类标准,固定资产可以进行不同的分类。

1. 按经济用途划分

按经济用途划分,固定资产可分为生产经营用固定资产和非生产经营用固定资产。

生产经营用固定资产是指直接参加企业生产经营活动或服务于生产经营的各类固定资产,如房屋及建筑物、机器设备、运输工具及其他有关器具、工具等。

非生产经营用固定资产是指不直接服务于企业生产经营活动的各类固定资产,如用于职工住宅、公用事业、文化生活、卫生保健等方面的固定资产。

2. 按使用情况划分

按使用情况划分,固定资产可分为使用中、未使用和不需用的固定资产。

使用中的固定资产是指企业正常使用中的固定资产,包括生产经营用固定资产和非生产经营用固定资产,以及出于季节性原因或者大修理原因暂时停止使用的固定资产。企业出租给其他单位使用的固定资产也属于使用中的固定资产。

未使用的固定资产是指企业已完工或已购建,但尚未交付使用的新增固定资产,以及由于改建或扩建等而暂时停止使用的固定资产,例如企业购建的待安装的机器设备等。

不需用的固定资产是指企业多余或不适用而需要等待调配处理的各种固定资产。

在实际工作中,房屋建筑物和机器设备是常见的固定资产项目,另外,土地是否属于固定资产,取决于各国的所有制特征和相关法律规定。在西方私有制国家,土地是私有的,可以自由买卖,因此属于固定资产范畴。我国实行土地的社会主义公有制,即全民所有制和劳动群众集体所有制,企业不可能拥有土地的所有权,而只能拥有使用权,因此,我国企业的固定资产中就没有土地这一项目。

8.1.3 固定资产的计价标准

固定资产是企业重要的生产资料,一般在企业中所占比重较大,尤其是有些制造业企业固定资产金额非常庞大,是企业的重要财产。为了加强对固定资产的核算和管理,企业应对固定资产进行合理的计价。

与固定资产计价有关的标准主要有三种,即原始价值、净值和重置价值。原始价值又称原始成本或历史成本,是指企业取得某项固定资产所支付的全部货币总额,包括买价、包装费、运杂费和安装费等一切合理、必要的支出;净值又称折余价值,是指固定资产原值减去累计折旧后的余额,反映的是固定资产的现存账面价值;重置价值是指企业在当前的生产技术条件下,重新购建同样的固定资产所需的全部支出。

历史成本是各国会计准则所依据的基本计量属性,我国企业会计准则也要求对固定资产按照成本进行初始计量。但是在某些特定情况下(如捐赠、接受固定资产投资等),企业无法取得固定资产的历史成本信息或确定初始成本有困难时,也可采用净值或重置价值等作为计价基础。

8.2 固定资产取得成本的确认与计量

企业取得固定资产主要有外购、自行建造、接受投资者投入、接受捐赠、非货币性资产交换等不同方式。在不同的取得方式下,其价值构成的具体内容也有所差异,成本核算也有所不同。

8.2.1 外购的固定资产

企业外购的固定资产应以历史成本为基础进行计量。外购固定资产的成本,包括购买价款、相关税费、使固定资产达到预定可使用状态前所发生的可归属于该项资产的运输费、装卸费、安装费和专业人员服务费等。

例 8-1 甲公司购入不需安装的设备一台,价款 60 000 元,按税法规定可抵扣的增值税进项税额为 7 800 元,款项均尚未支付,运杂费 1 000 元以银行存款支付,设备已交付使用。假定不考虑其他相关税费,甲公司编制的会计分录如下:

借:固定资产——设备   61 000
  应交税费——应交增值税(进项税额)   7 800

贷:应付账款 67 800
　　银行存款 1 000

如果企业是以一笔款项购入多项没有单独标价的固定资产(通常称为"一揽子购入"),则应当把总款项按照合理的标准在各项固定资产上分摊,以确定每项固定资产的入账成本。分摊的标准通常是固定资产的公允价值。

例8-2　甲公司以900 000元的总价格购入两台设备,按税法规定可抵扣的增值税进项税额为117 000元,款项均已以银行存款支付,设备均已交付使用。设备甲的公允价值为810 000元,设备乙的公允价值为270 000元,则各项资产应分摊的成本计算如表8-1所示。

表8-1　固定资产成本分配表　　　　　　　　　　　　　　　　　　单位:元

项目	公允价值	分配比例(%)	分配成本
设备甲	810 000	75	675 000
设备乙	270 000	25	225 000
合计	1 080 000	100	900 000

不考虑其他相关税费,根据以上分配结果,甲公司应编制如下会计分录:

借:固定资产——设备甲 675 000
　　　　　　——设备乙 225 000
　　应交税费——应交增值税(进项税额) 117 000
　贷:银行存款 1 017 000

企业如果购入需要安装的固定资产,则安装过程中发生的一些费用要计入固定资产成本。对这种需要安装的固定资产,一般先通过"在建工程"科目进行固定资产各项具体购入成本的归集和记录,待固定资产安装完成交付使用时,再按其总的实际成本转入"固定资产"科目。

例8-3　甲公司购入一台需要安装的设备,价款50 000元,按税法规定可抵扣的增值税进项税额为6 500元,运杂费1 200元,款项均已以银行存款支付;购入后进行安装,发生安装费用3 200元,其中2 000元为应付工人费用,1 200元为耗用原材料成本。设备安装完后即交付使用。假定不考虑其他相关税费,根据以上资料,甲公司应编制如下会计分录:

(1) 购入设备时
借:在建工程 51 200
　　应交税费——应交增值税(进项税额) 6 500
　贷:银行存款 57 700

(2) 发生安装费用时
借:在建工程 3 200
　贷:应付职工薪酬——工资 2 000
　　　原材料 1 200

(3) 设备交付使用时
借:固定资产 54 400
　贷:在建工程 54 400

如果企业是以赊购方式购入固定资产,且购买价款超过正常信用条件,延期支付实质上具有融资性质,则固定资产的成本应以购买价款的现值作为基础确定。实际支付的价款与购买价款的现值之间的差额,符合资本化条件的,应予以资本化;否则,应当在信用期内计入当期损益。

8.2.2 自行建造的固定资产

企业有时为了降低固定资产成本或者较好地控制固定资产的规格和品质,不采取外购的方式取得固定资产,而是由企业内部组织力量,利用自己的生产设备和人力建造固定资产。从理论上来讲,自行建造固定资产的成本应由建造该项资产达到预定可使用状态前所发生的必要支出构成,包括自行建造所投入的原材料和人工成本、其他费用和缴纳的税金等。然而在实际工作中,在确定自行建造固定资产的成本时,比较困难的是建造期间借款费用到底是否应资本化这一问题。

当企业以借款的方式来自行建造固定资产时,借款利息是否应资本化在会计上存在着争议。支持借款利息资本化者认为建造期间的借款利息也是为取得该项资产所发生的必要支出。当决定是外购固定资产还是自行建造固定资产时,管理者肯定要将借款利息纳入总成本再做比较。而且只有将利息支出作为成本才能更好地反映企业投资于该项固定资产的总成本,以便今后与固定资产带来的经济利益进行比较分析。而反对借款利息资本化者则认为借款利息是企业的理财费用,不是自行建造固定资产的成本,与外购固定资产相比,自行建造固定资产所带来的经济利益并不会因利息支出的发生而增多,因此利息费用不应计入自行建造固定资产的总成本。

国际通行的做法是对建造期间的实际利息进行资本化。我国《企业会计准则第17号——借款费用》规定,企业发生的借款费用,可直接归属于符合资本化条件的资产的购建或者生产的,应当予以资本化,计入相关资产成本;其他借款费用,应当在发生时根据其发生额确认为费用,计入当期损益。也就是说,借款费用既不是无条件地资本化,也不是无条件地费用化,而是首先要看该项资产是否符合资本化条件,其次要看借款费用是否符合开始资本化的条件。根据我国企业会计准则,只有需要经过相当长时间的购建或者生产活动才能达到预定可使用或者可销售状态的固定资产、投资性房地产和存货等资产,其借款利息才有可能资本化。借款费用资本化必须同时满足以下三个条件:① 资产支出已经发生;② 借款费用已经发生;③ 为使资产达到预定可使用或者可销售状态所必要的购建或者生产活动已经开始。如果购建或者生产符合资本化条件的资产达到预定可使用或者可销售状态,借款费用就应当停止资本化,而应转为费用,计入当期损益。

企业自建固定资产的成本首先通过"在建工程"科目进行核算,等企业建造完工后再转入"固定资产"科目。

例 8-4 甲公司向银行借入长期借款 500 000 元自建厂房,公司为工程购入所需材料价值 200 000 元,建造固定资产领用材料 160 000 元,应付工人工资 20 000 元,结转借款利息(符合资本化条件)55 000元,固定资产经验收合格交付使用后发生利息费用12 500元。假设不考虑增值税等相关税费,甲公司相应的会计分录编制如下:

(1) 向银行借入款项时

借:银行存款　　　　　　　　　　　　　　　　　　　500 000
　　贷:长期借款　　　　　　　　　　　　　　　　　　　500 000

(2) 购入工程所需材料时①

借:工程物资　　　　　　　　　　　　　　　　　　　200 000
　　贷:银行存款　　　　　　　　　　　　　　　　　　　200 000

(3) 建造固定资产领用材料时

借:在建工程　　　　　　　　　　　　　　　　　　　160 000
　　贷:工程物资　　　　　　　　　　　　　　　　　　　160 000

(4) 结转应负担的工人工资时

借:在建工程　　　　　　　　　　　　　　　　　　　 20 000
　　贷:应付职工薪酬——工资　　　　　　　　　　　　　 20 000

(5) 结算建造期间借款利息时

借:在建工程　　　　　　　　　　　　　　　　　　　 55 000
　　贷:长期借款　　　　　　　　　　　　　　　　　　　 55 000

(6) 固定资产竣工交付使用时

借:固定资产　　　　　　　　　　　　　　　　　　　235 000
　　贷:在建工程　　　　　　　　　　　　　　　　　　　235 000

(7) 固定资产交付使用后发生借款利息时

借:财务费用　　　　　　　　　　　　　　　　　　　 12 500
　　贷:长期借款　　　　　　　　　　　　　　　　　　　 12 500

当企业采用出包方式进行固定资产工程的施工时,一般要预付一部分工程款,等工程竣工决算后,再向承包单位补付工程价款,因此,固定资产的成本一般按企业与承包单位结算的工程价款计价。

另外,企业在原有固定资产的基础上进行改建、扩建的,应按原固定资产的账面价值,加上因改建、扩建而使该固定资产达到预定可使用状态前发生的支出,减去改建、扩建过程中发生的变价收入,作为入账价值。

8.2.3 接受投资或捐赠的固定资产

投资者投入固定资产的成本,应当按照投资合同或协议约定的公允价值确定。一方面增加企业的固定资产,另一方面增加企业的实收资本。

---

① 购入工程物资如果用于建造房屋不动产等建筑工程时,其支付的增值税进项税额不得从销项税额中抵扣,应计入工程成本;如果用于建造设备等,则其进项税额可从销项税额中抵扣,不计入工程成本。

企业接受捐赠的固定资产,如果捐赠方提供了有关凭据,则可按凭据上标明的金额作为固定资产成本入账。如果捐赠方没有提供有关凭据,则可按同类或类似固定资产的市场价格估计的金额或者按该项固定资产预计的未来现金流量的现值作为固定资产成本入账。要注意的是,根据以上方法确认固定资产的价值时,需要考虑固定资产的新旧程度,同时还要考虑支付的相关税费。

企业接受捐赠的固定资产,并非由于企业经营活动所得,因此不应作为企业的收入处理,而应作为"营业外收入"处理。

例8-5 甲公司接受一批捐赠的全新设备,捐赠者提供的有关凭据上标明价格为100 000元,应交增值税为13 000元,办理相关手续时支付税费2 500元。甲公司会计分录编制如下:

借:固定资产　　　　　　　　　　　　　　　　　　　　102 500
　　应交税费——应交增值税(进项税额)　　　　　　　 13 000
　贷:营业外收入——捐赠利得　　　　　　　　　　　　113 000
　　　银行存款　　　　　　　　　　　　　　　　　　　 2 500

8.2.4 非货币性资产交换取得的固定资产

有时企业从外部取得一项固定资产既不是用现金购入,也不是接受无条件的捐赠,而是以企业的非货币性资产作为交换条件,这种交换称为非货币性资产交换。企业可以以本企业所拥有的存货、固定资产、无形资产或长期股权投资等非货币性资产交换取得一项固定资产,交换时基本不涉及货币性资产,或者只涉及少量的货币性资产(即补价)。

对于非货币性资产交换,其会计问题主要在于如何确定换入资产的入账成本以及是否应确定交换的损益。根据我国《企业会计准则第7号——非货币性资产交换》的规定,非货币性资产交换如果具有商业实质并且换入资产或换出资产的公允价值能够可靠地计量,则应当以公允价值和应支付的相关税费作为换入资产的成本,公允价值与换出资产账面价值的差额计入当期损益。其中,只要换入资产的未来现金流量在风险、时间分布或金额方面与换出资产显著不同,或者换入资产与换出资产的预计未来现金流量现值不同,且其差额与换入资产和换出资产的公允价值相比是重大的,我们即认为该项非货币性资产交换具有商业实质。在应用公允价值时,如果换入资产和换出资产的公允价值都能可靠地计量,应当先以换出资产的公允价值作为确定换入资产成本的基础,除非有确凿证据表明换入资产的公允价值比换出资产的公允价值更为可靠。如果支付(或收到)补价,应以换出资产的公允价值加上(或减去)支付(或收到)的补价和应支付的相关税费,作为换入资产的成本。

例8-6 甲公司以一台生产设备交换乙公司的一辆运输汽车,甲公司的生产设备原价为30万元,在交换日已提折旧10万元,公允价值为25万元;乙公司的运输汽车账面原价为50万元,在交换日已提折旧15万元,公允价值为30万元;双方协商甲公司支付补价5万元给乙公司,甲公司负责运输,共支付运输及相关税费3万元,乙公司支付相关税费1万元。

首先需要判断这项交易是否属于非货币性资产交换,对于具有补价的资产交换,一般看补价占整个交易金额的比例大小,通常的划分界限为25%。如在例8-6中,甲公司支付的补价占其换出资产的公允价值和支付补价之和的比例是 5/(25 + 5) = 17%,小于25%,因此可以认定该项交换属于非货币性资产交换;乙公司收取的补价占换出资产公允价值的比例为 5/30 = 17%,也小于25%,因此对乙公司来讲该项交换也属于非货币性资产交换。

甲公司换入资产(运输汽车)的入账价值 = 250 000 + 50 000 + 30 000 = 330 000(元)

甲公司确认的损益 = 250 000 - (300 000 - 100 000) = 50 000(元)

或 = 330 000 - 200 000 - 50 000 - 30 000 = 50 000(元)

甲公司相关会计分录编制如下:

(1) 换出生产设备时

借:固定资产清理		200 000
累计折旧		100 000
贷:固定资产——设备		300 000

(2) 支付运输及相关税费时

借:固定资产清理		30 000
贷:银行存款		30 000

(3) 换入运输汽车及支付补价时

借:固定资产——汽车		330 000
贷:银行存款		50 000
固定资产清理		280 000

(4) 确认收益时

借:固定资产清理		50 000
贷:资产处置损益——非货币性资产交换利得		50 000

乙公司换入资产(生产设备)的入账价值 = 300 000 - 50 000 + 10 000 = 260 000(元)

乙公司确认的损益 = 300 000 - (500 000 - 150 000) = - 50 000(元)

或 = 260 000 + 50 000 - 350 000 - 10 000 = - 50 000(元)

乙公司相关会计分录编制如下:

(1) 换出运输汽车时

借:固定资产清理		350 000
累计折旧		150 000
贷:固定资产——汽车		500 000

(2) 支付相关税费时

借:固定资产清理		10 000
贷:银行存款		10 000

(3) 换入生产设备及收到补价时

借:固定资产——设备		260 000
银行存款		50 000
贷:固定资产清理		310 000

（4）确认收益时
借：资产处置损益——非货币性资产交换损失　　　　　　　　　50 000
　　贷：固定资产清理　　　　　　　　　　　　　　　　　　　　　　50 000

另外，需要说明的是，如果企业的非货币性资产交换不具有商业实质且换入、换出资产的公允价值不能可靠计量，则企业应当以换出资产的账面价值和应支付的相关税费作为换入资产的成本，不确认损益。如果支付（或收到）补价，应以换出资产的账面价值加上（或减去）支付（或收到）的补价并加上应支付的相关税费，作为换入资产的成本。

复习与思考　不同固定资产取得方式下固定资产的入账成本是如何确定的？

8.3　固定资产折旧及其会计处理

8.3.1　折旧概述

1. 折旧的含义

企业的固定资产可以为企业提供长期的服务，具有为企业带来长期经济利益或服务潜能的能力。然而，随着固定资产的使用，这种未来经济利益或服务潜能会逐渐减弱以致衰竭。为了遵循配比要求，既然企业的固定资产能为企业带来较长时期的收入，那么为取得这些未来时期的收入而投资于固定资产的成本也需要在这一时期内进行分摊，以实现固定资产成本分摊与各期收入之间的配比。将固定资产的成本在其能带来经济利益的期间内进行分摊，称为固定资产折旧，简称折旧。

根据我国现行企业会计准则的规定，折旧是指在固定资产使用寿命期内，按照确定的方法对应计折旧总额进行系统分摊。这里的应计折旧总额就是需要分摊的固定资产的成本。

2. 计提折旧的范围

根据我国现行企业会计准则的规定，企业应当对所有固定资产计提折旧，包括在用的房屋和建筑物、设备、仪器仪表、运输工具、季节性停用或大修理停用的设备以及租赁的固定资产等，也包括企业未使用、不需用的固定资产。与以往我们会计实务所遵循的企业会计制度相比，现行企业会计准则要求将企业计提折旧的范围扩大到所有固定资产，包括过去会计制度规定不需要计提折旧的未使用、不需用的固定资产。显然，现行企业会计准则充分考虑了知识经济背景下固定资产的无形损耗，固定资产即使不处于使用状态，技术进步带来的无形损耗同样存在。

需要注意的是，在建工程项目交付使用前的固定资产、已提足折旧仍继续使用的固定资产、未提足折旧提前报废的固定资产以及按规定单独入账的土地等不需要计提折旧。

在实际工作中，企业的固定资产会有所增减，而且增减变动的发生时间不一定在期初。

为简化会计核算工作,实务中企业对期中取得或处置的固定资产可根据其特点遵循一定的规则计提折旧。例如,如果企业是以月为单位计提折旧,则可以对每月月中前取得的固定资产计提全月折旧,月中后取得的固定资产当月不计提折旧;处置时与此相反,即月中前处置的固定资产不计提折旧,月中后处置的固定资产计提折旧。如果企业是以年为单位计提折旧,则每年年中前取得的固定资产计提全年折旧,年中后取得的固定资产不计提折旧;处置时与此相反。企业也可以在取得年度和处置年度一律计提半年折旧,这是会计实务中所谓的"半年惯例";或者,取得年度计提全年折旧,处置年度不计提折旧;或者,取得年度不计提折旧,处置年度计提折旧。在我国的会计实务中,企业习惯于对当月新增的固定资产当月不计提折旧,从次月起计提折旧;当月减少的固定资产当月照提折旧,从次月起停止计提折旧。

3. 影响折旧计提金额的因素

影响每年折旧计提金额的因素主要有应计折旧总额、估计使用年限和折旧方法。

(1) 应计折旧总额

应计折旧总额就是固定资产需要分摊的成本,除了要看固定资产的原始成本,还要看该项固定资产有没有净残值。净残值是指固定资产报废时可以收回的剩余价值(即残值收入)扣除清理费用后的金额。固定资产的应计折旧总额就等于固定资产原值减去净残值的金额。由于实际的净残值要等到固定资产使用寿命结束时才能真正知晓,而我们需要在固定资产平时使用中计提折旧,因此通常我们需要在事前预先估计净残值。根据我国企业会计准则的规定,预计净残值是指假定固定资产预计使用寿命已满并处于使用寿命终了时的预期状态,企业目前从该项资产处置中获得的扣除预计处置费用后的金额。因此,应计折旧总额也就等于固定资产原值减去预计净残值后的金额,这是计提折旧的基数。

实务中,由于残值相对于资产总成本来说金额不大,而且其估计不太容易,因此为简化会计核算工作,通常会忽略残值,也就是说将残值估计为零。但是如果有一定的依据表明一项固定资产在使用期满尚有很高的经济价值(即残值较大),则应该估计残值;否则,会对折旧金额造成比较大的影响。

(2) 估计使用年限

固定资产的使用年限也是影响年折旧额大小的一个重要因素。固定资产使用年限的长短与固定资产的损耗有关。固定资产的损耗包括有形损耗和无形损耗。有形损耗是指由于使用和自然力的影响而引起的使用价值和价值的损失。例如,由于磨损而使得固定资产变得残旧或损坏,这种物质上的变化使得该项固定资产不能再被使用。无形损耗是指由于科学技术进步等而引起的固定资产使用价值的丧失。例如,由于产品过时或者技术陈旧引起一项设备虽然在物质上仍然可以使用,但是在经济上已经丧失使用价值,不能为企业带来预期的经济利益。会计上计算折旧时所使用的估计年限是指经济上的使用年限,而不是物理上的使用年限。因此,企业在确定一项固定资产的使用年限时,不仅要考虑其有形损耗,也要考虑其无形损耗。实际的估计过程是一项比较复杂的工作,需要参考的具体因素有很多,如固定资产的结构、性能、负荷程度、工作条件以及技术进步、产品更新等。另外,要注意在实务中,使用年限通常是指资产服务单位的数量,可用不同的单位来表达,如工作小时或产量,而不仅仅限于年份。

(3) 折旧方法

折旧方法同样是影响年折旧金额计算的一个重要因素。使用不同的折旧方法计算出的年折旧费用是不同的,有时差异甚至很大,会影响到资产负债表上固定资产净值的大小和利润表上利润的金额,因此企业应根据自身经营特点选择适当的折旧方法。

复习与思考 影响折旧费用计算的因素有哪些?

8.3.2 折旧方法种类

既然企业需要将固定资产的成本分摊到经济耐用年限,那么如何来分摊呢?分摊的金额是由企业随意决定,还是按照统一的分摊方法来分摊?如果按照统一的分摊方法的话,不同的分摊方法会影响到企业成本、费用的计算,从而影响到企业的利润及纳税额,企业应采用哪种分摊方法呢?各国会计准则针对这些问题,要求企业以系统且合理的方法来分摊,也就是说折旧金额不能由企业任意决定,而应按既定的公式计算,每期计提的折旧费用应尽可能与所产生的经济利益相匹配。

会计实务中,折旧方法主要有平均折旧法和加速折旧法两类。

1. 平均折旧法

平均折旧法假定固定资产对每个服务单位的效用是相同的,因此可以按一定的标准平均分摊固定资产的成本,每个服务单位分摊的成本额都一样,单位折旧额相同。根据服务单位的不同,常用的平均折旧法主要有直线法和工作量法。

(1) 直线法

直线法又称年限平均法,是指将固定资产的应计折旧总额平均地分摊到估计使用年限内的方法。它假定固定资产的服务潜能是随着时间的消逝而减退的,与固定资产的实际使用程度没有关系。按照这种方法计算出来的每期折旧额都是相等的,在平面直角坐标系上表现为一条直线,直线法的称呼也由此而来。直线法的计算公式如下:

$$年折旧额 = \frac{固定资产原值 - 预计净残值}{预计使用年限}$$

$$年折旧率 = \frac{1}{预计使用年限} \times 100\%$$

$$月折旧额 = 年折旧额 \div 12$$

$$月折旧率 = 年折旧率 \div 12$$

例 8-7 甲公司有一台设备原值为 450 000 元,预计使用年限为 5 年,估计残值收入为 12 600 元,清理费用为 600 元。根据直线法,甲公司折旧额计算如下:

$$年折旧额 = \frac{450\,000 - (12\,600 - 600)}{5} = 87\,600(元)$$

$$月折旧额 = 87\,600 \div 12 = 7\,300(元)$$

在我国企业会计实务中,为简化每个会计期间折旧金额的计算工作,通常会先计算出一定时期内固定资产折旧额与固定资产原值的比率,并将这个比率称为折旧率,以后每期的折旧额就直接按固定资产原值乘以这个"折旧率"计算。如例 8-7 中理论的年折旧率应该是 $(1 \div 5) \times 100\% = 20\%$,如果以固定资产原值为基数的话,年折旧率就是 $(87\,600 \div 450\,000) \times 100\% = 19.47\%$。

（2）工作量法

工作量法又称作业量法,是指按固定资产所完成的工作量来计算折旧额的方法。这种折旧方法以固定资产的使用状况为依据,它假定固定资产的服务潜力随着它的使用程度而逐渐减退。其计算公式如下:

$$单位工作量折旧额 = \frac{固定资产原值 - 预计净残值}{预计工作量总额}$$

$$各期折旧额 = 单位工作量折旧额 \times 各期实际工作量$$

在实际工作中,工作量有不同的量度,如机器的工作时间或生产数量、卡车的行驶里程、飞机的飞行时数等。

例 8-8　某小型运货卡车的原值为 96 800 元,估计净残值为 4 800 元,预计卡车共可行驶 200 000 公里,本月该辆卡车实际行驶 5 000 公里,则折旧额计算如下:

$$单位工作量折旧额 = \frac{96\,800 - 4\,800}{200\,000} = 0.46(元/公里)$$

$$本月折旧额 = 0.46 \times 5\,000 = 2\,300(元)$$

工作量法实际上是直线法的一种变形,它考虑了固定资产对公司收益的实际贡献,比较适用于运输汽车和大型精密机床等价值较高、损耗取决于使用程度,并且使用情况在各期有大幅变动的固定资产。

2. 加速折旧法

加速折旧法又称递减折旧法,是指在固定资产使用初期多计提折旧,在使用后期少计提折旧,从而使得折旧速度相对加快的一种方法。这种方法的出现是有一定理由的,主要是考虑到一般固定资产在使用初期的工作效率较高,所带来的经济利益也相对较大,而服务潜能的损耗也较大,因此,固定资产初期的折旧费用应相对较大,以便更好地与收入配比。同时,固定资产在使用初期的维修成本相对较低,随着资产的使用和设备的陈旧,后期投入在固定资产上的维修费用会越来越多,折旧费用如能逐期递减正好可以平滑每期固定资产的使用成本,使得净利润不至于出现较大的波动。

加速折旧法的具体方法有多种,最常见的主要有年数总和法和双倍余额递减法。

（1）年数总和法

年数总和法又称合计年限法,是将固定资产的原值减去预计净残值后的净额乘以一个逐年递减的折旧率来计算每年的折旧额。年数总和法是一种变率加速折旧法,固定资产原值减去预计净残值后的净额即应计折旧总额是一个固定的数字,主要是通过折旧率的变化来达到逐年减少折旧费用的目的。这个逐年递减的折旧率有一定的规律,是以固定资产当年开始时的尚可使用年限为分子,以固定资产的使用年限逐年数字加总为分母而计算得出的。具体计算公式如下:

$$年折旧率 = \frac{年初尚可使用年限}{年数总和} \times 100\%$$

$$= \frac{折旧年限 - 已使用年限}{折旧年限 \times (折旧年限 + 1) \div 2} \times 100\%$$

年折旧额 = (固定资产原值 - 预计净残值) × 年折旧率

例 8-9 同例 8-7 资料,如果甲公司改用年数总和法来计提折旧,则应计折旧总额为 450 000 - (12 600 - 600) = 438 000(元),年数总和为 1 + 2 + 3 + 4 + 5 = 5 × (5 + 1) ÷ 2 = 15,各年折旧额的计算如表 8-2 所示。

表 8-2 年数总和法下各年折旧额计算

年份	应计折旧总额	尚可使用年限（年）	年折旧率	年折旧额（元）	累计折旧额（元）	期末账面价值（元）
1	438 000	5	5/15	146 000	146 000	304 000
2	438 000	4	4/15	116 800	262 800	187 200
3	438 000	3	3/15	87 600	350 400	99 600
4	438 000	2	2/15	58 400	408 800	41 200
5	438 000	1	1/15	29 200	438 000	12 000

(2) 双倍余额递减法

双倍余额递减法是一种定率加速折旧法,指在不考虑固定资产残值的情况下,根据每期期初固定资产账面价值和双倍的直线折旧率来计算固定资产折旧额。与上面的年数总和法不同的是,在双倍余额递减法下,用来计算的折旧率是固定不变的,而随着折旧的计提,每期期初固定资产的账面价值是个递减的数字,因此计算出来的每期折旧费用也是递减的。具体的计算公式如下:

$$双倍直线折旧率 = \frac{2}{预计使用年限} \times 100\%$$

年折旧额 = 固定资产期初账面价值 × 双倍直线折旧率

在采用双倍余额递减法时,要注意不能把固定资产的账面价值降到它的预计净残值以下,在固定资产账面价值降到净残值后就不再计提折旧。企业也可在固定资产使用的后期,注意比较剩余年份按直线法计提的年折旧额和按双倍余额递减法计提的年折旧额,如果前者大于后者,则企业从当年起就应改为按直线法计提折旧。

例 8-10 同例 8-7 资料,如果甲公司改用双倍余额递减法来计提折旧,则双倍直线折旧率为 (2 ÷ 5) × 100% = 40%,每年折旧额计算如表 8-3 所示。

表 8-3　双倍余额递减法下各年折旧额计算　　　　　　　　　单位:元

年份	年初账面价值	折旧率	年折旧额	累计折旧额	期末账面价值
1	450 000	40%	180 000	180 000	270 000
2	270 000	40%	108 000	288 000	162 000
3	162 000	40%	64 800	352 800	97 200
4	97 200		42 600	395 400	54 600
5	54 600		42 600	438 000	12 000

从表8-3可以看到,在第4年如果公司仍然按双倍余额递减法计提折旧,则年折旧额应为38 880元(97 200 × 40%);如果改成按直线法计提折旧,则年折旧额为42 600元[(97 200 − 12 000)÷2],大于双倍余额递减法下的年折旧额。因此,企业应从第4年起改成按直线法计提折旧。

年数总和法和双倍余额递减法是最常用的两种加速折旧法,无论采用哪种方法计算年折旧额,实务中每月折旧额的计算通常仍会按照直线法,即平均分摊加速折旧法计算得出的年折旧额。

通常情况下,固定资产需按单个项目计提折旧,但是在实务中为了简化期末会计核算的工作量,或者由于资产性质特殊和产业特性,企业有时会对资产整体计提折旧,比如按资产类别或总体来计提折旧,并不按单个资产项目来计提折旧,也不保留个别资产的折旧资料。常用的方法是分类折旧法和综合折旧法。其中,分类折旧法是将相同种类以及相似耐用年限的各项资产视为一项资产来计提折旧;综合折旧法是将不同种类以及不同耐用年限但相关联的固定资产视为一项资产来计提折旧。这两种折旧方法均需计算平均折旧率。计算公式如下:

　　　　平均折旧率 = 组内资产按直线法每年应提折旧额 ÷ 组内资产总成本
　　　　各年折旧费用 = 期末组内资产总成本 × 平均折旧率

8.3.3　折旧方法评价

不同的折旧方法各有其特点和利弊。

直线法计算简单,通俗易懂,因此应用范围比较广泛。由于直线法将折旧看作时间的函数,与固定资产的实际使用情况并无关联,因此,如果各期固定资产的实际使用情况不一样,固定资产带来的经济利益必然也不相同,而按照直线法计算的每期折旧费用却都是一样的,显然收入和费用不能实现很好的配比。因此,直线法比较适用于各期使用情况大致相同、受技术进步因素影响较小、各期维修费用大致相等的固定资产,如房屋、建筑物等。由于直线法下各期的折旧费用都一样,因此企业的利润不会出现大幅波动。

工作量法则弥补了直线法的缺点,考虑到了固定资产的实际使用情况和对企业收入的贡献。工作量法中的产量法比工作时间法更符合收入与费用的配比要求,因为工作量法考虑到了机器的工作效率,而与单纯的机器运转时数相比,工作效率与企业的经济利益之间的关系更为密切。工作量法比较适合各年资产使用有大幅变动的情况,计算出来的折旧费用更能与资产使用带来的经济收入配比。但是工作量法只考虑了资产的实际使用情况,并没有考虑资产的无形损耗;同时,如果各年资产使用情况有大幅变动,那么采用工作量法计算出的各年折旧费用以及利润数字也会大幅波动,可能会影响外部投资者对企业的信心和判断,从而对企业产生不利的影响。

随着固定资产的使用,后期的维修费用比前期的多,而加速折旧法计算出的早期折旧费用比后期的多,这样固定资产的总成本费用在整个使用期内就比较平稳,从而可以平滑各年的利润,避免工作量法下利润数字大幅波动给企业带来的冲击。同时,加速折旧法下前期折旧费用相对较大,从而利润表中的利润数字相对较小,企业前期上缴的税金也就相对较少,这实际上等于从政府那里获得了一笔长期的无息贷款,一定程度上可以刺激企业生产。同时,加速折旧法既考虑了有形损耗的影响,也考虑了无形损耗的影响。通过加速折旧,企业可以提前收回对固定资产的投资,以便后期有更充足的资金更新设备,避免技术进步等因素对固定资产价值造成的不利影响。

从以上分析可以看到,不同的折旧方法计算出来的折旧费用是不同的,从而企业当期的利润数字也不相同,而不同的利润数字有时会给企业带来不同的影响。从账务处理的成本考虑,直线法最为简便;从税收角度考虑,企业更愿意采用加速折旧法,但是加速折旧法有时也是一把双刃剑。加速折旧法虽然可以减少企业前期的税收负担,但是利润偏低有时也会影响投资者对企业盈利的信心。那么,企业到底应该选择哪一种折旧方法呢?企业在选择折旧方法时应从其本身特点出发,估计使用资产的经济利益形态是属于递减的还是属于平稳的,然后再选用与这个经济利益形态相配合的折旧方法。我国企业会计准则规定,企业应当根据与固定资产有关的经济利益的预期实现方式,合理选择固定资产折旧方法。企业一旦选择了一种折旧方法,就不能随意改变(除非与固定资产有关的经济利益预期实现方式有重大改变),否则企业各期的报表将缺乏可比性。

8.3.4 折旧会计处理

固定资产折旧是对固定资产成本的分摊,从而导致固定资产账面价值的减少。但是,在实务中,折旧的计提不直接冲减"固定资产"科目的账面金额,而是通过"累计折旧"科目来记录。"累计折旧"是"固定资产"的备抵科目,计提折旧时贷记此科目,"固定资产"科目仍然保持原来取得时的成本,固定资产净值可通过"固定资产"科目和"累计折旧"科目相减得出。这种将固定资产成本和累计折旧单独反映的好处是,通过比较可以了解企业固定资产的技术状况和新旧程度。根据我国企业会计准则的规定,固定资产应当按月计提折旧,并根据用途计入相关资产的成本或者当期损益。也就是说,企业计提固定资产折旧时,应按其使用车间、部门进行分配,直接记入"生产成本""制造费用""管理费用"等有关成本费用科目。

例 8-11 甲公司月末共计提折旧费用 7 300 元,其中生产车间 4 800 元,管理部门 1 500

元,销售部门1 000元。会计分录编制如下:

借:制造费用　　　　　　　　　　　　　　　　　　　　　　4 800
　　管理费用　　　　　　　　　　　　　　　　　　　　　　1 500
　　销售费用　　　　　　　　　　　　　　　　　　　　　　1 000
　贷:累计折旧　　　　　　　　　　　　　　　　　　　　　　7 300

此外,企业应在每年年末对固定资产的使用寿命、预计净残值和折旧方法进行复核,如有变动应当进行适当的调整,固定资产使用寿命、预计净残值和折旧方法的改变应当作为会计估计变更进行处理。

复习与思考　试比较直线折旧法、工作量法和加速折旧法以及它们的适用条件。

8.4　固定资产的后续支出与处置

企业在取得固定资产后,除了折旧,还会出现一系列问题,例如固定资产的维修与改良、固定资产价值的减损、固定资产处置等,从而会发生一系列支出(如维修支出、改良支出),最后在处置固定资产时也会发生相应的支出,那么企业应如何处理这些支出呢? 是将其资本化,还是费用化呢?

8.4.1　固定资产的后续支出

固定资产在使用过程中会发生不同程度的损坏。为了保证固定资产的正常运转,更好地发挥固定资产应有的使用效能,企业必须有计划地及时对固定资产进行维护和修理。

根据维修范围的大小和维修时间间隔的长短,固定资产的维修可以分为一般性维修即日常维修和大修理。一般性维修是为了维护和保持固定资产正常工作状态所进行的经常性维修工作,即我们所说的中、小维修,具有范围小、费用支出少、次数多、间隔期和维修期较短等特点,如排除临时性故障、更换部分主要部件和配件、对机器设备进行拆卸和清洗等。大修理是指固定资产经过一定时期的使用后,为了恢复其原有的生产效率,对其主要组成部分或较多的零件进行更新或修理,维修的范围通常比较大,维修费用比较高,维修间隔和维修期较长,如企业房屋和建筑物的全面返修、机器设备的全部拆修等。大修理在企业中发生的次数一般比较少,是非经常性的维修,金额通常比较大。

固定资产改良支出是对固定资产的更新改进支出,如以质量或性能较好的新资产来代替部分旧资产,这种改良通常可以延长固定资产的使用年限、提高服务潜能,受益期包含整个使用年限。

对于固定资产后续支出的会计处理,要看后续支出是否符合固定资产确认条件,符合固定资产确认条件的,可以将支出资本化,计入固定资产成本,同时将被替换部分的账面价值扣除;不符合固定资产确认条件的,应当将支出费用化,计入当期损益。在实际工作中,企业的日常维修支出在发生时一般应直接计入当期损益;固定资产大修理等更新改造支出不满足固定资产确认条件的,在发生时也应直接计入当期损益。

8.4.2 固定资产减值

固定资产按历史成本进行价值计量,除计提折旧之外,其账面价值通常保持入账成本不变。但是,企业经营过程中实际上会出现一些表明固定资产账面价值可能无法收回的迹象,例如固定资产市价当期大幅下跌,或者固定资产的经济环境、使用状况发生重大变动等。因此,企业应在期末对固定资产进行检查,判断其是否存在可能发生减值的迹象。如果企业的固定资产存在减值迹象,则企业应估计其可收回金额,如果可收回金额低于固定资产的账面价值,企业就应当将固定资产的账面价值减记至可收回金额,减记的金额确认为资产减值损失,计入当期损益,同时计提相应的减值准备。根据我国企业会计准则的规定,可收回金额应当根据资产的公允价值减去处置费用后的净额与资产预计未来现金流量的现值两者之间较高者确定,而且只要两者中有一项超过了资产的账面价值,就表明资产没有发生减值。固定资产的公允价值可按照公平交易中的销售协议价格或者按照固定资产的市场价格或同行业类似资产的最近交易价格来确定,固定资产预计未来现金流量的现值,应当按照资产在持续使用过程中和最终处置时所产生的预计未来现金流量,以恰当的折现率进行折现后的金额加以确定。如果判定企业的固定资产发生减损,则应当借记"资产减值损失——固定资产减值损失"科目,贷记"固定资产减值准备"科目。

"固定资产减值准备"科目是"固定资产"科目的抵减科目,确认了固定资产减值损失后,未来会计期间该项资产的折旧应当作出相应的调整,即按照新的账面价值计提折旧。要注意的是,固定资产减值损失一经确认,在以后会计期间不得转回。

固定资产是企业的重要生产资料,通过资产负债表评价企业的固定资产价值时要注意固定资产净额并非完全精确的数字,因为折旧费用本身就是个估计的结果,计算折旧费用时,固定资产的预计净残值和预计使用年限都是主观估计的结果,固定资产减值准备金额也掺杂了估计的因素,因此固定资产净额在很大程度上是估计的结果。在物价波动剧烈和经济环境发生大变动的情况下,报表使用者在评估固定资产价值时要注意计算固定资产净额所参考的这些估计因素是否发生了变动,以便随时作出调整。

8.4.3 固定资产处置

固定资产进入企业开始被使用后,可能会出于各种原因退出企业;有的是企业自愿性地处置其固定资产,如因不再使用而出售、报废固定资产;有的是企业非自愿性地处置其所拥有的固定资产,如因意外灾害或者被政府没收而失去固定资产;另外,投资转出、捐赠转出、与其他资产交换或者抵债以及固定资产盘亏都有可能使企业的固定资产减少。当以上原因使企业的固定资产减少时,企业必须对这些固定资产进行清理,注销相应的固定资产相关账户,并确定损益。

1. 固定资产清理

根据我国企业会计准则的规定,企业出售、转让、报废固定资产或发生固定资产毁损,应当将处置收入扣除账面价值和相关税费后的金额计入当期损益。在进行固定资产清理之前,首先应将固定资产到处置日为止该计提的折旧加以计提。在实际工作中,对固定资产清理损益的计算通常通过"固定资产清理"科目进行核算。"固定资产清理"科目是个中间核算科目,清理的固定资产的净值以及清理过程中发生的费用和出售固定资产发生的税金等都计入该科目的借方,清理过程中发生的固定资产变价收入以及应由保险公司或有关责任者承担的损失等都计入该科目的贷方。清理完毕后,如果贷方总发生额大于借方总发生额,表示清理后有净收益,应转入"营业外收入"或"资产处置损益"科目;反之,则表示有净损失,应转入"营业外支出"或"资产处置损益"科目。① 结转后,"固定资产清理"科目应没有余额。

例 8-12 甲公司出售一台不需用的设备,该设备原值为 80 000 元,已提折旧 65 000 元,出售时取得收入 18 000 元,用现金支付清理费用 800 元。相应的会计分录编制如下:

(1)因固定资产转入清理而注销原固定资产相关账户时

借:固定资产清理	15 000
累计折旧	65 000
贷:固定资产	80 000

(2)取得出售收入时

借:银行存款	18 000
贷:固定资产清理	18 000

(3)支付清理费用时

借:固定资产清理	800
贷:现金	800

(4)结转清理净损益时

借:固定资产清理	2 200
贷:资产处置损益	2 200

例 8-13 甲公司有一台机器设备发生意外损失,原值为 120 000 元,已提折旧 70 000 元。其中,属于自然灾害造成的损失为 30 000 元,由保险公司负责赔偿;由有关保管人员造成的损失 9 000 元,应追究个人责任。另外,企业以银行存款支付固定资产清理费用 2 000 元,收到残料变价收入 7 000 元。企业有关会计分录编制如下:

---

① 2017 年 12 月财政部发布了《关于修订印发一般企业财务报表格式的通知》,新增"资产处置收益"报表项目和"资产处置损益"会计科目。其中,"资产处置损益"科目主要用来核算处置后还有使用价值的资产处置项目,如用固定资产进行交换、投资、捐赠等;固定资产的毁损报废仍通过"营业外收入"或"营业外支出"科目核算。

(1) 注销原固定资产时

借:固定资产清理	50 000
累计折旧	70 000
贷:固定资产	120 000

(2) 发生清理费用时

借:固定资产清理	2 000
贷:银行存款	2 000

(3) 收到残料变价收入时

借:银行存款	7 000
贷:固定资产清理	7 000

(4) 确认保险公司及有关责任人赔偿额时

借:其他应收款——保险公司	30 000
——××责任人	9 000
贷:固定资产清理	39 000

(5) 结转清理净损失时

借:营业外支出——处置固定资产净损失	6 000
贷:固定资产清理	6 000

2. 固定资产盘亏

为了保护固定资产的安全与完整,企业应当对固定资产进行定期的清查盘点,以保证账实相符。我国企业会计实务通常会将盘点结果编制成表并及时进行会计处理,同时企业会查明原因,按照规定程序将书面报告报送有关部门。根据我国企业会计准则的规定,固定资产盘亏造成的损失应当计入当期损益。

对于固定资产盘点的会计处理,企业不再通过以上"固定资产清理"科目处理,而是专门设置"待处理财产损溢——待处理固定资产损溢"科目进行核算。当固定资产盘亏时计入该科目的借方,转销时计入该科目的贷方,期末如有借方余额,表示企业有尚未处理的固定资产净损失。

例 8-14 甲公司期末盘亏了一台机器设备,原值为 70 000 元,已提折旧 49 000 元,报经有关部门批准后,应由保管人员赔款 8 000 元,其余转作营业外支出处理。企业有关会计分录编制如下:

(1) 盘亏时

借:待处理财产损溢——待处理固定资产损溢	21 000
累计折旧	49 000
贷:固定资产	70 000

(2) 经批准后转销时

借:其他应收款——××责任人	8 000
营业外支出——固定资产盘亏	13 000
贷:待处理财产损溢——待处理固定资产损溢	21 000

固定资产在资产负债表中的长期投资之后、无形资产之前披露,根据我国企业会计准则的规定,资产负债表主表只列报固定资产净额,固定资产累计折旧以及减值准备等资料在报表附注中披露。具体地,企业需要在报表附注中披露其所采取的与固定资产有关的各项会计政策、会计估计以及固定资产的详细信息等,比如,固定资产的确认条件以及分类和计量的基础和折旧方法;各类固定资产的使用寿命、预计净残值、折旧率和当期确认的折旧费用;企业对固定资产所有权的限制及其金额和用于担保的固定资产账面价值;准备处置的固定资产名称、账面价值、公允价值、预计处置费用和预计处置时间等。报表使用者在评估企业的固定资产时不仅要关注报表主体的内容,还要善于利用报表附注所提供的相关信息,以便更好地对企业的固定资产作出评价。

案例
鞍钢股份为什么调整固定资产折旧年限?

鞍钢股份有限公司(以下简称"鞍钢股份")的前身为鞍钢新轧钢股份有限公司。鞍钢股份是依据《中华人民共和国公司法》经由中华人民共和国国家经济体制改革委员会体改生〔1997〕62号文《关于同意设立鞍钢新轧钢股份有限公司的批复》的批准,以鞍山钢铁集团公司为唯一发起人,以发起方式设立的股份有限公司。鞍钢股份于1997年7月22日发行了890 000 000股每股面值人民币1元的H股普通股股票,并于1997年7月24日在香港联合交易所上市交易。1997年11月16日,鞍钢股份又发行了300 000 000股每股面值人民币1元的人民币普通股,并于1997年12月25日在深圳证券交易所上市交易。

2012年11月16日,鞍钢股份发布第五届董事会第三十九次会议决议公告,宣布董事会批准了《关于调整部分固定资产折旧年限的议案》(以下简称"《决议1》")。《决议1》规定,从2013年1月1日起对公司部分固定资产折旧年限进行调整,延长了主要固定资产(如房屋、建筑物和机械设备等)的折旧年限,具体调整方案如表8-4所示。

表8-4 鞍钢股份2013年部分固定资产折旧年限调整

类别	变更前折旧年限	变更后折旧年限	同行业上限平均水平
房屋	30	40	40
建筑物	30	40	40
传导设备	15	19	18
机械设备	15	19	19
动力设备	10	12	18

《决议1》还公布了会计估计变更对鞍钢股份的影响:此次会计估计变更对公司的主营业务范围无影响,预计公司2013年所有者权益和净利润均增加人民币9亿元,预计2013年将比2012年少计提折旧费用人民币12亿元。

鞍钢股份董事会在《决议1》中专门作出说明:2012年公司对固定资产更新维护方面的支出预计人民币68.9亿元,通过对主体设备生产线进行技术改造,定期对设备进行检修,提高了设备的使用性能,延长了固定资产的使用寿命。按照《企业会计准则第4号——固定资产》第四章第十五条"企业应当根据固定资产的性质和使用情况,合理确定固定资产的使用寿命和预计净残值"的规定,以及第十九条"企业至少应当于每年年度终了,对固定资产的使用寿命、预计净残值和折旧方法进行复核"的规定,鞍钢股份根据固定资产的性质和使用情况对各类固定资产的预计使用年限进行重新确定。调整后,鞍钢股份的折旧年限符合同行业同类固定资产折旧年限平均水平。同时,鞍钢股份独立董事在《决议1》中也对此次大规模调整折旧年限作出了说明:公司本次会计估计变更符合国家相关法规及规则的要求;公司本次会计估计变更是基于公司的实际情况进行的调整,变更依据真实、可靠,不存在损害股东利益的情形,使公司的财务信息更为客观地反映公司财务状况及经营成果。

之后,鞍钢股份第六届董事会第四十二次会议于2015年10月16日决议通过了《关于调整部分固定资产折旧年限的议案》(以下简称"《决议2》")。《决议2》规定,从2015年11月1日起调整部分固定资产折旧年限(见表8-5)。《决议2》表明,该项会计估计变更的合理性在于公司近年来不断加大固定资产投资力度,通过对主体设备生产线进行技术改造和技术革新,定期对设备进行检修,提高了设备的使用性能,延长了固定资产的使用寿命。在影响方面,鞍钢股份董事会认为此次会计估计变更对主营业务范围无影响,预计公司2014年度经审计的所有者权益和净利润均增加人民币4.12亿元,分别占2014年度经审计的所有者权益和净利润的0.86%和44.40%。本次会计估计变更采用未来适用法处理,不追溯调整,不会对以往各年度财务状况和经营成果产生影响。

表8-5 鞍钢股份2015年部分固定资产折旧年限调整

固定资产类别	变更前折旧年限(年)	年折旧率(%)	变更后折旧年限(年)	年折旧率(%)
传导设备	19	5.00	24	3.96
机械设备	19	5.00	24	3.96
动力设备	12	7.92	17	5.59
运输设备	10	9.50	12	7.92

从法律法规、管理层以及独立董事的解释来看,这两次大规模调整固定资产折旧年限符合企业的实际发展情况。因此,此次会计估计变更的直接原因是鞍钢股份进行了固定资产的更新维护,从而导致固定资产使用年限的延长。

(本案例根据巨潮资讯网发布的鞍钢股份有限公司年度财务报告及相关公告编写。)

思考:

1. 你认为鞍钢股份2013年和2015年调整固定资产折旧年限的理由是否充分?是否存在会计操纵之嫌?

2. 你认为鞍钢股份如此调整固定资产折旧年限的内在动机是什么?

本章小结

固定资产是为生产商品、提供劳务、出租或经营管理而持有的,使用寿命超过一个会计年度的耐久性资产。企业取得固定资产的方式有外购、自行建造、接受投资者投入、接受捐赠、非货币性资产交换等。在不同的取得方式下,固定资产价值构成的具体内容也有所不同。

固定资产折旧是指在固定资产使用寿命内,按照确定的方法对应计提折旧进行系统的分摊。企业应对所有的固定资产计提折旧,包括未使用和不需用的固定资产。影响折旧额的因素主要有应计折旧总额、估计使用年限和折旧方法。企业常用的折旧方法主要有直线法、工作量法、年数总和法和双倍余额递减法等。不同的折旧方法会对企业的财务报表产生不同的影响,企业应从自身的特点出发选择与本企业经济利益形态配合的折旧方法,且一旦选择了某一种折旧方法就不能随意改变。

企业在取得固定资产后还会发生一些维修或改良等后续支出。企业应根据具体情况将这些支出资本化或费用化。同时,企业应在每期期末对固定资产的价值进行检查,一旦发现存在减值迹象,则应确认资产减值损失,同时计提相应的减值准备。企业因出售、转让、报废或发生固定资产毁损而使企业固定资产减少的,应通过"固定资产清理"科目进行处理;因盘亏减少的固定资产,则通过"待处理财产损溢"科目进行处理。

重要名词

固定资产(Fixed Assets)
原始成本(Historical Cost)
一揽子购入(Lump-sum Purchase)
自建资产(Self-constructed Assets)
利息资本化(Capitalization of Interest)
非货币性资产交换(Exchanges of Nonmonetary Assets)
公允价值(Fair Value)
账面价值(Book Value)
折旧(Depreciation)
应计折旧额(Depreciable Cost)
残值(Residual Value)
估计使用年限(Expected Useful Life)
有形损耗(Physical Depreciation)

无形损耗(Functional Depreciation)
直线法(Straight-line Method)
工作量法(Units-of-production Method)
年数总和法(Sum-of-the-year's-digits Method)
加速折旧法(Accelerated Depreciation Method)
双倍余额递减法(Double-declining-balance Method)
折旧费用(Depreciation Expenses)
累计折旧(Accumulated Depreciation)
改良(Betterments)
减值(Impairment of Value)
减值准备(Allowance for Impairment)
固定资产处置(Disposal of Fixed Assets)

思考题

1. 企业自行建造固定资产发生的借款费用是否应该构成固定资产的取得成本?为什么?我国企业会计准则对此有何规定?

2. 折旧为什么是一个重要的会计问题?采用不同的折旧方法对企业的利润表有什么不同影响?

3. 我国企业会计准则规定"固定资产减值损失一经确认,在以后会计期间不得转回"。

试分析这一规定的利弊。

4. 企业管理层调整(延长或缩短)固定资产折旧年限,对于资产负债表和利润表的信息质量会带来怎样的影响?

练习题

1. A 公司与 B 公司达成以下协议:A 公司以总价款 1 000 万元一揽子购入 B 公司的甲、乙、丙三台旧设备。这三台旧设备在 B 公司的账面价值分别是 200 万元、300 万元和 400 万元,在市场上同类型新设备的价格分别是 400 万元、800 万元和 500 万元,评估师估计的公允价值分别是 300 万元、400 万元和 550 万元。另外,A 公司在设备运送过程中支付的搬运费和安装费共 125 万元。价款和费用均已使用银行存款支付。假设不考虑相关增值税。

要求:

(1) 这三台设备在 A 公司的入账价值应分别是多少?请编制 A 公司购入设备的会计分录。

(2) 如果 A 公司不是从 B 公司购入设备,而是接受 B 公司的投资,又应如何计价呢?

2. A 公司有一台设备原值为 500 万元,预计使用 5 年时间,预计残值为设备原值的 10%,试问在直线折旧法、年数总和法和双倍余额递减法下每年的折旧额分别是多少?几种折旧方法的折旧速度以及对利润的影响是怎样的?

3. C 公司有一台设备,原值为 200 万元,已计提折旧 40 万元,但是公司认为目前该设备的可收回金额只有 80 万元,于是计提减值准备。不久之后该设备以 60 万元卖出,同时以银行存款支付清理费用 1 万元。请为 C 公司编制相应的会计分录。

4. D 公司借款自行建造厂房,购入为工程准备的物资价值 4 000 万元,不久之后全部被领用,用以工程建造。另外,领用了本公司生产的材料一批,价值 1 400 万元。结转工人工资 500 万元,结算的可以资本化的利息费用 100 万元。厂房在年初建好后,预计可以使用 10 年,不考虑残值,使用直线法计提折旧。两年后,发现厂房的价值有所减损,预计可收回金额为 4 000 万元,第四年年初厂房因发生重大水灾被报废,清理支付费用 10 万元,所得残料收入 100 万元,收到保险公司答应赔付的 1 500 万元赔偿清单。

要求:

(1) 请编制 D 公司厂房建造以及建造完毕的会计分录。

(2) 请编制 D 公司厂房计提折旧以及减值准备的会计分录。

(3) 请编制 D 公司厂房清理的会计分录。

第 9 章 无形资产及其他资产

[学习目标]

通过本章的学习,你应该掌握:
1. 无形资产的性质和种类;
2. 无形资产取得的会计处理;
3. 无形资产摊销的会计处理;
4. 其他资产的会计处理。

[素养目标]

通过本章的学习,充分认识无形资产及其摊销的会计处理对于正确反映企业财务状况和经营结果的重要性,以及合理的无形资产价值计量对于提供高质量会计信息的必要性。

[小故事/小案例]

2021年,华为实现销售收入人民币6368亿元,净利润人民币1137亿元。同时,进一步加大了研发投入,研发费用人民币1427亿元,占销售收入的22.4%,在全球企业中位居第二。过去十年,华为在研发领域累计投资超过人民币8450亿元;近几年,华为每年在基础研究上的投资超过人民币200亿元。2021年,华为研发人员约10.7万名,约占公司总人数的54.8%。截至2021年年底,华为在全球共持有有效授权专利超过11万件,且90%以上为发明专利;在中国国家知识产权局和欧洲专利局2021年度专利授权量中均排名第一,在5G、Wi-Fi6、H.266等多个主流标准领域居于行业领先地位。

华为在研发领域投入巨大,也取得了举世瞩目的研发成果——超过11万件授权专利。这些专利可以说是价值连城。那么,华为资产负债表中是否反映了这11万件授权专利的价值呢?从华为官网查看其2021年度财务报告后,我们发现,其2021年12月31日资产负债表中"商誉及无形资产"项下的金额仅为人民币81.04亿元,而总资产高达人民币9829.71亿元,商誉及无形资产占总资产的比例仅为0.82%。对此,许多人可能大惑不解。

在华为2021年度财务报告第82页有如下一段附注说明:"研发支出包括所有可以直接归属于研发活动以及可以合理分摊至研发活动的成本。根据本集团研发活动的性质,这些支出通常只有在项目开发阶段后期才满足资本化条件,此时剩余开发成本并不重大。因此,研发支出通常于发生时确认为费用。"这就是说,华为2021年度发生的研发支出人民币1427亿元全部计入了费用,分文没有计入无形资产。以往年度也是如此。

为什么如此有价值的授权专利没有反映为资产负债表中的无形资产呢？会计准则是如何规定的？华为又是如何考虑的？本章将介绍无形资产取得及摊销的会计处理以及其他资产的会计处理。通过学习本章内容，我们应该就能回答上述问题了。

9.1 无形资产的特征与种类

9.1.1 无形资产的特征

企业的资产除了有形的实物资产，还包括无形的权利。按照资产是否具有实物形态，可以将企业的资产分为有形资产和无形资产两类。有形资产具有实物形态，无形资产没有实物形态。同时，无形资产价值的确定与有形资产有较大的差异，其价值不太稳定。我国企业会计准则将无形资产定义为"企业拥有或者控制的没有实物形态的可辨认非货币性资产"。其中，"企业拥有或控制"这一描述符合对资产的定义，"可辨认"是指该项资产能够从企业分离或者划分出来，并能单独或者与相关合同、资产或负债一起，用于出售、转移、授予许可、租赁或者交换，或者是源自合同性权利或其他法定权利，无论这些权利是否可以从企业或其他权利和义务中转移或者分离。

与固定资产和存货等有形资产相比，无形资产通常具有以下特征：

（1）无形资产没有实物形态。无形资产作为企业的资产，没有实物形态，它通常代表的是企业的一种法定权利或优先权，如专利权、商标权、著作权等。

（2）无形资产属于非货币性资产。应收账款等货币性资产虽然没有实物形态，但其转化为现金的数额是确定的。无形资产虽然也没有实物形态，但其转化为现金的数额是不确定的，因而属于非货币性资产。

（3）无形资产能为企业带来长期的未来经济利益。无形资产虽然不像有形资产那样具有实物形态，但是同样可以给企业带来经济利益。而且，无形资产所带来的未来经济利益通常具有长期性。

（4）无形资产所提供的经济利益具有很大的不确定性。无形资产通常能给企业带来超额利润，但是由于科学技术的进步和市场的激烈竞争，有时旧的无形资产很容易会受到新的无形资产的冲击从而丧失其原本具有的价值创造能力，无法像原先预期的那样给企业带来超额利润。尤其是在知识经济时代，无形资产的更新无疑更为迅速，这使得无形资产所能提供的经济利益具有高度的不确定性。

复习与思考 无形资产有哪些特征？

9.1.2 无形资产的种类

企业的无形资产有很多种,根据不同的标准可以进行不同的分类。

1. 按期限划分

按期限划分,无形资产可分为有限期无形资产和无限期无形资产。

有限期无形资产是指有效期由法律规定的无形资产,如专利权、商标权、著作权等。无限期无形资产是指法律并未规定有效期的无形资产。

2. 按是否可辨认划分

按是否可辨认划分,无形资产可分为可辨认无形资产和不可辨认无形资产。

可辨认无形资产是指具有专门名称、可以具体辨认并可以和企业分离而单独出售的无形资产,如专利权、商标权等大部分无形资产。不可辨认无形资产是指不能具体辨认、不能离开企业而单独出售的无形资产,主要是指商誉。我国企业会计准则中所规范的无形资产,是狭义的无形资产,即可辨认无形资产,不包括商誉。

3. 按经济内容划分

按经济内容划分,无形资产可分为专利权、商标权、非专利技术、著作权、土地使用权和特许权等。

专利权是指政府对发明者在某一产品的造型、配方、结构、制造工艺或程序的发明创造上给予其制造、使用和出售等方面的专门权利。企业利用专利权可以降低制造成本,提高产品质量,确立独占性优势,也可以使得产品更为畅销或者能以更高的价格出售,从而给企业带来较大的经济利益。专利权受法律保护并有一定的有效期,如果在有效期内别的企业想使用这一专利,则必须向专利权持有者支付使用费。

商标权是指专门在某类商品或产品上使用特定的名称或图案的权利。商标的价值在于企业通常有较高的信誉,以此商标为标记的优质商品能给企业带来较大的经济利益。商标通过注册登记,可获得法律的保护,其持有者可拥有独占使用权和禁止权,也就是说商标权持有者拥有在商标注册范围内独家使用该商标的权利,他人不能在同种商品或类似商品上再使用同样的商标。商标权有一定的法律有效期,到期可申请续展。

非专利技术是指发明者未申请专利或不够申请专利条件而未经公开的生产中实用的、先进的、新颖的技术或资料,俗称"技术秘密"或"技术诀窍"。非专利技术不需要到有关管理机关注册登记,不受法律保护,因而不像专利技术那样具有一定的法律期限,只要不泄露出去,就可以由其持有者长期享用。企业利用非专利技术可以取得优越的竞争地位和超额利润。

著作权又称版权,是指书籍、艺术作品等的作者及出版商依法所享有的对其著作、艺术品及出版发行的专有权利,这些权利可以为持有者创造经济利益。著作权受法律保护,未经著作权人许可或转让,他人不得占有和使用。

土地使用权是指国家准许某企业在一定期间内对国有土地享有开发、利用、经营的权利。在我国,土地是国有的,任何单位和个人都没有土地所有权。我国企业要使用国家土地应经过国家批准,规定一定的期限并交纳土地使用费,因此土地使用权又称土地租赁权。

特许权是指授予者一方给予被许可者一方在某个指定的地区内销售特定产品或提供特定服务、使用特定商标及名称或行使某些特定功能的权利。

9.2 无形资产的会计处理

9.2.1 无形资产取得的会计处理

企业取得无形资产时应在会计上予以确认。根据我国企业会计准则的规定,无形资产的确认必须满足两个条件:一是与该无形资产有关的经济利益很可能流入企业;二是该无形资产的成本能够可靠地计量。企业在判断无形资产产生的经济利益是否很可能流入企业时,应当对无形资产在预计使用寿命内可能存在的各种经济因素作出合理估计,并且应当有明确证据支持。

企业取得无形资产的方式一般包括外购、自创、投资转入和接受捐赠等几种。无论采用何种方式取得,企业都应按照实际成本入账。但是在确定实际成本时,不同的取得方式带来的计量难度是不一样的,这使得会计上对无形资产的确认产生了不少争议。

企业从外部购入无形资产时,应按实际的购买成本入账,包括购买价格、相关税费(如咨询费、鉴定费等)以及直接归属于使该项资产达到预定用途所发生的其他支出。如果企业是以赊购的方式购入无形资产,且信用期限超过了正常的信用条件,那么企业应将无形资产的购入视为融资购入,应以购买价款的现值作为无形资产的成本入账。

与外购的无形资产相比,企业自创的无形资产的成本确定颇为困难。我国企业会计准则要求区分自创过程中发生的研究与开发支出,研究支出全部计入费用,开发支出在满足准则规定的有关条件时可以资本化计入无形资产。详见本章第3节中的"研究与开发支出"。

企业接受其他单位投资转入的无形资产,应当按照投资合同或双方协商确定的公允价值入账;接受捐赠的无形资产应当按照发票账单所列的金额或同类无形资产的市价入账;企业以非货币性资产交换、债务重组、政府补助和企业合并取得的无形资产的成本,应当分别按照相关的会计准则入账。

例9-1 甲公司购入一项专利权,价款500 000元,另支付鉴定费、咨询费及其他费用50 000元,均以银行存款支付。假设不考虑相关增值税,则甲公司会计分录编制如下:

借:无形资产——专利权 550 000
  贷:银行存款 550 000

例9-2 甲公司接受乙公司以无形资产作为投资,经双方协商确认,商标权210 000元,专有技术300 000元。假设不考虑相关增值税,则甲公司会计分录编制如下:

```
借:无形资产——商标权                    210 000
       ——专有技术                    300 000
    贷:实收资本                              510 000
```

9.2.2 无形资产摊销的会计处理

由于无形资产所具有的价值的权利或特权在持续一段时间后最终会终结或消失,因此无形资产通常有一定的有效期限。与固定资产一样,企业应将无形资产成本在有效期内进行摊销,以实现收入与费用的配比,合理地确定各个会计期间的经营损益。

要摊销无形资产的成本,必须明确:无形资产有无残值?总计应摊销的金额是多少?摊销期为多长?采用何种摊销方式?根据我国企业会计准则的规定,使用寿命有限的无形资产一般不考虑残值,即将残值视为零处理,但是如果有可靠的证据表明无形资产在使用寿命结束时具有残值的,则要将成本扣除预计残值后的金额作为应摊销金额。例如,有第三方保证在无形资产使用寿命结束时购买该无形资产,或者有活跃的市场可以得到预计残值的信息且这个活跃市场在无形资产使用寿命结束时很可能存在。如果企业已计提了无形资产减值准备,那么应摊销金额还要考虑扣除这部分减值准备(无形资产减值准备的计提与固定资产类似)。因此,企业首先应合理地确定无形资产的使用寿命。[①] 无形资产的使用寿命不一定以时间单位来表示,也可以以产量等类似的计量单位数量来表示。企业无法预见无形资产为企业带来经济利益期限的,应当将之视为使用寿命不确定的无形资产,企业可不用摊销其成本;但是企业应当在每个会计期间对这部分无形资产的使用寿命进行复核,如果有证据表明无形资产的使用寿命是有限的,则应当估计其使用寿命并摊销相应的成本;如果仍为不确定的,则应在每个会计期间进行减值测试,需计提减值准备的,相应计提减值准备。

我国企业会计准则不再将直线法视为无形资产唯一的摊销方法,而是允许企业选择适合自己的摊销方法,只要这种摊销方法能合理反映与该项无形资产有关的经济利益的预期实现方式即可。如果企业无法确定无形资产经济利益的预期实现方式,则可以简单地采用直线法进行摊销。无形资产摊销一般计入管理费用。另外,企业至少应在每年年末对使用寿命有限的无形资产的使用寿命和摊销方法进行复核,以便及时调整。

例 9-3 甲公司购入一项商标权,价值为 600 000 元,有效期为 10 年。根据企业会计准则的规定,该商标权可视为无残值,企业如果采用直线法摊销,则每月摊销金额为 5 000 元。甲

---

① 企业所持有的来自合同性权利或其他法定权利的无形资产,其使用寿命即为合同或法律所规定的使用年限;如果合同性权利或者其他法定权利能够在到期时因续约等延续,且有证据表明企业不需要付出大额成本的,续约期也应当计入使用寿命。合同或法律没有规定使用寿命的,企业应当综合各方面情况,通过聘请相关专家进行论证或与同行业的情况进行比较以及参考历史经验等方法,确定无形资产为企业带来未来经济利益的期限。一般考虑的因素有:无形资产通常的产品寿命周期、可获得的类似资产使用寿命的信息;技术、工艺等方面的显示情况及对未来发展的估计;该资产生产的产品或提供的服务的市场需求情况;现在或潜在的竞争者预期采取的行动;为维持该资产生未来经济利益的能力预期的维护支出,以及企业预计支付有关支出的能力;对该资产的控制期限使用的法律或类似限制;与企业持有的其他资产使用寿命的关联性等。

公司摊销的会计分录编制如下:

借:管理费用——无形资产摊销   5 000
  贷:累计摊销   5 000

复习与思考 无形资产摊销的原则是什么?

9.2.3 无形资产处置的会计处理

无形资产的价值具有很大的不稳定性,技术进步的加快和市场环境的瞬息变化很可能会使原本较有价值的无形资产变得一文不值。当企业预期无形资产不能为企业带来经济利益时,无形资产就丧失了确认条件,企业应当将无形资产的账面价值予以转销。

如果企业是以转让的方式对无形资产进行处置,那么应当将取得的价款与该无形资产账面价值的差额计入当期损益。

例 9-4 例 9-3 中购入的商标权,经过两年后共摊销 120 000 元,账面价值为 480 000 元,此时甲公司出售该项商标权收到 550 000 元银行存款,则会计分录编制如下:

借:银行存款   550 000
  累计摊销   120 000
  贷:无形资产——商标权   600 000
    资产处置损益——处置无形资产收益   70 000

9.3 其他资产

9.3.1 商誉

自 19 世纪末商誉进入会计视野以来,其计量和摊销问题一直是会计理论界与实务界最具争议性的话题之一。究竟什么是商誉,到现在都无法给出一个十分精确的定义。然而商誉确确实实存在于企业之中,而且为企业带来了不可小视的贡献。在标准普尔 500 强企业中,品牌价值平均占到其总市值的 30%以上,品牌资产对企业营业收入的贡献越来越重要。

依据商誉的取得方式,商誉可分为自创商誉和外购商誉。其中,外购商誉是指企业合并时产生的商誉。在企业自创商誉的过程中,形成商誉的原因有很多,如企业优越的地理位置、秘密的制造工艺、良好的客户关系和协调的劳资关系、高等级的信用、优秀的管理团队、优惠的税收政策,甚至竞争对手管理上的弱点或者经营上的不景气等。这些因素都有助于企业商誉的形成,从而使企业取得比一般企业高得多的利润,从这一点来讲,商誉应该是企业赚取超额利润的能力。然而,在商誉的实际形成过程中,企业很难去区分到底哪项支出对企业商誉的形成是有贡献的,有些因素甚至无须企业投入成本(如竞争对手本身的弱点),而有些支出即使发生了,当时也无法确定到底其中有多少对企业商誉的建立是有帮助的,因此商誉的价值很难计量。况且形成商誉的这些因素与企业本身是不可分离的,商誉不可能像专利权、商标权那样单独出售,它存在于企业中但很难加以辨认;只有当企业合并时,购买方支付的价格超过企业可辨认净资产价值时,它的价值才得以客观地体现出来,才具有会计上的可验证性。因此,根据我国企业会计准则的规定,企业自创的商誉不予确认;只有在企业合并时,商誉才有可能在会计上被确认,列报于资产负债表上作为企业的一项资产。

既然商誉只有在企业合并时才予以确认,那么其价值就取决于合并过程中双方的价格协商结果。自然,购买方在事先会通过各种方法(如盈利倍数法、未来现金流量折现法或超额利润法)去估计被购买方商誉的价值,再决定整个合并价格。购买方最后实际支付的价格超过被购买方可辨认净资产的公允价值时,其差额就是报表上确认的商誉价值。

商誉确认之后,随之而来的是另一个备受争议的话题,即商誉应当如何进行后续计量。历史上,人们对企业合并时所确认商誉的后续计量有三种不同的看法。第一种是立即冲销法。考虑到商誉的受益年限不容易确定且商誉无法脱离企业而单独出售,因此有些人认为不应将其作为资产列报,购入商誉后应立即冲销,作为股东权益的减少,这样做也使得购入的商誉与自创的商誉在会计处理上保持一致。第二种是永久保留法,即购入商誉后作为企业的资产,但平时不摊销,只有当商誉发生减值时,才计提商誉减值准备。赞同者认为虽然商誉的受益期难以确定,但是只要它能带来超额利润,它就仍是企业的资产,不能贸然摊销;反对者则认为这种方法不符合会计上的谨慎性原则,且减值准备的计提存在较强的主观随意性。第三种是系统摊销法。考虑到技术进步的加快以及经济环境的瞬息万变,商誉带来的超额利润总有消失的一天,因此商誉需要在一定时间内摊销。

我国企业会计准则曾规定商誉按不超过10年的时间摊销。但是,由于商誉的不可辨认性,我国现行企业会计准则不再将商誉作为无形资产的组成部分,商誉确认后在持有期间不再进行摊销,但是企业应在每年年末对商誉进行减值测试。如果发现有减值,则应当确认商誉的减值损失,计入当期损益。

9.3.2 研究与开发支出

随着世界经济步伐的加快,技术进步和经济增长在各国经济中发挥的作用越来越重要。如果没有技术更新和产品更新,企业就会处于劣势,很容易在竞争激烈的市场中被淘汰,因此很多大型企业非常重视研究与开发(以下简称"研发")工作,投入研发的支出日益加大,研发支出占销售收入的比重超过10%的企业也并非少数。

企业的研发活动并不必然形成无形资产。研发具有很大的风险性,很多研发活动可能最终会失败,从而无法形成无形资产。即使有些研发活动最终能形成无形资产,但是当初的研发支出中到底哪些是对形成这些无形资产有帮助的也很难识别。那么研发支出到底是应该费用化还是应该资本化呢？这是会计学界一直争论不休的又一话题。

由于研发支出的未来经济利益具有极大的不确定性，且无法明确识别研发支出与未来经济利益之间的直接关系，因此很难对其进行分期配比。以往各国会计准则更多的是从谨慎性角度出发，将研发支出费用化，即将所有的研发支出（包括研发过程中发生的材料费用，研发人员的工资及福利费，研发过程中发生的租金、借款费用等）都作为当期费用处理，直接计入当期损益，不计入无形资产成本；只有研发成功后按法律程序申请取得某项法定保护的无形资产时所发生的注册费、聘请律师费等费用才计入无形资产成本。这样做当然可以简化会计核算工作，同时消除会计方法上的多样性，增强报表的可比性，但是这种"一刀切"的做法显然也有欠妥之处。虽然研发支出给企业带来的未来经济利益的时间和形态不易确定，但是这种未来经济利益却是真实存在的，如果完全不确认无形资产，将会低估企业资产的价值；而且对有些自行研制的无形资产来说（例如专利权），研发支出通常是形成无形资产的最大投入，从研发成功到无形资产最终形成所支付的金额相对较小，如果完全不将研发支出资本化，将严重低估企业资产的价值。因此，我国现行企业会计准则不再将研发支出全部费用化，而是要求具体区分研究阶段支出和开发阶段支出并对它们分别处理。这里的研究指的是企业为获取并理解新的科学或技术知识而进行的独创性的有计划调查。例如，为获取知识而进行的活动；研究成果或其他知识的应用研究、评价和最终选择；材料、设备、产品、工序、系统或服务替代品的研究；新的或经改进的材料、设备、产品、工序、系统或服务的可能替代品的配制、设计、评价和最终选择等。开发指的是在进行商业性生产或使用前，将研究成果或其他知识应用于某项计划或设计，以生产出新的或具有实质性改进的材料、装置、产品等。例如，生产前或使用前原型和模型的设计、建造和测试；含新技术的工具、夹具、模具和冲模的设计；不具有商业性生产经济规模的试生产设施的设计、建造和运营；新的或经改造的材料、设备、产品、工序、系统或服务所选定的替代品的设计、建造和测试等。

根据企业会计准则的规定，企业内部研发项目研究阶段的支出应当费用化，即在发生时计入当期损益；开发阶段的支出必须同时满足以下五个条件才能进行资本化，确认为无形资产：① 完成该无形资产以使其能够使用或出售在技术上具有可行性；② 具有完成该无形资产并使用或出售的意图；③ 无形资产产生经济利益的方式，包括能够证明运用该无形资产生产的产品存在市场或无形资产自身存在市场，无形资产将在内部使用的，应当证明其有用性；④ 有足够的技术、财务资源和其他资源支持，以完成该无形资产的开发，并有能力使用或出售该无形资产；⑤ 归属于该无形资产开发阶段的支出能够可靠地计量。将研发支出部分资本化在激励企业技术创新上可以起到积极的作用，因此，企业应认真区分研究阶段和开发阶段，以便正确地将支出费用化或资本化，合理地反映企业的利润。

计算机软件可以外购，也可以自行开发。外购的软件成本较易确定，而自行开发的软件成本的确定是会计上比较特殊的问题。尤其是对于那些专门开发软件以供出售或出租的软件公司来说，计算机软件项目的开发风险较大，而且企业可能会同时开发多个软件，有些支出无法明确地归属到某个软件上，成本界定非常困难，因此，软件的开发既类似于企业一般的研发活动，又有其行业特殊性。

根据我国企业会计准则的规定，企业的研发支出中属于研究阶段的支出应当费用化，符合一定条件的开发阶段的支出可以资本化。那么,软件项目的研发支出也可以应用企业会计准则的这一规定,区别软件开发的具体阶段,将其一部分资本化以确定软件的成本。

软件的具体开发通常包括可行性调查、系统分析、系统设计、编码、测试、拷贝母版和准备书面文件、申请专利与维护等一系列过程,会计上最重要的就是要确定资本化的时点,即哪个阶段前的支出应该费用化,哪个阶段后的支出应该资本化。根据资本化的相关条件,技术可行性是一个关键时点。一般当企业完成了详细的程序设计或者完成了操作模型以及各项规划、设计、编码和必要的测试等工作,能保证产品按照设计的规格生产时,我们通常就认为已经建立了技术上的可行性。在建立技术可行性之前所发生的支出作为当期费用,计入当期损益;在建立技术可行性之后所发生的支出可以根据企业会计准则规定的资本化条件计入软件成本。要注意的是,对于专门从事软件开发销售的企业来说,从建立技术可行性到完成产品母版所发生的支出应该资本化;从产品母版完成到投入生产可供拷贝所发生的成本则属于存货成本。

资本化的软件成本应该在其受益期内进行分摊,分摊的方法有直线法和收入比例法。直线法是将资本化的软件成本在预计受益期内平均摊销;收入比例法则是按软件产品当期的收入占当期收入及预期未来总收入之和的比例来分摊资本化的软件成本。软件发行后发生的维护服务成本一般应在发生时作为当期费用处理,计入当期损益。

9.3.3 使用权资产

使用权资产是指承租人可在租赁期内使用租赁资产的权利。在租赁期开始日,承租人应当按照成本对使用权资产进行初始计量。使用权资产的成本包括:

(1)租赁负债①的初始计量金额。

(2)在租赁期开始日或之前支付的租赁付款额,存在租赁激励的,应扣除已享受的租赁激励相关金额。

(3)承租人发生的初始直接费用。

(4)承租人为拆卸及移除租赁资产、复原租赁资产所在场地或将租赁资产恢复至租赁条款约定状态预计将发生的成本。前述成本属于为生产存货而发生的,适用于《企业会计准则第1号——存货》。

关于上述第(4)项成本,承租人有可能在租赁期开始日就承担了上述成本的支付义务,也可能在特定期间内因使用标的资产而承担了相关义务。承租人应在其有义务承担上述成本时,将这些成本确认为使用权资产成本的一部分。

在租赁期开始日后,承租人应当采用成本模式对使用权资产进行后续计量,即以成本减累计折旧及累计减值损失计量使用权资产。承租人应当参照《企业会计准则第4号——固定资产》有关折旧的规定,自租赁期开始日起对使用权资产计提折旧。计提的折旧应根据使用

---

① 详见本书第10章"负债"。

权资产的用途,计入相关资产(如存货)的成本或当期损益。

承租人在确定使用权资产的折旧年限时,应遵循如下原则:若能够合理确定租赁期届满时取得租赁资产所有权,则应当在租赁资产剩余使用寿命内计提折旧;若无法合理确定租赁期届满时能够取得租赁资产所有权,则应当在租赁期与租赁资产剩余使用寿命两者孰短的期间内计提折旧。

使用权资产若发生减值,需要计提减值准备,借记"资产减值损失"科目,贷记"使用权资产减值准备"科目。使用权资产减值准备一旦计提,不得转回。

承租人发生的租赁资产改良支出,不属于使用权资产,应当计入"长期待摊费用"科目。

9.3.4 长期待摊费用

长期待摊费用是指企业已经支出,但不能全部计入当期损益,应当在以后年度分期摊销的各项费用,包括租入固定资产的改良支出及摊销期在一年以上的其他待摊费用。

企业应单独设置"长期待摊费用"科目来反映各种长期待摊费用的发生和摊销情况。租赁资产改良支出是指能增加企业租赁资产的效用或延长其使用寿命的改装、翻修、改建等支出。由于在租赁方式下,租赁资产的所有权并不归属于本企业,因此,对这部分租赁资产的改良支出或大修理费用就不能计入使用权资产的价值,而应作为企业的长期待摊费用。

例 9-5 甲公司以租赁方式租入一间厂房,租期 5 年。根据租赁协议,甲公司可自行对厂房进行改良,所发生的费用由甲公司承担。甲公司租入时对厂房进行了翻修和改装,共发生 90 000 元的支出并以银行存款支付,每月摊销改良支出为 1 500 元(90 000÷5÷12),甲公司相应会计分录编制如下:

(1) 发生改良支出时

借:长期待摊费用——租赁资产改良支出　　　　　　　　　　90 000
　　贷:银行存款　　　　　　　　　　　　　　　　　　　　　　90 000

(2) 每月末摊销改良支出时

借:制造费用　　　　　　　　　　　　　　　　　　　　　　　1 500
　　贷:长期待摊费用——租赁资产改良支出　　　　　　　　　　1 500

9.3.5 递耗资产

递耗资产是指企业所拥有的各种矿藏、森林等自然资源。这些递耗资产通常可供企业长期开采以便出售,与固定资产一样会为企业带来长期的经济利益,同时这些递耗资产所蕴藏的资源也会随着开采、挖掘而逐渐耗竭。但是与固定资产不同的是,这些递耗资产一般都是由自然力长期形成的,是不可再生的,一旦被耗竭就无法重置。

递耗资产的取得成本是指为取得递耗资产所支付的价格,其核算与固定资产相同。递耗资产应当按照实际成本入账。森林资源的实际成本包括取得成本、规划、排水灌溉、植林养护等一切与植林、造林有关的支出。矿山、油田等递耗资产的实际成本包括取得矿山、油田的买价以及为取得矿产或石油发生的勘探、开发等合理必要的支出。

如果企业取得的是未经勘探的土地，那么要在该土地上寻找到资源，则需要企业投入较大的勘探成本去探明矿藏的成分和蕴藏量。但是，勘探的结果是很难预料的，可能成功，也可能失败，风险较大。那么这些勘探成本是否应当计入递耗资产的成本呢？这是个颇有争议的话题。争论的焦点在于，失败的勘探支出是否应当资本化。对于这个问题，会计上有两种不同的处理意见，即成果法和全部成本法。支持成果法的人认为，失败的勘探支出不能给企业带来经济利益，因此不能资本化。在成果法下，企业对勘探支出应当视个别的勘探结果而定：只有成功的勘探支出才应当资本化，增加递耗资产的折耗基础；失败的勘探支出应当作为当期费用处理，计入当期损益。支持全部成本法的人认为，失败的勘探支出对最后的勘探成功是有帮助的，因此所有的勘探支出都应是获得可开发资源的必要支出，应当将其资本化。这两种方法会对企业的财务报表产生重大的影响，实力雄厚的大公司较愿意接受成果法，而实力弱小的公司（尤其是专门从事勘探的小公司）多愿意采用全部成本法，以避免失败的勘探支出费用化给企业利润所带来的冲击。

与固定资产一样，递耗资产的成本应在其受益期内进行摊销，这一摊销过程称为折耗。折耗的基础除了递耗资产的取得成本，还包括相应的勘探成本和为使递耗资产可达到大量开采所需的必要的开发成本，如有净残值则相应减少折耗基础。折耗的方法主要是生产数量法，即按每期实际开采的资源数量占总蕴藏量（或总开采量）的比例来分摊递耗资产的成本。因此，生产数量法下，可先计算每单位自然资源的折耗率，每期实际开采的自然资源数量乘以单位折耗率就是当期的折耗费用。计算公式如下：

单位折耗率 = 折耗基础／估计总蕴藏量

每期折耗费用 = 当期实际开采量 × 单位折耗率

例 9-6 甲公司于 2022 年年初购进一煤矿，买价及其他相关费用支出共计 750 000 元，估计可采煤 15 000 吨。2022 年甲公司共采煤 3 000 吨，则甲公司 2022 年折耗费用计算如下：

单位折耗率 = 750 000/15 000 = 50（元／吨）

2022 年折耗费用 = 3 000 × 50 = 150 000（元）

与固定资产折旧不同的是，递耗资产每期的折耗费用并不计入企业的损益。递耗资产通常在开采后作为企业的初级产品进行冶炼加工后销售，因此每期的折耗费用实际上相当于产品成本的一部分。因此，发生折耗时，企业可借记"生产成本"科目，贷记"递耗资产"科目，而不需要像固定资产那样设置"累计折旧"科目。

《企业会计准则第 27 号——石油天然气开采》对我国石油天然气开采的会计处理做了规范，将矿区权益分为探明矿区权益和未探明矿区权益。这里的矿区权益是指企业取得的在矿区内勘探、开发和生产油气的权利。根据企业会计准则的规定，企业为取得矿区权益而发生的成本应当在发生时予以资本化，矿区权益取得后发生的探矿权使用费、采矿权使用费和租金等维持矿区权益的支出应当计入当期损益。企业会计准则提供了两种可选择的计提折耗方法，即生产数量法和年限平均法。对于勘探支出，企业会计准则规定应采用成果法进行会计处理:对于发现了探明经济可采储量的勘探支出,可予以资本化;对于未发现探明经济可采储量的勘探支出,应当在扣除净残值后予以费用化,计入当期损益。

案例
乐视网的版权资产

乐视网信息技术(北京)股份有限公司(以下简称"乐视网")是一家专注于互联网视频及手机电视等网络视频技术等研究、开发和应用的高科技公司,致力于打造垂直整合的"平台+内容+终端+应用"的生态模式,涵盖了互联网视频、影视制作与发行、智能终端、大屏应用市场、电子商务、生态农业等领域。其前身为2004年11月在中关村高科技产业园成立的北京乐视星空信息技术有限公司,并于2010年8月在中国创业板上市,是行业内全球首家IPO(首次公开募股)上市公司。

乐视网早在2005年就率先进行了影视网络版权的购买,通过不断积累,截至2014年年底其已拥有国内最大的影视网络版权库,涵盖100 000多集电视剧和5 000多部电影。2010年以来,互联网行业取得了突飞猛进的发展,产品与服务呈现出更为智能化、未来化的趋势,同时行业竞争也越来越激烈。得益于版权的积累及商业模式的创新,乐视网2011—2014年发展迅速,其网站的流量、覆盖人数等各项关键指标持续大幅提升,截至2014年年底,其网站的日均uv(独立访问用户)达到4 700万,峰值接近7 000万;日均pv(页面浏览量)2.4亿,峰值3亿;日均vv(视频播放量)2.6亿,峰值3.2亿。乐视云视频开放平台CDN(内容分发网络)节点全球覆盖超过400个,物理带宽总储备约6T,成为全球最大的云计算视频开放平台。公司财务报表显示,2011—2013年营业收入与营业利润呈持续增长态势。表9-1列示了乐视网2011—2014年度的主要财务业绩。

表9-1 乐视网2011—2014年度主要财务业绩　　　　　　　　　　　　　　　　单位:元

项目	2011年度	2012年度	2013年度	2014年度
营业收入	598 555 886.31	1 167 307 146.72	2 361 244 730.86	6 818 938 622.38
营业成本	275 090 733.33	684 246 822.49	1 668 684 007.47	5 828 133 468.42
营业利润	161 361 770.12	197 411 228.59	236 797 644.84	47 866 453.36
利润总额	164 244 470.12	228 011 728.59	246 400 883.23	72 899 104.84
净利润	130 877 875.16	189 965 814.26	232 380 750.50	128 796 560.88
归属于母公司所有者的净利润	131 121 130.75	194 194 142.39	255 009 694.82	364 029 509.12

2011—2014年,在同行业其他企业纷纷亏损的情况下,乐视网却一枝独秀,不但没有亏损,盈利数字还在持续增长,其股价在资本市场上也一路上扬。这样鹤立鸡群的表现顿时吸引了公众的眼球,同时也成为资本市场上备受争论的话题。争论的焦点之一就是乐视网所拥有的影视网络版权的处置问题。

作为一家以提供网络视频服务为主营业务的上市公司,与其他网站不同的是在上市的前三年里,乐视网最重要的收入并不是广告业务收入,而是版权分销业务收入,即通过购买独家热门网络版权,再分销给其他视频网站获得利润。2011—2014 年度乐视网营业收入的构成情况如表 9-2 所示。

表 9-2　乐视网 2011—2014 年度营业收入构成　　　　　　　　　　单位:元

项目	2011 年度	2012 年度	2013 年度	2014 年度
广告业务收入	114 076 682.73	419 347 807.25	838 955 356.28	1 572 061 798.67
终端业务收入	6 717 436.61	38 207 504.81	504 176 701.05	2 740 047 010.46
会员及发行业务收入	477 375 966.97	707 400 303.52	1 017 786 613.34	2 421 916 186.04
其中:付费业务	121 215 861.22	152 028 804.64	393 060 731.75	1 525 949 717.10
版权分销业务	356 160 105.75	555 371 498.88	624 725 881.59	704 591 996.39
影视发行业务				191 374 472.55
其他业务收入	385 800.00	2 351 495.14	326 060.19	84 913 627.21
合计	598 555 886.31	1 167 307 146.72	2 361 244 730.86	6 818 938 622.38

在激烈的竞争环境下,为了在短期内获得行业竞争比较优势,乐视网在版权购买上投入了大量的资金,版权数量迅速增加,占据了影视版权上游领域的领先位置。根据现行企业会计准则,这些购买版权的支出可以资本化,业内有两种处理方式,即计入存货或者计入无形资产,乐视网选择了计入无形资产。由于庞大的版权购买费,2011—2014 年乐视网的无形资产一直居高不下。对于版权的摊销,乐视网在年度报告中指出"按照购入版权的授权期限摊销;版权的授权期限为永久期限的,其摊销年限为 10 年",并"在使用寿命内采用直线法系统、合理地摊销"。2011—2014 年乐视网部分资产情况如表 9-3 所示。

表 9-3　2011—2014 年乐视网部分资产数据　　　　　　　　　　　单位:元

	2011 年	2012 年	2013 年	2014 年
总资产	1 774 387 093.37	2 901 149 532.04	5 020 324 966.22	8 851 023 247.13
无形资产净值	886 051 083.41	1 751 115 466.58	2 641 514 257.40	3 338 541 906.06
其中:影视版权净值	885 564 205.83	1 634 223 885.32	2 339 785 721.11	2 911 321 166.30
版权减值准备	0	0	0	554 697.13

(本案例根据巨潮资讯网发布的乐视网 2011—2014 年度报告及其他相关资料编写。)

思考:

1. 讨论版权资产的性质。
2. 你认为乐视网对版权资产的处理是否合理?为什么?

本章小结

无形资产是企业拥有或者控制的没有实物形态的可辨认非货币性资产,一般能为企业提供长期的经济利益,并且所提供的经济利益具有很大的不确定性。常见的无形资产主要有专利权、商标权、非专利技术、著作权、土地使用权、特许经营权等。

当企业与无形资产有关的经济利益很可能流入企业且无形资产的成本能够可靠地计量时，企业就可以将无形资产在会计上予以确认。企业从外部购入的无形资产应按实际的购买成本入账，包括购买价格、相关税费以及直接归属于使该资产达到预定用途所发生的其他支出。企业自创的无形资产成本确定比较困难，我国企业会计准则要求区分自创过程中发生的研究支出和开发支出，只能将符合条件的开发支出予以资本化，计入无形资产。自创的商誉企业都不予确认，只有当购买或合并另一企业所支付的价款总额超过该企业可辨认净资产的公允价值时，才将超出部分确认为企业的商誉。

无形资产一般应在其有限的使用寿命内摊销，可以采用直线法或其他能合理反映与该项无形资产有关的经济利益的预期实现方式的方法来摊销，一般不考虑残值。无形资产的摊销一般计入管理费用。对于使用寿命不确定的无形资产，企业可不摊销其成本，但需在每个会计期间进行减值测试，如果发生减值，则应计提减值准备。

其他资产还包括使用权资产、长期待摊费用以及递耗资产等。其中，递耗资产是企业所拥有的各种矿藏、森林等自然资源，具有无法重置的特点。递耗资产的成本分摊称为折耗，一般可采用生产数量法计算折耗。

重要名词

无形资产（Intangible Assets）
专利权（Patents）
商标权（Trademarks）
著作权（Copyrights）
特许经营权（Franchise Rights）
商誉（Good-will）
摊销（Amortization）
研究与开发支出（Research and Development Costs）

软件项目成本（Computer Software Costs）
使用权资产（Right-of-use Asset）
长期待摊费用（Long-term Deferred and Pre-paid Expenses）
递耗资产（Depletable Assets）
自然资源（Natural Resources）
成果法（Successful-efforts Method）
全部成本法（Full-cost Method）
折耗（Depletion）

思考题

1. 分析无形资产的特征，并说明企业资产负债表上列报的无形资产具有哪些局限性。
2. 我国企业会计准则曾规定商誉应在不超过10年的时间内摊销，而现行企业会计准则规定商誉可不摊销，但是应在每年年末对商誉进行减值测试，若发生减值，则需计提商誉减值准备。你对此有何看法？
3. 企业的研究与开发支出应该如何进行费用化或资本化处理？请谈谈你的看法。

练习题

1. 某公司接受外单位的无形资产作为对本公司的投资，经双方协商确认，专利权的公允价值为500万元，商标权的公允价值为600万元，土地使用权的公允价值为100万元。请编制该公司与上述业务相关的会计分录。

2. 某公司于 2020 年 1 月 1 日以 400 万元银行存款购入一项专利,有效期为 10 年。2022 年年初,公司以 350 万元的价格将专利转售给其他企业,增值税税率为 6%。请编制该公司从 2020 年年初到 2022 年年底与上述业务相关的会计分录(包括购入、摊销和出售的会计分录,假设企业采用直线法摊销无形资产)。

3. 某公司为租入一栋办公楼,支付初始直接费用 30 000 元,包括向该楼前任租户支付补偿款 20 000 元,以及向促成此租赁交易的房地产中介支付佣金 10 000 元。请编制该公司与上述业务相关的会计分录。

第10章 负债

[学习目标]

通过本章的学习,你应该掌握:

1. 负债的特点、分类;
2. 流动负债的定义、分类、确认及计价;
3. 合同负债的特点、确认及核算;
4. 或有负债及预计负债的核算和披露;
5. 非流动负债的特征及其基本计价原则;
6. 公司债券发行价格的计算及公司债券折价(溢价)的摊销;
7. 可转换债券的核算;
8. 租赁负债的确认、计量和核算。

[素养目标]

通过本章的学习,掌握负债的会计确认与计量的准则要求,认识不同类型负债在企业发展中的重要作用以及过度负债产生的危害,理解适度负债对于企业持续发展的重要性。

[小故事/小案例]

贵州东安集团有限公司(以下简称"东安集团")始创于1987年,其从食品加工厂起步,逐步发展成以农产品为主业,集健康保健产品研发、生产、销售于一体的大型民营企业集团。

东安集团成立之初,主要以加工农产品为主,生产经营儿童食品。1991年,电视机开始走进全国普通家庭,东安集团顺势拍摄公司广告宣传片,并以电视剧赞助商的名义,在电视剧播放间隙播放宣传广告。随着电视剧的热播,东安集团的知名度迅速攀升。此后,基于在农产品产业领域长期沉淀形成的整体优势,2011年,东安集团把战略目标定位于农产品产业领导者;2013年,东安集团开始邀请明星做代言人,以提高其知名度。从2015年开始,东安集团频繁冠名赞助热播的综艺节目和电视剧,做品牌营销抢占市场。2017年,东安集团借集团成立30周年之际举办大型庆典晚会,邀请国内一众明星登台演出,借此机会进一步提升公司及其产品的知名度。

随着互联网对人们衣食住行等生活影响力的日益加深,东安集团开始向电商领域发力,不断开发和丰富电商系列产品,通过线上线下相结合的方式黏合消费者。通过从线下传统食品经营向"互联网"+方式的转变,东安集团的销售业绩取得较大幅度的增长。同时,东安集团看到年轻消费者网上购物趋势激增,为了拓宽集团的客户群体,抢占年轻消费者市场,决定收购一家食品快消品电子商务经销服务公司70%的资产,以进一步拓宽集团的销售渠道。

然而,东安集团并不知道应该出资多少才能取得这家电子商务经销服务公司70%的资产,于是,东安集团特聘请专业的资产评估机构和财务顾问来协助此次收购活动。

在进行评估和确定净资产的过程中,资产评估机构发现:当前,这家电子商务经销服务公司牵涉一桩诉讼案件,涉及诉讼金额为9 000万元。如果公司打赢了这场官司,将不会影响此次收购价格;但是如果公司输了,则需要额外支出9 000万元。在这种情况下,该电子商务经销服务公司净资产的确定将直接影响东安集团此次收购的价格。

资产评估机构与财务顾问认为:此次诉讼金额归属的认定与电子商务经销服务公司或有负债的评定有关。

企业的债务不仅包含或有负债,而且还包括流动负债和非流动负债。本章我们将学习企业负债的相关内容。

10.1 负债概述

负债是指由于过去的交易或者事项所引起的企业承担的现时义务,这种义务需要企业将来以转移资产或提供劳务加以清偿。我国企业会计准则对负债的定义为:"企业过去的交易或者事项形成的、预期会导致经济利益流出企业的现时义务。"现时义务是指企业在现行条件下已承担的义务。

需要注意的是,近年来,由于新的金融工具的出现,负债的形式也有了新的拓展,比如一些新的金融负债形式的出现。

总体来看,会计上的负债具有以下特点:

第一,负债是现时存在的、由过去经济业务所产生的经济责任和义务,具有法律上的约束力,债务人必须按照一定的方式在指定日期清偿。例如,企业从银行借入一笔资金,那么企业从借入当天开始就有还本付息的义务。

第二,负债必须能以货币确认或合理地予以计量,并以债权人所能接受的方式(如支付货币资金、转让资产、提供劳务)进行清偿。

第三,负债必须有确切的或合理估计的债权人及到期日。

会计上一般按负债的流动性情况(即偿还期限是否超过一年)将其分为流动负债和非流动负债。

10.2 流动负债

10.2.1 流动负债及其分类

流动负债是指预期在一年内或超过一年的一个营业周期内需要清偿的债务。我国企业会计准则对流动负债的定义为:流动负债是指将在一年(含一年)或者超过一年的一个营业周期内偿还的债务,包括短期借款、应付票据、应付账款、预收账款、合同负债、应付职工薪酬、应付股利、应交税费、应付利息和一年内到期的非流动负债等。

负债满足下列条件之一的,应当归类为流动负债:① 预计在一个正常营业周期中清偿;② 主要为交易目的而持有;③ 自资产负债表日起一年内到期应予以清偿;④ 企业无权自主地将其推迟至资产负债表日后一年以上。流动负债以外的负债应当归类为非流动负债,并应当按其性质分类列示。

流动负债是会计上的一个重要指标,它反映了企业在一年内要面临的偿还债务的负担,而且通过了解企业流动资产和流动负债的相对比例,可以大致反映企业的短期偿债能力。

采用不同的标准,可以对流动负债进行不同的分类。按照流动负债产生的原因,可以将其分为借贷形成的流动负债(如从银行和其他金融机构借入的短期借款)、结算过程中产生的流动负债(如企业因购入原材料但货款尚未支付而形成的应付账款)、经营过程中产生的流动负债(如因采用权责发生制而产生的应付职工薪酬、应交税费等)以及由于分配利润产生的流动负债(如应付股利)等。

按照流动负债的应付金额是否确定,可以将其分为金额确定的流动负债、应付金额视经营情况而定的流动负债(如应交税费、应付股利等)以及应付金额需要估计的流动负债(如产品质量担保债务)。其中,最后一类流动负债的金额应按照以往的经验或依据有关的资料估计确定。

10.2.2 流动负债的确认和计量

为了保证会计信息的质量,需要对负债进行正确的确认和计量,以客观、公正地反映企业所承担的债务,从而为财务报表使用者预测企业未来现金流量和财务风险等提供有用的会计信息。

1. 流动负债的确认

一般来说,流动负债主要包括短期银行借款和购买商品应付的账款、应付职工的工资等,以及非流动负债中将在一年内到期的部分。企业确认一项流动负债,并在资产负债表上反映其未来应付金额,通常就是在这些与负债相关的业务或经营活动发生时与相关项目一同确认。

但是对于有些流动负债来说,其未来发生与否具有不确定性,即将来可能发生(需要偿还),也可能不发生(不需要偿还)。例如,商业汇票贴现业务,如果将来债务人按照约定的条件和日期正常偿付债务,则贴现人就不需要承担这笔债务;如果将来债务人没有按照约定的条件和日期正常偿付债务,则贴现人就需要承担这笔债务,即商业汇票贴现业务是属于流动负债性质的或有负债。

由于可能导致损失的或有事项可能发生,也可能不发生,因此对或有负债一般不确认为一项负债。但对于很可能发生并且金额比较确定或能够合理估计的或有负债,应当预计并确认为一项负债,即对于满足一定条件的或有负债要作为预计负债处理。例如,对于产品保修业务可能产生的损失,在金额确定或可估计的情况下,可将预计的损失确认为一项流动负债。

2. 流动负债的计量

由于负债是企业已经存在的、需要在未来偿付的经济义务,从理论上讲,为了提高会计信息的有用性和相关性,对所有负债的计量都应当考虑货币的时间价值,即不论其偿付期长短,均应在其发生时按未来偿付金额的现值入账。但在会计实务中,考虑到流动负债偿还期短,到期值与其现值相差甚小,故对流动负债一般均按确定的未来需要偿付的金额(或面值)来计量,并列示于资产负债表上。这种做法虽然高估了负债,但一是体现了谨慎性原则;二是核算简单,符合成本效益原则;三是符合重要性原则。

流动负债可用现金偿付,如以现金支付购货款;也可用非货币性资产偿付,如预收账款在未来不是以支付现金而是以提供一定数量和质量的非货币性资产或劳务来清偿;还可以再负债的形式偿付,如借新债还旧债等。

复习与思考 会计上的负债通常划分为流动负债与非流动负债,它们各具有什么特点?流动负债有哪些特殊项目?

10.2.3 流动负债中一些具体项目的计量与核算

1. 短期借款

短期借款是指企业向银行或其他金融机构等借入的期限在一年以下(含一年)的各种借款,包括短期流动资金借款、结算借款、票据贴现借款,以及企业借入的借款期在一年或长于一年的一个营业周期内的新产品试制借款、引进技术借款、进口原材料短期外汇借款等。短期借款一般是企业为维持正常的生产经营所需资金或为偿付某项短期债务而借入的。企业借入的短期借款,无论用于哪个方面,只要借入了这项资金,就构成了一项负债。归还短期借款时,除了归还借入的本金,还应支付利息。短期借款的利息,作为一项财务费用,应计入当期损益。

对于企业发生的短期借款,应设置"短期借款"科目核算;每个资产负债表日,企业应计算确定短期借款的应计利息,按照应计的金额,借记"财务费用""利息支出"(金融企业)科目,贷记"银行存款""应付利息"等科目。

2. 金融负债

金融负债是负债的组成部分,主要包括短期借款、应付票据、应付债券、长期借款等。金融负债应按照企业会计准则中关于金融工具确认和计量的规定进行核算。

企业应当将承担的金融负债在初始确认时分为以下两类:① 以摊余成本计量的金融负债;② 以公允价值计量且其变动计入当期损益的金融负债。除下列各项外,企业应当将金融负债分类为以摊余成本计量的金融负债:① 以公允价值计量且其变动计入当期损益的金融负债;② 金融资产转移不符合终止确认条件或继续涉入被转移金融资产所形成的金融负债。

以公允价值计量且其变动计入当期损益的金融负债包括交易性金融负债和直接指定为以公允价值计量且其变动计入当期损益的金融负债两类。

交易性金融负债是指满足以下条件之一的金融负债:一是承担该金融负债的目的主要是近期内出售或回购;二是属于进行集中管理的可辨认金融工具组合的一部分,且有客观证据表明企业近期采用短期获利方式对该组合进行管理(在这种情况下,允许组合中有某个组成项目持有的期限稍长);三是属于衍生工具,但被指定为有效套期工具的衍生工具、属于财务担保合同的衍生工具、与在活跃市场中没有报价且其公允价值不能可靠计量的权益工具投资挂钩并须通过交付该权益工具结算的衍生工具除外。其中,财务担保合同是指保证人和债权人约定,当债务人不履行债务时,保证人按照约定履行债务或者承担责任的合同。

直接指定为以公允价值计量且其变动计入当期损益的金融负债是指包括一项或多项嵌入衍生工具的混合工具。企业可以将整个混合工具直接指定为以公允价值计量且其变动计入当期损益的金融负债,但以下两种情况除外:① 嵌入衍生工具不会使混合工具的现金流量产生重大改变;② 类似混合工具所包括的嵌入衍生工具明显不应从混合工具中分拆。

3. 应付账款

应付账款是指企业因购买材料、商品或接受劳务供应等而应付给供应单位的款项。这种负债主要是由于买卖双方在购销活动中取得货物或接受劳务的时间与支付款项的时间不一致而产生的。应付账款一般会在较短期限内支付。

一般来说,应付账款的确定以与所购买物资的所有权有关的风险和报酬已经转移到买方或企业实际接受外界提供的劳务为标志。在管理上,企业除了要设置"应付账款"科目进行总分类核算,通常还要按供应单位设置明细科目,以加强管理。

应付账款的入账金额与销售方提供的付款条件有关。如果销售方提供了现金折扣条件(通常以"2/10,n/30"或者类似的形式表现,表达的含义为:若在 10 天内付款则可给予 2%的现金折扣,否则在 30 天内支付全部货款),那么按照不同的处理方法,应付账款的入账金额就会有所不同。处理方法包括总价法和净价法两种。在总价法下,应付账款发生时,按发票上记载的应付金额(即不扣除现金折扣)记账。企业通常会在折扣期内支付货款,这时企业取得的现金折扣作为理财收益处理。在净价法下,应付账款发生时,按发票上记载的全部应付金额扣除现金折扣后的净值记账。如果企业因未在折扣期内支付货款而丧失了现金折扣,则应作为企业的一种理财费用处理。我国企业目前通常采用总价法。

例 10-1 A 公司向 C 公司购入甲材料一批,价款为 30 000 元,规定的现金折扣条件为 "2/10,n/30",适用的增值税税率为 13%,材料已验收入库。

在总价法和净价法下,A 公司的会计分录分别为:

	总价法	净价法
(1) 购入甲材料时		
借:原材料——甲材料	30 000	29 400
应交税费——应交增值税(进项税额)	3 900	3 900
贷:应付账款——C 公司	33 900	33 300
(2) 如果 A 公司在折扣期 10 日内付款		
借:应付账款——C 公司	33 900	33 300
贷:银行存款	33 300	33 300
财务费用	600	
(3) 如果 A 公司在超出折扣期 10 天后(但在 30 天内)付款		
借:应付账款——C 公司	33 900	33 300
财务费用		600
贷:银行存款	33 900	33 900

复习与思考 如果在采购过程中销售方提供了现金折扣,你通常会放弃吗?为什么?你应当如何考虑是否放弃现金折扣的问题?

4. 应付票据

应付票据即短期应付票据,是指由出票人出票,付款人在指定日期无条件支付特定金额给收款人或持票人的票据。在我国,应付票据是企业根据合同进行延期付款的商品交易,因采用商业汇票结算方式而发生,并由签发人签发、承兑人承兑的票据。与应付账款相比,两者虽然都是因交易而引起的负债,都属于流动负债的性质,但应付票据有承诺付款的票据作为凭据,而且赊欠期通常都会比较长。

商业汇票按承兑人的不同可分为商业承兑汇票和银行承兑汇票。商业承兑汇票的承兑人为付款人,作为企业的一项负债,承兑人承诺在一定时期内支付票款。银行承兑汇票的承兑人为银行,其信用更高。我国商业汇票的付款期限最长不超过 6 个月。如果是分期付款,则应一次签发若干张不同期限的商业汇票。

应付票据按票面是否注明利率,分为带息应付票据和不带息应付票据两种。对于因赊购业务而开出、承兑的商业汇票,企业在会计上应设置"应付票据"账户进行核算。

5. 合同负债

合同负债是指企业已收或应收客户对价而应向客户转让商品的义务。企业在向客户转让商品之前,如果客户已经支付了合同对价或企业已经取得了无条件收取合同对价的权利,则企业应当在客户实际支付款项与到期应支付款项孰早时点,将该已收或应收的款项列示为合同负债。例如,企业与客户签订不可撤销的合同,向客户销售其生产的产品,合同开始日,企业收到客户支付的合同价款1 000元,相关产品将在2个月之后交付客户,在这种情况下,企业应当将该1 000元作为合同负债处理。如果合同规定自合同开始日1个月内,客户应该支付相应的款项2 000元,但是到了合同规定截止日,客户没有支付2 000元款项,在这种情况下,企业应当在合同规定收款日将2 000元作为合同负债处理。

根据《〈企业会计准则第14号——收入〉应用指南》(2018年修订)的规定,合同负债应当在资产负债表中单独列示。同一合同下的合同负债应当以净额列示,不同合同下的合同负债不能互相抵销。

通常情况下,企业对其因已收或应收客户对价而应向客户转让商品的义务,应当按照已收或应收的金额确认合同负债。由于同一合同下的合同负债应当以净额列示,企业也可以设置"合同结算"科目(或其他类似科目),以核算同一合同下属于在某一时段内履行履约义务涉及与客户结算对价的合同负债,并在此科目下设置"合同结算——价款结算"科目反映定期与客户进行结算的金额。资产负债表日,"合同结算"科目的期末余额在贷方的,根据其流动性,在资产负债表中分别列示为"合同负债"或"其他非流动负债"项目。

合同负债的主要账务处理为:企业在向客户转让商品之前,客户已经支付了合同对价或企业已经取得了无条件收取合同对价权利的,企业应当在客户实际支付款项与到期应支付款项孰早时点,按照该已收或应收的金额,借记"银行存款""应收账款""应收票据"等科目,贷记"合同负债"科目;企业向客户转让相关商品时,借记"合同负债"科目,贷记"主营业务收入""其他业务收入"等科目。涉及增值税的,还应进行相应的处理。企业因转让商品收到的预收款适用收入准则进行会计处理时,不再使用"预收账款"科目及"递延收益"科目。

合同负债与预收账款的区别在于:在合同成立前已收到的对价仍作为预收账款,合同一旦正式成立,就及时将预收账款转入合同负债中。此外,确认预收账款的前提是收到了款项,确认合同负债则不以是否收到款项为前提,而以合同中履约义务的确立为前提。

6. 应交税费

应交税费是指企业在会计期末应交未交的各种税费。企业在一定时期内取得的营业收入和实现的利润或发生的特定经营行为,要按照规定向国家交纳各种税金。

企业纳税义务一般随其经营活动的进行而产生,会计上要按照权责发生制的原则进行确认和计提应交税费数额并记入有关账户。这些应交税费在尚未交纳之前暂时形成企业的一项流动负债。

在应交税费中,"应交增值税"是一个比较特殊的科目,所核算的内容比较多。增值税是以商品(含货物、加工修理修配劳务、销售服务、无形资产或不动产)在流转过程中产生的增值额作为计税依据而征收的一种流转税。

按照规定,一般纳税企业购入货物或接受应税劳务支付的增值税(即进项税额),可以从销售货物或提供劳务按规定收取的增值税（即销项税额）中抵扣。一般纳税企业当期应交纳的增值税可按下列公式计算：

$$应交增值税 = 当期销项税额 - 当期进项税额$$

企业购入货物或者接受应税劳务，如果没有按规定取得并保存增值税扣税凭证，或者增值税扣税凭证上未按照规定注明增值税额及其他有关事项，则其进项税额不能从销项税额中抵扣，而应计入货物或劳务的成本。

7. 其他流动负债

企业的流动负债除上述项目外，还包括预收账款、应付职工薪酬、应付股利、其他应付款等。

预收账款是指企业向购货单位或个人预先收取的购货订金或部分货款而形成的一项负债。例如，收到销货订单时收取的保证金、广告公司预收客户的广告费等。

应付职工薪酬是指企业为获得职工提供的服务或解除劳动关系而给予的各种形式的报酬或补偿，包括短期薪酬、离职后福利、辞退福利和其他长期职工福利。企业提供给职工配偶、子女、受赡养人、已故员工遗属及其他受益人等的福利，也属于职工薪酬。

其他应付款是指企业除应付票据、应付账款、预收账款、合同负债、应付职工薪酬、应付股利、应付利息、应交税费、长期应付款等以外发生的一些应付、暂收其他单位或个人的款项，如应付租入固定资产和包装物的租金、存入保证金、职工未按期领取的工资、应付或暂收所属单位或个人的款项等。其中，存入保证金是其他单位或个人因使用企业的某项资产而交付的押金，如出租、出借包装物押金等。这些暂收应付款构成了企业的一项流动负债。

流动负债中还包括一年内到期的非流动负债。一般来说，企业的非流动负债最终到期时，是要以流动资产（通常是以货币资金）来偿付的。为了准确反映企业短期内需要偿付的债务金额，正确评价企业的短期偿债能力，在编制资产负债表时，应将一年内到期的、已转化为流动负债的非流动负债在流动负债中予以反映，即一年内到期的非流动负债反映的是企业"长期借款""应付债券"和"长期应付款"等项目一年内到期的那部分金额。

10.2.4 或有负债与预计负债

1. 或有负债的定义与特点

企业因过去的交易引起的、在未来有明确债权人、支付日期和支付金额的负债，在会计上称为确定性负债。在现实经济生活中，企业可能存在另一类负债，它是由企业过去的交易或事项形成的潜在义务，其存在须通过未来不确定事项的发生或不发生予以证实；或过去的交易或事项形成的现时义务，履行该义务不是很可能导致经济利益流出企业或该义务的金额不能可靠地计量，会计上称其为或有负债。例如，企业现已牵涉一桩经济诉讼案件，胜诉、败诉两种可能性同时存在：一旦败诉，企业就要支付赔偿金；若胜诉，则无须承担这种责任。由于此案涉及的情况比较复杂，而且案件目前正在调查审理中，还不能可靠地估计赔偿损失金额，因此对企业来说这就是或有负债。

或有负债具有以下特点:① 它是过去的交易或事项形成的。例如,企业涉及诉讼,即企业"可能"违反某项经济法律的规定且已被对方起诉,这一事实使企业产生了或有负债。② 其结果具有不确定性。

或有负债包括两类义务:一类是潜在义务,另一类是特殊的现实义务。或有负债作为一种潜在义务,其潜在性主要是指负债结果的不确定性,即该种负债最终能否发生取决于某些不确定事件的未来发展结果。例如,企业因经济纠纷被对方提起诉讼,由于案情复杂,诉讼的最终结果尚难确定,被告方企业可能承担的赔偿责任就属于潜在义务。或有负债作为特殊的现时义务,其特殊之处在于:该现时义务的履行不是很可能(可能性不超过50%,含50%)导致经济利益流出企业,或者该现时义务的金额不能可靠地计量(即金额难以预计)。例如,已贴现的商业承兑汇票,即使目前没有迹象表明付款企业不能按时、足额付款,贴现企业承担连带责任的可能性不大,贴现企业也应将其作为或有负债披露。又如,企业涉及赔偿的诉讼案件,即使法庭的调查取证对被告方很不利,但由于赔偿的金额很难预计,被告方企业也只将这一现时义务作为或有负债披露。可见,或有负债结果的不确定性具体体现为:最终是否发生不确定,或者金额难以预计。

需要指出的是,或有负债不同于估计负债,如各项预提费用。估计负债的应付金额需要采用估计的方法才能确定,这些债务通常会发生;而或有负债的金额可能是肯定的(如已贴现的商业承兑汇票),抑或需要估计(如产品质量保证),但其发生的可能性具有不确定性。或有负债也不同于一般负债。一般负债是企业的现时义务,而且负债的清偿预期会导致经济利益流出企业;或有负债可能是企业的潜在义务,也可能是企业的现时义务,即使是现时义务的或有负债,要么承担偿债的可能性不是很大,要么现时义务的金额很难预计。

2. 或有负债的种类与披露

常见的或有负债包括应收票据贴现或背书转让、未决诉讼和未决仲裁、债务担保和产品质量保证等。

应收票据贴现是指企业以贴现的方式将尚未到期的商业承兑汇票转让给银行或其他单位,从而负有可能支付的债务。当贴现票据到期时,如果付款人不能按时付款,贴现企业作为票据的背书人就负有连带清偿责任,应当将票据的到期价值付给贴现者。但企业贴现票据时并不能确定将来付款人是否会偿付债务,因此票据贴现就构成了一项或有负债。

未决诉讼和未决仲裁是企业涉及尚未裁决的诉讼或仲裁案件、原告提出有赔偿要求的待决事项。企业的诉讼有时因案情复杂,结果难以预料;有时败诉的可能性较大,但赔偿金额难以确定。这也构成了企业的或有负债。

企业对外提供的债务担保是指企业以自有财产作为抵押,为其他单位向银行或其他金融机构借款提供担保的业务事项,其实质是一种信用担保。担保企业最终是否应履行连带责任,签订担保协议时无法确定。该负债是否发生,取决于被担保企业能否按期清偿其债务。

产品质量保证是指企业可能要支付与产品质量有关的费用的业务事项。为了提高商品或劳务的售后服务质量,企业往往承诺在规定期限内,对已售商品或劳务实行包修、包换、包退。但商品或劳务售出时,在规定期限内它们是否需要返修或退换、返修或退换率有多高、需要开支的费用是多少等很难确定,故为或有负债。

或有负债无论作为潜在义务还是作为现时义务，均不符合负债的确认条件，会计上不予确认，但或有负债如果符合某些条件，则应作为预计负债予以确认。或有负债的披露，一般遵循稳健型原则：① 极小可能导致经济利益流出企业的或有负债一般不予披露；② 对经常发生或对企业的财务状况和经营成果有较大影响的或有负债，即使其导致经济利益流出企业的可能性极小，也应予以披露，以确保会计信息使用者获得足够、充分和详细的信息。这些应披露的或有负债包括应收票据贴现或背书转让、未决诉讼和未决仲裁、为其他单位提供债务担保等形成的或有负债。或有负债披露的内容包括或有负债形成的原因、预计产生的财务影响（如无法预计，则应说明理由）以及获得补偿的可能性。

3. 预计负债

预计负债是因或有事项可能产生的负债。根据企业会计准则的规定，如果与或有事项相关的义务同时符合以下三个条件，企业应将其确认为预计负债：

（1）该义务是企业承担的现时义务，这与作为潜在义务的或有负债不同。

（2）该义务的履行很可能导致经济利益流出企业。这里的"很可能"指发生的可能性为"大于50%、小于或等于95%"。

（3）该义务的金额能够可靠地计量。

符合上述确认条件的负债，其金额应当是清偿该负债所需支出的最佳估计数。如果所需支出存在一个金额范围，则最佳估计数应按该范围的上、下限金额的平均数确定。如果所需支出不存在一个金额范围，当或有负债涉及单个项目时，最佳估计数按最可能发生金额确定；当或有负债涉及多个项目时，最佳估计数按各种可能发生额及其发生概率计算确定。

与或有事项相关的义务，如果不同时符合上述三个条件，会计上应确认为或有负债。

预计负债属于企业的负债，在企业资产负债表上应单独反映。与一般负债不同的是，预计负债导致经济利益流出企业的可能性尚未达到基本确定（可能性大于95%、小于100%）的程度，金额往往需要估计。

企业应当合理地预计或有事项可能产生的负债。对于很可能导致经济利益流出企业的事项，如对外提供担保、商业承兑汇票贴现、未决诉讼、产品质量保证等，应当按照履行相关现时义务所需支出的最佳估计数进行初始计量，确认为预计负债，并在会计上单设"预计负债"科目核算。

例10-2 2022年5月初，A公司将所持K公司承兑的商业汇票向银行申请贴现，贴现期75天，该汇票到期值为1 200 000元。6月底，A公司得知K公司财务困难，估计无法偿付即将到期的票据款。A公司在会计上应如何处理？

在本例中，A公司因票据贴现而承担了一项现时义务，金额为1 200 000元；根据6月底的情况判断，该贴现的商业汇票到期时，A公司很可能要履行连带清偿责任。在这种情况下，A公司应于6月底将已贴现的商业承兑汇票确认为预计负债。会计上应做如下处理：

借：应收账款——K公司　　　　　　　　　　　　　　　　1 200 000
　　贷：预计负债　　　　　　　　　　　　　　　　　　　　　　1 200 000

若商业汇票到期时K公司确实无法偿付到期的票据款，则A公司应将票款支付给贴现银行：

借：预计负债　　　　　　　　　　　　　　　　　　1 200 000
　　贷：银行存款　　　　　　　　　　　　　　　　　　　　1 200 000

复习与思考　或有负债具有什么特点？预计负债具有什么特点？它们有什么区别？应该如何进行披露和反映？

10.3　非流动负债

10.3.1　非流动负债概述

1. 非流动负债的特点

非流动负债通常是指偿还期在一年以上或者超过一年的一个营业周期以上的债务，主要包括长期借款、应付债券、长期应付款和租赁负债等。

非流动负债通常具有以下特征：一是债务偿还期限较长，对企业来说，它是一种长期稳定的资金来源；二是金额通常较大；三是它意味着企业要背上一定的利息负担。

企业通过非流动负债借入的资金，如果使用资金的投资报酬率高于负债利息率，那么就会给企业和股东带来收益；同时，由于利息可以在税前扣除，因此利息支付的税后实际成本比利率要低。此外，企业的非流动负债还能在一定程度上降低和转移通货膨胀的风险。这是因为非流动负债的本金和利率是固定的，应偿还的本金和应支付的利息不会受市场利率变化的影响。但同时债务人也要意识到，企业的非流动负债将会导致企业未来大量的现金流出，如果企业经营不善或市场情况发生不利的变化，则非流动负债可能使企业背上沉重的财务负担，甚至会导致企业破产。此外，企业非流动负债的增加可能会给企业未来的经营活动和财务政策带来某些方面的限制。这是因为，在通常的债务合同中，债权人为了减少投资风险，会在贷款协议中对举债企业未来支付的最高股利、未来债务的最高限额、偿债基金设置、收益率和流动比率等方面提出限制性要求。

2. 非流动负债的构成

如前所述，非流动负债主要包括长期借款、应付债券、长期应付款和租赁负债等。

长期借款是指企业向银行或其他金融机构借入的期限在一年以上或超过一年的一个营业周期以上的债务。该种负债的特点是资金来源渠道集中，出借者人数较少。

应付债券是指企业为筹集长期资金而实际对外发行的债券及应付的利息。

长期应付款是指企业除长期借款和应付债券以外的其他各种长期应付款项，包括以分期付款方式购入固定资产发生的应付款项等。

租赁负债是承租人在租赁期开始日尚未支付的租赁付款额的现值。在计算租赁付款额的现值时，承租人应当将租赁内含利率作为折现率；无法确定租赁内含利率的，应当将承租人增量借款利率作为折现率。

3. 借款费用及其处理

讨论企业的负债，就必然会涉及借款费用及其处理的问题。

《国际会计准则第 23 号——借款费用》将借款费用定义为"企业承担的与借入资金相关的利息和其他费用"，具体内容包括：① 长期借款的利息；② 与借款相关的折价或溢价的摊销；③ 安排借款时发生的附加费用（债券的发行费用、借款的手续费等）的摊销；④ 依《国际会计准则第 17 号——租赁会计》确认的与融资租赁有关的财务费用；⑤ 作为利息费用调整额的外币借款产生的汇兑差额。

我国《企业会计准则第 17 号——借款费用》对借款费用的定义为："借款费用是指企业因借款而发生的利息及其他相关成本。借款费用包括借款利息、折价或者溢价的摊销、辅助费用以及因外币借款而发生的汇兑差额等。"

借款费用的处理方法主要有两种：一种是在借款费用发生时直接确认为费用，计入当期损益；另一种是予以资本化。借款费用资本化，是指企业将与建造或生产资产直接相关的借款费用计入该项资产的历史成本。

《国际会计准则第 23 号——借款费用》中明确借款费用的"基准"处理方法为：借款费用应于其发生的当期确认为一项费用，而不管借款如何使用。作为"允许选择"的处理方法，也允许那些可直接计入相关资产的购置、建造或生产成本的借款费用资本化。这里的相关资产是指需要经过相当长时间才能达到可使用或可销售状态的资产。

我国《企业会计准则第 17 号——借款费用》中对企业的借款费用进行了类似的规定，并要求企业在附注中披露与借款费用有关的下列信息：① 当期资本化的借款费用金额；② 当期用于计算确定借款费用资本化金额的资本化率。

10.3.2　长期借款

长期借款是指企业向银行或其他金融机构借入的、偿还期限在一年或一个营业周期以上的借款。按照付息方式与本金的偿还方式不同，长期借款通常可分为到期一次还本付息长期借款、分期偿还本金和利息长期借款以及分期付息到期还本长期借款。

对于长期借款的账务处理，当企业借入长期借款时，通常按照实际收到的金额，借记"银行存款"科目，贷记"长期借款——本金"科目，二者的差额借记"长期借款——利息调整"科目；在资产负债表日，根据长期借款的摊余成本和实际利率计算长期借款的利息费用，企业应当借记"在建工程""财务费用""制造费用"等科目，按借款本金和合同利率计算确定的应付未付利息，贷记"应付利息"科目，按其差额，贷记"长期借款——利息调整"科目；当企业归还长期借款时，按照归还的本金金额，借记"长期借款——本金"科目，按照转销的利息调整金额，贷记"长期借款——利息调整"科目，按照实际归还的款项，贷记"银行存款"科目，按借贷双方之间的差额，借记"在建工程""财务费用""制造费用"等科目。

10.3.3 应付债券

公司发行债券的目的在于筹集长期资金,公司债券是负债单位承诺在未来向债权人偿还债券本息的书面证明,具有法律效力。公司债券实质上是一种长期的应付票据,它可以在证券市场上自由转让。这种非流动负债的特点在于债券购买人数众多,资金来源渠道分散。公司发行债券首先应由股东大会通过,再经政府有关部门批准,符合法定条件后方可印制和发行。

债券发行时,债券发行公司和债券购买人之间订有契约,其中规定公司债券发行的方式、提供担保品的详细说明以及偿债能力的保证条款。因为公司债券涉及许多购买人,债券发行公司往往选定一家银行作为信托管理者,由它代表债券持有人的利益并监督债券发行公司履行契约中规定的所有义务。信托管理者可以取得对任何抵押财产的保证权利,当债券发行公司未能履行契约中规定的义务时,它可以代表债券持有人主动采取必要的行动,如向法院起诉等。

1. 公司债券的种类

按照不同的分类标准,公司债券可以有不同的分类结果。

(1) 按发行方式分为记名公司债券和不记名公司债券

记名公司债券是指发行公司或债券管理机构保持债券持有人名册的债券。这种债券需在发行公司或债券管理机构保持债券持有人的名册,债券持有人需凭债券和自己的印鉴领取债券的本息。因此,债券持有人转让债券时,必须与发行公司办理过户手续。

不记名公司债券是指无须在发行公司或债券管理机构保持债券持有人的名册,可不经过户手续转让的债券。这种债券上附有息票,持票人只凭息票即可领取债券利息,凭到期债券即可领取本金,故又称息票债券。

(2) 按有无担保分为有担保公司债券和信用公司债券

有担保公司债券是指以被抵押的特定财产作为履约保证的债券。有担保公司债券具体又包括不动产抵押公司债券、动产抵押公司债券和证券抵押公司债券等,分别指公司发行的以不动产、动产和证券作为抵押物的公司债券。

信用公司债券也称无担保公司债券,是指单凭发行债券公司的信用而没有特定的抵押品作为偿还保证的债券。一般发行这种债券要求有较高的利率,因为其投资者所承担的风险一般会高于有担保公司债券。

(3) 按偿还方式分为定期偿还公司债券和分期偿还公司债券

定期偿还公司债券只规定一个固定的到期日,全部债券在这个固定的到期日都要清偿。

分期偿还公司债券会规定若干个到期日,在各个到期日偿还相应的到期债券。例如,发行10年期的公司债券1 000 000元,规定从第6年起每年还本200 000元,到第10年全部还清。

如果上述各种债券在一定时期后可按照规定的比率转换为发行公司的普通股或优先股,

这样的债券就可称为可转换公司债券。一般而言,债券持有人更愿意购买可转换公司债券,因为这种债券可使持有人承担较小的财务风险:在公司经营初期,经济利益很难预料的情况下,债券持有人可获得较为稳定和可靠的利息收入;而在公司经营状况逐渐好转的情况下,债券持有人又有可能将债券转换为股票,从而获得比利息更多的股利。

此外,公司为了能够更加灵活地利用资金,往往会发行一种可以在到期日之前赎回的债券,这种债券被称为可赎回债券或可收兑债券。当公司预期在将来可以按远远低于原发行债券的利率筹集资金时,发行可赎回债券显然对公司是有利的。该种债券在赎回日通常要向原债券持有人支付利息补偿金,即债券赎回期届满日应当支付的利息与公司债券票面利息的差额。

2. 公司债券的发行价格

公司债券通常要在发行时说明债券面值、票面利率、付息日和到期日等内容。这些内容决定了债券的发行价格。债券面值即公司债券到期应偿还的本金。票面利率又称债券的名义利率、固定利率、设定利率和息票利率等,是用于计算债券每期应付利息的利率。票面利率通常以年利率来表示,如果债券在一年中分次付息,则需将年利率折算为相应期间的利率。例如,企业发行 5 年期、面值为 1 000 美元的公司债券,其票面利率为 10%,规定每年付息两次,则半年利率为 5%。付息日即支付利息的日期。到期日即偿还本金的日期。

公司债券发行时的实际价格往往与面值并不相同,这是债券发行时的票面利率与市场利率不同所致。票面利率是计算债券的发行方定期向债券持有人实际支付利息的利率。发行企业可根据所需资金的多少、未来支付利息的能力以及发行时资本市场的供需情况,自行确定所发债券的票面利率。市场利率则是在债券发行时,金融市场上存在的在风险和期限上与该债券类似的其他金融资本的通行利率。债券发行的实际价格是由将来应支付的利息与债券面值折算的现值决定的,即债券的发行价格是将来应支付利息的现值与债券面值的现值之和。

现值的概念是与货币的时间价值相联系的。它是指未来某一时点一定数额的款项(称为终值)或是一系列数额的款项(称为年金)按照一定利率折算成现在时点的价值。计算现值的原因是不同时点上的货币价值不同,不能简单比较或进行计算,必须首先将它们折算到相同的时点上。通常采用的方法就是将它们折算为现值。

公司债券的现值即发行时的实际价值,发行价格是其现值的表现。如上所述,它由以下两部分组成:第一,按发行时的市场利率折算的债券面值(即本金)的现值(即复利现值);第二,按发行时的市场利率折算的债券利息的现值(即年金现值)。在计算时,应注意折算的利率应选择发行时的市场利率,即为债券持有人实际享受的投资报酬率。

例 10-3 某公司在 2022 年 1 月 1 日发行公司债券,每张债券面值为 1 000 元,5 年期,每年付息两次,分别为 6 月 30 日和 12 月 31 日,票面利率为 14%,共发行 10 000 张。

第一种情况:当市场利率与票面利率相等时,公司债券按面值发行。假设市场利率也是14%,相关的计算为:

债券面值的现值 = 10 000 000 × (P/F, i = 7%, n = 10)
            = 10 000 000 × 0.50835 = 5 083 500(元)
各期利息的现值 = 10 000 000 × (P/A, i = 7%, n = 10)
            = 700 000 × 7.02358 = 4 916 500(元)
债券的发行价格 = 5 083 500 + 4 916 500 = 10 000 000(元)

第二种情况:当市场利率高于票面利率时,公司债券的发行价格应以低于其面值的价格发行,即折价发行。假设市场利率为16%,则相关的计算为:

债券面值的现值 = 10 000 000 × (P/F, i = 8%, n = 10)
            = 10 000 000 × 0.4632 = 4 632 000(元)
各期利息的现值 = 10 000 000 × 7% × (P/A, i = 8%, n = 10)
            = 700 000 × 6.71 = 4 697 000(元)
债券的发行价格 = 4 632 000 + 4 697 000 = 9 329 000(元)
债券折价 = 10 000 000 - 9 329 000 = 671 000(元)

当市场利率高于票面利率时,公司债券将以低于面值的价格发行,其发行价格低于面值的部分称为债券折价。折价实质是债券发行公司因票面利率低于市场利率而预先给予债券购买者的额外利息补偿(预付利息),这部分折价将在债券有效期内逐渐摊销,增加各计息期的利息费用。

第三种情况:当市场利率低于票面利率时,公司债券以高于面值的价格发行,即溢价发行。假设市场利率为12%,则相关的计算如下:

债券面值的现值 = 10 000 000 × (P/F, i = 6%, n = 10)
            = 10 000 000 × 0.55839 = 5 583 900(元)
各期利息的现值 = 10 000 000 × 7% × (P/A, i = 6%, n = 10)
            = 700 000 × 7.36 = 5 152 000(元)
债券的发行价格 = 5 583 900 + 5 152 000 = 10 735 900(元)
债券溢价 = 10 735 900 - 10 000 000 = 735 900(元)

当市场利率低于票面利率时,公司债券将以高于面值的价格发行,其发行价格高于面值的部分称为债券溢价。债券溢价的实质是债券发行公司因票面利率高于市场利率而向债券购买者预先收回的利息(预收利息)。这部分溢价将在债券有效期内逐期摊销,冲减各计息期的利息费用。

复习与思考　公司债券有什么特点?它的发行价格应如何确定?这样确定债券价格的原因是什么?

3. 公司债券的会计处理

我国企业会计准则要求设置"应付债券"科目,对于公司债券,要分别反映其面值、利息调整及应计利息等相关内容。

公司债券在发行时,根据票面利率与市场利率之间的关系,可能有三种情况,即平价发行、折价发行与溢价发行。在例 10-3 中,公司债券按面值发行时,其会计分录为:

借:现金　　　　　　　　　　　　　　　　　　　　　10 000 000
　　贷:应付债券——面值　　　　　　　　　　　　　　　　　　10 000 000

如果公司债券折价发行,则会计分录为:

借:现金　　　　　　　　　　　　　　　　　　　　　9 329 000
　　应付债券——利息调整　　　　　　　　　　　　　671 000
　　贷:应付债券——面值　　　　　　　　　　　　　　　　　　10 000 000

如果公司债券溢价发行,则会计分录为:

借:现金　　　　　　　　　　　　　　　　　　　　　10 735 900
　　贷:应付债券——面值　　　　　　　　　　　　　　　　　　10 000 000
　　　　应付债券——利息调整　　　　　　　　　　　　　　　　735 900

如果公司债券是折价或溢价发行的,则在债券的存续期间,还要涉及折价或溢价摊销的处理问题。通常的摊销方法有两种:一是直线摊销法,二是实际利息法。

直线摊销法是把债券的溢价或折价逐期等额地摊销并转作利息费用的方法,即将公司债券发行时所确认的全部溢价或折价按债券存续期内的总付息次数均摊。如果是溢价(预收利息)发行,则将溢价的摊销额用于冲减每期的利息费用;如果是折价(预付利息)发行,则将折价的摊销额相应增加每期的利息费用。

实际利息法则是先确定各期的利息费用总额(以各期期初的账面价值乘以发行时的市场利率计算得出),然后计算各期按票面利率计算并支付给债券持有人的债券利息,二者之间的差额即为当期债券折价或溢价的摊销额。

在两种不同的摊销方法下,各期的摊销额如表 10-1、表 10-2 和表 10-3 所示。

表 10-1　公司债券折价摊销表(直线摊销法)　　　　　　　　　单位:元

期数	支付利息 (1)= 面值×7%	折价摊销 (2)= 671 000/10	利息费用 (3)= (1)+(2)	债券折价余额 (4)= 上期余额-(2)	债券账面价值 (5)= 面值-(4)	实际利率(%) (6)= (3)/(5)
发行时				671 000	9 329 000	
1	700 000	67 100	767 100	603 900	9 396 100	8.22
2	700 000	67 100	767 100	536 800	9 463 200	8.16
3	700 000	67 100	767 100	469 700	9 530 300	8.11
4	700 000	67 100	767 100	402 600	9 597 400	8.05
5	700 000	67 100	767 100	335 500	9 664 500	7.99
6	700 000	67 100	767 100	268 400	9 731 600	7.94
7	700 000	67 100	767 100	201 300	9 798 700	7.88
8	700 000	67 100	767 100	134 200	9 865 800	7.83
9	700 000	67 100	767 100	67 100	9 932 900	7.78
10	700 000	67 100	767 100	0	10 000 000	7.72

表 10-2　公司债券折价摊销表（实际利息法）　　　　　　单位：元

期数	利息费用 (1)= (5)×8%	支付利息 (2)= 面值×7%	折价摊销 (3)= (1)-(2)	债券折价余额 (4)= 上期余额-(3)	债券账面价值 (5)= 面值-(4)
发行时				671 000	9 329 000
1	746 320	700 000	46 320	624 680	9 375 320
2	750 026	700 000	50 026	574 654	9 425 346
3	754 028	700 000	54 028	520 626	9 479 374
4	758 350	700 000	58 350	462 276	9 537 724
5	763 018	700 000	63 018	399 258	9 600 742
6	768 059	700 000	68 059	331 199	9 668 801
7	773 054	700 000	73 504	257 695	9 742 305
8	779 384	700 000	79 384	178 311	9 821 689
9	785 735	700 000	85 735	92 576	9 907 424
10	792 576	700 000	92 576	0	10 000 000

表 10-3　公司债券溢价摊销表（实际利息法）　　　　　　单位：元

期数	利息费用 (1)= (5)×6%	支付利息 (2)= 面值×7%	溢价摊销 (3)= (2)-(1)	债券溢价余额 (4)= 上期余额-(3)	债券账面价值 (5)= 面值+(4)
发行时				735 900	10 735 900
1	644 154	700 000	55 846	680 054	10 680 054
2	640 803	700 000	59 197	620 857	10 620 857
3	637 251	700 000	62 749	558 108	10 558 108
4	633 486	700 000	66 514	491 594	10 491 594
5	639 496	700 000	70 504	421 090	10 421 090
6	625 265	700 000	74 735	346 355	10 346 355
7	620 781	700 000	79 219	267 136	10 267 136
8	616 028	700 000	83 972	183 164	10 183 164
9	610 990	700 000	89 010	94 154	10 094 154
10	605 846	700 000	94 154	0	10 000 000

相应的会计处理中，每期确认的利息费用包括两个部分：一是当期支付的按票面利率及面值计算的利息金额，二是债券溢折价的摊销额。

若为折价发行，每期的利息费用等于付息日的利息支出加上债券折价摊销额。在上面的例子中，直接摊销法下每期的利息费用为：

利息费用 = 67 100 + 1 000 × 14% × 1/2 × 10 000 = 767 100(元)

每一个付息日的会计分录为：

借：财务费用　　　　　　　　　　　　　　　　　　　　　767 100
　　贷：现金　　　　　　　　　　　　　　　　　　　　　　　　700 000

　　　　应付债券——利息调整　　　　　　　　　　　　　　　　　　　　67 100

经过10次摊销后,本次公司债券发行所产生的折价将被全部摊销完毕。

若为溢价发行,每期的利息费用等于付息日的利息支出减去债券溢价摊销额。在上面的例子中,直接摊销法下每期的利息费用为:

$$利息费用 = 700\,000 - 73\,590 = 626\,410(元)$$

每一个付息日的会计分录为:

借:财务费用　　　　　　　　　　　　　　　　　　　　　　　626 410
　　应付债券——利息调整　　　　　　　　　　　　　　　　　　73 590
　贷:现金　　　　　　　　　　　　　　　　　　　　　　　　　　　　700 000

经过10次摊销后,本次公司债券发行所产生的溢价将被全部摊销完毕。

实际利息法下,每期的财务费用根据每期摊销的折价、溢价额进行相应调整即可,分录的形式是相同的。

4. 可转换公司债券的核算

公司发行的可转换公司债券应当在"应付债券"科目下设置"可转换公司债券"明细科目进行核算。在初始确认时将其负债成分和权益成分进行分拆,将负债成分确认为应付债券,将权益成分确认为其他权益工具。

发行可转换公司债券发生的交易费用,应当在负债成分和权益成分之间按照各自的相对公允价值进行分摊。

具体核算时,按实际收到的款项,借记"银行存款"科目,按可转换公司债券包含的负债成分面值,贷记"应付债券——可转换公司债券(面值)"科目;按权益成分的公允价值,贷记"其他权益工具"科目,按借贷双方之间的差额,借记或贷记"应付债券——可转换公司债券(利息调整)"科目。

如果企业发行的是有赎回选择权的可转换公司债券,在赎回日可能支付的利息补偿金额,即债券约定赎回期届满日应当支付的利息减去应付债券票面利息的差额,应当在债券发行日至债券约定赎回期届满日期间计提应付利息。计提的应付利息,分别计入相关资产成本或财务费用。

例10-4　假设A公司于2022年1月1日发行了面值为1 000元(每份)、期限2年、票面年利率为7%的可转换公司债券30万份,每年年末支付利息。每份债券可在发行1年之后转换为200股普通股。发行日市场上与之相似但没有转换股份权利的公司债券的市场利率为9%。如果不考虑其他因素,2022年1月1日,这笔业务对公司的金融负债与权益项目的影响将是:

$$负债成分的公允价值 = 30\,000 \times 7\%/(1+9\%) + (30\,000 + 30\,000 \times 7\%)/(1+9\%)^2$$
$$= 28\,944.53(万元)$$

$$权益成分的公允价值 = 30\,000 - 28\,944.53 = 1\,055.47(万元)$$

可转换债券的其他会计核算内容(分拆)将在第11章"所有者权益"中进行更详细的说明。

10.3.4 长期应付款

长期应付款是指企业除长期借款和应付债券以外的其他各种长期应付款项,包括以分期付款方式购入固定资产发生的应付款项等。

对于长期应付款的账务处理,企业应当按照应付的款项及偿还情况,设置"长期应付款"科目,贷方登记发生的长期应付款,借方登记偿还的长期应付款项,期末贷方余额反映企业尚未偿还的长期应付款项。如果企业购入资产超过正常信用条件,延期付款实质上具有融资性质,则应当按照购买价款的现值,借记"固定资产""在建工程"等科目,按照应支付的价款总额,贷记"长期应付款"科目,按其差额,借记"未确认融资费用"科目。

10.3.5 租赁负债

企业作为租赁的承租人,在租赁期开始日,应当对租赁确认使用权资产和租赁负债。租赁负债应当按照租赁期开始日尚未支付的租赁付款额的现值进行初始计量。在计算租赁付款额的现值时,承租人应当将租赁内含利率作为折现率;无法确定租赁内含利率的,应当将承租人增量借款利率作为折现率。租赁内含利率,是指使出租人的租赁收款额的现值与未担保余值的现值之和等于租赁资产公允价值与出租人的初始直接费用之和的利率。承租人增量借款利率,是指承租人在类似经济环境下为获得与使用权资产价值接近的资产,在类似期间以类似抵押条件借入资金须支付的利率。

后续计量中,承租人应当按照固定的周期性利率(即折现率)计算租赁负债在租赁期内各期间的利息费用,并计入当期损益。

承租人应当在资产负债表中单独列示租赁负债,通常分别非流动负债和一年内到期的非流动负债列示;在利润表中,承租人应当将租赁负债的利息费用在财务费用项目列示;在现金流量表中,偿还租赁负债本金和利息所支付的现金应当计入筹资活动现金流出。此外,在财务报表附注中还应当披露租赁负债的利息费用,以及其他按照《企业会计准则第 37 号——金融工具列报》应当披露的有关租赁负债的信息。

对于租赁负债的核算,企业通常应设置"租赁负债"科目核算应支付的融资租赁款。在租赁期开始日,企业应当按照尚未支付的租赁付款额的现值,借记"使用权资产"科目,按照尚未支付的租赁付款额,贷记"租赁负债"科目,按照租赁期开始日之前支付的租赁付款额,扣除已享受的租赁激励,贷记"预付账款"科目,按照发生的初始直接费用,贷记"银行存款"科目,按照预计将发生为拆卸及移除租赁资产、复原租赁资产所在地或将租赁资产恢复至租赁条款约定状态等成本的现值,贷记"预计负债"科目,按照总租金与现值的差额,借记"租赁负债——未确认融资费用"科目。在租赁期开始日后,企业应按照固定的周期性利率计算租赁负债在租赁期内各期间的利息费用,按照当期发生的利息费用,借记"财务费用"科目,按照增加租赁负债的账面金额,贷记"租赁负债——未确认融资费用"科目。支付租赁付款额时,按照减少租赁负债的账面金额,借记"租赁负债——租赁付款额"科目,按照付款金额,贷记"银行存款"科目。如果企业按变动后的租赁付款额的现值重新计量租赁负债的账面价值,当租赁负债增加时,按照租赁付款额现值的增加额,借记"使用权资产"科目,按照租赁付款额的增加额,贷记"租赁负债——租赁付款额"科目,按照两者的差额,借记"租赁负债——未确认融资费用"科目;若使用权资产的账面价值已调减至零,但租赁负债仍需进一步调减的,企业应当将剩余金额计入当期损益,按照租赁付款额的减少额,借记"租赁负债——租赁付款额"科目,按照进一步调减的租赁付款额现值的减少额,贷记"使用权资产"科目,按照两者的差额,贷记"租赁负债——未确认融资费用"科目。

案例
海航集团缘何破产重整?

2021年1月29日,海航集团官网和官微齐发破产重整声明,宣告海航集团走向破产重整的"重生"之路。声明十分简短,但这个消息却如"一声惊雷"。这意味着海航集团在挣扎着"自救"两三年后,最终还是需要借助"他救"的方式重新出发。

在许多人的印象中,海航集团是一家大型航空公司,但实际上它所涉猎的行业并非只有单一的航空业务,从其巅峰时期1.23万亿元的资产规模可见一斑。海航集团作为海南本土企业,受益于改革开放以及海南建省办经济特区的时代红利,紧抓海南自由贸易港旅游业、现代服务业和高级新技术产业发展机遇,充分发挥海航资源优势,积极布局航空网络、基础设施、航空物流、飞机维修、飞机租赁、离岛免税和旅游消费等产业,一跃成为海南省龙头企业。

这样一家资产庞大、布局广泛的全国第二大民营企业,却于2021年1月29日踏上了破产重整的重生之路。这不禁让人有些诧异,难道海航集团真的要"树倒猢狲散"吗?其超过7 000亿元的债务又该如何解决?

海航集团的这场债务危机其实早在2017年就已初见端倪。当时,依靠杠杆融资并购,总资产规模超万亿元的海航集团不时传出旗下航空公司不能正常支付燃油费用、飞机租赁款逾期等消息。为了回笼资金,海航集团一边疯狂卖出资产,如出售香港地块、美国和澳洲的写字楼,抛售希尔顿酒店集团和德意志银行的股份;另一边则大举发债,如2017年12月,海航控股和云南省政府合资成立的祥鹏航空发行了为期270天的人民币债券,利率高达8.2%。

这一系列的动作不禁让人怀疑其流动性资金是否出了问题。随后,2018年,海航集团原董事长突然去世,使得海航集团进一步陷入风雨飘摇的境地。原本淡出业务一线的创始人陈峰重回海航集团一线掌舵,担任海航集团董事长。陈峰毫不避讳地屡次提及海航的"流动性风险"。他曾表示,"总而言之,我们自身没有准备好,所以就出现了之前的'买买买',没有海航不能买的;如今又'卖卖卖',创世界处置资产之最。我们已处置了3 000多亿元资产,需要在这种跌宕起伏中深刻反思"。

对于海航集团的债务风险规模,据可查财务数据显示,截至2019年上半年,海航集团总资产9 806亿元,同比跌破万亿元大关,下降8%;总负债7 067亿元,同比下降6%,净资产

2 739亿元,同比下降13%,资产负债率72.07%,同比增长2%。

营业收入方面,2019年上半年,海航集团实现营业收入2 664.6亿元,同比下降7%,净利润由盈转亏,亏损35.2亿元,同比下降184%。

以陈峰为代表的管理层,曾把解决债务危机的希望寄托于2020年,但天不遂人愿,2020年年初突如其来的新冠疫情,致使航空公司运力大减,数千万机票遭遇退票,海航集团的流动性风险进一步加剧,化解危机的希望也随之破灭。

据海航控股公司财务部门核算,由于疫情的影响,2020年度公司实现的归母净利润为-640.03亿元,扣除非经常性损益的净利润为-556.99亿元,资产减值损失和公允价值变动损失155.50亿元。

同时,通过"企查查"平台发现,截至2021年2月,海航集团自身风险高达2 223项,其中包括被限制高消费7项、失信被执行信息4项、被执行信息63项、被起诉和法院开庭公告920项、股权质押和股权出质211项等。这也意味着海航集团凭借"自救"难以走出困境,只能寻求外界救援。

破产重整在"立"不在"破",海航集团破产重整的新生之路能否上演"涅槃重生"尚待观察。

(本案例根据《法人杂志》和《券商中国》有关海航集团报道资料编写。)

思考:
1. 过度负债会对公司产生哪些影响?
2. 如果公司发生债务危机,应如何化解?

本章小结

负债是指企业过去的交易或者事项形成的、预期会导致经济利益流出企业的现时义务。现时义务是指企业在现行条件下已承担的义务。未来发生的交易或者事项形成的义务,不属于现时义务,不应当确认为负债。

在同时满足以下条件时,确认为负债:① 与该义务有关的经济利益很可能流出企业;② 未来流出的经济利益的金额能够可靠地计量。

符合负债定义和负债确认条件的项目,应当列入资产负债表;符合负债定义但不符合负债确认条件的项目,不应当列入资产负债表。

负债可以分为流动负债与非流动负债。流动负债包括短期借款、应付账款、合同负债、应付职工薪酬等项目,非流动负债包括长期借款、应付债券、长期应付款和租赁负债等。

合同负债是指企业因已收或应收客户对价而应向客户转让商品的义务。企业在向客户转让商品之前,如果客户已经支付了合同对价或企业已经取得了无条件收取合同对价的权利,则企业应当在客户实际支付款项与到期应支付款项孰早时点,将该已收或应收的款项列示为合同负债。

在租赁期开始日,承租人应当对租赁确认使用权资产和租赁负债。租赁负债应当按照租赁期开始日尚未支付的租赁付款额的现值进行初始计量。识别应纳入租赁负债的相关付款项目是计量租赁负债的关键。

或有负债与预计负债是两项比较特殊的负债项目。或有负债通常不予确认,但满足一定条件的或有负债要作为预计负债予以确认。

公司债券作为一种有效的长期资金来源,确定其价格时要考虑货币的时间价值。其价格应当等于到期价值的现值与存续期利息的现值之和。

重要名词

负债(Liabilities)
流动负债(Current Liabilities)
非流动负债(Long-term Liabilities)
合同负债(Contract Liabilities)
应付账款(Accounts Payable)
短期借款(Short-term Loans)
总价法(Gross-price Method)
净价法(Net-price Method)
租赁负债(Lease Liabilities)
公司债券(Corporate Bonds)
或有负债(Contingent Liability)
一年内到期的非流动负债(Long-term Liabilities Due within One Year)
其他应付款(Other Payable)
预收收入(Unearned Revenue)
预收账款(Deposit Received)
应付职工薪酬(Employee Benefits Payable)
应交税费(Taxes Payable)
应付票据(Notes Payable)
贴现应收票据(Discounted Notes Receivable)
未决诉讼(Pending Litigation)
债务担保(Warranties for Other Debts)
产品质量保证(Product Warrants)

记名公司债券(Registered Bonds)
不记名公司债券(Bearer Bonds)
息票债券(Coupon Bonds)
有担保公司债券(Secured Bonds)
不动产抵押公司债券(Real Estate Mortgage Bonds)
动产抵押公司债券(Chattel Mortgage Bonds)
证券抵押公司债券(Collateral Mortgage Bonds)
信用公司债券(Debenture Bonds)
无担保公司债券(Unsecured Bonds)
定期偿还公司债券(Term Bonds)
分期偿还公司债券(Serial Bonds)
可转换债券(Convertible Bonds)
债券溢价(Bond Premium)
债券折价(Bond Discount)
债券面值(Bond Par Value)
票面利率(即债券的名义利率)(Nominal Interest Rate)
付息日(Interest Date)
到期日(Maturity Date)
市场利率(Market Interest Rate)
可赎回债券(Callable Bonds)

思考题

1. 如何理解流动负债的特点?
2. 公司债券的发行价格应如何计算?其内在含义是什么?
3. 非流动负债通常包括哪些项目?
4. 或有负债的含义是什么?企业有哪些负债属于或有负债?应该如何反映企业的或有负债?

5. 应付公司债券溢价与折价的实质是什么？如何进行处理？

练习题

1. 某企业2022年1月1日借入短期借款500万元，年利率6%，借款期限为1年，借款利息按季度支付。

要求：编制2022年1月、2月、3月预提和支付利息的会计分录。

2. 2021年10月1日，A银行批准B公司的信用贷款（无担保、无抵押）申请，同意向其贷款1 000万元，贷款期限为1年，年利率为5%。2022年10月1日，B公司的借款（本金和利息）到期。B公司具有还债能力，但因B公司与A银行存在其他经济纠纷而未按时归还A银行的贷款。A银行与B公司协商，但没有达成协议。2022年10月20日，A银行向法院提出诉讼。截至2022年12月31日，法院尚未对A银行提出的诉讼进行审理。根据有关专家的意见，A银行很可能胜诉，估计获得B公司支付的罚息为30万～50万元，B公司承担的诉讼费为4万～8万元。

要求：

(1) 说明上述事项的性质和会计处理原则；

(2) 为B公司编制有关会计分录，并说明上述事项对B公司资产负债表和利润表的影响。

3. L公司2022年3月1日按980元的价格折价发行面值为1 000元的公司债400份，10年到期，年利率8%，利息每半年支付一次(3月1日和9月1日)。

要求编制如下业务的会计分录：

(1) 债券的发行；

(2) 最初半年的利息支付及摊销(直线法)；

(3) 2022年12月31日调整应计利息。

4. K公司2020年4月1日发行年利率9%、5年期、面值为100元的债券20 000份，按每份105元溢价发售，债券利息于每年6月30日和12月31日支付。K公司的会计年度于12月31日结束。

要求：

(1) 编制2020年与债券有关的所有会计分录；

(2) 2023年4月1日按105元加应计利息收回一半债券，编制会计分录。

5. G公司2020年1月1日向银行借入3年期、到期付息还款的长期借款一笔，共1 000万元，借款年利率为8%。公司在2023年1月1日还款。

(1) 编制G公司与该借款有关的会计分录。

(2) 假如不是到期付息还款，而是分期付息(每半年付息一次)到期还款，会计分录又应如何编制？

(3) 上面两种负债形式，哪一种更划算？你是如何理解的？

第 11 章 所有者权益

[学习目标]

通过本章的学习,你应该掌握:

1. 所有者权益的定义、特点与一般构成;
2. 普通股和优先股的主要特征;
3. 资本公积的来源、用途等;
4. 法定盈余公积的提取方法及相关核算;
5. 库存股的回购与重售的会计处理;
6. 股利发放的会计处理;
7. 权益工具与金融负债的区分及复合金融工具的分拆。

[素养目标]

通过本章的学习,掌握所有者权益会计确认和计量的准则要求,培养学生灵活运用企业权益数据进行分析决策的能力,帮助学生形成财务分析思维,提升财务素养。

[小故事/小案例]

赵忠民是永泰保险公司的总经理,在他的领导和管理下,永泰保险公司的业绩蒸蒸日上,规模一直处于行业领先地位。每每想到自己领导的公司取得这么好的成绩,赵忠民脸上都会洋溢出欣慰的笑容。但是,银保监会最近下发的一则通知,却让赵忠民脸上浮现了几丝愁容。

原来银保监会于 2021 年发布《保险公司偿付能力监管规则(Ⅱ)》(以下简称"《规则Ⅱ》"),对保险业的偿付能力加强了监管,并规定保险公司不得将投资性房地产的评估增值计入实际资本,以引导保险资金更大力度地支持实体经济。

投资性房地产是保险公司的重点投资项目。2010 年,保监会放开保险公司的不动产投资项目,2012 年《关于保险资金投资股权和不动产有关问题的通知》发布,进一步对保险公司投资不动产项目的范围和比例进行松绑。随着保险资金不断涌入投资性房地产领域,一些问题也随之而来。个别保险公司在对投资性房地产进行公允价值计量时,不是单纯地依据事实来评估资产,而是借不动产再评估甚至滥用公允价值计量的方式充实账面,以达到提升业绩和偿付能力的目的。因此,2014 年保监会颁布《关于清理规范保险公司投资性房地产评估增值有关事项的通知》,严查投资性房地产项目,并叫停保险公司执行投资性房地产公允价值计量政策,重新修订投资性房地产的偿付能力资产认可标准。2021 年 1 月,银保监会下发《保险公司偿付能力管理规定》,以加强对保险业偿付能力的监管;同年 12 月,银保监会又下发《规则

Ⅱ》,进一步强化对保险业偿付能力的监管,规定保险公司不得将投资性房地产的评估增值计入实际资本。

事实上,我国企业会计准则规定,对于投资性房地产的计量方式,保险公司可以在成本计量和公允价值计量中选其一,而一旦选择后者,就不能再更改为前者。此次《规则Ⅱ》又明确,投资性房地产统一按成本模式计量金额作为其认可价值。

这样一来,那些依据并不充分的资产评估恐怕难逃监管层的视线,而其不规范操作也将面临整顿。《规则Ⅱ》对于新旧规则切换日的规定如下:对于以公允价值模式计量的投资性房地产,保险公司以2022年1月1日作为初始计量日,将其账面价值作为初始成本,按成本模式计量其认可价值。其中,投资性房地产的购置成本作为核心一级资本,评估增值作为附属一级资本。投资性房地产存在减值迹象的,保险公司应当及时足额计提减值。保险公司计提的减值和按成本模式计提的折旧,应当在购置成本、评估增值间按比例分摊,相应减少核心一级资本或附属一级资本。

通常而言,保险公司收取大量保费后,需要借助提高投资收益甚至增资等模式来保证偿付能力,有时增效并不顺利,因此,会计游戏成为一种选择。例如,某保险公司投资房地产后,按成本模式计量,其成本为1亿元,而按公允价值模式计量,隔一段时间便可对这个项目进行再评估,随着房地产市场的上升,其估值也可能顺势增至2亿元甚至4亿元,有的保险公司将收取的保费不断投资到房地产行业,只要定期进行评估就可以提升偿付能力。

这样的资产评估模式会通过滚雪球的方式,使保险公司面临的风险日益加剧,一旦房地产行业下行,保险公司的偿付能力就很可能出现严重不足。

《规则Ⅱ》要求投资性房地产统一按成本模式计量金额作为其认可价值的规定,很可能会影响永泰保险公司未来布局投资性房地产领域的战略,其未来的偿付能力恐怕也会大变脸。想到这些,赵忠民长叹了一口气。

(根据北京元东方教育咨询有限公司报道的文章编写。)

通过本案例,请思考:① 投资性房地产不同的计量模式是如何影响保险公司所有者权益的?② 在投资房地产行业时,保险公司应当如何保障自己的所有者权益?作为保险公司重点的投资领域,投资性房地产的不同计量模式会影响保险公司的所有者权益。本章我们将学习所有者权益的相关内容和知识。

11.1 所有者权益概述

所有者权益是指企业资产扣除负债后由所有者享有的剩余权益,企业的所有者权益又称为股东权益。所有者权益包括实收资本(或者股本)、其他权益工具、资本公积、其他综合收益、盈余公积和未分配利润等。由于企业组织形式包括独资企业、合伙企业和公司制企业,因此所有者权益也可以对应地采用不同的名称。对于独资企业和合伙企业来说,所有者权益可以称为业主权益或合伙人权益(因为这两类企业的所有者即为业主与合伙人);对于公司制企业来说,所有者权益则通常称为股东权益。

近年来,由于新的金融工具(如期权)的出现,企业的负债形式与所有者权益方面都出现了新的内容,对会计核算与财务信息的提供提出了新的要求,值得关注与探讨。

11.1.1 所有者权益的分类与特点

所有者权益是企业所有者对企业净资产的要求权,企业净资产是指全部资产减去全部负债后的净额。企业期末所有者权益金额并不一定等于企业净资产的市场价值。变卖企业资产时,如果当时的市价超出净资产的账面价值,其超出部分通常作为商誉处理。

按照不同的标准,所有者权益可以分为不同的类别。第一,按照所有者权益的构成,其可以分为投入资本、资本公积和留存收益三类。其中,投入资本是指所有者在企业注册资本范围内实际投入的资本。在不同类型的企业中,投入资本的表现形式不同。股份有限公司的投入资本表现为实际发行股票的面值,也称为股本;其他企业的投入资本表现为所有者注册资本范围内的实际出资额,又称为实收资本。第二,按照经济内容划分,所有者权益可以分为投入资本、其他权益工具、资本公积、其他综合收益、盈余公积和未分配利润。第三,按照形成渠道划分,所有者权益可以分为原始投入的资本和经营中形成的资本两类。原始投入的资本包括投入资本和资本公积,经营中形成的资本包括盈余公积和未分配利润。

作为所有者享有的剩余权益,所有者权益具有如下特点:第一,在经营期内,所有者权益可供企业长期、持续地使用,企业不必向投资者返还本金;第二,企业所有者凭其投入的资本,拥有享受税后分配利润的权利;第三,企业所有者享有行使企业经营管理的权利,或者可以授权管理人员行使经营管理权限;第四,企业所有者对企业债务和亏损负有无限责任或有限责任。

11.1.2 所有者权益的内容与具体构成

根据核算的内容和要求,所有者权益可以分为所有者投入的资本(即实收资本或股本)、其他权益工具、资本公积、其他综合收益、盈余公积和未分配利润等部分。其中,盈余公积和未分配利润统称为留存收益。

实收资本(或股本)是指投资者按照企业章程或合同、协议的约定实际投入企业的资本,包括国家、其他单位、个人对企业的各种投资。

其他权益工具是指企业发行的除普通股(作为实收资本或股本)外,按照金融负债和权益工具区分原则归类为权益工具的各种金融工具,在所有者权益类科目中设置"其他权益工具"科目核算。若是归类为金融负债的金融工具,应当在"应付债券"科目中核算;对于需要分拆且形成衍生金融负债或衍生金融资产的,应将分拆的衍生金融负债或衍生金融资产按照其公允价值在"衍生工具"科目中核算。

资本公积是指企业收到投资者超出其在企业注册资本(或股本)中所占份额的投资以及某些特定情况下直接计入所有者权益的项目。资本公积包括资本溢价(或股本溢价)和其他资本公积。

其他综合收益是指企业根据会计准则的规定未在当期损益中确认的各项利得和损失,包括以后会计期间不能重分类进损益的其他综合收益和以后会计期间满足规定条件时将重分类进损益的其他综合收益两类。

盈余公积是指企业按照规定从净利润中提取的各项积累资金。公司制企业的盈余公积分为法定盈余公积和任意盈余公积。两者提取的依据不同,前者以国家的法律或行政规章为依据提取,后者则由企业自行决定提取。

未分配利润是指企业留待以后年度进行分配的结存利润,它是净利润中尚未指定用途的、归所有者拥有的部分。相对于所有者权益的其他部分来说,企业对于未分配利润的使用分配有较大的自主权。

复习与思考　所有者权益的含义是什么？它在数量上与企业的资产和负债有什么样的关系？我国上市公司的所有者权益通常包括哪几个部分？新的权益工具主要有哪些？

11.1.3　所有者权益核算的一般规定

总体来说,核算企业的所有者权益应按以下一般原则进行:

(1) 投资者以现金投入的资本,以实际收到或者存入企业开户银行的金额作为实收资本入账。实际收到或者存入企业开户银行的金额超过其在该企业注册资本中所占份额的部分,计入资本公积。

(2) 投资者以非现金资产投入的资本,应按投资各方确认的价值作为实收资本入账。为首次发行股票而接受投资者投入的无形资产,应按该项无形资产在投资方的账面价值入账。

除了这些一般性的规定,对于不同的企业组织形式来说,所有者权益的内容与核算是有所不同的。

11.2　非公司制企业的所有者权益

企业组织形式包括独资企业、合伙企业与公司制企业。非公司制企业包括独资企业与合伙企业两种。

11.2.1 独资企业的所有者权益

独资企业是指由个人出资经营、归个人所有和控制、由个人承担经营风险和享有全部经营收益的企业。它是最简单的一种企业组织形式。独资企业的业主独立销售产品或提供服务,没有其他人来共同承担债务责任及分享利润。独资企业的利润,无论是继续留在企业,还是被投资者收回,都要按照个人所得税税率征收所得税。但作为一种鼓励独资企业发展的政策与措施,2006年颁布的《税法》允许独资企业在交纳个人所得税和公司所得税之间进行选择。

独资企业通常不能发行股票和债券,所以很难筹集大量的资金。它们可以从银行或个人那里借入资金,但不能从外部获取权益资本。从会计核算方面来说,独资企业通常只设置两个科目反映其所有者权益:一个是"实收资本"(或"业主权益")科目,记录业主的投资额;另一个是提款科目,用于记录所有者从企业提款的金额。提款科目可以在会计期末并入实收资本科目,也可以独立列示。

会计上通过设置"实收资本"科目来对企业的实收资本进行核算。该科目的贷方反映企业实际收到的投资者缴付的注册资本,借方反映企业按法定程序减少的注册资本数额,贷方余额为实收注册资本总额。

11.2.2 合伙企业的所有者权益

合伙企业是指由两个或两个以上合伙人共同出资经营的企业组织形式,各个合伙人按其出资比例分享企业的利润。但其性质与独资企业相似,即合伙企业通常为无限责任公司,且交纳个人所得税。这意味着在合伙企业中,每个合伙人都对企业的债务承担无限连带责任,每个合伙人都对企业其他合伙人的行为负连带责任,即企业的破产将会危及合伙人的个人财产。比如,如果一家建筑公司的合伙人因设计上的错误而被起诉,那么其他合伙人将会对这一事件负连带责任。

近年来也开始出现一种新型的合伙企业,即有限责任合伙企业,这种企业的合伙人对企业的债务承担有限责任,但纳税时按照合伙企业处理。有限责任合伙企业通常由一个主要的合伙人进行管理,他将获得最多的收入,同时也将承担全部潜在的债务风险。其他合伙人提供资金,但几乎不参与企业的经营运作。这种组织形式主要存在于石油勘探和房地产等风险较大的行业。

合伙企业通常要为每个合伙人设立一个所有者权益账户,其金额由合伙协议确定的出资额所决定。如果没有具体的协议,就在合伙人中平均分摊。在这种情况下,一个三人合伙的企业中,每个合伙人记入资本或收入账户的比例都是全部金额的1/3。合伙企业的合伙协议通常很重要,因为大部分关于合伙的权利与义务都由合伙协议来规定,比如每个合伙人应该得到的固定收入及分摊的利润、资本投资的固定利率等。

例 11-1 赵茗与李杰两人合伙开办了一家企业,合伙协议中明确写明赵茗每年固定收入为 2 000 000 元,李杰每年固定收入为 4 000 000 元。资本投资收益率都是 8%,如果在支付了两个人的固定开支和其他成本后还有余额,则对剩余净收入进行平均分配。当年赵茗资本账户金额为 3 000 000 元,李杰资本账户金额为 7 000 000 元,分配前公司净收入是 8 000 000 元。具体记入每个合伙人所有者权益账户的金额如表 11-1 所示。

表 11-1 单位:元

	全部(1)=(2)+(3)	赵茗(2)	李杰(3)
固定收入	6 000 000	2 000 000	4 000 000
资本利息	800 000	240 000(3 000 000×8%)	560 000(7 000 000×8%)
剩余收入	1 200 000	600 000	600 000
总计	8 000 000	2 840 000	5 160 000

复习与思考 企业的形式有哪几种?非公司制企业包括哪些形式?它们的所有者权益具有什么特点?合伙企业的所有者权益通常是怎样确定的?

11.3 公司制企业的所有者权益

公司制企业是指可以通过发行股票和债券筹集资金,对债务承担有限责任,而且可以拥有永久存续权的企业组织形式。它与独资企业和合伙企业最大的不同之处在于:公司制企业作为一个整体对企业外部承担责任和交纳税收,其纳税主体是企业而不是投资者个人。如果是上市公司,则其股东还能在证券交易所进行股票买卖,并且国家证券监管部门和交易所要对其经营行为与信息披露进行规范和监督。

与独资企业和合伙企业相比,公司制企业在成立时需支付大量的法律费用及其他费用;在经营过程中要受相关规定与章程的制约,并且接受公众的监督;另外,作为独立法人,公司要交纳企业所得税,公司的股东也要对其所获红利交纳个人所得税,因此理论上对公司制企业的收入要进行双重征税。

在公司制企业中,股东投入的资本可以是现金,也可以是非现金资产,外商投资者还可以以外币的形式投资。股东以现金投入的资本,应以实际收到或者存入企业开户银行的金额作为实收资本入账。

例 11-2 某公司收到股东投入的货币资金 500 000 元,款项已入账。其会计分录为:
借:银行存款 500 000
  贷:实收资本(或股本) 500 000

股东除以货币资金投资外,也可以实物资产或无形资产投资。企业接受的实物资产和无形资产投资,应按评估或双方确认的价值(或实物的发票价值)及相关税金,贷记"实收资本"科目,同时借记"原材料""固定资产""无形资产"等科目。

例 11-3 ABC 公司由 A、B 和 C 三家公司共同投资设立,按照出资协议,A 公司以现金出资 8 000 000 元;B 公司以一套全新设备出资,价值为 3 000 000 元,增值税为 390 000 元;C 公司以现金出资 5 500 000 元,同时以一项专有技术出资,协商确定的价值为 700 000 元。ABC 公司接受投资时的会计分录为:

借:银行存款	13 500 000
固定资产	3 000 000
应交税费——应交增值税(进项税额)	390 000
无形资产	700 000
贷:实收资本——A 公司	8 000 000
——B 公司	3 390 000
——C 公司	6 200 000

例 11-4 某公司收到出资者投入的原材料一批,评估确认的不含税价值为 300 000 元,增值税专用发票列明的税款为 39 000 元。该企业接受投资时的会计分录为:

借:原材料	300 000
应交税费——应交增值税(进项税额)	39 000
贷:实收资本——某股东	339 000

11.3.1 股份有限公司的股东权益及其构成

股份有限公司的实收资本划分为股份,每股金额相等。为此,股份有限公司的实收资本通常称为股本。股份有限公司通过发行股票筹集股本,股票是股东拥有公司股份的书面凭证。股票一般分为普通股和优先股两大类。

1. 普通股

普通股是公司最基本的股份,大多数股东在公司持有的股份均为普通股。普通股的基本特征可以归纳如下:

(1) 拥有表决权。普通股股东在股东大会上对公司的事务拥有表决权。公司事务包括董事会的选举以及公司重大经营方针和策略的确定等。表决权通常采用一股一票的方式。

(2) 拥有分红权。普通股股东享有公司利润的分配权,一般以股利的形式分派给股东。但是公司并非必须向股东分派股利,只有当公司董事会宣告分派一定数额的股利时,公司才承担向股东分派股利的责任。在经营状况不佳的情况下,公司可以不分派股利。

(3) 拥有对剩余资产的要求权。在公司清算时,债权人的清偿权要首先得到实现,优先股股东次之,最后才是普通股股东。因此,通常将普通股股东对公司资产的要求权称为对剩余资产的要求权。在许多破产公司案例中,由于公司负债太多,普通股股东最后基本无法分得破产资产。由此可以看出,作为投资者,普通股股东的风险最大。

（4）优先认股权。普通股股东通常具有优先认股权，即在公司增发股票时，他们拥有按照股权比例优先认购新股票的权利。

2. 优先股

优先股也构成公司股东权益的一部分。优先股的某些特性类似于公司债券，比如优先股没有投票权，且其收益通常是固定的（优先股的股利通常按其面值的固定百分比或固定数额分派）；同时，优先股又具有普通股的某些特征，比如股利是在税后支付。如果投资者希望得到比债券高的报酬率而又不想承担普通股股东那样高的风险，那么优先股是一个比较好的投资选择。

优先股通常在两个方面优先于普通股：一是在分派股利次序上的优先；二是在公司破产时对公司剩余资产要求权的优先。优先股虽然在某些方面优先于普通股，但在基本权利方面却次于普通股，即在通常情况下，优先股不具有表决权。在股利的分派上，有些公司还发行一些具有特殊特征的优先股，比如累积优先股和参加分派的优先股等。累积优先股是指当年没有按约定的股利支付率支付优先股股利时，当年应当支付的股利可以累积到下一年度（及以后年度）支付。

11.3.2 股份有限公司的股东权益的核算

股份有限公司的股本是在核定的股本总额范围内发行股票取得。公司发行的股票，应以其面值作为股本，超过面值的部分作为股本溢价计入资本公积。股本的增减变动情况应在股本账户的明细账及有关备查账簿中详细记录。

1. 优先股及其核算

如前所述，优先股具有固定的收益率。优先股的股利于税后支付，并且在宣告前不构成公司的债务。优先股在股息收入、清算资产分配等方面要优先于普通股。

优先股通常按照账面价值发行，如每股100元。优先股的股利率与债券的利率相似，但是通常不用百分比而是用货币金额来表示股息。与可转换债券相似，优先股也可以在一定时期内转换为一定数额的普通股，这种优先股称为可转换优先股。此外，可在特定的日子或者持有一定的时期后赎回的优先股，称为可赎回优先股。

如果公司破产清算，优先股股东可在公司偿还完所有债务后首先得到偿付。但公司的债权人（即债券持有者）可以得不到偿付时强迫债务公司破产，而优先股股东则没有这种权利。另外，利息可以从公司的税前收入中扣除，但优先股的股利则必须从税后利润中支付，不能作为费用列支。

有些国家允许公司从股票市场上购回本公司发行在外的优先股并将其注销，目的是永久性地削减股本，相应的会计处理通常是：按原发行价格注销已记录的股本和股本溢价，回购价格与原发行价格之间的差额冲减留存收益。

例 11-5 M公司于2021年5月以每股10元的价格发行股利率8%、面值1元的优先股100 000股。公司于2022年10月10日以每股18元的价格收回并注销该种优先股20 000股，共支付现金 360 000 元。收回并注销优先股的会计分录如下：

借：股本——优先股	20 000
资本公积	180 000
留存收益	160 000
贷：现金	360 000

2. 普通股及其核算

普通股通常构成股份有限公司基本的股东权益。股份有限公司可以不发行优先股，但不能不发行普通股。普通股构成的股东权益也称为"剩余权益"，即普通股股东在分享企业的利润（即获取股利）和清算权利两个方面都落后于债权人和优先股股东。

在资产负债表中，普通股的账面价值就是普通股持有者的股东权益，包括两个部分：一是股本，即股东在公司投资的金额；二是留存收益，即公司成立以来累积的利润。

此外，公司发行股票时通常委托投资银行来办理，所以公司收到的现金就是投资银行交来的现金额。在这种情况下，公司除股票的发行成本外，还要支付法律费用、审计费用和印刷费用，这些发行成本和费用都要从发行收入中扣除。

股份有限公司以发行股票方式筹集的股本，通过"股本"科目核算，而在既发行普通股又发行优先股的企业中，应当在"股本"科目下设置明细科目，分别登记普通股和不同类型的优先股。

例 11-6 K 公司经批准允许发行 2 000 000 股面值为 1 元的普通股。发行其中的 100 000 股时，发行价格为每股 7 元。相应的账务处理如下：

借：现金	700 000
贷：股本——普通股	100 000
资本公积	600 000

企业按法定程序报经批准减少注册资本时，要在实际发还投资或注销股本时登记入账。股份有限公司采用收购本公司股票（即股票回购）方式减资时，按注销股票的面值总额减少股本，购回股票支付的价款超过面值总额的部分依次减少资本公积、盈余公积和未分配利润。

例 11-7 M 公司按法定程序以股票回购方式减少注册资本 40 000 000 元。股票面值为每股 1 元，共收回普通股 40 000 000 股，收购价为每股 8 元。全部价款已用银行存款支付。会计分录为：

借：股本——普通股	40 000 000
资本公积	280 000 000
贷：银行存款	320 000 000

3. 库存股及其核算

库存股是指公司将本公司已经发行的股票重新购回的股份。库存股通常没有表决权和股利分配权。库存股的存在通常有以下几个原因：① 干预、调节本公司股票价格，促进股票交易；② 回购后注销（缩小公司规模）；③ 作为发放给雇员的工资或奖金（实施红利计划或股票期权计划）；④ 为担保契约、可转换债券（或可转换优先股）的转换做准备；⑤ 临时性削减股东权益总额；⑥ 提高每股收益和每股市价；⑦ 防止股票被公司外部收购而导致公司被接管,等等。

库存股的会计处理方法有面值法和成本法。面值法,即库存股按面值记账,当购入库存股时,视同赎回股本处理,并且以赎回股本调整股本。成本法,即当购入库存股时,按购买成本入账。股票注销或重新发行时,须在所有者权益账户中对成本和实际价值差异(如股票最初发行时的净收入)进行调整。在进行库存股的会计处理时需要注意:

(1)在回购库存股时,通常直接按收购的成本价格入账。公司持有库存股的实质是公司退回了股东的投资,回购库存股的结果是使公司的资产和股东权益同时减少,为此库存股通常列为股东权益的减项。

(2)库存股重新销售,同样属于股东权益的交易,不确认利得或损失。当重售售价大于回购成本时,多余部分记入"资本公积"科目;当重售售价小于回购成本时,二者差额先冲减"资本公积"科目,不足部分再冲减"留存收益"科目(在我国可冲减未分配利润)。

例 11-8 N 公司于 2022 年 6 月 1 日以每股 15 元的价格购买本公司普通股 10 000 股,共支付现金 150 000 元。会计分录如下:

借:库存股　　　　　　　　　　　　　　　　　　　　　　150 000
　贷:现金　　　　　　　　　　　　　　　　　　　　　　　　　150 000

在 2022 年资产负债表中,库存股作为股东权益的减项列示。

例 11-9 接例 11-8,N 公司于 2023 年 3 月 1 日将 2022 年 6 月 1 日购回的库存股中的 5 000 股重新出售,每股售价 20 元。会计分录如下:

借:现金　　　　　　　　　　　　　　　　　　　　　　　100 000
　贷:库存股　　　　　　　　　　　　　　　　　　　　　　　　75 000
　　　资本公积　　　　　　　　　　　　　　　　　　　　　　　25 000

库存股不是公司的财产,它没有投票、分红等股东权利,在资产负债表上作为股东权益的抵减项列示,即作为股东权益账面价值的抵减项。

4. 股利及其核算

股利分派是公司向股东分配收益的常用形式。在董事会宣告分派股利之前,公司并不承担向股东分派股利的责任。一旦公司股利分配方案经董事会提交股东大会讨论并通过,公司就要履行向股东分派股利的责任。

股利一般以现金支付,有时也以其他资产的形式支付。股利在董事会宣告分派之日记入净利润(留存收益)的借方,几天后再进行支付。在董事会宣告分派之后,股利表现为负债。

(1)现金股利

现金股利的会计处理通常涉及宣告和支付两个环节。在现金股利宣告日,公司董事会向公众宣布分派股利,成为公司产生应付股利责任的标志。为此,会计人员在股利宣告日应按宣布发放的现金股利的金额记录应付股利的发生,同时减少未分配利润。在现金股利支付日,只需记录应付股利的清偿即可。

例 11-10 M 公司于 2022 年 12 月 20 日宣告发放现金股利 5 000 000 元,将于 2023 年 2 月 1 日向股东支付。会计分录如下:

① 2022 年 12 月 20 日股利宣告日

借：利润分配——支付股利　　　　　　　　　　　　　　5 000 000
　　贷：应付股利　　　　　　　　　　　　　　　　　　　　　　5 000 000

② 2023 年 2 月 1 日股利支付日

借：应付股利　　　　　　　　　　　　　　　　　　　　5 000 000
　　贷：现金　　　　　　　　　　　　　　　　　　　　　　　　5 000 000

（2）股票股利

由于缺乏足够的现金、持有的现金有其他投资安排或出于资本重组以及其他原因，企业可能不会向股东发放现金股利，而是发放股票股利。股票股利是指公司以增发的股票作为股利的支付方式。企业分派股票股利不需要发生实际的现金流出，仅需将留存收益转作股本（及资本公积）。因此，股票股利能够增加股东持股的数量，但不会改变股东在公司中所占股份的结构和比例。

企业发放股票股利，既不影响公司的资产和负债，也不影响股东权益总额。它只是在股东权益账户内部把一个项目转为另一个项目，即减少未分配利润，增加股本。获得股票股利的股东，虽然所持有的股票数量有所增加，但在公司中所占权益的份额并未发生变化。

股票股利的会计处理，一方面会减少未分配利润，另一方面会增加公司的股本。

例 11-11　K 公司股票的每股市价为 10.50 元，如果公司向持有 100 000 股（账面价值为 1 元）的股东发放 5% 的股票股利，相应的会计处理如下：

借：利润分配　　　　　　　　　　　　　　　　　　　　52 500
　　贷：股本——普通股　　　　　　　　　　　　　　　　　　　5 000
　　　　资本公积　　　　　　　　　　　　　　　　　　　　　　47 500

作为股票股利发放的 5 000 股股票，因为每股市价为 10.50 元，所以其总价值为 52 500 元。其中，47 500 元是新发行股票的市场价值与账面价值的差额。在上述交易中，股东权益总和不变，只是将 52 500 元的金额从未分配利润账户转入股本与资本公积账户。

例 11-12　N 公司于 2022 年 12 月 17 日宣布并实际发放股票股利，比例为 10 送 1（即 10%），该公司原有股份为 1 000 000 股，每股面值 1 元，每股股价为 50 元。其会计分录如下：

借：利润分配　　　　　　　　　　　　　　　　　　　　5 000 000
　　贷：股本——普通股　　　　　　　　　　　　　　　　　　　100 000
　　　　资本公积　　　　　　　　　　　　　　　　　　　　　　4 900 000

若 N 公司发放股票股利的比例为 10 送 3，应按照全部计入面值的处理方式。具体会计分录应为：

借：利润分配　　　　　　　　　　　　　　　　　　　　300 000
　　贷：股本——普通股　　　　　　　　　　　　　　　　　　　300 000

可见，分派股票股利既不会影响股东权益总额，也不会改变原有股东的持股比例。但在外流通的股票数量会因股票股利的发放而增加，从而导致每股账面价值和每股收益下降，最终导致股票价格下降。但多数情况下，股票价格与每股账面价值和每股收益不会同比例下降，因此总市值仍会上升。同时，分派股票股利毕竟是利好消息，每股市价在短暂下浮之后会重新攀升,最终使股东受益。在某些情况下,分派股票股利不但不会使股票价格下降,反而会使其上升。

5. 股票分拆

股票分拆是指将公司原有的股票份额按一定比例进行拆分,其结果是公司的股票份额按照拆分的比例增加。比如,如果股票拆分比例为一拆分为二的话,原来拥有100股股票的股东现在拥有的股票份额就变成200股。可以看出:股票分拆在不改变原有股东持股比例的情况下增加了股票的数额。股票分拆不影响股东权益,只是以更小的单位来表示股东权益。

股票分拆的结果与股票股利相同,不会改变公司的净利润与股本,但每股面值会相应减少。如果股票的每股面值以前为1美元,在一拆分为二后,每股面值就变成0.5美元。由于股票的数量翻倍而每股面值减半,因此普通股和资本公积都没有改变。

股票分拆通常会降低股价,吸引更多的投资者购买。从理论上说,股票分拆可以自动降低股票的价格,使股票的价格减半;而实际上,股价降低的程度通常都低于股票分拆的比例。在股东眼中,股票分拆能够产生价值。

复习与思考 股票股利与股票分拆有什么不同?分别会带来什么结果?会对财务报表产生什么影响?

6. 股权证

股权证是认购公司普通股的权益证明,可以单独发行,也可以随同其他证券(如公司债券)一起发行。发行价格可能是普通股当前市场价格的15%~20%。执行股权证对普通股市场价格产生影响的大小构成股权证的价值。如果股权证随同公司债券发行,则投资者会愿意购买较低利率的公司债券,同时发行人的债券利息成本也会比较低。

股权证的会计处理主要取决于股权证是否可分离。如果股权证不可分离(即股权证无法与公司债券分开,两者必须同时流通转让),就将其作为可转换债券记入负债项目,而不确认为权益。如果股权证可分离(即股权证与公司债券可以分开,能够单独在流通市场上自由买卖),就要在公司债券和股权证之间根据它们的公平市价来分配收入(此时股权证作为期权发行),股权证作为一个独立的科目,与公司债券分开列支。

7. 股本增加的途径与会计处理

股份有限公司增加股本的一般途径有三条:一是将资本公积转为股本。会计上应借记"资本公积"科目,贷记"股本"科目。二是将盈余公积转为股本。会计上应借记"盈余公积"科目,贷记"股本"科目。三是股东(包括原企业股东和新股东)投入。

此外,采用发放股票股利实现增资的股份有限公司,在发放股票股利时,应按照股东原来持有的股数分配,如果股东所持股份按比例分配的股利不足一股,则应采取恰当的方法进行处理。例如,股东大会决议按股票面额的10%发放股票股利时(假定新股发行价格及面额与原有股票相同),对于所持股票不足10股的股东,将会发生无法领取一股的情况。在这种情况下,有两种方法可供选择:一是将不足一股的股票股利改为现金股利,用现金支付;二是由股东相互转让,凑为整股。股东大会批准分配的股票股利,应在办理增资手续后,借记"利润分配"科目,贷记"股本"科目。

股份有限公司的可转换公司债券持有人行使转换权利,将其持有的可转换公司债券转换为股票时,按可转换公司债券的余额,借记"应付债券——可转换公司债券(面值、利息调整)"科目,按其权益成分的金额,借记"其他权益工具"科目,按股票面值和转换的股数计算的股票面值总额,贷记"股本"科目,按其差额,贷记"资本公积——股本溢价"科目。

股份有限公司将重组债务转为股本时,应按重组债务的账面余额,借记"应付账款"等科目,按债权人因放弃债权而享有本企业股份的面值总额,贷记"股本"科目,按股份的公允价值总额与相应的股本之间的差额,贷记"资本公积——股本溢价"科目,按其差额,贷记"营业外收入——债务重组利得"科目。

以权益结算的股份支付换取职工或其他方提供服务的,应在行权日按实际行权情况确定的金额,借记"资本公积——其他资本公积"科目,按应计入股本的金额,贷记"股本"科目。

8. 股本减少的原因与会计处理

股份有限公司股本减少的原因大体有两种:一是资本过剩,二是公司发生重大亏损而需要减少股本。公司因资本过剩而减资,一般要发还股款。股份有限公司是以发行股票的方式筹集股本,因此发还股款时要回购发行的股票。因为股票面值和回购股票的价格与发行股票的价格可能不同,所以回购股票的会计处理较为复杂。股份有限公司因减少注册资本而回购本公司股份,应按实际支付的金额,借记"库存股"科目,贷记"银行存款"等科目。注销库存股时,应按股票面值和注销股数计算的股票面值总额,借记"股本"科目,按注销库存股的账面余额,贷记"库存股"科目,按其差额,冲减股票发行时原记入资本公积的溢价部分,借记"资本公积——股本溢价"科目,回购价格超过上述冲减"股本"及"资本公积——股本溢价"科目的部分,应依次借记"盈余公积""利润分配——未分配利润"等科目;如果回购价格低于回购股份所对应的股本,则所注销库存股的账面余额与所冲减股本的差额作为增加股本溢价处理,按回购股份所对应的股本面值,借记"股本"科目,按注销库存股的账面余额,贷记"库存股"科目,按其差额,贷记"资本公积——股本溢价"科目。

9. 资本公积及其核算

股份有限公司的资本公积是公司收到投资者的超出其在公司股本中所占份额的投资,以及某些特定情况下直接计入股东权益的利得和损失。股东实际投入股本大于股票面额的差额表现为超面值缴入股本。某些特定情况下直接计入股东权益的利得和损失,是指不应计入当期损益、会导致股东权益发生增减变动的、与股东投入资本或向股东分配利润无关的利得或损失。

资本公积具有资本属性,不能作为公司利润。通常要设置"资本公积"账户,贷方用于记录出于各种原因而增加的资本公积;借方记录因转增资本或弥补亏损而减少的资本公积;贷方余额为资本公积的实有数额。资本公积一般应当设置"股本溢价"和"其他资本公积"两个明细科目进行会计核算。

股本溢价是指股份有限公司股东投入股本大于股票面值的差额部分。

其他资本公积是指股本溢价项目以外所形成的资本公积，主要包括以权益结算的股份支付和采用权益法核算的长期股权投资。

例 11-13　某上市公司按法定程序办完增资手续后增发普通股 4 000 000 股，每股面值为 1 元，售价为 7 元。会计分录为：

借：银行存款	28 000 000
贷：股本——普通股	4 000 000
资本公积——股本溢价	24 000 000

股票溢价发行取得的收入也可以记为"超面值缴入股本"。这两种处理方式本质上一样，只是科目设置不同。

股份有限公司在股票融资中必然要发生相应的支出，如发行股票支付的手续费或佣金、股票印制成本等。该类支出在溢价发行的情况下，应从溢价中抵销，抵销后剩余的溢价作为资本公积入账。

资本公积的主要用途是转增资本金，即通常所说的转增股份。公司按法定程序将资本公积的有关内容转增股本，只会引起股东权益内部结构的变化，并不会改变股东权益总额，也不会改变每位投资者在股东权益总额中所占的份额。

资本公积转增股本应借记"资本公积"科目及相应明细科目，贷记"股本"科目及相应明细科目。

例 11-14　甲股份有限公司将资本公积 400 000 元转增股本。在原来的股票融资中，A、B、C、D 四位投资者的投资比例分别为 12%、16%、10% 和 20%，因此资本公积转增股本后每位投资者增加的股本数额分别为 48 000 元、64 000 元、40 000 元和 80 000 元。

该公司按法定程序办完增资手续后，做如下会计分录：

借：资本公积	232 000
贷：股本——A 公司	48 000
——B 公司	64 000
——C 公司	40 000
——D 公司	80 000

复习与思考　资本公积通常包括哪几部分内容？资本公积在什么情况下会减少？

10. 盈余公积与未分配利润及其核算

盈余公积是指企业按照规定从税后利润中提取的企业留利。盈余公积包括法定盈余公积、任意盈余公积。

法定盈余公积是指企业按照规定的比例从净利润中提取的盈余公积。股份有限公司的法定盈余公积按照税后利润的 10% 的比例提取，当公司法定盈余公积累计额为公司注册资本的 50% 以上时，可以不再提取法定盈余公积。任意盈余公积是指公司经股东大会决议批准按照规定的比例从净利润中提取的盈余公积。

股份有限公司的法定盈余公积和任意盈余公积均可以用于弥补亏损、转增股本和扩大企业生产经营。符合规定条件的公司也可以用盈余公积分配股利。企业在用盈余公积转增股本时应注意：第一，办理增资手续；第二，按股东原有股份比例结转；第三，法定盈余公积转为股本时，所留存的此项公积金不得少于转增前公司注册资本的25%。

盈余公积的提取和使用通过"盈余公积"科目核算，该科目为所有者权益类科目。企业提取盈余公积时，记入该科目的贷方；使用盈余公积时，记入该科目的借方；贷方余额为企业盈余公积的实有数额。

提取法定盈余公积和任意盈余公积时，通过"盈余公积"科目及其相关明细科目的贷方核算。公司提取盈余公积的过程属于净利润的分配过程，同时还应通过"利润分配"科目及其相关明细科目核算。因此，提取盈余公积时借记"利润分配"科目及相应明细科目，贷记"盈余公积"科目及相应明细科目。

例 11-15 正大股份有限公司2022年的税后净利润为5 000 000元，分别按10%和8%的比例提取法定盈余公积、任意盈余公积。

法定盈余公积提取额 = 5 000 000 × 10% = 500 000（元）

任意盈余公积提取额 = 5 000 000 × 8% = 400 000（元）

借：利润分配——法定盈余公积　　　　　　　　　　　500 000
　　　　　——任意盈余公积　　　　　　　　　　　　400 000
贷：盈余公积——法定盈余公积　　　　　　　　　　　500 000
　　　　　——任意盈余公积　　　　　　　　　　　　400 000

在弥补亏损的会计处理中，由于"利润分配——未分配利润"科目的借方余额为未弥补亏损的数额，因此，用盈余公积弥补亏损时，应借记"盈余公积"科目，贷记"利润分配"科目。

股份有限公司经股东大会决议，用盈余公积派送新股时，应按派送新股计算的金额减少盈余公积，按股票面值和派送新股总数计算的金额增加股本，两者差额列作资本公积。

例 11-16 某股份有限公司经股东大会同意，将法定盈余公积中的12 000 000元用于派送10 000 000股新股，股票面值为1元。该公司按法定程序办完增资手续后，应做如下会计分录：

借：盈余公积——法定盈余公积　　　　　　　　　　　12 000 000
贷：股本　　　　　　　　　　　　　　　　　　　　　10 000 000
　　资本公积——股本溢价　　　　　　　　　　　　　 2 000 000

未分配利润是企业留待以后年度进行分配的结存利润，包括企业以前累积的尚未分配的利润以及本年未分配的利润数额。在会计处理上，未分配利润通过"利润分配——未分配利润"科目进行核算，该科目的贷方余额为未分配的利润。若该科目为借方余额，则反映历年累积的未弥补亏损。该科目反映的是企业各期的经营成果（税后净利润）经过分配后留存在企业的累计数。

11.4 所有者权益的披露与分析

11.4.1 所有者权益在资产负债表中的反映

资产负债表中的所有者权益是企业资产扣除负债后的剩余权益。根据《企业会计准则第30号——财务报表列报》的规定,资产负债表中的所有者权益类应当按照实收资本(或股本)、其他权益工具、资本公积、其他综合收益、盈余公积、未分配利润等项目分项列示。其中,其他权益工具包含优先股和永续债,资本公积中要减去库存股。所有者权益在资产负债表中的具体内容和格式如表11-2所示。

表11-2 资产负债表中的所有者权益 单位:万元

项目	2021年12月31日	2022年12月31日
所有者权益(或股东权益):		
实收资本(或股本)	77.6	77.6
其他权益工具		
其中:优先股		
永续债		
资本公积	72.0	72.0
减:库存股		
其他综合收益	-13.4	-13.4
盈余公积	25.8	25.8
未分配利润	-11.2	-9.3
所有者权益(或股东权益)合计	150.8	152.7

11.4.2 每股收益

投资者通常都十分关注公司财务报表中每股收益的金额。每股收益是用来衡量公司业绩的指标,通常包括基本每股收益和稀释每股收益两类。基本每股收益按照归属于普通股股东的当期净利润(从企业的净利润中扣除应归属于优先股的股利)除以当期实际发行在外普通股的加权平均股数(不包括库存股)计算确定;稀释每股收益则是以基本每股收益为基础,假设企业所有发行在外的稀释性潜在普通股均已转换为普通股,从而分别调整归属于普通股股东的当期净利润以及发行在外普通股的加权平均数计算得到的每股收益。可以稀释普通股的因素包括股票期权、股权证和可转换公司债券。

例11-17 2022年,M公司利润表中净利润为900万元,公司1月发行了100万股普通

股、1 000 万股股利率为 4.5% 的优先股,7 月 1 日又增发了 50 万股普通股,则 M 公司的每股收益为:

$$[(9\,000\,000 - 450\,000)/(1\,000\,000 + 500\,000 \times 6/12)] = 6.84(元)$$

稀释每股收益的计算通常有两种最常用的方法:转换法和库存股法。

转换法用于计算可转换公司债券转换为普通股后稀释的每股收益,其关键点在于计算时要假设可转换公司债券已经转换为普通股。

比如,N 公司 2022 年净利润为 900 万元,拥有 100 万股普通股和 1 000 万股股利率为 4.5% 的可转换优先股(可转换成 200 000 股普通股)。在计算每股收益时,450 000 元的优先股股利应该从净利润中扣除,因此 N 公司的每股收益为 8.55 元 $[(9\,000\,000 - 450\,000)/1\,000\,000]$。

如果优先股都转换成普通股,在计算稀释每股收益时要进行两项调整。第一,要增加分母中的普通股股数(假设可转换优先股全部转换为普通股);第二,优先股转换为普通股后便不用再支付优先股股利,分子应做相应的调整。因此,N 公司稀释每股收益为 7.5 元 $(9\,000\,000/1\,200\,000)$。

库存股法用于计算期权和股权证执行后的稀释每股收益。假设公司用执行期权和股权证后获得的收入回购自己的部分股票,形成库存股,在计算稀释每股收益时,将回购的普通股(库存股)数量加入计算公式的分母中。

比如,V 公司 2022 年的净利润是 700 万元,发行在外普通股加权平均数为 100 万股,该普通股的平均价格为每股 20 元。2022 年年初,V 公司对外发行 10 万份认股权证,行权日为 2022 年 4 月 1 日,每份认股权证可购买本公司 1 股新发股票,行权价格为 10 元。那么 V 公司 2022 年的基本每股收益为 7 元,稀释每股收益为 6.75 元。首先,V 公司每股收益为 7 元(700 万元÷100 万股)。其次,公司执行认股权证会增加普通股股数,增加的普通股股数为 5 万股(拟行权时转换的普通股股数−拟行权时转换的普通股股数×行权价格÷当期普通股平均市场价格 = 10 万股 − 10 万 × 10 元 ÷ 20 元/股)。同时,增加的普通股股数的加权平均数为 3.75 万股(5 万 × 9 ÷ 12)。最后,稀释每股收益为 6.75 元(7 000 000/1 037 500)。

11.5 权益工具、金融负债的区分与复合金融工具的分拆

11.5.1 权益工具、金融负债的区分与会计处理

根据《企业会计准则第 37 号——金融工具列报》的规定,权益工具是指能证明拥有某个企业在扣除所有负债后的资产中的剩余权益的合同。因此,从权益工具的发行方看,权益工具属于所有者权益的组成内容。比如,企业发行的普通股,以及企业发行的、使持有者有权以固定价格购入固定数量本企业普通股的认股权证。

企业发行金融工具,应当按照该金融工具的实质,以及金融资产、金融负债和权益工具的定义,在初始确认时将该金融工具或其组成部分确认为金融资产、金融负债或权益工具。

企业将发行的金融工具确认为权益工具,应当同时满足以下两个条件:第一,该金融工具应当不包括交付现金或其他金融资产给其他方,或在潜在不利的条件下与其他方交换金融资产或金融负债的合同义务。第二,将来须用或可用企业自身权益工具结算该金融工具。如为非衍生工具,该金融工具应当不包括交付可变数量的自身权益工具进行结算的合同义务;如为衍生工具,企业只能通过以固定数量的自身权益工具交换固定金额的现金或其他金融资产结算该金融工具。其中,企业自身权益工具不包括应按照特殊金融工具分类为权益工具的金融工具,也不包括本身就要求在未来收取或交付企业自身权益工具的合同。

企业发行的优先股或具有类似特征的金融工具,应视不同情况,依据其实质进行分类。对于发行时附带各种不同权利的优先股,企业应评估这些权利,以确定它是否呈现金融负债的基本特征。

如果优先股不可赎回,应当根据附带的其他权利,基于对合同实质的评估、金融负债和权益工具的定义进行适当分类。如果对优先股(无论是累积优先股还是非累积优先股)持有方发放股利完全取决于发行方的意愿,则该优先股属于权益工具。

将一项优先股归类为权益工具还是金融负债,不受下列因素的影响:① 以前发放股利的情况;② 未来发放股利的意向;③ 没有发放优先股股利对发行方普通股的价格可能产生的负面影响;④ 发行方各种储备的金额;⑤ 发行方对一段期间内损益的预期;⑥ 发行方能否控制当期损益。

例 11-18 B 公司于 2021 年 2 月 1 日向 G 公司发行以自身普通股为标的的看涨期权。根据该期权合同,如果 G 公司行权(行权价为 102 元),则其有权以每股 102 元的价格从 B 公司购入普通股 1 000 股,股票面值为 1 元。

其他有关资料如下:① 合同签订日为 2021 年 2 月 1 日;② 行权日(欧式期权)为 2022 年 1 月 31 日;③ 2021 年 2 月 1 日,每股市价为 100 元;④ 2021 年 12 月 31 日,每股市价为 104 元;⑤ 2022 年 1 月 31 日,每股市价为 104 元;⑥ 2022 年 1 月 31 日应支付的固定行权价格为 102 元;⑦ 期权合同中的普通股数量为 1 000 股;⑧ 2021 年 2 月 1 日,期权的公允价值为 5 000 元;⑨ 2021 年 12 月 31 日,期权的公允价值为 3 000 元;⑩ 2022 年 1 月 31 日,期权的公允价值为 2 000 元。

假定不考虑其他因素,B 公司的账务处理如下:

(1) 期权以现金净额结算

① 2021 年 2 月 1 日确认发行的看涨期权

借:银行存款　　　　　　　　　　　　　　　　　　　　　　　5 000
　　贷:衍生工具——看涨期权　　　　　　　　　　　　　　　　　5 000

② 2021 年 12 月 31 日确认期权公允价值减少

借:衍生工具——看涨期权　　　　　　　　　　　　　　　　　2 000
　　贷:公允价值变动损益　　　　　　　　　　　　　　　　　　　2 000

③ 2022 年 1 月 31 日确认期权公允价值减少

借:衍生工具——看涨期权　　　　　　　　　　　　　　　　　1 000
　　贷:公允价值变动损益　　　　　　　　　　　　　　　　　　　1 000

在同一天,G 公司行使了该看涨期权,合同以现金净额方式进行结算。B 公司有义务向 G 公司交付 104 000 元(104×1 000),并从 G 公司收取 102 000 元(102×1 000),B 公司实际支付净额为 2 000 元。反映看涨期权结算的账务处理如下:

借:衍生工具——看涨期权　　　　　　　　　　　　　　　　　2 000
　　贷:银行存款　　　　　　　　　　　　　　　　　　　　　　2 000

(2) 期权以普通股净额结算

除期权以普通股净额结算外,其他资料与情形(1)相同。因此,除以下账务处理外,其他账务处理与情形(1)相同。

2022 年 1 月 31 日:

借:衍生工具——看涨期权　　　　　　　　　　　　　　　　2 000.00
　　贷:股本　　　　　　　　　　　　　　　　　　　　　　　　19.23
　　　　资本公积——股本溢价　　　　　　　　　　　　　　　1 980.77

(3) 期权以现金换普通股方式结算

采用以现金换普通股方式结算,是指如果 G 公司行使看涨期权,则 B 公司将交付固定数量的普通股,同时从 G 公司收取固定金额的现金。

① 2021 年 2 月 1 日,发行看涨期权;确认该期权下,一旦 G 公司行权将导致 B 公司发行固定数量股份,并收到固定金额的现金。

借:银行存款　　　　　　　　　　　　　　　　　　　　　　　5 000
　　贷:资本公积——股本溢价　　　　　　　　　　　　　　　　5 000

② 2021 年 12 月 31 日,无须进行账务处理。因为没有发生现金收付。

③ 2022 年 1 月 31 日,反映 G 公司行权。该合同以总额进行结算,B 公司有义务向 G 公司交付 1 000 股本公司普通股,同时收取 102 000 元现金。

借:银行存款　　　　　　　　　　　　　　　　　　　　　　102 000
　　贷:股本　　　　　　　　　　　　　　　　　　　　　　　　1 000
　　　　资本公积——股本溢价　　　　　　　　　　　　　　　101 000

11.5.2　复合金融工具的分拆

企业发行的某些非衍生金融工具,即复合金融工具,既含有负债成分,又含有权益成分,如可转换公司债券等。在初始确认时,企业应当将负债和权益成分分拆,分别进行处理。

在进行分拆时,应当先确定负债成分的公允价值并以此作为其初始确认金额,再按照该金融工具整体的发行价格扣除负债成分初始确认金额后的金额确定权益成分的初始确认金额。负债成分的公允价值是合同规定的未来现金流量按一定利率折现的现值。其中,利率根据市场上具有可比信用等级并在相同条件下提供几乎相同现金流量但不具有转换权的工具的适用利率确定。

发行复合金融工具发生的交易费用,应当在金融负债成分和权益工具成分之间按照各自占总发行价款的比例进行分摊。与多项交易相关的共同交易费用,应当在合理的基础上,采用与其他类似交易一致的方法,在各项交易间进行分摊。

企业(发行方)对复合金融工具进行会计处理时,还应注意以下方面:

(1) 在复合金融工具到期转换时,应终止确认其负债部分并将其确认为权益。原来的权益部分仍保留为权益(它可能从权益的一个项目结转至另一个项目)。复合金融工具到期转换时不产生损失或收益。

(2) 企业通过在到期日前赎回或回购而终止一项仍具有转换权的复合金融工具时,应在交易日将赎回或回购所支付的价款以及发生的交易费用分配至该工具的权益部分和负债部分。价款和交易费用的分配方法应与该工具发行时采用的分配方法一致。价款分配后,所产生的利得或损失应分别根据权益部分和负债部分所适用的会计原则进行处理,分配至权益部分的款项计入权益,与负债部分相关的利得或损失计入损益。

(3) 企业可能修订复合金融工具的条款以促使持有方提前转换。例如,提供更有利的转换比率或在特定日期前转换则作出额外的补偿。在条款修订日,持有方根据修订后的条款进行转换所能获得的补偿的公允价值与根据原有条款进行转换所能获得的补偿的公允价值之差,应在利润表中确认为损失。

例 11-19 甲公司 2022 年 1 月 1 日按每份面值 1 000 元发行了 2 000 份可转换债券,取得总收入 2 000 000 元。该债券期限为 3 年,票面年利率为 6%,利息按年支付;每份债券均可在债券发行 1 年后的任何时间转换为 250 股普通股。甲公司发行该债券时,二级市场上与之类似但没有转股权的债券的市场利率为 9%。假定不考虑其他相关因素,甲公司将发行的债券划分为以摊余成本计量的金融负债。

(1) 先对负债部分进行计量,债券发行收入与负债部分的公允价值之间的差额则分配到所有者权益部分。负债部分的现值按 9% 的折现率计算如表 11-3 所示。

表 11-3　　　　　　　　　　　　　　　　　　　单位:元

本金的现值:	
第三年年末应付本金 2 000 000 元(复利现值系数为 0.7722)	1 544 400
利息的现值:	
3 年期内每年应付利息 120 000 元(年金现值系数为 2.5313)	303 756
负债部分总额	1 848 156
所有者权益部分	151 844
债券发行总收入	2 000 000

(2) 甲公司的账务处理如下:

① 2022 年 1 月 1 日,发行可转换债券

借:银行存款　　　　　　　　　　　　　　　　　2 000 000
　　应付债券——利息调整　　　　　　　　　　　　151 844
　　贷:应付债券——面值　　　　　　　　　　　　2 000 000
　　　　其他权益工具　　　　　　　　　　　　　　151 844

② 2022年12月31日,计提和实际支付利息

计提债券利息时:

借:财务费用		166 334
贷:应付利息		120 000
应付债券——利息调整		46 334

实际支付利息时:

借:应付利息		120 000
贷:银行存款		120 000

③ 2023年12月31日,债券转换前计提和实际支付利息

计提债券利息时:

借:财务费用		170 504
贷:应付利息		120 000
应付债券——利息调整		50 504

实际支付利息时:

借:应付利息		120 000
贷:银行存款		120 000

至此,转换前应付债券的摊余成本为1 944 994元(1 848 156 + 46 334 + 50 504)。

假定至2022年12月31日,甲公司股票上涨幅度较大,可转换债券持有方均于当日将持有的可转换债券转为股份。由于甲公司对应付债券采用摊余成本进行后续计量,因此,在转换日,转换前应付债券的摊余成本应为1 944 994元,而权益部分的账面价值仍为151 844元。同样是在转换日,甲公司发行股票数量为500 000股(面值为1元)。对此,甲公司的账务处理如下:

借:应付债券——面值		2 000 000
贷:资本公积——股本溢价		1 444 994
股本		500 000
应付债券——利息调整		55 006
借:其他权益工具		151 844
贷:资本公积——股本溢价		151 844

案例
国铁工建股权激励引发的思考

杨继伦于2013年在北京创立国铁工建(北京)科技有限公司(以下简称"国铁工建"),成立之初,公司主要做他人产品的销售代理和系统集成项目。经过7年的艰苦奋斗,国铁工建的业务发展到集设计、研发、生产和管理服务于一体,分支机构遍布全国各地,营业额从刚开始的100万元上升到将近3亿元,员工规模从创业初期的几个人扩大到上百人,目前已是一家以高科技为主导的国家高新技术企业。

虽然公司发展势头很好，但是杨继伦却对公司的未来发展比较担忧，因为公司高层次人才流失率有不断上升的趋势，并且部分创业"元老"怨言较大，态度消极，已经严重影响团队士气。如果这些问题不解决，公司未来的发展堪忧。

经过认真思考，杨继伦决定在公司里实行股权激励。于是他找到一家专业的管理咨询公司帮忙制订股权激励方案。双方签订协议后，管理咨询公司先是进入国铁工建进行调研诊断，在对其进行尽职调查后发现国铁工建采用的是典型的民营企业创业模式，团队成员均是亲朋好友，激励机制也是采用"拍脑袋"式的薪酬激励方式，没有科学的依据，缺乏公平性和竞争性。此外，创业至今，除创始人外，其他成员都没有股份。随着公司规模的不断扩大，盈利越来越多，早期参与创业的员工要求分享发展红利的呼声越来越高。

在对国铁工建的治理结构、所处的发展阶段、未来五年的战略规划、企业文化、薪酬结构、考核方式、行业特点等方面进行深入分析后，管理咨询公司拟定了系统的股权激励方案。

股权激励方案是一个系统性的工程，包含很多内容。在指导原则和方针方面，确定了"以奋斗者为本，向贡献者倾斜"的价值分配原则等基本原则和指导方针。在激励对象范围方面，从人力资本附加值、历史贡献和难以取代程度三个维度，将国铁工建的激励对象分为核心层、经营层和骨干层，其中核心层为公司的战略决策者，人数约占员工总数的3%；经营层为担任部门经理以上职位的管理者，人数约占员工总数的10%；骨干层为特殊人力资本持有者，人数约占员工总数的15%。在激励力度方面，鉴于国铁工建尚处于成长期，主要以人力资本价值评估为依据确定员工的初始激励力度。结合国铁工建的实际情况，在评定人力资本价值时，重点考虑激励对象的影响力、创造力、经验阅历、历史贡献、发展潜力、适应能力六大因素，此外还引入股权激励的考核机制，并且将考核分为公司绩效、部门绩效（或项目绩效）、个人绩效三个层面。对于层级比较高的员工，强化对公司绩效的考核；对于层级稍低的员工，强化对个人绩效的考核。根据考核成绩从高到低将员工划分成A、B、C、D、E五个等级，按考核等级确定最终的激励额度，依次为1.2倍、1.1倍、1.0倍、0.8倍、0倍。在激励方式方面，核心层员工采用员工持股方式，以体现"共创共享共担"原则。参照上市公司员工持股的相关规定（用于股权激励的股本比例不得超过总股本的10%），结合国铁工建的股本结构及激励期内预期业务增长情况，员工持股数量为500万股（约占公司总股数的5%）；经营层和骨干层员工则采用包括分红权和期权在内的股权激励方式，分红权数量取决于激励对象的人力资本价值及激励期的每股分红额，期权授予量取决于人力资本价值及激励期内的股价增长情况。激励周期方面，国铁工建股权激励的授予期设为3年，按3∶3∶4的比例，每年1次，分3次授予完毕，同期股权的解锁及期权的兑现亦分3年期实施。另外，为规避法律纠纷，参照《劳动合同法》，结合科技型企业的工作特点，国铁工建明确了股权退出机制，并且还与激励对象签署了股权授予协议。

股权激励实施后，国铁工建取得了长足的发展。为了更好地拓展业务并配合此次股权激励，国铁工建在天津成立新的运营主体——伽利略（天津）技术有限公司。

现在，国铁工建已经成长为一家集研发、生产制造、工程设计、工程管理、总承包、投资运营和咨询服务于一体的现代化信息技术企业，主营业务由过去的单一城市轨道交通拓展到覆盖城市轨道交通、电网电力系统、国防军工、民航机场、智慧城市、智慧建筑六大领域，成功服务了国内诸多重大工程,被国家认定为"高新技术企业"和"双软"认证企业。

(本案例根据摩天之星报道文章编写。)

思考:

1. 运用所学知识,结合《上市公司股权激励管理办法》谈谈如何理解股票期权的会计属性。

2. 股权激励会计的关键在于股票期权的确认与计量,而《企业会计准则第 11 号——股份支付》则对股票期权费用化和公允价值计量做了规定。请谈谈股票期权费用化和公允价值计量的利与弊。

本章小结

独资企业、合伙企业和公司制企业的所有者权益都包括实际收到的资本额和累积利润两个部分。实际收到的资本额分两部分列支:实收资本(或股本)和资本公积(这里指超面值缴入股本),累积利润包括盈余公积和未分配利润。

优先股的股利与债券的利息相似,通常是固定的,但不属于负债。在公司分派股利和破产清算时,优先股股东可以比普通股股东提前得到偿付。

库存股是公司回购的自己发行的股票,不属于公司的资产,所以不作为实收资本或发行股票列示,而是一般以回购成本列支。出售库存股的收入或损失都不记入收入项目中。

股票股利和股票分拆不影响股东的相对持股量和股东权益总额。相应的会计处理不会影响股东权益总额,而只会影响其构成比例。企业经营的净利润和普通股的数量决定了每股收益的金额。稀释每股收益反映了可能在未来增加普通股数量的协议和可转换证券对每股收益的稀释作用。

近年来,由于一些新的金融工具的出现,所有者权益的核算也出现了新的形式与新的要求,比如期权、复合金融工具等。企业应当按照它们的不同性质进行相关的会计处理,并进行恰当披露。

重要名词

权益(Equity)
所有者权益(Owner's Equity)
实收资本(Paid-in Capital)
资本公积(Capital Surplus)
其他权益工具(Other Equity Instruments)
其他综合收益(Other Comprehensive Income)
普通股(Common Stock)
优先股(Preferred Stock)
库存股(Treasury Stock)
股票股利(Stock Dividend)
现金股利(Cash Dividends)
股权证(Stock Certificate)

法定盈余公积(Compulsory Surplus Reserve; Legal Reserve)
股票分拆(Stock Split)
优先认股权(Preemptive Right)
每股收益(Earnings per Share, EPS)
稀释每股收益(Diluted Earnings per Share, Diluted EPS)
盈余公积(Revenue Surplus; Revenue Reserve)
未分配利润(即留存收益)(Undistributed Profits; Retained Earning)
权益工具(Equity Instrument)
复合金融工具(Compound Financial Instruments)

思考题

1. 所有者权益的基本构成有哪几项？其经济内涵是什么？
2. 所有者权益与企业净资产是什么关系？为什么我国很多企业在实行股权转让时都以净资产作为定价基础？
3. 发放现金股利与股票股利对企业财务状况的影响有何不同？

练习题

1. 某公司由 A、B、C 三家公司共同投资设立，按照出资协议，A 公司以现金出资 10 000 000 元；B 公司以一套旧设备出资，价值为 8 000 000 元；C 公司以无形资产 800 000 元出资。

要求：

（1）为以上 A、B、C 三家公司投资于本企业的业务编制会计分录；

（2）说明企业接受投资有哪些最为常见的方式。

2. 某公司将资本公积 500 000 元转增资本。在原来的注册资本中，A、B、C、D 四位投资者的投资比例分别为 25%、30%、15% 和 30%。

要求：

（1）说明资本公积转增资本后每位投资者增加的实收资本数额分别为多少。

（2）为以上资本公积转增资本的业务编制分录。

3. LD 公司 2022 年 1 月 1 日资产负债表的股东权益部分列示如下：

股本	
优先股：5%，面值 20 元，50 000 股	1 000 000
普通股：面值 10 元，200 000 股	2 000 000
资本公积	
优先股超面值缴入股本	500 000
普通股超面值缴入股本	2 000 000
留存收益	2 500 000
股东权益合计	8 000 000

2022 年度有关股东权益的交易依次如下：

（1）1 月，以每股 25 元的价格回购优先股 1 000 股，并予以注销；

（2）2 月，以每股 35 元的价格回购普通股 10 000 股，作为库存股；

（3）3 月，股东大会宣布发放优先股现金股利；

（4）4 月，向普通股发放 10% 的股票股利，当时的市价为每股 35 元；

（5）8 月，重新以每股 40 元的价格出售库存股 5 000 股；

（6）12 月，2022 年度净利润为 900 000 元。

要求：

（1）编制以上交易的会计分录；

（2）编制 2022 年资产负债表的股东权益部分；

（3）说明股票股利与现金股利对企业资产和股东权益的影响。

第 12 章 影响净利润的其他项目

[学习目标]

通过本章的学习,你应该掌握:

1. 除销售成本之外会对利润产生重要影响的主要项目;
2. 期间费用的基本内容;
3. 营业外收支项目及其对利润的影响;
4. 所得税会计的产生根源及会计处理;
5. 会计差错调整与会计方法变更对利润的影响;
6. 汇兑损益与折算损益的区别;
7. 综合收益与其他综合收益;
8. 公允价值变动损益与资产减值损失。

[素养目标]

通过本章的学习,掌握影响企业会计利润的主要项目的会计准则要求,提高学生分析企业盈利质量的能力,引导学生树立遵守国家财政法规的意识。

[小故事/小案例]

自2011年起,受宏观经济增速放缓等因素影响,钢铁行业遭遇阵阵寒流,整个行业都面临极大的生存压力。

DH钢铁股份有限公司(以下简称"DH钢铁")是一家上市钢铁公司,受宏观市场环境的影响,DH钢铁2018年和2019年连续两年净利润为负数,根据《股票上市规则》的相关规定,上市公司如果连续两年出现亏损,将会被实行"退市风险警示"特别处理。2020年2月26日,DH钢铁股票被停牌一天,2月27日复牌后被实行"退市风险警示"特别处理。此后,DH钢铁股票的简称变为*STDH。

为了避免被退市,DH钢铁管理层在看到公司连续亏损后就希望通过节流缩减费用来逆转亏损的局势。

2019年11月,经DH钢铁第六届董事会第二十四次会议通过,公司对各类固定资产重新核定了使用年限,决定从2020年1月1日起对公司部分固定资产折旧年限进行调整,具体调整方案为:房屋和建筑物的折旧年限从30年延长至40年;机械设备和传导设备的折旧年限从15年延长至19年;动力设备的折旧年限从10年延长至12年。

DH钢铁董事会为此给出的合理性解释是,通过对主体设备生产线进行技术改造,定期对设备进行检修,提高了设备的使用性能,延长了固定资产的使用寿命。按照《企业会计准则第4号——固定资产》第四章第十五条"企业应当根据固定资产的性质和使用情况,合理确定固定资产的使用寿命和预计净残值"的规定,以及第十九条"企业至少应当于每年年度终了,对固定资产的使用寿命、预计净残值和折旧方法进行复核"的规定,DH钢铁根据固定资产的性质和使用情况对各类固定资产的预计使用年限进行重新确定。调整后,DH钢铁的折旧年限达到同行业同类固定资产折旧年限的平均水平。

本次会计估计变更预计使DH钢铁2020年所有者权益和净利润均增加9亿元,预计2020年将比2019年少计提固定资产折旧费用12亿元。

经过一系列调整,DH钢铁2020年营业收入为753.29亿元,比上年下滑了3.69%,营业收入不增反降,但是净利润却高达7.55亿元,比上年增加了117.76%,成功实现扭亏为盈。

DH钢铁2021年3月25日对外披露了"净利润达标"的2020年年度报告,紧接着董事会在2021年4月6日就发布了撤销退市风险警示的公告。

从利润表的结构可以看出,企业的净利润是由营业利润、营业外收支及所得税费用等因素共同决定的。如果企业经营涉及外币,或者发生会计差错调整与方法变更等事项,则企业的净利润也会相应地改变,应当进行相应的调整。其中,影响营业利润的主要有销售收入、销售成本和期间费用。本章我们将介绍影响净利润的其他项目。

12.1 期间费用

对于企业来说,除了销售成本,影响净利润的项目主要还包括期间费用、投资损益和营业外收支项目等。其中,期间费用是指企业本期发生的、不能直接或间接归入某种产品成本的、直接计入损益的各项费用。期间费用是企业当期发生的费用中的重要组成部分,具有随着会计期间的推移而逐步发生,并且与企业产品的生产、销售没有直接联系的特点。期间费用包括企业的销售费用、管理费用、研发费用和财务费用等。

销售费用是指企业在销售商品、提供劳务的过程中发生的各种费用,包括企业在销售商品过程中发生的保险费、包装费、展览费和广告费、商品维修费、预计产品质量保证损失、运输费、装卸费等,以及为销售本企业商品而专设的销售机构(含销售网点、售后服务网点等)发生的职工薪酬、业务费、折旧费等费用。

企业发生的销售费用在"销售费用"科目核算,并在"销售费用"科目中按照费用项目设置明细科目,进行明细核算。期末,"销售费用"科目的余额结转至"本年利润"科目后无余额。

管理费用是指企业为组织和管理企业生产经营所发生的各种费用,包括企业在筹建期间内发生的开办费、董事会和行政管理部门在企业的经营管理中发生的或者应由企业统一负担的公司经费(包括行政管理部门职工工资及福利费、物料消耗、低值易耗品摊销、办公费和差旅费等)、工会经费、待业保险费、劳动保险费、董事会会费(包括董事会成员津贴、会议费和差旅费等)、聘请中介机构费、咨询费(含顾问费)、诉讼费、业务招待费、房产税、车船使用税、土地使用税、印花税、技术转让费、矿产资源补偿费、无形资产摊销、职工教育经费、排污费、行政管理部门等发生的固定资产修理费用以及应缴纳的残疾人就业保障金等。

企业发生的管理费用在"管理费用"科目核算,并在"管理费用"科目中按照费用项目设置明细科目,进行明细核算。期末,"销售费用"科目的余额结转至"本年利润"科目后无余额。

研发费用是指企业进行研究与开发过程中发生的费用化支出,以及计入管理费用的自行开发无形资产的摊销金额。其包括"管理费用"科目下"研究费用"明细科目的当期发生额,以及"管理费用"科目下"无形资产摊销"明细科目的当期发生额。

财务费用是指企业为筹集生产经营所需资金等而发生的应予费用化的筹资费用,包括利息支出(减利息收入)、汇兑损益以及相关的手续费、企业发生的现金折扣或收到的现金折扣等。

企业发生的财务费用在"财务费用"科目核算,并在"财务费用"科目中按照费用项目设置明细科目,进行明细核算。期末,"财务费用"科目的余额结转至"本年利润"科目后无余额。

复习与思考 什么是期间费用?它对企业的净利润会产生怎样的影响?对企业所得税会产生怎样的影响?

12.2 营业外收支

营业外收支是指企业发生的与日常活动无直接关系的各项收支。营业外收支虽然与企业生产经营活动没有多大的关系,但从企业主体来考虑,同样带来收入或形成企业的支出,也是增加或减少利润的因素,对企业的利润总额及净利润产生较大的影响。

12.2.1 营业外收入

营业外收入是指企业发生的与日常活动无直接关系的各项利得。营业外收入并不是由企业经营资金耗费所产生的,不需要企业付出代价,实际上是一种纯收入,不可能也不需要与有关费用进行配比。因此,在会计处理上,应当严格区分营业外收入与营业收入的界限。营业外收入主要包括非流动资产毁损报废利得、债务重组利得、与企业日常活动无关的政府补助、盘盈利得、捐赠利得等。

非流动资产毁损报废利得是指因自然灾害等发生毁损、已丧失使用功能而报废非流动资产所产生的收益,主要包括固定资产处置利得和无形资产处置利得。其中,固定资产处置利得是指企业出售毁损报废的固定资产的残料价值及变价收入等,扣除处置固定资产的账面价值、清理费用和相关税费后的净收益;无形资产处置利得是指企业出售无形资产所取得的价款,扣除出售无形资产的账面价值、相关税费后的净收益。

债务重组利得是指重组债务的账面价值与清偿债务的现金、非现金资产的公允价值、所转股份的公允价值,或者重组后债务账面价值之间的差额。

盘盈利得是指企业对于现金等资产清查盘点中盘盈的资产,报经批准后计入营业外收入的金额。

政府补助是指企业从政府无偿取得货币性资产或非货币性资产。其主要形式包括政府对企业的无偿拨款、税收返还、财政贴息以及无偿给予企业的非货币性资产等。

捐赠利得是指企业接受捐赠所产生的利得。

企业应当通过"营业外收入"科目核算营业外收入的取得和结转情况。该科目可按营业外收入项目进行明细核算。期末,应将该科目余额转入"本年利润"科目,结转后该科目无余额。

12.2.2 营业外支出

营业外支出是指企业发生的营业利润以外的支出,主要包括非流动资产毁损报废损失、债务重组损失、公益性捐赠支出、非常损失、盘亏损失、企业因未按规定缴纳残疾人就业保障金所缴纳的滞纳金等。

非流动资产毁损报废损失是指因自然灾害等发生毁损、已丧失使用功能而报废非流动资产所产生的清理损失,主要包括固定资产处置损失和无形资产处置损失。其中,固定资产处置损失是指企业出售毁损报废的固定资产的残料价值及变价收入等,不足以抵补处置固定资产的账面价值、清理费用、相关税费所发生的净损失;无形资产处置损失是指企业出售无形资产所取得的价款不足以抵补出售无形资产的账面价值、相关税费所发生的净损失。

债务重组损失是指重组债权的账面余额与受让资产的公允价值、所转股份的公允价值,或者重组后债权的账面价值之间的差额。

公益性捐赠支出是指企业对外进行公益性捐赠发生的支出。

非常损失是指企业对于因客观因素(如自然灾害等)造成的损失,在扣除保险公司赔偿后计入营业外支出的净损失。

企业应通过"营业外支出"科目核算营业外支出的发生及结转情况。该科目可按营业外支出项目进行明细核算。期末,应将该科目余额转入"本年利润"科目,结转后该科目无余额。

需要注意的是,营业外收入和营业外支出应当分别核算。在具体核算时,不得以营业外支出直接冲减营业外收入,也不得以营业外收入冲减营业外支出,即企业在会计核算时,应当区别营业外收入和营业外支出进行核算。

复习与思考 什么是营业外收支？在我国现行企业会计准则中，它们是如何核算的？

12.3 所得税与所得税会计

所得税是根据企业的所得额计征的税种,其计税基础(应纳税所得额)可能与企业会计的账面利润不同,由此导致企业要在会计上对产生的差额进行处理。相应的会计处理程序与方法便构成"所得税会计"的主要内容。

按照我国《企业会计准则第18号——所得税》的规定,所得税会计中的所得税包括企业以应纳税所得额为基础的各种境内和境外税额。

《国际会计准则第12号——所得税》则认为,所得税会计与会计收益、应税收益等项目相关。其中,"会计收益,是指在扣除有关所得税支出或加上有关所得税减免之前,利润表上所报告的包括非经常性项目在内的本期损益总额。本期税款费用或税款减免,是指在利润表中借记或贷记的税款金额。应税所得(应税亏损),是指根据税务当局制定的法规确定的、据以确定应付(应退)税款准备的本期损益额。应付税款准备,是指根据本期的应税所得确定的在当前应付的税款金额"。

12.3.1 所得税会计的基本原理

1. 所得税会计方法

我国所得税会计采用资产负债表债务法,要求企业从资产负债表出发,通过比较资产负债表上列示的资产、负债按照会计准则规定的账面价值与按照税法规定的计税基础,将两者之间的差异分为应纳税暂时性差异与可抵扣暂时性差异,确认相关的递延所得税负债和递延所得税资产,并在综合考虑当期应交所得税的基础上,确定每一会计期间利润表中的所得税费用。

在所得税的会计核算方面,资产负债表债务法遵循资产和负债的界定。从资产负债角度考虑,资产的账面价值代表某项资产在持续持有及最终处置的一定期间内为企业带来未来经济利益的总额,而其计税基础代表该期间内按照税法规定就该项资产可以税前扣除的总额。资产的账面价值小于其计税基础的,表明该项资产于未来期间产生的经济利益流入小于按照税法规定允许税前扣除的金额,产生可抵减未来期间的应纳税所得额的因素,减少未来期间以所得税税款的方式流出企业的经济利益,应确认为递延所得税资产。反之,一项资产的账面价值大于其计税基础的,两者之间的差额会增加企业未来期间的应纳税所得额及应交所得税,对企业形成经济利益流出的义务,应确认为递延所得税负债。

与仅将当期实际应交所得税作为利润表中所得税费用的核算方法相比,资产负债表债务法不仅能够反映企业已经持有的资产、负债及其变动对当期利润的影响,而且还能反映有关资产、负债对未来期间所得税的影响。

2. 所得税会计的一般程序

在采用资产负债表债务法核算所得税的情况下,企业一般应于每一个资产负债表日进行所得税的核算。企业合并等特殊交易或事项发生时,在确认因交易或事项取得的资产、负债的同时,应该确认相关的所得税影响。企业核算所得税一般遵循以下程序:

(1) 按照相关会计准则规定确定资产负债表中除递延所得税资产和递延所得税负债以外的其他资产和负债项目的账面价值。

(2) 按照会计准则中对于资产和负债计税基础的确定方法,以适用的税收法规为基础,确定资产负债表中有关资产、负债项目的计税基础。

(3) 比较资产、负债的账面价值与其计税基础,两者之间存在差异的,分析其性质,除准则中规定的特殊情况外,分别形成应纳税暂时性差异与可抵扣暂时性差异,相应确定资产负债表日递延所得税负债和递延所得税资产的应有金额,并与两项的期初余额相比,确定当期应予进一步确认的递延所得税资产和递延所得税负债金额或应予转销的金额,作为递延所得税。

(4) 按照适用的税法规定计算确定企业当期发生的交易或事项产生的应纳税所得额,并将其与适用的所得税税率计算的结果确认为当期应交所得税,作为当期所得税。

(5) 确定利润表中的所得税费用。

3. 资产和负债的计税基础

所得税会计的关键在于确定资产和负债的计税基础。在确定资产和负债的计税基础时,应严格遵循税收法规中对于资产的税务处理以及可税前扣除的费用等的规定。

资产的计税基础,是指企业收回资产账面价值的过程中,计算应纳税所得额时按照税法规定可以自应税经济利益中抵扣的金额。资产在初始确认时,其计税基础一般为取得成本。在资产持续持有的过程中,其计税基础是资产的取得成本减去以前期间按照税法规定已经税前扣除的金额后的余额。例如,固定资产在某一资产负债表日的计税基础是其成本扣除按照税法规定已在以前期间税前扣除的累计折旧额后的余额。

负债的计税基础,是指负债的账面价值减去未来期间计算应纳税所得额时按照税法规定可予税前抵扣的金额。预收收入的计税基础是其账面价值减去未来期间非应税收入的金额。负债的确认与偿还一般不会影响企业的损益,也不会影响其应纳税所得额,未来期间计算应纳税所得额时按照税法规定可予抵扣的金额为零,计税基础即为账面价值。但在某些情况下,负债的确认可能会影响企业的损益,进而影响不同期间的应纳税所得额,使得其计税基础和账面价值之间产生差额,如按会计规定确认的某些预计负债和合同负债。根据企业会计准则规定未满足收入确认条件而确认的合同负债,按照税法规定应计入当期应纳税所得额(即税法规定应确认收入)时,有关合同负债的计税基础为零,即因其产生时已经交纳所得税,未来期间可全额税前扣除。

复习与思考 我国所得税会计核算采用什么方法?所得税会计一般遵循怎样的程序?

12.3.2 暂时性差异

暂时性差异是指资产、负债的账面价值与其计税基础不同所产生的差额。未作为资产和负债确认的项目,按照税法规定可以确定其计税基础的,该计税基础与其账面价值之间的差额也属于暂时性差异。在有关暂时性差异发生当期,符合确认条件的情况下,应当确认相关的递延所得税资产或递延所得税负债。

根据暂时性差异对未来期间应纳税所得额的影响,暂时性差异可以分为应纳税暂时性差异和可抵扣暂时性差异。

应纳税暂时性差异是指在确定未来收回资产或清偿负债期间的应纳税所得额时,将导致产生应税金额的暂时性差异。在未来期间不考虑该事项影响的应纳税所得额的基础上,由于该暂时性差异的转回,会进一步增加转回期间的应纳税所得额和应交所得税金额,在其产生当期应当确认相关的递延所得税负债。应纳税暂时性差异通常产生于两种情况:一是资产的账面价值大于其计税基础。资产的账面价值大于其计税基础,说明该项资产未来期间产生的经济利益不能全部税前抵扣,两者之间的差额需要交税,产生应纳税暂时性差异。二是负债的账面价值小于其计税基础。负债的账面价值与其计税基础不同产生的暂时性差异,实质上是税法规定就该项负债在未来期间可以税前扣除的金额。负债的账面价值小于其计税基础,意味着就该项负债在未来期间可以税前抵扣的金额为负数,即应在未来期间应纳税所得额的基础上,增加未来期间的应纳税所得额和应交所得税金额,产生应纳税暂时性差异,确认相关的递延所得税负债。

可抵扣暂时性差异是指在确定未来收回资产或清偿负债期间的应纳税所得额时,将导致产生可抵扣金额的暂时性差异。该差异在未来期间转回时会减少转回期间的应纳税所得额,减少未来期间的应交所得税。可抵扣暂时性差异一般产生于以下两种情况:一是资产的账面价值小于其计税基础,意味着资产在未来期间产生的经济利益较少,按照税法规定允许税前扣除的金额较多,两者之间的差额可以减少未来期间的应纳税所得额并减少应交所得税,符合有关条件的,应当确认相关的递延所得税资产。二是负债的账面价值大于其计税基础,意味着未来期间按照税法规定与负债相关的全部或部分支出可以自未来应税经济利益中扣除,减少未来期间的应纳税所得额和应交所得税。在可抵扣暂时性差异产生当期,符合确认条件的,应当确认相关的递延所得税资产。

某些交易或事项发生以后,没有被确认为资产、负债,但是按照税法规定能够确认计税基础的,其账面价值零与计税基础之间的差异也构成暂时性差异。此外,按照税法规定可以结转以后年度的未弥补亏损及税款抵减,因为能够减少未来期间的应纳税所得额,进而减少未来期间的应交所得税,在会计处理上视同可抵扣暂时性差异。在符合条件的情况下,应确认与其相关的递延所得税资产。

《国际会计准则第12号——所得税》认为:"暂时性差异,是指由于一些收入和费用项目包括在应税所得中的期间和包括在会计收益中的期间不一致而产生的一个期间内的应税所得和会计收益之间的差异。暂时性差异发生在某一期间,但在以后的一个或若干期间内可以转回。"

复习与思考 什么是暂时性差异？它是如何产生的？

12.3.3 所得税费用

所得税会计的主要目标之一是确定当期应交所得税以及利润表中的所得税费用。在按照资产负债表债务法核算所得税的情况下,利润表中的所得税费用包括当期所得税和递延所得税。

1. 当期所得税

当期所得税是指企业按照税法规定计算确定的针对当期发生的交易或事项,应交纳给税务部门的所得税金额,即当期应交所得税。

在确定当期应交所得税时,对于在会计处理和税法处理方面不同的当期发生的交易或事项,应在会计利润的基础上,按照适用税收法规的规定进行调整,计算当期应纳税所得额,然后与其适用所得税税率计算确定当期应交所得税。一般情况下,应纳税所得额为：

应纳税所得额 = 会计利润 + 按照会计准则规定计入利润表但计税时不允许税前扣除的费用 ± 计入利润表的费用与按照税法规定可予税前抵扣的金额之间的差额 ± 计入利润表的收入与按照税法规定应计入应纳税所得额的收入之间的差额 − 税法规定的不征税收入 ± 其他需要调整的因素

2. 递延所得税

递延所得税是指按照所得税准则规定当期应予确认的递延所得税资产和递延所得税负债的金额,即递延所得税资产及递延所得税负债当期发生额的综合结果,但不包括计入所有者权益的交易或事项的所得税影响。用公式表示为：

递延所得税 =（递延所得税负债的期末余额 − 递延所得税负债的期初余额）
−（递延所得税资产的期末余额 − 递延所得税资产的期初余额）

递延所得税负债产生于应纳税暂时性差异,按照《企业会计准则第 18 号——所得税》规定,除准则中明确规定可不确认递延所得税负债的情况外,企业对所有的应纳税暂时性差异均应确认相关的递延所得税负债。准则中明确规定不确认相应的递延所得税负债的情况主要包括：

（1）商誉的初始确认。根据《企业会计准则第 20 号——企业合并》的规定,在非同一控制下的企业合并中,买方对合并成本大于合并中取得的被购买方可辨认净资产公允价值份额的差额,应当确认为商誉。因为会计与税收的划分标准不同,在会计上作为非同一控制下企业合并,但按照税法规定计税时作为免税合并的情况下,商誉的计税基础为零,对于账面价值与计税基础形成的应纳税暂时性差异,准则中规定不确认与其相关的递延所得税负债,因此,商誉的初始确认不确认递延所得税负债的条件是非同一控制下企业合并且为免税合并。

（2）除企业合并以外的其他交易或事项中，如果该项交易或事项发生时既不影响会计利润，也不影响应纳税所得额，由此产生的资产和负债的初始确认金额与其计税基础不同而形成应纳税暂时性差异的，在交易或事项发生时不确认相应的递延所得税负债。

（3）对与子公司、联营企业及合营企业投资等相关的应纳税暂时性差异，应当确认相应的递延所得税负债。但是如果投资企业能够控制暂时性差异转回的时间和该暂时性差异在可预见的未来很可能不会转回，则无须确认相应的递延所得税负债。

（4）对于采用权益法核算的长期股权投资，其账面价值和计税基础产生的有关暂时性差异是否确认相关的所得税影响，应当考虑该项投资的持有意图，若企业准备长期持有，则投资企业一般不确认相关的递延所得税影响；若持有意图由长期转为拟近期出售，则均应确认相关的递延所得税影响。

递延所得税资产产生于可抵扣暂时性差异，企业应当以很可能取得用来抵扣可抵扣暂时性差异的应纳税所得额为限，确认由可抵扣暂时性差异产生的递延所得税资产。但是同时具有以下特征的交易中因资产或负债的初始确认所产生的递延所得税资产不予确认：一是该项交易不是企业合并；二是交易发生时既不影响会计利润也不影响应纳税所得额（或可抵扣亏损）。资产负债表日，有确凿证据表明未来期间很可能获得足够的应纳税所得额用来抵扣可抵扣暂时性差异的，应当确认以前期间未确认的递延所得税资产。企业对与子公司、联营企业及合营企业投资相关的可抵扣暂时性差异，同时满足以下条件的，应当确认为相应的递延所得税资产：一是暂时性差异在可预见的未来很可能转回；二是未来很可能获得用来抵扣可抵扣暂时性差异的应纳税所得额。对于能够结转以后年度的可抵扣亏损和税款抵减，应当以很可能获得用来抵扣可抵扣亏损和税款抵减的未来应纳税所得额为限，确认相应的递延所得税资产。

一般情况下，企业因确认递延所得税资产和递延所得税负债产生的递延所得税应当计入所得税费用（或所得税收益），但以下两种情况除外：一是某项交易或事项按照会计准则规定应当计入所有者权益的，由该项交易或者事项产生的递延所得税资产和递延所得税负债及其变化应计入所有者权益，不构成利润表中的递延所得税费用。二是企业合并中取得的资产和负债，其账面价值和计税基础不同，应确认相关递延所得税的，该递延所得税的确认影响合并中产生的商誉或是计入当期损益的金额，不影响所得税费用。

3. 所得税费用

在资产负债表债务法下，确定当期所得税和递延所得税后，企业应在利润表中确认两者之和为所得税费用，即：

$$所得税费用 = 当期所得税 + 递延所得税$$

企业对所得税的核算结果，除应当在利润表中单独列示所得税费用之外，递延所得税资产和递延所得税负债应当分别作为非流动资产和非流动负债在资产负债表中列示。

复习与思考 所得税费用包括哪些内容？它们是如何产生的？

12.4 会计政策、会计估计变更和前期差错更正

企业的会计政策、会计估计变更和前期差错更正是影响企业净利润的另一个重要方面。我国《企业会计准则第28号——会计政策、会计估计变更和差错更正》对企业会计政策的应用，以及会计政策、会计估计变更和前期差错更正的确认、计量和相关信息的披露进行了规范。

12.4.1 会计政策及其变更的反映

会计政策是指企业在会计确认、计量和报告中所采用的原则、基础和会计处理方法。会计政策变更是指企业对相同的交易或者事项由原来采用的会计政策改用另一会计政策的行为。为了保证会计信息的可比性，除其他具体会计准则另有规定外，企业还应当对相同或相似的交易或事项采用相同的会计政策进行处理，而且企业采用的会计政策在每一会计期间和前后各期应当保持一致，不得随意变更。但当相关的法律、行政法规或者国家统一的会计制度等要求变更，或者改变某项会计政策能够提供更可靠、更相关的会计信息时，企业可以变更或调整相关的会计政策。

在会计实务中，企业应当正确认定属于会计政策变更的情形。对于本期发生的交易或事项因与以前相比具有本质差别而采用新的会计政策，以及对初次发生或不重要的交易或事项采用新的会计政策，这两种情况都不属于会计政策变更的情形。

会计政策变更能够提供更可靠、更相关的会计信息的，应当采用追溯调整法处理，将会计政策变更累积影响数调整列报前期最早期初留存收益，其他相关项目的期初余额和列报前期披露的其他比较数据也应当一并调整，但确定该项会计政策变更累积影响数不切实可行的除外。

追溯调整法，是指对某项交易或事项变更会计政策，视同该项交易或事项初次发生时即采用变更后的会计政策，并以此对财务报表相关项目进行调整的方法。

会计政策变更累积影响数，是指按照变更后的会计政策对以前各期追溯计算的列报前期最早期初留存收益应有金额与现有金额之间的差额。

确定会计政策变更对列报前期影响数不切实可行的，应当从可追溯调整的最早期间期初开始应用变更后的会计政策。在当期期初确定会计政策变更对以前各期累积影响数不切实可行的，应当采用未来适用法处理。

未来适用法，是指将变更后的会计政策应用于变更日及以后发生的交易或事项，或者在会计估计变更当期和未来期间确认会计估计变更影响数的方法。

12.4.2 会计估计变更、前期差错更正及其反映

会计估计变更,是指由于资产和负债的当前状况及预期经济利益和义务发生了变化,从而对资产或负债的账面价值或者资产的定期消耗金额进行调整。会计估计变更的依据应当真实、可靠,主要情形包括企业赖以进行估计的基础发生变化以及取得新的信息、积累了更多的经验。《企业会计准则第 28 号——会计政策、会计估计变更和差错更正》规定:企业对会计估计变更应当采用未来适用法处理。会计估计变更仅影响变更当期的,其影响数应当在变更当期予以确认;既影响变更当期又影响未来期间的,其影响数应当在变更当期和未来期间予以确认。

企业难以对某项变更区分为会计政策变更或会计估计变更的,应当将其作为会计估计变更处理。

前期差错,是指由于没有运用或错误运用编报前期财务报表时预期能够取得并加以考虑的可靠信息,或者前期财务报告批准报出时能够取得的可靠信息,而对前期财务报表造成省略或错报。前期差错通常包括计算错误、应用会计政策错误、疏忽或曲解事实、舞弊产生的影响,以及存货、固定资产发生的盘盈等。

企业应当采用追溯重述法更正重要的前期差错,但确定前期差错累积影响数不切实可行的除外。重要的前期差错,是指足以影响财务报表使用者对企业财务状况、经营成果和现金流量作出正确判断的前期差错。追溯重述法,是指在发现前期差错时,视同该项前期差错从未发生过,从而对财务报表相关项目进行更正的方法。

对于重要的前期差错,企业应当在其发现当期的财务报表中调整前期比较数据。具体地说,企业应当在重要的前期差错发现当期的财务报表中,通过下述处理对其进行追溯更正:第一,追溯重述差错发生期间列报的前期比较金额;第二,如果前期差错发生在列报的最早前期之前,则追溯重述列报的最早前期的资产、负债和所有者权益相关项目的期初余额。对于不重要的前期差错,企业不需要调整财务报表相关项目的期初数,但应调整发现当期与前期相同的相关项目。

确定前期差错影响数不切实可行的,可以从可追溯重述的最早期间开始调整留存收益的期初余额,财务报表其他相关项目的期初余额也应当一并调整,也可以采用未来适用法。当企业确定前期差错对列报的一个或者多个前期比较信息的特定期间的累积影响数不切实可行时,应当追溯重述切实可行的最早期间的资产、负债和所有者权益相关项目的期初数额(可能是当期);当企业在当期期初确定前期差错对所有前期的累积影响数不切实可行时,应当从确定前期差错影响数切实可行的最早日期开始采用未来适用法追溯重述比较信息。

12.4.3 会计政策、会计估计变更和前期差错调整的披露

企业应当在附注中披露与会计政策、会计估计变更和前期差错调整有关的下列信息：

（1）会计政策、会计估计变更以及前期差错的性质、内容和原因；

（2）当期和各个列报前期财务报表中受会计政策变更以及前期差错影响的项目名称和调整金额；

（3）对会计政策变更和前期差错无法进行追溯调整的，要说明该事实和原因以及会计政策变更和前期差错更正的时点、具体应用情况以及更正情况；

（4）会计估计变更对当期和未来期间的影响数额；

（5）会计估计变更的影响数不能确定的，要披露不能确定的情况和原因。

在以后期间的财务报表中，不需要重复披露在以前期间的附注中已披露的会计政策变更和前期差错更正的信息。

12.5 汇兑损益与折算损益的影响

汇兑损益与折算损益是企业在发生外币交易、兑换业务和外币报表换算时，由于采用不同的汇率而产生的差额。具体地，汇兑损益是在各种外币业务的会计处理过程中，因采用不同的汇率而产生的会计记账本位币金额的差异。折算损益是在外币折算中，由于账面汇率与折算汇率不同而产生的差额。

12.5.1 外币业务及汇兑损益的产生

1. 外币业务与记账本位币

我国《企业会计准则第19号——外币折算》对外币交易的定义是"以外币计价或者结算的交易"。外币交易包括：① 买入或者卖出以外币计价的商品或者劳务；② 借入或者借出外币资金；③ 其他以外币计价或者结算的交易。

一家公司的跨国经营活动，包括进出口业务、金融往来等，只要交易或业务是用外币标价的，都属于外币业务。具体地说，外币业务可以分为两类：一类是商品或劳务的买卖，它包含两种流量，即货物流（或人员流、技术流）和资金流；另一类是金融交易或往来，它包含的只是纯粹的资金流。商品或劳务的买卖是指供货方向购买方提交某种货物或提供一定的劳务或者技术，而购买方将一定的外币或以外币表示的支付手段（如银行汇票等）支付给供货方。金融交易或往来只导致会计主体的资金流动，主要有三种形式：一是跨国经营活动中用外币标

价进行的资金存、贷活动;二是跨国公司在外汇市场上进行的外汇买卖活动;三是跨国公司的子公司向母公司汇回股利、利息等产生的资金流动。

外币是企业记账本位币以外的货币。按照我国《企业会计准则第19号——外币折算》的规定,记账本位币是指企业经营所处的主要经济环境中的货币。国内企业通常应选择人民币作为记账本位币。业务收支以人民币以外的货币为主的企业,可以按规定选定其中一种货币作为记账本位币。但是,编报的财务报表应当折算为人民币。

具体来说,企业选定记账本位币,应当考虑下列因素:

(1) 该货币对企业的商品和劳务的销售价格产生重要的影响,通常以该货币进行商品和劳务的计价和结算;

(2) 该货币主要影响商品和劳务所需人工、材料和其他费用,通常以该货币进行上述费用的计价和结算;

(3) 融资活动获得的货币以及保存从经营活动中收取款项所使用的货币。

由于外币业务要涉及记账本位币之外的另一种货币,因此如果这两种货币之间的汇率发生了变化,就会产生汇兑损益。

2. 外币交易的会计处理与汇兑损益的产生

我国《企业会计准则第19号——外币折算》规定:企业对于发生的外币交易,应当将外币金额折算为记账本位币金额。对于外币交易,应按以下原则进行处理:

(1) 外币交易应当在初始确认时,采用交易发生日的即期汇率将外币金额折算为记账本位币金额;也可以采用按照系统合理的方法确定的、与交易发生日即期汇率近似的汇率折算。

(2) 企业在资产负债表日,应当按照下列规定对外币货币性项目和外币非货币性项目进行处理:第一,外币货币性项目采用资产负债表日即期汇率折算。因资产负债表日即期汇率与初始确认时或者前一资产负债表日即期汇率不同而产生的汇兑差额,计入当期损益。第二,以历史成本计量的外币非货币性项目,仍采用交易发生日的即期汇率折算,不改变其记账本位币金额。其中,货币性项目是指企业持有的货币资金和将以固定或可确定的金额收取的资产或者偿付的负债,非货币性项目是指货币性项目以外的项目。

在处理外币业务时,由于要将外币折算为记账本位币,而汇率可能不同,因此通常就会产生汇兑损益。例如,假设某公司于2022年3月1日将10万美元存入银行,按照对外币业务进行复式记账的要求,该公司还应该按当时的汇率将10万美元折合为人民币记账。假设当时的汇率为1美元=6.3016元人民币,则10万美元折合人民币630 160元。后来,该公司于2022年8月1日用这10万美元进口商品,当时的汇率为1美元=6.1016元人民币,则10万美元折合为人民币的金额是610 160元,与原来账面上的630 160元之间形成了20 000元的差额。这个差额就是汇兑损益。

除外汇存款的存入和取用可能产生汇兑损益外,由于商品买卖、资金借贷等产生的外币债权、债务也可能导致汇兑损益的发生,因为债权债务确立时的汇率与实际清偿时的汇率也可能不同。由此可见,经营外币业务过程中发生的汇兑损益,是由于不同时点的不同汇率使得同一笔外汇折合为人民币(即记账本位币)的金额不相等而产生的,汇兑损益的数额就是该笔外汇在不同时点折合为人民币(即记账本位币)的差额。

可以看出,企业在经营外币业务的过程中,不可避免地会产生汇兑损益,而且汇兑损益的处理对企业的会计核算和财务成果的反映都将产生很大的影响。

例 12-1　中国某进口公司从美国进口一批货物,价值为 100 000 美元,成交时间是当年 12 月 5 日,双方约定到次年 1 月 5 日再用美元支付货款。美元与人民币的有关汇率为:

  当年 12 月 5 日　　　　　　　　1 美元 = 6.0068 元人民币
  当年 12 月 31 日　　　　　　　 1 美元 = 6.0268 元人民币(结算日)
  次年 1 月 5 日　　　　　　　　　1 美元 = 6.0168 元人民币

要求:编制当年 12 月 5 日、当年 12 月 31 日与次年 1 月 5 日的会计分录。

(1) 当年 12 月 5 日
借:库存商品　　　　　　　　　　　　　　　　　600 680
　贷:应付账款　　　　　　　　　　　　　　　　600 680(100 000×6.0068)

(2) 当年 12 月 31 日
借:财务费用——汇兑损益　　　　　　　　　　　2 000
　贷:应付账款　　　　　　　　　　　　　　　　2 000

(3) 次年 1 月 5 日
借:应付账款　　　　　　　　　　　　　　　　　1 000
　贷:财务费用——汇兑损益　　　　　　　　　　1 000

(4) 支付货款时
借:应付账款　　　　　　　　　　　　　　　　　601 680
　贷:银行存款　　　　　　　　　　　　　　　　601 680(100 000×6.0168)

例 12-2　假设中国某出口公司于某年的 12 月 5 日向美国出口一批商品,价值为 100 000 美元,双方约定次年的 1 月 5 日再支付货款。美元与人民币之间的汇率同例 12-1。则该出口公司的有关会计分录为:

(1) 当年 12 月 5 日
借:应收账款　　　　　　　　　　　　　　　　　600 680
　贷:主营业务收入　　　　　　　　　　　　　　600 680(100 000×6.0068)

(2) 当年 12 月 31 日
借:应收账款　　　　　　　　　　　　　　　　　2 000
　贷:财务费用——汇兑损益　　　　　　　　　　2 000

(3) 次年 1 月 5 日
借:财务费用——汇兑损益　　　　　　　　　　　1 000
　贷:应收账款　　　　　　　　　　　　　　　　1 000

(4) 收到货款时
借:银行存款　　　　　　　　　　　　　　　　　601 680
　贷:应收账款　　　　　　　　　　　　　　　　601 680(100 000×6.0168)

从上面的例子可以看出,企业应于 12 月 31 日在利润表上记录一笔 2 000 元的汇兑损益,到次年的 1 月 31 日结算时,在 1 月利润表上还要再记录一笔 1 000 元的汇兑损益。也就是说,在成交日和交割日之间,有几个结算日(包括交割日之后的第一个结算日,如上例中的1月31日),就要在利润表上反映几次汇兑损益的情况。

12.5.2 外币财务报表的折算与折算损益

跨国公司在国外设立子公司进行经营活动,母公司要全面、综合地反映跨国公司总体的经营成果和财务状况,就必须将外国子公司的财务报表与母公司的财务报表进行合并,编制整个跨国公司的合并财务报表。但由于国外子公司的财务报表通常都是用其经营所在国的货币编制的,因此母公司在编制合并财务报表之前,必须首先将用外币编制的国外子公司财务报表用母公司的报告货币表示。由此可见,在将企业的境外经营通过合并、权益法核算等纳入企业的财务报表中时,需要将企业境外经营的财务报表折算为以企业记账本位币反映的财务报表,这个过程就是外币财务报表的折算。境外经营和记账本位币的确定是进行财务报表折算的关键。

1. 折算方法

外币财务报表的折算方法是指使用不同的外汇汇率将境外经营的财务报表折算为以企业记账本位币反映的财务报表的方法,即记账基础由一种货币转换为另一种货币时,各个财务报表上的项目按不同的比率计算成相应的会计数据。采用的折算方法不同,折算过程中所使用的折算汇率也就不同。

折算外币财务报表采用的汇率通常有现时汇率、历史汇率和平均汇率三种。现时汇率是指折算日当天的实际汇率(即期汇率);历史汇率是指财务报表上要折算的项目发生时的实际汇率;平均汇率则是指给定的会计期间内的实际汇率的算术平均值。现时汇率和历史汇率主要用于折算企业的资产负债表;而平均汇率则主要用于折算利润表,因为利润表是时期报表。

外币财务报表的折算方法主要有现时汇率法、流动和非流动法、货币性和非货币性法、时态法四种。

(1) 现时汇率法

现时汇率法是指在折算资产负债表时,对所有的资产与负债项目(但不包括股东权益项目)都使用当日的即期汇率进行折算,实收资本按照历史汇率折算,利润表各项目按照当期(年)平均汇率折算,产生的折算损益作为所有者权益的一个单独项目列示。这种方法有两个优点:一是会计部门不用保留各个不同日期的历史汇率和有关资料;二是能够保持境外经营的会计报表中原有的财务关系不因折算而改变,从而为有关人员进行财务报表分析提供方便。但现时汇率法没有考虑各个应折算项目的性质及其他情况,对所有的项目都按同一种汇率进行折算,如对以历史成本计价的固定资产等按现时汇率折算将显得不伦不类。

(2) 流动和非流动法

流动和非流动法是指对境外经营的资产负债表中的流动资产和流动负债按资产负债表日的现时汇率进行折算,而对非流动资产和非流动负债以及实收资本等按取得时的历史汇率折算,留存收益项目为依资产负债表的平衡原理轧差计算得到。利润表上折旧费用和摊销费用按取得相关资产时的历史汇率进行折算,其他收入和费用项目均按报告期内的平均汇率进行折算。形成的折算损失,计入报告企业的合并损益中;形成的折算收益,已实现部分予以确认,未实现部分予以递延,抵销以后期间形成的损失。

因为保留了原财务报表上有关流动资产和流动负债的全部比率,所以采用流动和非流动法折算财务报表能够反映境外经营的营运资金的报告货币等值,不改变境外经营的流动性,对债权人评价公司的短期偿债能力有一定好处,也有利于对公司营运资本进行分析,但这种方法缺乏足够的理论依据,流动性和非流动性的划分与汇率变动无关,折算结果掩盖了汇率变动对合并净利润的影响,平滑了各期收益,与实际情况不符。

(3) 货币性和非货币性法

货币性和非货币性法是指对境外经营的资产负债表上货币性资产和负债项目,如现金、应收账款、应付账款以及长期借款等,都按现时汇率折算;对非货币性资产和负债项目,如固定资产和存货等,都按历史汇率进行折算。对利润表上项目的折算,则与流动和非流动法相同。

货币性和非货币性法是以资产和负债的属性为基础决定使用不同汇率进行折算的,它对于货币性和非货币性的分类恰当地考虑了汇率变动对资产和负债的影响,弥补了流动和非流动法的不足。比如,有的流动资产也是货币性资产(如现金),则在两种方法下都按现时汇率折算;而有的流动资产又是非货币性资产(如存货),则需要在不同的方法下按不同的汇率进行折算。

对货币性资产和负债项目采用现时汇率折算是合理的。因为外币应收、应付款等货币性资产和负债代表着在以后某一期间将要收回或付出的一笔固定外币金额,而与这些固定外币金额等值的母币金额是会随着汇率的变动而有所增减的,所以货币性项目应按资产负债表日的现时汇率进行折算。但对于非货币性资产和负债项目采用历史汇率折算却有失偏颇。因为有些项目的分类未必与所选的汇率相关,如存货项目属于非货币性项目,应该采用历史汇率折算,但当存货采用成本与市价孰低计量时,对以市价计量的存货采用历史汇率折算就不合适。

(4) 时态法

时态法是指在外币财务报表上以过去价值计量的资产和负债项目,采用历史汇率折算;以现有价值计量的资产和负债项目,采用现时汇率折算,产生的折算损益应计入当年的合并净利润。利润表上的收入和费用项目,除了折旧费和摊销费按取得有关资产时的历史汇率折算,其他项目一般按平均汇率折算。

在资产负债表内各个项目都按历史成本估价的情况下,时态法的折算方法实际上与货币性和非货币性法一致。但如果资产负债表的项目采用其他估价方法,比如采用重置成本或市场价值,两者的内容就会产生差异。由此可以看出,时态法考虑了会计计量基础,弥补了货币性和非货币性法的缺点,因为只有非货币性项目才有可能采用不同的估价方法。

时态法的重心在于折算后的财务报表保持原来外币财务报表上各个资产和负债项目的计价基础。主张采用时态法的人认为:外币财务报表的折算过程,实际上是将用外币表示的财务报表转换为用母币表示的财务报表的过程,在转换过程中只应改变财务报表上各项目的计量单位,而不应改变其计量基础。所以,财务报表上的各个项目应当分别按照各自计量基础所属日期的汇率进行折算。

时态法在理论上具有较强的说服力,并且要求根据项目的不同情况确定折算汇率,具有相当强的灵活性。所以,一般认为时态法是几种折算方法中较为合理的方法。但时态法从报告企业的角度考虑问题,忽视了境外经营作为相对独立的实体的情况,并且由于对资产和负债各项目所采用的折算汇率不同,折算后的财务报表不能保持外币财务报表在折算前的原有比率关系。

(5) 几种方法的比较

在实际生活中,各公司出于不同的原因,通常都会采用多种折算方法对不同的项目进行折算。例如,有的公司采用现时汇率法,但对固定资产按历史汇率进行折算;有的公司采用流动和非流动法,但对存货却按照它获取时的实际汇率(即历史汇率)进行折算;有的公司采用货币性和非货币性法,但对长期负债采用历史汇率而不是现时汇率进行折算。跨国公司采用不同的折算方法一般都是为适应不同的经营情况,满足不同的管理需要,谋求自身更好的发展。

四种折算方法的比较如表 12-1 所示。

表 12-1 不同折算方法使用汇率的比较

项目	现时汇率法	流动和非流动法	货币性和非货币性法	时态法
现金	C	C	C	C
应收账款	C	C	C	C
存货(按成本计价)	C	C	H	H
(按市价计价)	C	C	H	C
投资(按成本计价)	C	H	H	H
(按市价计价)	C	H	H	C
固定资产(按成本计价)	C	H	H	H
其他资产(按成本计价)	C	H	H	H
应付账款	C	C	C	C
长期借款	C	H	C	C
实收资本	H	H	H	H
留存收益	*	*	*	*
利润表的销售成本	A	A	A	H
利润表的折旧费	A	H	H	H
利润表的其他项目	A	A	A	A

注:C 表示现时汇率,H 表示历史汇率,A 表示平均汇率,* 表示差额数字。

公司很可能会利用不同的折算方法掩盖经营中的某些不良状况,因此,在实际折算过程中,无论采用什么折算方法,一经确定就不能随意改动,否则不利于有关部门对公司进行财务监督,也不利于财务报表使用者作出决策。

2. 不同折算方法对财务报表的影响

财务报表的折算会影响公司经营成果和财务状况的反映。使用不同的折算方法得到的财务报表也不尽相同,具体如表 12-2 所示。

表 12-2　不同折算方法对财务报表的影响

2022 年 12 月 31 日　　　　　　　　　　　　　　　　　　　　单位:万元

项目	外币(FC)	母币(设为人民币¥)			
		现时汇率法	流动和非流动法	货币性和非货币性法	时态法
资产					
现金	4 000	2 400	2 400	2 400	2 400
应收账款	6 000	3 600	3 600	3 600	3 600
存货*	10 000	6 000	6 000	5 000	6 000
固定资产(净)	19 000	11 400	9 500	9 500	9 500
资产总额	39 000	23 400	21 500	20 500	21 500
负债与权益					
短期应付款	9 000	5 400	5 400	5 400	5 400
长期负债	14 000	8 400	7 000	8 400	8 400
股东权益**	16 000	9 600	9 100	6 700	7 700
负债与权益总额	39 000	23 400	21 500	20 500	21 500
折算损益		1 600	1 100	-1 300	-300

注:现时汇率 FC1 = ¥0.60,历史汇率 FC1 = ¥0.50;* 存货是按市价登记的;** 折算损益作为股东权益的调整项目。

从表 12-2 可以看出,不同折算方法对财务报表的影响很大。其中,折算收益最多可达到 1 600 万元人民币,折算损失最大可达到 1 300 万元人民币,两者的差额达到 2 900 万元人民币。因此,对于财务报表使用者而言,了解公司的财务报表折算方法可有效减少对核算为母币以后的子公司财务报表所显示的不同财务成果的误解。

我国企业会计准则基本采用现时汇率法。在折算过程中,按照以下方法对企业境外经营财务报表进行折算:① 资产负债表中的资产和负债项目,采用资产负债表日的即期汇率折算,所有者权益项目中除"未分配利润"项目外,其他项目采用发生时的即期汇率折算;② 利润表中的收入和费用项目,采用交易发生日的即期汇率或即期汇率的近似汇率折算;③ 产生的外币财务报表折算差额,在编制合并财务报表时,应在合并资产负债中"其他综合收益"项目列示。

对处于恶性通货膨胀经济中的境外经营的财务报表折算,《企业会计准则第 19 号——外币折算》要求:"对资产负债表项目运用一般物价指数予以重述,对利润表项目运用一般物价指数变动予以重述,再按照最近资产负债表日的即期汇率进行折算。在境外经营不再处于恶性通货膨胀经济中时,应当停止重述,按照停止之日的价格水平重述的财务报表进行折算。"

《企业会计准则第 19 号——外币折算》要求企业在附注中披露与外币折算有关的下列信息:① 企业及其境外经营选定的记账本位币及选定的原因,记账本位币发生变更的,说明变更理由;② 采用近似汇率的,说明近似汇率的确定方法;③ 计入当期损益的汇兑差额;④ 处置境外经营对外币财务报表折算差额的影响。

12.6 综合收益与其他综合收益

12.6.1 会计准则的相关说明及规定

《企业会计准则第 30 号——财务报表列报》中对综合收益与其他综合收益进行了说明:综合收益是指企业在某一期间除与所有者以其所有者身份进行的交易之外的其他交易或事项所引起的所有者权益变动。综合收益总额项目反映净利润和其他综合收益扣除所得税影响后的净额相加后的合计金额。其构成包括两部分:净利润和其他综合收益扣除所得税影响后的净额。其中,前者是企业已实现并已确认的收益,后者是企业未实现但根据会计准则的规定已确认的收益。

其他综合收益是指企业根据会计准则规定未在当期损益中确认的各项利得和损失。根据会计准则的规定,其他综合收益分为以后会计期间不能重分类进损益的其他综合收益项目和以后会计期间在满足规定条件时将重分类进损益的其他综合收益两类。

1. 以后会计期间不能重分类进损益的其他综合收益项目

以后会计期间不能重分类进损益的其他综合收益项目,主要包括:① 重新计量设定受益计划净负债或净资产导致的变动;② 按照权益法核算的在被投资单位不能重分类进损益的其他综合收益中所享有的份额;③ 其他权益工具投资公允价值变动;④ 企业自身信用风险公允价值变动。

2. 以后会计期间在满足规定条件时将重分类进损益的其他综合收益

以后会计期间在满足规定条件时将重分类进损益的其他综合收益,主要包括:

(1) 符合金融工具准则规定,同时符合以下两个条件的金融资产应当分类为以公允价值计量且其变动计入其他综合收益:一是企业管理该金融资产的业务模式既以收取合同现金流量为目标又以出售该金融资产为目标;二是该金融资产的合同条款规定,在特定日期产生的现金流量,仅为对本金和以未偿付本金金额为基础的利息的支付。当该类金融资产终止确认时,之前计入其他综合收益的累计利得或损失应当从其他综合收益中转出,计入当期损益。

(2) 按照金融工具准则的规定,将以公允价值计量且其变动计入其他综合收益的债务工具投资重分类为以摊余成本计量的金融资产的,或重分类为以公允价值计量且其变动计入当期损益的金融资产的,按规定可以将原计入其他综合收益的利得或损失转入当期损益的部分。

(3) 采用权益法核算的长期股权投资。采用权益法核算的长期股权投资,按照被投资单位实现其他综合收益以及持股比例计算应享有或分担的金额,调整长期股权投资的账面价值,同时增加或减少其他综合收益,其会计处理为:借记(或贷记)"长期股权投资——其他综合收益"科目,贷记(或借记)"其他综合收益"科目,待该项股权投资处置时,将原计入其他综合收益的金额转入当期损益。

(4) 存货或自用房地产转换为投资性房地产。企业将作为存货的房地产转换为采用公允价值模式计量的投资性房地产时,应当按该项房地产在转换日的公允价值,借记"投资性房地产——成本"科目,原已计提跌价准备的,借记"存货跌价准备"科目,按其账面余额,贷记"开发产品"等科目;同时,转换日的公允价值小于账面价值的,按其差额,借记"公允价值变动损益"科目,转换日的公允价值大于账面价值的,按其差额,贷记"其他综合收益"科目。

(5) 现金流量套期工具产生的利得或损失中属于有效套期的部分。

(6) 外币财务报表折算差额。按照外币折算的要求,企业在处置境外经营的当期,将已列入合并财务报表所有者权益的外币报表折算差额中与该境外经营相关部分,自其他综合收益项目转入处置当期损益。如果是部分处置境外经营,应当按处置的比例计算处置部分的外币报表折算差额,转入处置当期损益。

3. 其他综合收益的披露

企业应当在附注中详细披露其他综合收益各项目及其所得税影响,其他综合收益各项目原计入其他综合收益、当期转出计入当期损益的金额,以及其他综合收益各项目的期初和期末余额及其调节情况等信息,具体的披露格式如表 12-3 所示。

表 12-3　其他综合收益项目及其所得税影响的披露格式

项目	本期发生额			上期发生额		
	税前金额	所得税	税后净额	税前金额	所得税	税后净额
一、以后不能重分类进损益的其他综合收益						
1. 重新计量设定受益计划变动额						
2. 权益法下不能转损益的其他综合收益						
3. 其他权益工具投资公允价值变动						
4. 企业自身信用风险公允价值变动						
……						
二、以后将重分类进损益的其他综合收益						
1. 权益法下可转损益的其他综合收益						
减:前期计入其他综合收益当期转入损益						
小计						
2. 其他债权投资公允价值变动						
减:前期计入其他综合收益当期转入损益						
小计						
3. 金融资产重分类计入其他综合收益的金额						
减:前期计入其他综合收益当期转入损益						
小计						

(续表)

项目	本期发生额			上期发生额		
	税前金额	所得税	税后净额	税前金额	所得税	税后净额
4. 其他债权投资信用减值准备						
减:前期计入其他综合收益当期转入损益						
小计						
5. 现金流量套期储备						
减:前期计入其他综合收益当期转入损益						
转为被套期项目初始确认金额的调整额						
小计						
6. 外币财务报表折算差额						
减:前期计入其他综合收益当期转入损益						
小计						
……						
三、其他综合收益合计						

12.6.2 公允价值变动损益与资产减值损失

1. 关于公允价值及其变动的会计处理

所谓公允价值,是指市场参与者在计量日发生的有序交易中,出售一项资产所能收到或者转移一项负债所需支付的价格。通俗地讲,就是某项资产在某一时点的公认价值是社会大众普遍认同和接受的价值,这个价值的取得有赖于活跃市场的存在。公允价值变动,指的是某项资产在两个不同时点的公允价值之间的差额。公允价值的变动会产生公允价值变动损益。公允价值变动损益是指采用公允价值模式取得一项资产时,期末资产账面价值与其公允价值之间的差额。

"公允价值变动损益"科目主要用来核算因公允价值变动而引发的损失或利得。

按会计科目归属的会计要素不同,公允价值变动损益被划分为损益类科目。企业损益类科目是对收入和费用要素的具体内容进行分类核算的项目,其余额应当在期末结转入本年利润,结转后损益类科目期末余额为零。由于"公允价值变动损益"科目反映的仅是企业资产公允价值变动所产生的损益,因此作为未实现的收益或损失,公允价值变动损益是一种特殊的损益类科目。

现行企业会计准则关于公允价值变动损益的会计处理规定包括以下三项主要内容:

(1)"公允价值变动损益"科目用来核算企业在初始确认时划分为以公允价值计量且其变动计入当期损益的金融资产(包括权益工具投资和直接指定为以公允价值计量且其变动计入当期损益的金融资产)或金融负债[包括交易性金融负债(含属于金融负债的衍生工具)和直接指定为以公允价值计量且其变动计入当期损益的金融负债],以及采用公允价值模式计量的投资性房地产、衍生金融工具、套期业务中公允价值变动形成的应计入当期损益的利得或损失。

（2）资产负债表日，在确认资产公允价值与账面价值差额的同时，也要将公允价值变动损益期末余额转入本年利润，列入利润表中。

（3）处置上述资产（以"权益工具投资"为例）时，应按实际收到的金额，借记"银行存款"科目，按其账面余额，贷记"交易性金融资产——成本、公允价值变动"科目，贷记或借记"投资收益"科目。同时，按"交易性金融资产——公允价值变动"科目的余额，借记或贷记"公允价值变动损益"科目，贷记或借记"投资收益"科目。

2. 关于资产减值

为了正确核算企业确认的资产减值损失和计提的资产减值准备，企业应当设置"资产减值损失"科目，按照资产类别进行明细核算，反映各类资产在当期确认的资产减值损失金额；同时，应当根据不同的资产类别，分别设置"固定资产减值准备""在建工程减值准备""投资性房地产减值准备""无形资产减值准备""商誉减值准备""长期股权投资减值准备""生产性生物资产减值准备"等科目。

当企业确定资产发生减值时，应当根据所确认的资产减值金额，借记"资产减值损失"科目，贷记"固定资产减值准备""在建工程减值准备""投资性房地产减值准备""无形资产减值准备""商誉减值准备""长期股权投资减值准备""生产性生物资产减值准备"等科目。在期末，企业应当将"资产减值损失"科目余额转入"本年利润"科目，结转后该科目没有余额。各资产减值准备科目累积每期计提的资产减值准备，直至相关资产被处置时才予以转出。

例 12-3 根据测试和计算结果，XYZ 公司应确认的船舶减值损失为 5 035 万元，账务处理如下：

借：资产减值损失——固定资产减值损失　　　　　　　　50 350 000
　　贷：固定资产减值准备　　　　　　　　　　　　　　　　50 350 000

计提资产减值准备后，船舶的账面价值若变为 10 965 万元，则在该船舶剩余使用寿命内，公司应当以此为基础计提折旧。如果发生进一步减值的，再做进一步的减值测试。

企业在对包含商誉的相关资产组或者资产组组合进行减值测试时，如果与商誉相关的资产组或者资产组组合存在减值迹象，应当先对不包含商誉的资产组或者资产组组合进行减值测试，计算可收回金额，并与相关账面价值相比较，确认相应的减值损失。然后再对包含商誉的资产组或者资产组组合进行减值测试，比较这些相关资产组或者资产组组合的账面价值（包括所分摊的商誉的账面价值部分）与其可收回金额。如果相关资产组或者资产组组合的可收回金额低于其账面价值，应当就其差额确认商誉减值损失，并且减值损失金额应当首先抵减分摊至资产组或者资产组组合中商誉的账面价值，然后按照资产组或者资产组组合中除商誉之外的其他各项资产的账面价值所占比重，抵减其他各项资产的账面价值。与资产减值测试的处理一样，以上资产账面价值的抵减，也都应当作为各单项资产（包括商誉）的减值损失处理，计入当期损益。抵减后各资产的账面价值不得低于以下三者之中最高者：该资产的公允价值减去处置费用后的净额（如可确定的）、该资产预计未来现金流量的现值（如可确定的）和零。因此而导致的未能分摊的减值损失金额，应当按照相关资产组或者资产组组合中其他各项资产的账面价值所占比重进行分摊。

由于按照《企业会计准则第 20 号——企业合并》的规定,因企业合并所形成的商誉是母公司根据其在子公司所拥有的权益而确认的商誉,子公司中归属于少数股东的商誉并没有在财务报表中予以确认。因此,在对与商誉相关的资产组或资产组组合进行减值测试时,由于其可收回金额的预计包括归属于少数股东的商誉价值部分,为使减值测试建立在一致的基础上,企业应当先调整资产组或资产组组合的账面价值,将归属于少数股东权益的商誉包括在内,然后再将调整后的资产组或资产组组合的账面价值与其可收回金额进行比较,以确定资产组(包括商誉)或资产组组合是否发生了减值。

上述资产组或资产组组合发生减值的,应当首先抵减商誉的账面价值,但由于根据上述方法计算的商誉减值损失包括了应由少数股东权益承担的部分,而少数股东权益拥有的商誉价值及其减值损失都不在合并财务报表中反映,合并财务报表只反映归属于母公司的商誉减值损失,因此,应当将商誉减值损失在母公司和少数股东权益之间按比例进行分摊,以确认归属于母公司的商誉减值损失。

案例
会计准则调整助推宝新能源利润激增

2006 年 2 月 15 日,财政部制定并颁布《企业会计准则》,自 2007 年 1 月 1 日起施行。从此,我国建立起包括基本准则、具体准则和应用指南的新会计准则体系。2014 年财政部修订了《企业会计准则——基本准则》中公允价值的内容,并印发第 39 号、第 40 号和第 41 号具体准则。2017 年印发第 42 号具体准则,并修订发布《企业会计准则第 22 号——金融工具确认和计量》《企业会计准则第 23 号——金融资产转移》《企业会计准则第 24 号——套期会计》《企业会计准则第 37 号——金融工具列报》四项金融工具会计准则。

广东宝丽华新能源股份有限公司(以下简称"宝新能源")从 2019 年 1 月 1 日开始实施新金融工具会计准则,并于 2019 年 4 月 22 日发布 2019 年第一季度报告。报告显示,2019 年 1—3 月,宝新能源实现营业收入 8.75 亿元,比上年同期下降 4.29%,而归属于上市公司股东的净利润高达 2.39 亿元,比上年同期增加 272.51%,如表 12-4 所示。

表 12-4　宝新能源主要会计数据和财务指标

项目	本报告期(元)	上年同期(元)	本报告期比上年同期增减
营业收入	875 189 879.94	914 393 055.72	-4.29%
归属于上市公司股东的净利润	239 011 067.12	64 163 135.65	272.51%
归属于上市公司股东的扣除非经常性损益的净利润	47 379 566.89	56 426 528.95	-16.03%
经营活动产生的现金流量净额	149 311 484.37	169 417 872.96	-11.87%
基本每股收益	0.11	0.03	266.67%
稀释每股收益	0.11	0.03	266.67%
加权平均净资产收益率	2.66%	0.75%	增加 1.91 个百分点

细查第一季度报告发现,虽然宝新能源归属于上市公司股东的净利润增长幅度较大,但是扣除非经常性损益的净利润仅仅只有 0.47 亿元,比上年同期减少 16.03%;同时,经营活动产生的现金流量净额为 1.49 亿元,比上年同期下滑 11.87%。由此可以看出,宝新能源 2019 年第一季度的利润增长主要来自非经常性损益。那具体是哪些主要内容呢?

通过查阅宝新能源的合并资产负债表发现,公司对部分金融资产做了重分类调整导致可供出售金融资产科目发生变动。数据显示,截至 2018 年年末,宝新能源可供出售金融资产为 13.29 亿元,到 2019 年第一季度,公司该项目为 0,其中约 10.26 亿元的资产重分类至交易性金融资产,正是这项变动导致公司当期业绩大幅上涨。宝新能源合并资产负债表重大项目变动情况及原因说明如表 12-5 所示。

表 12-5 合并资产负债表重大项目变动情况及原因说明

项目	期末金额(元)	期初金额(元)	变动幅度	变动原因说明
交易性金融资产	3 048 171 580.66	0.00	—	系本期执行新金融工具准则,由原计入"以公允价值计量且其变动计入当期损益的金融资产""其他流动资产""可供出售金融资产"调整至"交易性金融资产"科目核算所致
以公允价值计量且其变动计入当期损益的金融资产	0.00	5 381 260.00	-100.00%	系本期执行新金融工具准则,调出至"交易性金融资产"科目核算所致
其他流动资产	113 022.61	1 713 309 782.16	-99.99%	主要系本期执行新金融工具准则,部分项目调出至"交易性金融资产"科目核算所致
债权投资	28 717 518.65	0.00	—	系本期执行新金融工具准则,由原计入"长期应收款"调整至"债权投资"科目核算所致
可供出售金融资产	0.00	1 329 068 124.00	-100.00%	系本期执行新金融工具准则,调出至"交易性金融资产""其他权益工具投资"科目核算所致
长期应收款	5 170 492.06	37 937 830.75	-86.37%	主要系本期执行新金融工具准则,部分项目调出至"债权投资"科目核算所致
其他权益工具投资	302 975 000.00	0.00	—	系本期执行新金融工具准则,由原计入"可供出售金融资产"调整至"其他权益工具投资"科目核算所致
应付票据及应付账款	70 999 323.87	296 575 297.43	-76.06%	系期末应付原材料采购款减少所致
应交税费	125 127 811.23	272 034 627.55	-54.00%	系本期缴纳期初应交税费从而期末应交税费减少所致
递延所得税负债	78 106 620.99	17 385 829.25	349.25%	系期末金融资产公允价值较期初增加从而计提的递延所得税负债增加所致

除公允价值变动损益外,宝新能源的应收款项及坏账计提情况也值得关注。第一季度报告显示,截至 2019 年 3 月 31 日,宝新能源应收账款金额约 5.16 亿元,比上年同期增长约 41.66%,应收账款周转天数上升为 58.81 天,周转率下滑 95.58%。此外,宝新能源其他应收款金额为 0.17 亿元,比上年同期增长约 191.13%。然而,根据新金融工具准则要求坏账准备金额在信用减值损失科目下披露,宝新能源 2019 年第一季度计提的坏账准备金额为 −112.77 万元。同样在 2018 年年报中,宝新能源的应收账款和其他应收账款金额分别为 6.28 亿元和 0.15 亿元,二者比上年同期分别增长 141.77% 和 138.37%,而 2018 年报告期内宝新能源的坏账损失也为负数。从对利润的影响来看,坏账损失金额增加会削减当期利润,但是坏账损失金额为负却会增加当期利润。

思考:
1. 结合中国的实际情况,谈谈你对新企业会计准则对改进利润质量的看法。
2. 关于新企业会计准则是否会成为公司操纵利润的工具引发了大众广泛的讨论,请结合所学知识谈谈你的看法。

本章小结

对企业净利润产生影响的项目除销售收入和销售成本外,还包括期间费用、营业外收支、所得税以及外币业务与折算损益、会计差错调整与方法变更等事项。

期间费用的特点是与企业产品的生产、销售没有直接的联系,是随着会计期间的推移而逐步发生的,如企业的销售费用、管理费用、研发费用和财务费用等。

营业外收支是指企业发生的与其生产经营无直接关系的各项收入与支出。

所得税是影响企业净利润的重要因素。所得税的计税基础(应纳税所得额)可能与企业会计的账面利润不同,并因此导致企业要在会计上对产生的差额进行处理。相应的会计处理程序与方法构成所得税会计的主要内容。

企业的会计政策、会计估计变更和前期差错更正是影响企业净利润的另一个重要方面。《企业会计准则第 28 号——会计政策、会计估计变更和差错更正》对此项内容(包括确认、计量和相关信息的披露)进行了规范。

当企业的经营涉及外汇时,不同币种之间进行兑换或是进行财务报表折算时就会产生汇兑损益与折算损益。外币交易是指以外币计价或者结算的交易,包括买入或者卖出以外币计价的商品或者劳务,借入或者借出外币资金等。对于外币业务产生的汇兑差额,要根据不同的情况进行处理。

外币财务报表的折算方法是指在折算过程中使用什么样的外汇汇率,采用的汇率通常有现时汇率、历史汇率和平均汇率三种。可采用的折算方法主要有现时汇率法、流动和非流动法、货币性和非货币性法与时态法。财务报表的折算无疑会影响公司经营成果和财务状况的反映。使用不同的折算方法,折算以后得到的财务报表就会呈现不同的状态。

综合收益和其他综合收益是企业利润表中的重要内容。其中,综合收益是指企业在某一期间除与所有者以其所有者身份进行的交易之外的其他交易或事项所引起的所有者权益变动。其他综合收益是指企业根据会计准则规定未在当期损益中确认的各项利得和损失。

公允价值变动损益科目主要用来核算因公允价值变动而引发的损失或利得。资产减值损失科目用来核算企业确认的资产减值损失和计提的资产减值准备。

重要名词

期间费用(Period Expenses)

销售费用(Sales Expenses)

管理费用(Management Expenses)

研发费用(Research and Development Expenses)

财务费用(Financial Expenses)

营业外收支(Non-operating Income and Expenses)

非常损益(Extraordinary Gain or Loss)

所得税会计(Income Tax Accounting)

暂时性差异(Temporary Difference)

资产负债表债务法(Balance Sheet Liability Method)

汇兑损益(Exchange Gains or Losses; Profit or Loss for Exchange)

折算差额(Translation Differences)

现时汇率(Current Exchange Rate)

历史汇率(Historical Exchange Rate)

平均汇率(Average Exchange Rate)

折算方法(Translation Methods)

会计政策(Accounting Policy)

会计估计变更(Change in Accounting Estimate)

综合收益(Comprehensive Income)

其他综合收益(Other Comprehensive Income)

思考题

1. 企业销售商品和购入商品时,都会涉及运输费用、装卸费用和保险费用等。销售商品和购入商品时对这些费用的会计处理是否有什么不同?如果有,为什么会有这些不同?

2. 对非常项目处理方式争议的根本是什么?你是如何理解这个问题的?

3. 在会计政策变更和重大差错更正中都使用了追溯调整方法,这种方法的根本思想是什么?为什么在会计处理中要使用这样的方法?如果不使用追溯调整方法,会对财务报告结果产生什么影响?

练习题

1. 判断下列项目中哪些是暂时性差异。

(1) 税法规定超标的业务招待费用不能抵扣,应当纳税;但是会计上计算净利润时把所有的业务招待费用都作为期间费用处理。

(2) 税法规定使用直线法计提折旧,会计上使用双倍余额递减法计提折旧。

(3) 税法规定没有实际发生的损失不能抵扣,应当纳税;会计上对还没有发生的损失可以计提减值准备。

(4) 企业投资国库券获得的利息收入,按照税法规定可以免除这笔利息收入交纳所得税的义务。

2. 某公司采用资产负债表债务法核算所得税,公司历年适用的所得税税率为25%。公司于2021年12月底以6 000万元购入一项固定资产,预计使用年限为5年,预计净残值为0,从2022年开始计提折旧。按照会计制度规定,该固定资产按照直线法计提折旧,但是税法规定该固定资产应按照年数总和法计提折旧,使用年限和净残值均与会计相同。

试对该项固定资产所得税方面的情况作出分析,并编制5年的会计分录。

3. 判断下列事项,哪些属于会计政策变更,哪些属于会计估计变更,哪些属于会计差错更正,并简单说一说会计上应如何处理。

(1) 公司存货的计价方法由先进先出法改为后进先出法。

(2) 公司预计一项固定资产的使用年限由10年减至6年。

(3) 公司发现以前年度将一些研发费用与注册费用一并计入了一项无形资产。

(4) 公司的坏账准备计提比率由以前年度的3%改为5%。

(5) 公司在年度结账后(12月31日后)、年报公布之前发生了客户的退货,金额巨大。

4. 某公司对外发生的外币业务采用每月月初的市场汇率进行折算,按月计算汇兑损益。2022年3月1日的市场汇率为1美元=6.31元人民币,3月31日的市场汇率为1美元=6.25元人民币。各外币账户的月初余额如下:应收账款400万美元,人民币金额为2 600万元;银行存款500万美元,人民币金额为3 250万元。

2022年3月发生的外币相关业务如下:

(1) 本月销售货物发生应收账款200万美元;

(2) 本月收回应收账款300万美元,款项已经存入银行。

请编制以上业务发生时以及月底计算汇兑损益时的会计分录。

第13章 现金流量表

[**学习目标**]

通过本章的学习,你应该掌握:

1. 现金流量的概念;
2. 现金流量表的作用;
3. 现金流量的分类和主要项目;
4. 现金流量表编制的基本方法——直接法和间接法。

[**素养目标**]

通过本章的学习,充分认识现金流量对于企业可持续发展的重要性,以及恰当地编制现金流量表对于提供高质量会计信息的必要性。

[**小故事/小案例**]

2018年5月14日,乐视网召开2017年度业绩说明会。2017年乐视网的财务数据全面下跌,营业收入70.25亿元,同比下滑68%,经营性现金流-26.4亿元,资产总额缩水至179亿元,全年亏损额达138.78亿元。立信会计师事务所对乐视网年报出具了"无法表达意见"的审计报告。乐视网承认在整体资金安排方面存在较大困难,现金流极度紧张。如果2018年乐视网情况未有实质性改变,将面临退市风险。

乐视网曾经辉煌一时,其致力于构建的"平台+内容+终端+应用"的全产业链业务体系被业界称为"乐视模式"(即乐视生态),贾跃亭推出的"生态化反"概念受到市场热捧。乐视网市值在2010年上市时仅50亿元,在短短五年内膨胀30倍,2015年5月高达1 526.57亿元。虽然其间资金链屡遭质疑,但仍挡不住乐视网前进的步伐。然而在2016年美国媒体爆出乐视网的美国超级电动汽车项目拖欠工程款后,乐视网的情况就急转直下,其资金链危机全面爆发。从供应商上门要债、乐视网资产被冻结到贾跃亭离职,乐视网资金链断裂的风波越演越烈,融创的融资相助也未能挽救乐视网的下滑命运。乐视网股价一路下跌,被迫停牌,孙宏斌遗憾离职,乐视网面临资不抵债破产重组的窘境。

对一家企业来说,盈利能力固然关键,现金流量却更为重要。企业家中常流行"一怕两不怕"的说法,即"不怕经营负债,不怕亏损,就怕现金周转不灵",这正说明了现金流量在企业中的重要性。财务报表的目的是向报表使用者提供与其决策相关的财务信息,许多企业之所以发生财务困难,并不是因为企业的经营情况不好,而是因为现金周转不灵。因此,我们在了解企业盈利状况的同时,也要注重对现金流量的分析。本章我们将具体讲解现金流量及现金流量表编制相关的内容。

13.1 现金流量与现金流量表

13.1.1 现金流量和现金流量表的概念

现金流量是指企业在一定期间内的现金流入和现金流出的数量。例如,企业销售产品、提供劳务、出售固定资产、发行债券或股票等会取得现金,形成企业的现金流入;企业购入材料物资、对外投资、偿还债务、分配股利等需要支付现金,形成企业的现金流出。企业的现金流入与现金流出的差额是现金净流量。如果现金流入大于现金流出,现金净流量就是个正数,表示有现金净流入;如果现金流入小于现金流出,现金净流量就是个负数,表示企业有现金净流出。

企业的现金流量可分为三类,即经营活动产生的现金流量、投资活动产生的现金流量和筹资活动产生的现金流量。企业经营产生的现金流入量大于流出量是投资者进行投资决策的判定标准之一。现金流量信息不仅可以帮助投资者评估企业的财务弹性,了解企业利用现金流量应付突发现金支出的能力,也可以帮助投资者了解净利润与现金流量的关系,是投资者进行投资决策的参考依据。

现金流量表是反映企业在一定会计期间现金流入和现金流出的报表。企业的利润表反映的是企业在一定会计期间经营成果的报表。经过一定会计期间的经营,企业的财务状况发生了变化,资产负债表中的财务状况从期初变动到了期末。然而资产负债表只揭示了变化的结果,并没有说明变化的原因。现金流量表是动态的报表,它可以全面、系统地反映企业期初到期末财务状况的变化情况,是期初和期末资产负债表和利润表的沟通桥梁。

根据我国企业会计准则,现金流量表的编制基础是广义的现金,即现金和现金等价物。这里的现金指的是企业的库存现金以及可以随时用于支付的存款,不能随时支取的存款(如定期存款)则不能列入现金范畴。现金等价物指的是企业持有的期限短、流动性强、易于转换为已知金额现金、价值变动风险很小的投资。① 企业有时会将暂时不用的用于日常支付的现金临时投资于短期、低风险以及流动性强的证券,其主要目的并不是取得长期投资收益,而是为了利用这些闲置资金,企业一旦需要用现金,就可以立即将这些短期投资变现以应付企业日常现金支出。由于这些短期投资变现性强且安全性高,因此其性质基本等同于现金,称为现金等价物。现金流量表就是反映企业现金及现金等价物的流入和流出的报表。在本章中,除非同时提及现金等价物,否则提及的现金即为广义的现金,包括现金和现金等价物。②

---

① 期限短一般是指从购买日起三个月内到期。现金等价物通常包括三个月内到期的短期债券投资。由于权益性投资变现的金额通常不确定,因此权益性投资不属于现金等价物。

② 需要注意的是,企业现金形式之间的转换是企业现金管理方式的变化,并不会产生现金流入和现金流出。例如,企业从银行提取现金、将库存现金存入银行活期存款账户,或者企业用现金购买短期内到期的国库券等活动都不会带来现金流入或现金流出。

13.1.2 现金流量表的发展和作用

20世纪80年代以前,人们比较重视资产负债表和利润表。然而,资产负债表只是静态的报表,反映的是企业在一个时点的财务状况,无法反映财务状况的变动情况,因此财务状况变动表作为主要的财务报表之一,向投资者提供了财务状况变动的信息。美国在1960年以前就开始编制"资金来源与用途表"和"资金状况表",1963年美国会计原则委员会(APB)第3号意见书为了统一资金状况表的编制与表达,建议将该表更名为"资金来源与运用表",1973年APB第19号意见书强调了财务状况变动信息的重要性,将表名改为"财务状况变动表",并将该表作为主要的财务报表之一,强制要求各企业必须编制。

20世纪80年代以前的"财务状况变动表"大多以营运资金为基础编制,但是由于企业资本结构中负债比例上升,企业的风险不断增加,破产率节节上升,因此企业的流动性与财务弹性越来越受到人们的重视,以现金为基础的财务状况变动表就受到了人们的广泛关注。1987年美国会计准则委员会(FASB)发布了第95号公报,要求企业编制现金流量表,以取代原先以营运资金为基础编制的财务状况变动表。国际会计准则委员会(IASC)也于1989年发布了第7号国际会计准则,要求企业编制现金流量表。我国于1998年发布了现金流量表准则,并定于1998年1月1日开始在全国实施。2001年财政部对现金流量表准则进行了修订,2006年2月财政部又再次对其进行修订,并于2007年1月1日起在全国上市公司范围内施行。

从现金流量表在各国的发展可以看出,现金流量表作为企业的三大报表之一,其作用和地位已越来越重要。

首先,现金流量表可以帮助投资者分析企业净利润和现金净流量的关系,分析净利润与现金净流量之间的差异。企业的净利润是在权责发生制基础上计算得出的,而现金净流量是建立在收付实现制(现金制)基础上的。企业有较高的净利润并不一定就表示企业有较高的现金净流量。有的企业净利润很高,但是现金净流量可能为负,例如企业大部分的销售都是赊销且应收账款回收较慢。这是因为在会计分期前提下,以权责发生制为基础的损益确认时间与现金的收付时间并不一致。投资者可以通过现金流量表来分析利润和现金净流量的差异原因,以便更好地预测企业未来的现金流量和评估企业净利润的质量。

其次,现金流量表可以帮助投资者分析评价企业未来产生现金净流量的能力。企业未来现金净流量的信息是投资者进行投资决策的重要参考指标,资产负债表和利润表显然无法为投资者提供这方面的信息,而现金流量表通过揭示过去的现金流入和现金流出及现金净流量变动的原因,可以帮助投资者分析企业经营活动、投资活动和筹资活动与现金净流量的关系,以更好地预测企业未来的现金净流量,了解企业的财务弹性。

最后,现金流量表可以帮助投资者分析评价企业偿还债务和支付股利的能力。企业要偿还债务,必须要有足够的现金。企业如果没有足够的现金,就无法偿还货款、支付工资,甚至无法偿还到期的借款,即使企业有良好的盈利前景,也有可能面临破产清算的危险。同样,企业如果想支付现金股利,也必须有足够的现金。因此,企业必须保持一定的净现金流入,才能按计划还本付息和分发股利。现金流量表通过揭示企业现金流入和现金流出所产生的当期现金净流量的大小,可以帮助投资者分析判断企业偿还债务和支付股利的能力。

复习与思考　现金流量表有什么作用?

13.2　投资活动和筹资活动现金流量

13.2.1　投资活动的现金流量

企业的投资活动是指企业长期资产的购建和不包括在现金等价物范围内的投资及其处置活动。这里的长期资产是指固定资产、在建工程、无形资产以及其他资产等持有期限在一年或者一个营业周期以上的资产。由于短期投资中的现金等价物已包含在广义的现金之中,因此不应当作为投资活动的现金流量。

根据我国企业会计准则,投资活动产生的现金流入项目主要包括:

(1) 收回投资收到的现金,包括短期投资中扣除现金等价物部分的投资收回和长期投资的收回,不包括投资收益。

(2) 取得投资收益收到的现金,包括短期投资中扣除现金等价物部分的投资收益和长期投资的投资收益。现金流量表需要将原始投资的收回和投资收益分开来列报。

(3) 处置固定资产、无形资产和其他长期资产收回的现金净额,即以处置以上各类资产中发生的收入减去发生的处置费用后的净额列报。

(4) 处置子公司及其他营业单位收到的现金净额,即以处置过程中发生的收入减去处置过程中发生的各项必要费用后的净额列报。

(5) 收到其他与投资活动有关的现金。

投资活动产生的现金流出项目主要包括:

(1) 购建固定资产、无形资产和其他长期资产支付的现金,包括购建以上资产并使其达到可用状态所支付的现金。

(2) 投资支付的现金,包括扣除现金等价物的短期投资和长期投资所支付的现金。

(3) 取得子公司及其他营业单位支付的现金净额。这部分在现金流量表中可与处置子公司及其他营业单位支付的现金净额合并列报。

(4) 支付其他与投资活动有关的现金。

13.2.2 筹资活动的现金流量

企业的筹资活动是指导致企业资本及债务规模和构成发生变化的活动,包括引起企业实收资本和资本溢价以及短期借款、长期借款和应付债券等规模和构成发生变化的活动。企业应付票据、应付账款、应付职工薪酬和应交税费等引起的现金流量的变化属于企业正常的经营活动现金流量,不属于筹资活动现金流量。

根据我国企业会计准则,筹资活动产生的现金流入项目主要包括:

(1) 吸收投资收到的现金,包括吸收投资收到的实收资本(或股本)和资本溢价(股本溢价)的增加。

(2) 取得借款收到的现金,包括短期借款、长期借款以及发行公司债券等收取的现金。

(3) 收到其他与筹资活动有关的现金等。

筹资活动产生的现金流出项目主要包括:

(1) 偿还债务支付的现金,包括以现金偿还短期借款、长期借款和应付公司债券等的本金。

(2) 分配股利、利润或偿付利息支付的现金,包括企业支付的现金股利以及以现金支付的利润和利息费用。

(3) 支付其他与筹资活动有关的现金。

13.3 经营活动现金流量

13.3.1 经营活动的现金流入和流出项目

企业的经营活动是指企业投资活动和筹资活动以外的所有交易和事项,包括销售商品、提供劳务、购买商品、接收劳务、广告宣传、推销产品等。企业日常经营活动所带来的现金流量是影响企业现金流量最重要的因素,反映了企业依靠日常经营业务创造现金净流量的能力,这部分现金流量可以被企业自由运用,与从外部筹集到的资金相比所受到的约束较小,可以更好地帮助投资者分析评价企业运用经济资源创造现金流量的能力和企业的财务弹性,以及预测企业未来的现金流量。

根据我国企业会计准则,经营活动产生的现金流入项目主要包括:

(1) 销售商品、提供劳务收到的现金。

(2) 收到的税费返还。

(3) 收到其他与经营活动有关的现金。

经营活动产生的现金流出项目主要包括：
(1) 购买商品、接受劳务支付的现金。
(2) 支付给职工以及为职工支付的现金。
(3) 支付的各项税费。
(4) 支付其他与经营活动有关的现金。

13.3.2 现金流量表的编制

根据经营活动现金流量的不同表达形式，现金流量表有两种编制方法，即直接法和间接法。直接法是指通过现金收入和现金支出的主要类别来反映经营活动现金流量的方法。间接法是通过本期净利润来调整得出经营活动现金流量的方法。

1. 直接法

在直接法下，企业按照现金来源的不同渠道和现金使用的不同用途来分别列报现金的流入和流出。在计算经营活动的现金流量时有两种方法：一种是根据会计记录直接计算现金的流入和流出；另一种是以利润表上的各项收入与费用为基础，个别调整有关的资产、负债等变动后计算得出现金流入和现金流出。

(1) "销售商品、提供劳务收到的现金"项目，是企业经营活动现金流入的主要途径，反映企业由于销售商品或提供劳务而向客户收取的现金，主要由本期销售商品或提供劳务收到的现金、前期销售商品或提供劳务本期收到的现金和本期预收的货款，减去本期退回的本期销售或前期销售的商品而支付的现金等项目计算得出。计算公式如下：

销售商品、提供劳务收到的现金 = 本期销售商品或提供劳务收到的现金 + 前期的应收账款、应收票据收现 + 本期预收账款 − 本期因销售退回而支付的现金 + 本期收回前期已注销的坏账

其中，本期销售商品或提供劳务收到的现金包括营业收入和应收取的增值税销项税额。

销售商品、提供劳务收到的现金也可以以利润表中的收入为起点进行调整，将利润表中以权责发生制为基础的营业收入依据本期应收账款、应收票据等项目的增减变动金额进行调整而得出。计算公式如下：

销售商品、提供劳务收到的现金 = 本期营业收入 + 销项税额 + 本期应收账款、应收票据的减少数（减：增加数）+ 本期预收账款增加数（减：减少数）− 本期因销售退回而支付的现金 − 本期实际注销的坏账

其中，由于企业所确认的营业收入中并未包含应收取的增值税的销项税额，所以应在营业收入的基础上加上本期增值税的销项税额；由于企业有一部分销售并非现金销售而是赊销，会引起应收账款或应收票据的增加，因此企业应将应收账款或应收票据的增加额从营业收入中扣除；如果本期应收账款或应收票据减少，则表示本期的销售收现大于销售金额，因此应在营业收入的基础上加上这一减少额；企业注销坏账时减少了应收账款但并没有现金流入，因此要将坏账注销金额相应减去。

(2) "收到的税费返还"项目，反映的是企业收到返还的各种税费，如收到返还的增值税、

所得税、消费税、教育费附加等,返还的金额可以通过"应交税费"等相关账户的所属明细账户分析填列。

(3)"收到其他与经营活动有关的现金"项目,反映的是企业除以上各项目外收到的其他与经营活动有关的现金流入,如罚款收入、经营租赁收到的租金、流动资产损失中由个人赔偿的现金收入等,可以由"现金""银行存款""营业外收入"等相关账户的记录分析填列。

(4)"购买商品、接受劳务支付的现金"项目,反映的是企业购买材料物资、接受劳务而实际支付的现金,主要由本期购买材料物资、接受劳务支付的现金,以及本期支付的前期购买材料物资、接受劳务的未付款项和本期预付款项以及本期发生的购货退回收到的现金计算得出。计算公式如下:

购买商品、接受劳务支付的现金 = 本期购买商品、接受劳务支付的现金 + 本期支付的前期的应付账款、应付票据 + 本期预付账款增加数 – 本期因购货退回而收到的现金

其中,本期购买商品、接受劳务支付的现金包括所支付的货款和与货款一并支付的增值税进项税额。

购买商品、接受劳务支付的现金也可以以利润表中的营业成本为起点进行调整,对利润表中以权责发生制为基础的营业成本依据本期存货和预付账款等项目的增减变动金额进行调整而得出。计算公式如下:

购买商品、接受劳务支付的现金 = 本期营业成本 + 进项税额 + 本期存货增加数(减:减少数) + 本期应付账款、应付票据减少数(减:增加数) + 本期预付账款增加数(减:减少数) – 购货退回收到的现金

其中,由于购买材料物资的成本并不包含增值税的进项税额,因此应将这部分金额加上;假定本期进货全部付现,如果本期存货增加,表示本期进货大于营业成本,且本期进货等于营业成本加存货增加数,因此要在营业成本的基础上加上存货增加数;另外,如果企业本期的应付账款或应付票据发生增减变动,则表示本期支付给供应商的金额不等于本期的进货金额。如果应付账款或应付票据增加,表示本期进货没有全部付现,因此应将这部分增加额从营业成本中减去;反之,如果本期应付账款或应付票据减少,则表示有一部分应付账款或应付票据也在本期付现,因此应在营业成本的基础上加上这部分减少额。

(5)"支付给职工以及为职工支付的现金"项目,反映企业实际支付给职工和为职工支付的现金额,包括本期实际支付给职工的工资、奖金、津贴或补贴等,以及为职工支付的其他费用,但不包括支付的离退休人员的各种费用和应由在建工程、无形资产负担的职工薪酬。该项目可以根据"应付职工薪酬""现金""银行存款"等相关账户的记录分析填列。

(6)"支付的各项税费"项目,反映企业按规定支付的各种税费,包括支付的本期税费以及前期未交的税费,如教育费附加、矿产资源补偿费、印花税、房产税、土地增值税、车船使用税等,但不包括实际支付的耕地占用税以及本期退回的增值税、所得税。该项目可根据"应交税费""现金""银行存款"等相关账户分析填列。

(7)"支付其他与经营活动有关的现金"项目,反映企业除以上各项目外,支付的其他与经营活动有关的现金流出,如罚款支出、支付的业务招待费、保险费、差旅费等。该项目可根据"现金""银行存款""管理费用""营业费用"等相关账户分析填列。

例 13-1 甲公司 2022 年度相关流动性账户的余额变动情况和 2022 年度简明的利润表如表 13-1 和表 13-2 所示。

表 13-1　甲公司流动性账户余额变动表　　　　　　　　　　　　　　　单位：元

科目	2022 年 12 月 31 日	2022 年 12 月 31 日	增加（减少）
现金	195 000	52 000	143 000
应收账款净额	148 000	130 000	18 000
存货	344 000	360 000	(16 000)
应付账款	87 000	93 400	(6 400)
应付职工薪酬	37 000	32 600	4 400
应交税费	31 800	32 800	(1 000)
应付股利	28 000	20 000	8 000

表 13-2　甲公司利润表
2022 年度（截至 2022 年 12 月 31 日）　　　　　　　　　　　　　　　单位：元

营业收入	2 360 000
减：营业成本	1 580 000
税金及附加	16 000
销售费用	60 000
管理费用	346 000
研发费用	0
财务费用	0
加：投资收益	24 000
营业利润	382 000
加：营业外收入	0
减：营业外支出	0
利润总额	382 000
减：所得税费用	166 000
净利润	216 000

其中，企业的折旧费用为 14 000 元，工资费用为 42 000 元，财务费用中没有利息费用。

根据以上资料，我们可以看到企业在权责发生制下的营业收入为 2 360 000 元，由于企业应收账款增加了 18 000 元，因此在计算从顾客那里收取的销售带来的现金时应减去这个增加额，企业因销售商品而实际收到的现金额应为 2 342 000 元（2 360 000 − 18 000）；企业存货余额减少了 16 000 元，表示企业本期销售的存货比本期购入的存货多出 16 000 元，本期营业成本 1 580 000 元中已经包含了这部分不需要本期支出现金的存货金额，因此应将存货的这部分减少额从营业成本中减去，以计算本期购买存货实际支付的现金额；而企业本期的应付账款减少了 6 400 元，表示企业实际支付的现金比本期的购货多出 6 400 元，因此需要加上这部分金额，以计算购买存货实际支付的现金额，企业因购买存货而实际支付的现金额应为 1 570 400 元（1 580 000 − 16 000 + 6 400）。由于企业的应付职工薪酬余额增加了 4 400 元，表示企业本期以现金支付的工资费用比实际确认的工资费用少 4 400 元,因此企业本期实际以现金支付的工资额为 37 600 元(42 000 - 4 400);企业本期应交税费余额减少了 1 000 元,说明企业本期实际以现金支付的税费比利润表所确认的多出 1 000 元,因此要加上这部分减少额,本期企业支付的各项税费为 183 000 元(16 000 + 166 000 + 1 000);由于企业的折旧费用不支出现金,因此支付的其他与经营活动有关的现金中不应包括这个折旧金额,利息费用的支出不属于经营活动的现金流出,因此在计算时也应扣除,由于没有其他应计费用,企业支付的其他与经营活动有关的现金应为 350 000 元(60 000 + 346 000 - 14 000 - 42 000);投资收益的现金流入应属于投资活动的现金流量。因此,直接法下企业经营活动产生的现金流量计算如下(单位:元):

销售商品、提供劳务收到的现金	2 342 000
减:购买商品、接受劳务支付的现金	1 570 400
支付给职工以及为职工支付的现金	37 600
支付的各项税费	183 000
支付其他与经营活动有关的现金	350 000
经营活动产生的现金流量净额	201 000

2. 间接法

在间接法下,企业不必单独列示各项经营活动引起的现金流入与流出,而是以利润表中的本期净利润为基础,调整各项非现金交易的影响,调节过去或未来经营业务现金收入或支出的任何应收应付、预收预付项目,以及与属于投资活动或筹资活动的现金流量有关的收入或费用项目,计算得出由经营活动产生的现金净流量。一般来讲,需要调节的项目包括资产减值准备、固定资产折旧、无形资产摊销、长期待摊费用摊销、处置固定资产和无形资产以及其他长期资产的损益、固定资产报废损失、公允价值变动损益、财务费用、投资损益、递延所得税资产和递延所得税负债、存货、经营性应收项目以及经营性应付项目等。计算公式如下:

经营活动产生的现金净流量 = 净利润 + 计提的资产减值准备 + 当期计提的固定资产折旧 + 无形资产摊销 + 长期待摊费用摊销 + 处置固定资产、无形资产和其他长期资产的损失(减:收益) + 固定资产报废损失 + 公允价值变动损益 + 财务费用 + 投资损失(减:收益) + 递延所得税负债(减:递延所得税资产) + 存货的减少(减:增加) + 经营性应收项目的减少(减:增加) + 经营性应付项目的增加(减:减少) + 其他

根据以上计算公式,对各调节项目说明如下:

(1)当企业计提当期的资产减值准备和固定资产折旧或摊销无形资产和长期待摊费用时,已记入"管理费用"或"制造费用"等相关账户,这些费用已作为销售费用或通过营业成本列入了利润表,利润表中的净利润是从营业收入中扣除了这些费用后的金额,但是这些费用发生时并没有实际流出现金,因此调节时应在净利润的基础上加上这部分金额。

(2)处置固定资产和无形资产以及其他长期资产的损益、固定资产报废损失、公允价值变动损益、财务费用以及投资损益等项目都是由企业的投资活动和筹资活动所引起的,这些项目所带来的现金流量不应当计入经营活动的现金流量,而利润表中的净利润是考虑了这些

项目计算出来的,因此,在计算经营活动现金流量时应将它们从净利润中扣除,在投资活动和筹资活动现金流量中列示。调整时如为净损失,就在净利润的基础上加上这部分金额;如为净收益,就将这部分金额从净利润中扣除。

(3) 递延所得税资产和递延所得税负债是因所得税采用资产负债表债务法核算而产生的。如果当期计入所得税费用的金额大于当期应交所得税金额就会产生递延所得税负债,计算净利润时扣除的是金额较大的所得税费用,但是企业实际上并没有支出这么多现金,因此调节时应在净利润的基础上加上这部分金额;如果当期计入所得税费用的金额小于当期应交所得税金额就会产生递延所得税资产,企业当期实际支付的金额比计入所得税费用的要多,但是计算净利润时并没有将这部分差额包含在内,因此调节时应将这部分差额从净利润中扣除。

(4) 期末存货比期初存货少,说明企业本期耗用的存货大于本期购进的存货,期初存货被耗用了一部分,而这部分存货在本期并没有造成现金流出,但是其金额已作为相应的成本费用在计算净利润时被扣除了,因此在调节时应在净利润的基础上加上这部分差额;如果期末存货比期初存货多,则说明本期购入的存货并没有被完全耗用,剩余的部分实际上已经支出了现金,可是计算净利润时只考虑了耗用的部分,并没有将未耗用部分考虑在内,因此在调节时需将这部分差额从净利润中扣除。

(5) 经营性应收项目主要是指应收账款、应收票据以及其他应收款中与经营活动有关的部分。如果这些项目期末余额小于期初余额,则说明企业本期实际收现的金额大于本期利润表中所确认的营业收入,因此在调节时应在净利润的基础上加上这部分差额;如果经营性应收项目的期末余额大于期初余额,则说明企业本期实际收到的金额小于本期利润表中所确认的营业收入,也就是说,本期营业收入中有一部分并未收现,但是计算净利润时已将其考虑在内,因此在调节时需将这部分差额从净利润中扣除。

(6) 经营性应付项目主要是指应付账款、应付票据、应付职工薪酬、应交税费以及其他应付款中与经营活动有关的部分。如果这些项目期末余额大于期初余额,则说明企业本期购入的存货有一部分并没有支付现金,而这部分差额企业已通过营业成本包含在净利润的计算中,因此在调节时需要在净利润的基础上加上这部分差额;如果经营性应付项目的期末余额小于期初余额,则说明本期实际支付的金额大于利润表中所确认的营业成本金额,因此要将这部分差额从净利润中扣除。

如上例资料,采用间接法,将净利润调节为经营活动现金流量的计算如下(单位:元):

净利润	216 000
加:固定资产折旧	14 000
投资损失	(24 000)
存货的减少	16 000
经营性应收项目的减少	(18 000)
经营性应付项目的增加	(3 000)
经营活动产生的现金流量净额	201 000

3. 直接法和间接法的比较

事实上,采用直接法和采用间接法编制的现金流量表的不同之处在于经营活动现金流量的计算和表达上,而投资活动现金流量和筹资活动现金流量的列报在两种方法下是相同的。

直接法比较直观且全面,通过将来自经营活动的现金收入和现金支出按顺序排列,详细地反映企业来自经营活动的现金流入渠道和现金流出途径,比较符合编制现金流量表的目的,同时也便于财务报表使用者更好地预测企业未来的现金流量。但是当企业现金收支种类较多、现金流动渠道复杂时,采用直接法编制现金流量表会造成表达上的困难且容易产生遗漏,而且也无法让财务报表使用者了解企业净利润与经营活动现金流量之间产生差异的原因。

间接法注重分析净利润与经营活动现金流量之间的差异,能揭示出现金流量表与利润表和资产负债表之间的联系,便于管理者和财务报表使用者评估净利润的质量。与直接法相比,间接法编制的工作量较小。但是间接法只能反映企业经营活动现金净流量的大小,并不能揭示经营活动现金流量的具体情况,不方便财务报表使用者直接预测企业未来的现金流量,无法完全达到编制现金流量表的目的。

国际会计准则和美国财务会计准则委员会都鼓励企业采用直接法来报告经营活动现金流量,但也允许采用间接法。我国企业会计准则规定企业必须采用直接法编制现金流量表,同时要求企业在现金流量表附注中披露将净利润调节为经营活动现金流量的信息,即采用间接法计算的经营活动现金流量部分,以充分发挥现金流量表的作用。表13-3为某上市公司完整的现金流量表。

表13-3 现金流量表

编制单位:×××××   ××年度   单位:元

项目	金额
一、经营活动产生的现金流量:	
销售商品、提供劳务收到的现金	5 692 814 559.61
收到的税费返还	15 504 129.33
收到其他与经营活动有关的现金	221 457 868.38
经营活动现金流入小计	5 929 776 557.32
购买商品、接受劳务支付的现金	4 836 354 364.37
支付给职工以及为职工支付的现金	244 067 743.30
支付的各项税费	152 804 082.05
支付其他与经营活动有关的现金	780 270 338.59
经营活动现金流出小计	6 013 496 528.31
经营活动产生的现金流量净额	-83 719 970.99
二、投资活动产生的现金流量:	
收回投资收到的现金	61 495.94
取得投资收益收到的现金	1 263 921.92
处置固定资产、无形资产和其他长期资产收回的现金净额	464 652.19
处置子公司及其他营业单位收到的现金净额	0
收到其他与投资活动有关的现金	31 738 162.50
投资活动现金流入小计	33 528 232.55
购建固定资产、无形资产和其他长期资产支付的现金	147 414 105.61
投资支付的现金	22 370 000.00
取得子公司及其他营业单位支付的现金净额	0

(续表)

项目	金额
支付其他与投资活动有关的现金	0
投资活动现金流出小计	169 784 105.61
投资活动产生的现金流量净额	-136 255 873.06
三、筹资活动产生的现金流量：	
吸收投资收到的现金	0
取得借款收到的现金	200 000 000.00
收到其他与筹资活动有关的现金	0
筹资活动现金流入小计	200 000 000.00
偿还债务支付的现金	0
分配股利、利润或偿付利息支付的现金	47 353 973.54
支付其他与筹资活动有关的现金	55 083.58
筹资活动现金流出小计	47 409 057.12
筹资活动产生的现金流量净额	152 590 942.88
四、汇率变动对现金的影响	
五、现金及现金等价物净增加额	-67 384 901.17
补充材料	
1. 将净利润调节为经营活动的现金流量：	
净利润	109 396 882.44
加：资产减值准备	13 675 845.44
固定资产折旧、油气资产折耗、生产性生物资产折旧	57 440 934.84
无形资产摊销	4 399 972.70
长期待摊费用摊销	54 407 830.44
处置固定资产、无形资产和其他长期资产的损失(收益以"-"号填列)	0
固定资产报废损失(收益以"-"号填列)	760 891.38
公允价值变动损失(收益以"-"号填列)	0
财务费用(收益以"-"号填列)	614 237.98
投资损失(收益以"-"号填列)	-16 271 329.72
递延所得税资产减少(增加以"-"号填列)	0
递延所得税负债增加(减少以"-"号填列)	0
存货的减少(增加以"-"号填列)	-359 562 851.22
经营性应收项目的减少(增加以"-"号填列)	-683 189 445.60
经营性应付项目的增加(减少以"-"号填列)	734 739 087.38
其他	-132 027.05
经营活动产生的现金流量净额	-83 719 970.99
2. 不涉及现金收支的重大投资和筹资活动：	
债务转为资本	0
一年内到期的可转换公司债券	0
融资租入固定资产	0
3. 现金及现金等价物净变动情况：	
现金的期末余额	568 717 486.73
减：现金的期初余额	636 102 387.90
加：现金等价物的期末余额	0
减：现金等价物的期初余额	0
现金及现金等价物净增加额	-67 384 901.17

复习与思考 现金流量表有哪几种编制方法？各有何优缺点？

13.4 现金流量表中的其他重要信息

为了充分发挥现金流量表的重要作用，现金流量表中还需要披露其他一些影响本期现金流量或以后各期现金流量的重要信息，例如汇率变动对现金的影响和不涉及现金收支的重大投资和筹资活动等。

13.4.1 汇率变动对现金的影响

企业有时会发生以外币计量和结算的业务，这些业务带来的现金流量根据我国企业会计准则的规定并不构成单独的现金流量，而是应该将其折算为记账本位币后再按其性质分别归入经营活动、投资活动或筹资活动的现金流量中。折算时应采用现金流量发生日的即期汇率或按照系统合理的方法确定的、与现金流量发生日即期汇率近似的汇率折算。例如，企业可采用平均汇率来折算，平均汇率可通过简单平均报告期年初数和年末数计算得出，若每个月的汇率波动幅度较大，则可计算12个月的加权平均数。

由于外币现金流量引起的外币现金及现金等价物的增减净额是按照期末汇率进行调整的，而外币现金流量是按照发生日的即期汇率或平均汇率折算，因此，两者之间会有一定的差额，这种差额即为汇率变动对所持外币现金的影响额。根据我国企业会计准则，应将汇率变动对现金的影响作为当期现金及现金等价物变动的一个调节项目，在现金流量表中单独列报。

13.4.2 不涉及现金收支的重大投资和筹资活动

有时企业的某些重大投资和筹资活动会影响到其当期的资产和负债，但是并不影响企业当期的现金流量，因此现金流量表主体中不包括这些事项，但是根据我国企业会计准则，这些事项需要在现金流量表附注中加以披露。因为这些重大的投资和筹资活动虽然不涉及当期的现金收支，但是可能会对企业未来的现金流量产生重大影响。如果不加以披露，会影响财务报表使用者对企业未来现金流量的时间、数额及不确定性的判断。例如，融资租入固定资产、企业债务转为资本、发行股票换取非货币性资产等。

另外,企业需要在现金流量表中披露的信息有:现金和现金等价物的构成及其在资产负债表中的相应金额,企业持有但不能由母公司或集团内其他子公司使用的大额现金和现金等价物金额。

案例
秦森园林 IPO 风波

上海秦森园林股份有限公司(以下简称"秦森园林")成立于 2001 年,注册资金 21 281 万元,拥有城市园林绿化一级、风景园林工程专项设计甲级、古建筑工程专业承包三级等资质。2015 年 4 月 1 日,秦森园林成功登陆新三板上市,成为上海首家上市园林企业,是 2019 年中国北京世界园艺博览会首批官方推荐服务商。秦森园林秉承"为乡土立境,为生态传神"的发展理念,以"市政景观、城市绿化、水环境水生态、全域旅游、矿山与土壤修复、古建修复保护利用"为核心业务,形成了集"生态技术研发、景观规划设计、园林环境营建、生态产业运营"于一体的综合业务模式。

秦森园林于 2016 年正式启动 IPO,先后于 2016 年 12 月 21 日和 2017 年 12 月 29 日两次报送 IPO 招股说明书申报稿,拟赴上交所上市,保荐机构为光大证券。2018 年 1 月 17 日,证监会官网预披露了秦森园林 IPO 招股说明书申报稿,公司 IPO 材料被正式受理。在 2018 年 10 月 10 日中国证监会召开的发审委会议上,秦森园林的 IPO 申请遭到否决。根据证监会官网披露的审核意见,秦森园林上市会被否的主要原因为:报告期净利润波动较大、其增幅与营业收入增幅不一致、经营现金流量净额与当期净利润不一致的原因及合理性受到质疑;报告期应收账款增长较多,占营业收入比重较高,调整了应收账款确认时点,存在刻意调整余额结构的嫌疑;2017 年开始的 PPP(政府和社会资本合作)项目被怀疑高风险;承接某地美丽乡村建设项目被怀疑高风险;土地租赁、承包中存在合法性瑕疵。第一次冲击 A 股上市被否后,秦森园林于 2019 年再次启动 IPO。2019 年 7 月,《上海秦森园林股份有限公司辅导备案基本情况表》等在上海证监局官网上披露。但在一年多后的 2020 年 12 月,秦森园林发布《关于终止辅导备案的提示性公告》,并将"赛道"切换至精选层。

秦森园林两度冲击 IPO 失利,这一结果并不令人意外。事实上,外界对于秦森园林以及同属于园林行业的其他公司的业务模式和经营状况一直存在诸多质疑,主要集中在现金流不佳、应收账款周转率过低、存货余额激增和资产负债率较高等问题上。质疑指出,"秦森园林此前连续三年经营现金流为负,2017 年难得由负转正还是因为催收回款所致,公司应收账款、存货占比十分庞大,对资金的饥渴程度可见一斑。据招股书披露,秦森园林计划通过 IPO 募集资金约 6.2 亿元,其中 5.6 亿元用来补充流动资金"。

表 13-4 和表 13-5 分别列示了秦森园林财务报表中的主要数据。

表 13-4 秦森园林主要业绩和现金流数据　　　　　　　　　　单位：万元

	2014 年	2015 年	2016 年	2017 年	2018 年	2019 年
营业总收入	48 440.83	65 926.62	78 923.42	117 406.78	139 028.44	139 594.32
营业总成本	42 989.83	57 694.49	71 175.67	109 659.03	127 123.35	126 862.24
营业利润	5 451.00	8 232.13	7 747.75	7 747.75	11 905.09	12 732.08
利润总额	5 678.00	8 363.65	8 318.99	10 965.98	11 905.36	12 730.22
净利润	4 250.18	7 258.58	6 898.02	9 336.23	10 315.40	11 171.30
扣除非经常性损益后的净利润	4 086.25	7 148.29	7 889.49	9 018.79	9 950.79	10 586.84
经营活动产生的现金流量净额	-7 274.41	-3 925.04	-9 037.75	20 733.80	-14 071.41	4 536.63

表 13-5 秦森园林主要财务状况指标　　　　　　　　　　单位：万元

	2014 年末	2015 年末	2016 年末	2017 年末	2018 年末	2019 年末
应收票据	—	—	—	60.00	293.56	
应收账款	9 874.26	7 034.48	10 447.59	60 413.53	85 918.09	87 103.38
预付款项	11.28	343.75	633.46	995.32	624.13	433.70
存货	34 927.99	25 591.53	51 464.51	91 214.60	137 575.89	236 210.63
应付票据	—	986.40	—	—	—	—
应付账款	35 663.25	58 163.40	94 434.32	119 791.09	181 605.15	254 277.46
预收款项	1 039.92	4 093.77	25.60	66.35	6.35	137.34

(本案例根据证监会发布的秦森园林 IPO 招股说明书、秦森园林定期披露的财务报告及其他相关资料编写。)

思考：

1. 结合案例资料(若有需要,还可以自行搜集相关资料①),并从经营现金净流量(即经营活动产生的现金流量净额)与净利润的关系原理出发,分析说明秦森园林在 2014—2019 年间多数年度经营现金净流量显著小于净利润的主要影响因素(财务指标)。

2. 你认为秦森园林业务模式的可持续性如何？

本章小结

现金流量是企业在一定期间内现金流入和现金流出的数量。企业的现金流量分为经营活动产生的现金流量、投资活动产生的现金流量和筹资活动产生的现金流量三类。现金流量表是反映企业在一定会计期间现金流入和现金流出的报表。它可以帮助投资者分析企业净利润和现金净流量的关系,分析净利润与现金净流量之间的差异;也可以帮助投资者分析评价企业未来产生现金净流量的能力以及企业偿还债务和支付股利的能力。

现金流量表的编制基础是广义的现金,即现金和现金等价物。编制时按经营活动的现金流量、投资活动的现金流量和筹资活动的现金流量顺序排列加总得出现金净流量。具体的编

---

① 秦森园林为新三板上市公司,须定期披露年度报告,年度报告可以在全国中小企业股份转让系统官网查询。此外,秦森园林 IPO 招股说明书申报稿及发审委会议审核结果公告均在中国证监会官网上予以披露。

制方法有直接法和间接法两种。直接法是通过现金收入和现金支出的主要类别来反映经营活动的现金流量的方法；间接法是通过本期净利润来调整得出经营活动现金流量的方法。我国会计准则规定企业必须采用直接法编制现金流量表，同时要求企业在附注中披露采用间接法计算的经营活动的现金流量部分。

重要名词

现金流量表（Statement of Cash Flows）
现金流入（Cash Inflow）
现金流出（Cash Outflow）
现金净流量（Net Cash Inflow）
经营活动现金流量（Cash Flows from Operating Activities）
投资活动现金流量（Cash Flows from Investing Activities）
筹资活动现金流量（Cash Flows from Financing Activities）
现金（Cash）
现金等价物（Cash Equivalents）
直接法（Direct Method）
间接法（Indirect Method）

思考题

1. 利润表中的利润数字为什么与现金净流量数字不同？

2. "不怕经营负债，不怕亏损，就怕现金周转不灵"，这句话表明了现金流的重要性。请谈谈你对这句话的理解。

3. 用直接法和间接法报告企业的现金净流量有什么异同？为什么各国会计准则大多倾向于采用直接法？

练习题

1. 判断下列经济业务对企业的现金流量有何影响。具体影响的是现金流量表中的哪一部分？

（1）公司增发股票融资，收到现金6亿元；

（2）公司赊销一批产品，价款为2 000万元，增值税税率为13%；

（3）公司采购一批价款为800万元的原材料，增值税税率为13%，价款等均已付讫；

（4）公司收到业务（2）中客户的欠款；

（5）公司向工人支付工资1 000万元；

（6）公司向退休人员支付工资50万元；

（7）公司出售一台旧设备，收到现金400万元，该设备购入时原价为1 600万元，已经计提折旧1 400万元；

（8）公司宣告普通股股利为0.2元/股，普通股一共有12亿股；

（9）公司实际支付第（8）项业务的普通股股利。

2. 某公司为增值税一般纳税企业，2022年部分账户年初、年末余额和本期发生额如下表所示（单位：万元）：

资产类账户	年初余额	年末余额	负债类账户	年初余额	年末余额
应收账款	1 000	1 600	预收账款	200	320
坏账准备	50	80			
损益类账户	借方发生额	贷方发生额			
营业收入		6 200			
营业成本	3 400				

公司的增值税税率为13%,而且各项账款核算都通过银行存款进行,销售产品均开具增值税发票,另外本年度没有注销坏账。要求:

(1) 计算"销售商品、提供劳务收到的现金"。

(2) 假如公司今年还收回了以前年度已经核销的坏账50万元,那么"销售商品、提供劳务收到的现金"会有什么变化?

3. 某公司2022年发生的管理费用为2 000万元。其中,用现金支付的退休人员退休金为50万元,用现金支付的管理人员工资为800万元,固定资产折旧为520万元,无形资产摊销40万元,计提坏账准备80万元,其余均为以现金支付的其他管理支出。请计算公司2022年"支付其他与经营活动有关的现金"。

4. 某公司2022年发生以下支出:

(1) 支付240万元银行存款,购进一台新设备;

(2) 处置一台旧设备,支付清理费用5万元,残值收入现金10万元;

(3) 公司新建厂房,支付工人的工资400万元;

(4) 支付与新建厂房有关的利息支出92万元;

(5) 出售一项长期股权投资,获得410万元,该交易使公司损失58万元;

(6) 收到一项长期投资公司派发的现金股利共39万元。

要求:不考虑公司的其他交易,请计算以上经济业务对公司投资现金净流量的影响。

5. 某公司2022年相关财务信息如下所示,请按照间接法计算公司该年度的经营现金净流量。

单位:万元

净利润	250
待摊费用期末比期初增加	42
存货增加	23
本期计提折旧	300
本期无形资产摊销	20
本期计提的资产减值准备	65
本期摊销费用	10
应收账款减少	140
应付账款减少	310
财务费用	88
投资收益	49

第 14 章 企业合并与合并财务报表

[学习目标]

通过本章的学习,你应该掌握:

1. 企业合并的方式、类型划分及其会计处理原则;
2. 企业会计准则中对"控制"的要求以及判断的基本要素;
3. 企业合并财务报表时合并报表范围的要求;
4. 企业合并业务的方法;
5. 编制合并财务报表的前期准备事项及编制程序;
6. 企业合并财务报表时需要调整、抵销的主要项目;
7. 同一控制下取得子公司合并日合并财务报表的编制;
8. 非同一控制下取得子公司购买日合并财务报表的编制。

[素养目标]

通过本章的学习,掌握企业合并方式、类型及其会计处理原则以及企业合并财务报表的会计准则要求,认识企业合并对于经济高质量发展中社会资源配置效率的重要性,提高学生从全局和整体角度分析问题的能力和素养。

[小故事/小案例]

HDB集团市值突破700亿元,超越DM股份有限公司,位居全国国产汽车品牌第一名,一时间引起人们的热议。

与HDB集团坐到全国第一位置的热闹景象不同的是,集团董事长黄亦珉却眉头紧锁,一副心事重重的样子。

HDB集团创立于1991年,总部位于杭州,原来是一家制作冰箱零件的工厂。20世纪90年代,恰逢奔驰、宝马汽车在国内大火,黄亦珉发现汽车行业隐藏着巨大的利润空间,便不顾家人的强烈反对,毅然投入于他的造车梦中。黄亦珉先是从生产摩托车起步,成立了全国第一家生产摩托车的企业。1993年,该企业改制为HDB集团有限公司。1998年,HDB集团从生产摩托车转向生产汽车,在宁波临海成立汽车生产基地,生产出首辆自主研发的第一台轿车。1999年,HDB集团正式获得汽车生产资质,并登上中国汽车生产企业产品名录,2003年集团旗下的汽车开始远销南美、中东和俄罗斯等地。2006年,HDB集团成功在香港证券交易所上市。此后,HDB集团不断在全球各地进行战略布局,截至2021年,已经在国内的上海、杭州、宁波等地,以及瑞典、英国、美国、德国等国建有造型设计和工程研究中心,在中国、美国、英国、瑞典、比利时、马来西亚建有世界一流的现代化整车和动力总成制造工厂，拥有各类销售网点超过4 000个，产品销售及服务网络遍布世界各地。

HDB集团一方面通过不断构建和创新子品牌扩大产品阵容，另一方面通过合资并购老牌车企扩大企业的经营版图。自2007年首次入股英国MT公司以来，HDB集团便开始了疯狂的"买买买"扩张之路，经过多次兼并收购后，其下属子公司数目已经达到22个，涵盖乘用车、商用车、科技、汽车运动与文化、出行、金融、数字科技和教育等行业。

近些年，随着智能驾驶领域的发展与进步，汽车企业都在积极寻求转型。HDB集团也计划通过收购国外先进的汽车公司，向智能汽车生产商转型。经过认真调研和分析，HDB集团比较中意一家日本的智能汽车制造商，打算第二年收购这家公司。经过初步估算，要顺利收购这家公司，HDB集团需要筹集10亿元的资金。为了能够顺利完成此次收购，HDB集团已向银行申请5亿元的贷款，剩余的5亿元要进行配股。但是，HDB集团的财务报表却使此次配股蒙上了疑云，这也是让黄亦珉最近眉头紧锁的糟心事。

黄亦珉一直将工作重心放在HDB集团的战略布局和前景规划上，对于财务报表的情况却较少关注。他总认为，财务报表是公司经营状况的反映，只要公司经营得好，那么财务报表也不会太差。但是，黄亦珉看着最近几年HDB集团的财务报表，心中比较疑惑：从业务发展情况来看，公司近年来的扩张经营是相当成功的，但是为什么财务报表上的数字却越来越"难看"呢？无论是现金流，还是净利润，为什么都呈现下降趋势呢？

黄亦珉拿起手机，拨通了HDB集团财务总监的号码。他想要搞明白：HDB集团近几年一直是欣欣向荣的景象，为何财务报表上的数字反而呈现下降趋势？HDB集团收购的子公司数目越多，为何财务报表上的数字却越来越难看？HDB集团未来要配股，越来越少的现金流和净利润可能会产生不利影响，有没有可能在现有法律规定下采用合理的方法调整一下财务报表上的数字？

企业合并是企业间资产及所有权的重组，是市场经济运行中社会经济资源最优配置得以实现的一种方式与途径。企业合并要反映到会计上来，就会产生相应的会计问题，主要是合并报表的编制及相关问题。

14.1 企业合并

14.1.1 企业合并的定义与方式

1. 企业合并的定义

企业合并是指将两家或者两家以上单独的企业（主体）合并形成一个报告主体的交易或事项。

企业合并的结果通常是一家企业取得了对一项或多项业务的控制权,而且,从会计上看,交易是否构成企业合并,进而是否能够按照企业合并准则进行会计处理,关键还要看取得的资产或资产和负债的组合是否构成业务以及有关交易或事项发生前后是否引起报告主体的变化。其中,报告主体的变化产生于控制权的变化。在交易或事项发生以后,投资方能够对被投资方的生产经营决策实施控制,形成母子公司关系,涉及控制权的转移,并且子公司需要纳入母公司合并财务报表的范围内,从合并财务报告角度就形成报告主体的变化;交易或事项发生以后,一方能够控制另一方的全部净资产,被合并的企业在合并后失去其法人资格,也涉及控制权及报告主体的变化,形成企业合并。

2. 企业合并的方式

企业合并按合并方式划分,包括控股合并、吸收合并和新设合并。

合并方(或购买方)通过企业合并交易或事项取得对被合并方(或被购买方)的控制权,企业合并后能够通过所取得的股权等主导被合并方(或被购买方)的生产经营决策并自被合并方(或被购买方)的生产经营活动中获益,被合并方(或被购买方)在企业合并后仍维持其独立的法人资格继续经营,该类合并为控股合并。

合并方(或购买方)在企业合并中取得被合并方(或被购买方)的全部净资产,并将有关资产、负债并入合并方(或购买方)自身的账簿和报表中进行生产经营活动核算。企业合并后,注销被合并方(或被购买方)的法人资格,由合并方(或购买方)持有合并中取得的被合并方(或被购买方)的资产、负债,在新的基础上继续经营,该类合并为吸收合并。

在企业合并后,参与合并各方的法人资格均被注销,重新注册成立一家新的企业,由新注册成立的企业持有参与合并各方的资产、负债在新的基础上经营,该类合并为新设合并。

14.1.2 企业合并的类型及其会计处理原则

我国企业会计准则中将企业合并按照一定的标准划分为两大基本类型——同一控制下的企业合并与非同一控制下的企业合并。企业合并的类型划分不同,所遵循的会计处理原则也不同。

1. 同一控制下的企业合并及其会计处理

同一控制下的企业合并,是指参与合并的企业在合并前后均受同一方或相同的多方最终控制且该控制并非暂时性的。同一控制下的企业合并包含两个方面:第一,能够对参与合并各方在合并前后均实施最终控制的一方通常指企业集团的母公司。同一控制下的企业合并一般发生于企业集团内部,如集团内母子公司之间、子公司与子公司之间等。第二,实施控制的时间性要求参与合并各方在合并前后较长时间内为最终控制方所控制。具体来说,在企业合并之前(即合并日之前),参与合并各方在最终控制方的控制时间一般在1年以上(含1年),企业合并后所形成的报告主体在最终控制方的控制时间也应达到1年以上(含1年)。

此外,企业合并是否属于同一控制下的企业合并,还应综合考虑构成企业合并交易的各方面情况,按照实质重于形式的原则进行判断。

对于同一控制下的企业合并,合并方在合并中确认取得的被合并方的资产、负债仅限于被合并方账面上原已确认的资产和负债,合并中不产生新的资产和负债。合并方在合并中取得的资产和负债,应当按照合并日其在被合并方的账面价值计量。

在确定合并中取得的各项资产、负债的入账价值时,应注意,被合并方在合并前采用的会计政策与合并方不一致的,应基于重要性原则统一会计政策,即合并方应当按照本企业会计政策对被合并方资产、负债的账面价值进行调整,并以调整后的账面价值作为有关资产、负债的入账价值。

合并方在合并中取得的净资产的入账价值与为进行企业合并支付的对价账面价值之间的差额不作为资产处置损益,不影响合并当期利润表,有关差额应首先调整资本公积(资本溢价或股本溢价),资本公积(资本溢价或股本溢价)不足冲减的,冲减留存收益。

合并方为进行企业合并发生的各项直接相关费用,包括为进行企业合并而支付的审计费用、评估费用、法律服务费用等,应当于发生时计入当期损益。为企业合并发行的债券或承担其他债务支付的手续费、佣金等,应当计入所发行债券或其他债务的初始计量金额。企业合并中发行权益性证券发生的手续费、佣金等费用,应当抵减权益性证券溢价收入,溢价收入不足冲减的,冲减留存收益。

企业合并形成母子公司关系的,母公司应当编制合并日的合并资产负债表、合并利润表和合并现金流量表。合并资产负债表中被合并方的各项资产、负债,应当按照其账面价值计量。被合并方采用的会计政策与合并方不一致的,应当采用合并方的会计政策进行调整,以调整后的账面价值计量;合并利润表应当包括参与合并各方自合并当期期初至合并日所发生的收入、费用和利润。被合并方在合并前实现的净利润,应当在合并利润表中单列项目反映;合并现金流量表应当包括参与合并各方自合并当期期初至合并日的现金流量。

2. 非同一控制下的企业合并及其会计处理原则

非同一控制下的企业合并,是指参与合并各方在合并前后不受同一方或相同的多方最终控制的合并交易,即除判断属于同一控制下企业合并的情况以外其他的企业合并。

非同一控制下企业合并处理的基本原则是购买法,即将企业合并视为合并企业以一定的价款购进被合并企业的固定资产、存货等资产项目,同时承担该企业的所有负债,从而按合并时的公允价值计量被合并企业的净资产,将购买价格超过净资产公允价值的差额确认为商誉的会计处理方法。

采用购买法核算企业合并,要确定购买方和购买日,确定企业合并成本,处理企业合并成本与合并中取得的被购买方可辨认净资产公允价值份额的差额,调整企业合并成本或合并中取得的可辨认资产、负债的公允价值,以及编制购买日的合并财务报表。

(1) 确定购买方。购买方是在购买日取得对其他参与合并企业控制权的一方。非同一控制下的企业合并中,一般应依据企业合并合同、协议以及其他相关因素来确定购买方。在判断企业合并中的购买方时,应考虑所有相关的事实和情况,特别是企业合并后参与合并各方的相对投票权、合并后主体管理机构及高层管理人员的构成、权益互换的条款等。比如,合并中一方取得了另一方半数以上有表决权股份的,除非有明确的证据表明该股份不能形成控制,否则,一般认为取得另一方半数以上有表决权股份的一方为购买方。

（2）确定购买日。购买日是购买方实际取得对被购买方控制权的日期，即在企业合并交易过程中，发生控制权转移的日期。一般认为实现控制权转移，形成购买日的条件包括：① 企业合并合同或协议已获股东大会等内部权力机构通过；② 按照规定，合并事项需要经过国家有关主管部门审批的，已获得相关部门的批准；③ 参与合并各方已办理了必要的财产权交接手续；④ 购买方已支付购买价款的大部分（一般应超过50%），并且有能力、有计划支付剩余款项；⑤ 购买方实际上已经控制了被购买方的财务和经营政策，享有相应的收益并承担相应的风险。

（3）确定合并成本。《企业会计准则第20号——企业合并》规定：① 一次交换交易实现的企业合并，合并成本为购买方在购买日为取得对被购买方的控制权而付出的资产、发生或承担的负债以及发行的权益性证券的公允价值；② 通过多次交换交易分步实现的企业合并，合并成本为每一单项交易成本之和；③ 购买方为进行企业合并发生的各项直接相关费用也应当计入合并成本；④ 在合并合同或协议中对可能影响合并成本的未来事项作出约定的，购买日如果估计未来事项很可能发生并且对合并成本的影响金额能够可靠计量的，购买方应当将其计入合并成本。

（4）处理企业合并成本与合并中取得的被购买方可辨认净资产公允价值份额的差额。购买方在购买日应当对合并成本进行分配，购买方对合并成本大于合并中取得的被购买方可辨认净资产公允价值份额的差额，应当确认为商誉（初始确认后的商誉，应当以其成本扣除累计减值准备后的金额计量）；购买方对合并成本小于合并中取得的被购买方可辨认净资产公允价值份额的差额，应当对取得的被购买方各项可辨认资产、负债及或有负债的公允价值以及合并成本的计量进行复核，经复核后合并成本仍然小于合并中取得的被购买方可辨认净资产公允价值份额的，其差额应当计入当期损益。

（5）调整企业合并成本或合并中取得的可辨认资产、负债的公允价值。企业合并发生在当期的期末，因合并取得的各项可辨认资产、负债及或有负债的公允价值或企业合并成本只能暂时确定的，购买方应当以所确定的暂时价值为基础对企业合并进行确认和计量。购买日后12个月内对原确认的暂时价值进行调整的，视同在购买日进行的确认和计量，即进行追溯调整。

（6）编制购买日合并财务报表。企业合并形成母子公司关系的，母公司应当编制购买日的合并资产负债表，因企业合并取得的被购买方各项可辨认资产、负债应当以其在购买日的公允价值计量。母公司的合并成本与取得的子公司可辨认净资产公允价值份额的借方差额，在合并资产负债表中确认为商誉；贷方差额应计入合并当期损益。因购买日不需要编制合并利润表，故该差额体现在合并资产负债表上，应调整合并资产负债表留存收益。

3. 非同一控制下的"反向购买"

非同一控制下的企业合并，以发行权益性证券交换股权的方式进行的，通常发行权益性证券的一方为购买方。但在某些企业合并中，发行权益性证券的一方因其生产经营决策在合并后被参与合并的另一方所控制的，发行权益性证券的一方虽然为法律上的母公司，但其为会计上的被购买方，该类企业合并通常被称为"反向购买"。例如，A公司为一家规模较小的上市公司，B公司为一家规模较大的公司。B公司拟通过收购A公司的方式达到上市目的，但该交易是通过 A 公司向 B 公司原股东发行普通股用以交换 B 公司原股东持有的对 B 公司股权的方式实现的。该项交易完成后，B 公司原控股股东持有 A 公司 50% 以上的股权，A 公司持有 B 公司 50% 以上的股权，A 公司为法律上的母公司，B 公司为法律上的子公司，但从会计的角度来看，A 公司为被购买方，B 公司为购买方。

反向购买中，如果以发行权益性证券的方式获取合并后报告主体的股权比例，法律上的子公司（购买方）的企业合并成本是指其应向法律上母公司（被购买方）的股东发行的权益性证券数量与其公允价值计算的结果。购买方的权益性证券在购买日存在公开报价的，通常应以公开报价作为其公允价值；购买方的权益性证券在购买日不存在可靠公开报价的，应参照购买方的公允价值和被购买方的公允价值两者之中有更为明显证据支持的一个作为基础，确定购买方发行权益性证券的公允价值。

14.2 合并财务报表

14.2.1 合并财务报表合并范围的确定基础：控制

我国《企业会计准则第 33 号——合并财务报表》将合并财务报表的合并范围规定为"以控制为基础"，即企业合并财务报表的合并范围应当以控制为基础予以确定。控制是指投资方拥有对被投资方的权力，通过参与被投资方的相关活动而享有可变回报，并且有能力运用对被投资方的权力影响其回报金额。

实际工作中，投资方在判断其能否控制被投资方时，应当综合考虑所有相关事实和情况，主要包括：被投资方的设立目的；被投资方的相关活动以及如何对相关活动作出决策；投资方享有的权利是否使其目前有能力主导被投资方的相关活动；投资方是否通过参与被投资方的相关活动而享有可变回报；投资方是否有能力运用对被投资方的权力影响其回报金额；投资方与其他方的关系。

投资方在判断能否控制被投资方时，具体判断如下：

1. 被投资方的设立目的和设计

在判断对被投资方的控制时，投资方应该考虑被投资方的设立目的和设计。评估被投资方的设立目的和设计，有助于识别被投资方的哪些活动是相关活动、相关活动的决策机制、被投资方相关活动的主导方以及涉入被投资方的哪一方能从相关活动中取得可变回报。

如果对被投资方的控制是通过持有被投资方权益工具而获得一定比例表决权或潜在表决权的方式来实现的，在不存在其他改变决策机制的安排时，主要根据通过行使表决权来决定被投资方的财务和经营政策的情况判断控制。例如，在不存在其他因素时，持有半数以上表决权的投资方通常控制被投资方，但是当章程或者其他协议存在某些特殊约定，如被投资方相关活动的决策需要 2/3 以上表决权比例通过时，拥有半数以上表决权并不意味着必然能够对被投资方实施控制。

如果被投资方的设计安排表明表决权不是判断控制的决定因素,则当表决权仅与被投资方的日常行政管理活动有关,不能作为判断控制被投资方的决定性因素,被投资方的相关活动可能由其他合同安排规定时,投资方应结合被投资方设计产生的风险和收益、被投资方转移给其他投资方的风险和收益,以及投资方面临的风险和收益等判断是否控制被投资方。

需要强调的是,在判断控制的各环节都需要考虑被投资方的设立目的和设计。

2. 参与被投资方的相关活动而享有的是否为可变回报

判断投资方是否控制被投资方的第二项基本要素是,参与被投资方的相关活动而享有的是否为可变回报。如果投资方通过行使其对被投资方所拥有的权力能够主导被投资方的相关活动,从被投资方获得可变回报,则可判断投资方控制了被投资方。可变回报是不固定的并可能随被投资方业绩而变动的回报,可能是正数,也可能是负数,或者有正有负。投资方在判断其享有被投资方的回报是否可变以及如何变动时,应当根据合同安排的实质,而不是法律形式。例如,投资方持有固定利率的交易性债券投资时,虽然利率是固定的,但该利率取决于债券违约风险及债券发行方的信用风险,因此,固定利率也可能属于可变回报。再如,管理被投资方资产获得的固定管理费也属于可变回报,因为管理者是否能获得此回报依赖于被投资方是否能够产生足够的收益用于支付该固定管理费。

3. 有能力运用对被投资方的权力影响其回报金额

判断控制的第三项基本要素是,有能力运用对被投资方的权力影响其回报金额。只有当投资方不仅拥有对被投资方的权力、通过参与被投资方的相关活动而享有可变回报,并且有能力运用对被投资方的权力来影响其回报的金额时,投资方才控制被投资方。因此,拥有决策权的投资方在判断是否控制被投资方时,需要考虑其决策行为是以主要责任人(即实际决策人)的身份进行还是以代理人的身份进行。此外,在其他方拥有决策权时,投资方还需要考虑其他方是不是以代理人的身份代表该投资方行使决策权。

投资方通常应当对是否控制被投资方整体进行判断,但在少数情况下,如果有确凿证据表明同时满足下列条件并且符合相关法律法规规定的,投资方应当将被投资方的一部分视为被投资方可分割的部分,进而判断是否控制该部分:

(1) 该部分的资产是偿还该部分负债或该部分其他权益的唯一来源,不能用于偿还该部分以外的被投资方的其他负债。

(2) 除与该部分相关的各方外,其他方不享有与该部分资产相关的权利,也不享有与该部分资产剩余现金流量相关的权利。

实质上该部分的所有资产、负债及相关权益均与被投资方的其他部分相隔离,即该部分的资产产生的回报不能由该部分以外的被投资方的其他部分使用,该部分的负债也不能用该部分以外的被投资方资产偿还。如果被投资方的一部分资产和负债及相关权益满足上述条件,构成可分割部分,则投资方应当基于控制的判断标准确定其是否能够控制该可分割部分,包括考虑该可分割部分的相关活动及其决策机制,投资方是否有能力主导可分割部分的相关活动并据以从中取得可变回报等。如果投资方控制该可分割部分,则应将其合并。此时,其他方在考虑是否控制并合并被投资方时,应仅对被投资方的剩余部分进行评估,不包括该可分割部分。

14.2.2 合并财务报表的合并范围

确定合并财务报表范围的基础是控制,因此,凡是母公司所控制的被投资企业都属于其合并范围。

1. 母公司直接或通过子公司间接拥有其半数以上表决权的被投资企业

控制的最明显标志是取得被投资企业半数以上表决权。表决权通常情况下是通过对被投资企业进行资本投资取得其股份而获得的。通常情况下,当母公司拥有被投资企业半数以上表决权时,母公司就拥有对该被投资企业的控制权,能够主导该被投资企业的股东大会,特别是董事会,并对其生产经营活动和财务政策实施控制。在这种情况下,子公司处在母公司的直接控制和管理下进行日常生产经营活动,子公司的生产经营活动成为母公司生产经营活动事实上的一个组成部分,母公司与子公司的生产经营活动已一体化。当母公司拥有被投资企业半数以上表决权时,应将其纳入合并财务报表的合并范围。

母公司拥有被投资企业半数以上股份,具体又包括以下三种情况:

(1) 母公司直接拥有被投资企业半数以上股份。例如,A公司直接拥有B公司发行的普通股总数50.1%的股份,在这种情况下,B公司就成为A公司的子公司,A公司编制合并财务报表时就必须将B公司纳入其合并范围。

(2) 母公司间接拥有或控制被投资企业半数以上股份。间接拥有或控制被投资企业半数以上股份,是指通过子公司而对子公司的子公司拥有半数以上股份,从而拥有其半数以上的表决权。例如,A公司拥有B公司70%的股份,而B公司又拥有C公司70%的股份。在这种情况下,A公司作为母公司,通过其子公司B公司,间接拥有或控制C公司70%的股份,从而C公司也成为A公司的子公司,A公司间接拥有C公司的股份是以B公司为A公司的子公司、A公司对B公司的控制为前提的。

(3) 母公司以直接和间接方式合计拥有或控制被投资企业半数以上股份。直接和间接方式合计拥有或控制半数以上股份,是指母公司通过直接方式拥有某一被投资企业半数以下股份,同时又通过其他方式如通过子公司拥有该被投资企业一定数量的股份,两者合计拥有或控制该被投资企业半数以上股份。例如,A公司拥有B公司70%的股份,拥有C公司35%的股份;B公司拥有C公司30%的股份。在这种情况下,B公司为A公司的子公司,A公司通过子公司B公司间接拥有C公司30%的股份,与直接拥有C公司35%的股份合计,A公司共拥有或控制C公司65%的股份,从而C公司属于A公司的子公司,A公司编制合并财务报表时,也应当将C公司纳入其合并范围。如果A公司只拥有B公司40%的股份,则不能将C公司作为A公司的子公司处理并将其纳入A公司的合并范围。

2. 母公司控制的其他被投资企业

母公司没有拥有或控制被投资企业半数以上表决权,但母公司通过其他方法对被投资企业的经营活动能够实施控制的,也应将母公司控制的被投资企业认定为子公司,纳入合并范围。一般认为母公司与被投资企业之间存在以下情况之一的,就应当视为母公司能够对其实施控制,母公司对其拥有控制权,应当将其纳入合并财务报表的合并范围:

(1) 通过与该被投资企业其他投资者之间的协议,持有该被投资企业半数以上表决权。这种情况是指母公司与其他投资者共同投资某企业,母公司与其中的某些投资者签订协议,受托管理或控制这一被投资企业,从而在被投资企业的股东大会上拥有该被投资企业半数以上表决权。

(2) 根据章程或协议,有权决定被投资企业的财务和经营政策。这种情况是指在被投资企业章程等文件中明确规定母公司对其财务和经营政策能够实施管理和控制。企业的财务和经营政策直接决定着企业的经营活动,决定着企业的未来发展。

(3) 有权任免被投资企业的董事会或类似权力机构的多数成员。由于企业的经营决策一般情况下是由董事会作出的,因此能够任免董事会的多数成员,就意味着能够控制该被投资企业的董事会,对该被投资企业的经营活动实施控制。此时,该投资企业在母公司控制下进行经营活动,应当将这种情况下的被投资企业纳入母公司合并财务报表的合并范围。

(4) 在被投资企业的董事会或类似权力机构会议上持有多数票投票权。企业的经营决策一般情况下是由董事会作出,并且是在董事会会议上作出的,在被投资企业的董事会或类似权力机构会议上持有多数票投票权,意味着能够控制被投资企业的董事会会议,从而控制其经营决策。

企业在确定对被投资企业是否具有控制权时,除考虑持有的被投资企业的股份外,还应当考虑企业和其他企业持有的被投资企业发行在外的可转换公司债券、认股权证等潜在表决权等因素,以确定是否应当将其纳入合并范围。

潜在表决权包括当期可转换的可转换公司债券、当期可执行的认股权证等,不包括在将来某一日期或将来发生某一事项才能转换的可转换公司债券或才能执行的认股权证,也不包括诸如行权价格的设定等使得在任何情况下都不可能转换为实际表决权的其他债务工具或权益工具。潜在表决权仅作为判断是否存在控制的考虑因素,不影响当期母公司股东和少数股东之间的分配比例。

可转换公司债券属于复合金融债券,企业在发行可转换公司债券时约定一定的承诺条件,允许其持有人申请将公司债券转换为本公司的股票;可转换公司债券的持有人在规定的期间内,可以按约定经申请将公司债券转换为公司的股票从而成为公司的股东。与认股权证相同,可转换公司债券的持有人申请转换股票后,将导致发行企业的股权结构发生变动,有可能使母公司丧失对该可转换公司债券发行企业的控制权,也有可能使该可转换公司债券发行企业成为其子公司。所以,在被投资企业对外发行认股权证、可转换公司债券的情况下,母公司确定对其是否有控制权时,必须考虑这一因素的存在。

认股权证赋予其持有人认购公司股票的权利,认股权证持有人可以按照规定向公司购买股票,属于公司股票的潜在持有者。在被投资企业发行认股权证的情况下,其持有人购买被投资企业的股票,将导致被投资企业股权结构发生变动。如果母公司以外的持有人购买被投资企业的股票,则有可能导致母公司丧失对该被投资企业的控制权;相反,如果母公司购买该被投资企业的股票,则可能取得对该被投资企业的控制权,使其成为子公司。

在确定是否应将某一被投资企业纳入合并范围时,母公司应当考虑影响潜在表决权的所有事项和情况,包括潜在表决权的执行条款、需要单独考虑或综合考虑的其他合约安排等。不仅要考虑本企业在被投资企业的潜在表决权,同时还要考虑其他企业或个人在被投资企业的潜在表决权;不仅要考虑可能会提高本企业在被投资企业持股比例的潜在表决权,还要考虑可能会降低本企业在被投资企业持股比例的潜在表决权。

对于受所在地外汇管制及其他管制,资金调度受到限制的境外子公司,只要该子公司的财务和经营政策仍然由母公司决定,母公司也能从其经营活动中获取利益,资金调度受到限制并不妨碍母公司对其实施控制,母公司就应将其纳入合并财务报表的合并范围。

母公司不应当将共同控制主体纳入合并财务报表的合并范围;对于不再控制的子公司,也不应继续将其纳入合并财务报表的合并范围。在某些情况下,母公司虽然对被投资企业拥有其半数以上表决权,但出于一些特殊原因,母公司并不能有效地对其实施控制,或者对其控制权受到限制。对于这些子公司,母公司在编制合并财务报表时,可以将其排除在合并范围之外,不纳入合并财务报表的合并范围。这是因为,母公司对子公司的控制权受到限制时,对子公司的资金调度也会受到限制,子公司的经营活动就不能完全取决于母公司的管理和决策,母公司和子公司的经营活动就缺乏一体性。在这种情况下,如果将这些控制权受到限制的子公司(如按照破产程序已宣告清理整顿的子公司、已宣告破产的子公司等)纳入合并范围,则会计信息使用者反而可能会对合并财务报表提供的信息产生误解。

特别需要注意的是,《企业会计准则第33号——合并财务报表》规定:如果母公司是投资性主体,则母公司应当仅将为其投资活动提供相关服务的子公司(如有)纳入合并范围并编制合并财务报表;其他子公司不应当予以合并,母公司对其他子公司的投资应当按照公允价值计量且其变动计入当期损益。

14.2.3 合并业务的会计处理方法

企业合并是指将两个或者两个以上单独的企业(主体)合并形成一个报告主体的交易或事项。企业合并有购买法和权益结合法两种不同的会计处理方法。

1. 购买法

购买法是企业合并业务会计处理方法之一。它把购买企业获取被购买企业净资产的行为视为资产交易行为,即将企业合并视为购买企业以一定的价款购进被购买企业的固定资产、存货等资产项目,同时承担该企业的所有负债,从而按合并时的公允价值计量被购买企业的净资产,将投资成本(购买价格)超过净资产公允价值的差额确认为商誉的会计方法。

在购买法下,购买企业所收到被购买企业的资产与承担被购买企业的债务用与之交换的资产或权益的公允价值衡量。购买成本超过所取得的被购买企业净资产公允价值的差额确认为商誉。合并企业的收益包括购买企业当年本身实现的收益以及购买日后被购买企业所实现的收益。购买法的特点可以归纳如下:

(1) 母公司(购买企业)按资产和负债的取得成本报告母公司的资产和负债,按子公司

(被购买企业)购买日资产和负债的公允价值报告子公司的资产与负债;

(2) 购买总成本与子公司各项资产和负债的公允价值之间的差额确定为商誉;

(3) 子公司在合并日的留存收益在合并财务报表时抵销,不并入母公司的留存收益。

2. 权益结合法

权益结合法又称权益联营法、股权结合法,是企业合并业务会计处理方法之一。权益结合法与购买法基于不同的假设,即视企业合并为参与合并的双方通过股权交换形成的所有者权益的联合,而非资产的交易,并且合并后股东在新企业中的股权相对不变。也就是说,它是由两个或两个以上经营主体对一家联合后的企业或集团公司开展经营活动的资产贡献,即经济资源的联合。

在权益结合法中,原所有者权益继续存在,以前会计基础保持不变。参与合并的各企业的资产和负债继续按其原来的账面价值计量,合并后企业的利润包括合并日之前本年度已实现的利润;以前年度累积的留存收益也应予以合并。

合并方在企业合并中取得的资产和负债,应当按照合并日被合并方的资产、负债在最终控制方的合并财务报表中的账面价值计量。合并方取得的可辨认净资产账面价值份额与支付的合并对价账面价值(或发行股份面值总额)的差额,应当调整资本公积(资本溢价或股本溢价);资本公积(资本溢价或股本溢价)不足冲减的,调整留存收益。权益结合法的特点可以归纳如下:

(1) 合并财务报表上的各项资产与负债按账面价值合并;

(2) 子公司合并日的留存收益并入母公司的留存收益;

(3) 不确认商誉;

(4) 交换股票换出与换入差额调整股东权益;

(5) 如果参加联营的企业采用不同的会计方法和会计政策,应先调整为同样的方法,再加以合并。

上述两种方法的区别主要在于合并报表中母、子公司净资产的计价基础,其比较如表 14-1 所示。

表 14-1 购买法与权益结合法的比较

方法	合并报表上母公司资产和负债计价	合并报表上子公司资产和负债计价
权益结合法	账面价值	账面价值
购买法	账面价值	公允价值

14.2.4 编制合并财务报表的前期准备事项及编制程序

1. 合并财务报表编制的前期准备事项

合并财务报表的编制涉及多家子公司,有的合并财务报表的合并范围甚至包括数百家子公司。为了使编制的合并财务报表准确、全面地反映企业集团的真实情况,必须做好一系列的前期准备事项。这些前期准备事项主要包括：

(1) 统一母、子公司的会计政策。会计政策是指企业进行会计核算和编制财务报表时所采用的会计原则、会计程序和会计处理方法，是编制财务报表的基础。统一母公司和子公司的会计政策是保证母、子公司财务报表各项目反映内容一致的基础。为此，在编制财务报表前，应当尽可能统一母公司和子公司的会计政策，统一要求子公司所采用的会计政策与母公司保持一致。对一些境外子公司，出于所在国或地区法律、会计准则等方面的原因，确实无法使其采用的会计政策与母公司所采用的会计政策保持一致的，应当要求其按照母公司所采用的会计政策重新编制财务报表，也可以由母公司根据自身所采用的会计政策对境外子公司报送的财务报表进行调整，以重新编制或调整的境外子公司财务报表作为编制合并财务报表的基础。

(2) 统一母、子公司的资产负债表日及会计期间。财务报表总是反映一定日期的财务状况和一定会计期间的经营成果，母公司和子公司的个别财务报表只有在反映财务状况的日期和反映经营成果的会计期间一致的情况下才能进行合并。为了编制合并财务报表，必须统一企业集团内所有子公司的资产负债表日和会计期间，使子公司的资产负债表日和会计期间与母公司的资产负债表日和会计期间保持一致，以便于子公司提供相同资产负债表日和会计期间的财务报表。对于境外子公司，由于当地法律限制确实不能与母公司财务报表决算日和会计期间一致的，母公司应当按照自身的资产负债日和会计期间对子公司的财务报表进行调整，以调整后的子公司财务报表为基础编制合并财务报表，也可以要求子公司按照母公司的资产负债表日和会计期间另行编制报送其个别财务报表。

(3) 对子公司以外币表示的财务报表进行折算。对母公司和子公司的财务报表进行合并，其前提必须是母、子公司个别财务报表所采用的货币计量单位一致。在我国允许外币业务比较多的企业采用某一外币作为记账本位币，境外企业一般也是采用其所在国或地区的货币作为其记账本位币。在将这些企业纳入合并财务报表的合并范围时，必须将其财务报表折算为母公司所采用的记账本位币表示的财务报表。我国外币财务报表折算基本上采用的是现时汇率法。有关外币财务报表的具体折算方法在本书第 12 章中已讲述，在此不再重复。

(4) 收集编制合并财务报表的相关资料。合并财务报表以母公司及其子公司的财务报表以及其他有关资料为依据，由母公司合并有关项目的数额编制。为编制合并财务报表，母公司应当要求子公司及时提供下列有关资料：① 子公司相应期间的财务报表；② 与母公司及与其他子公司之间发生的内部购销交易、债权债务、投资及其产生的现金流量和未实现内部销售损益的期初、期末余额及变动情况等资料；③ 子公司所有者权益变动和利润分配的有关资料；④ 编制合并财务报表所需要的其他资料。

2. 合并财务报表的编制程序

合并财务报表的编制是一项极为复杂的工作，不仅涉及本企业会计业务和财务报表，而且还涉及纳入合并范围的子公司的会计业务和财务报表。为了使合并财务报表的编制工作有条不紊，企业必须按照一定的程序有步骤地进行。合并财务报表编制程序大致如下：

第一，设置合并工作底稿。合并工作底稿的作用是为合并财务报表的编制提供基础。在合并工作底稿中，对母公司和纳入合并范围的子公司的个别财务报表各项目的数额进行汇总和抵销处理,最终计算得出合并财务报表各项目的合并数。合并工作底稿的基本格式如表 14-2 所示。

表 14-2　合并工作底稿　　　　　　　　　　　　　　　　　　　单位:元

项目	母公司	子公司1	……	调整分录		抵销分录		少数股东权益	合并数
				借方	贷方	借方	贷方		
(资产负债表项目)									
货币资金									
……									
短期借款									
……									
实收资本									
……									
未分配利润									
少数股东权益									
……									
(利润表项目)									
营业收入									
营业成本									
……									
净利润									
(所有者权益变动表项目)									
未分配利润(期初)									
……									
未分配利润(期末)									

第二,将母公司、纳入合并范围的子公司的个别资产负债表、利润表及所有者权益变动表各项目的数据过入合并工作底稿,并在合并工作底稿中对母公司和子公司个别财务报表各项目的数据进行加总,计算得出个别资产负债表、个别利润表及个别所有者权益变动表各项目合计数额。

第三,编制调整分录与抵销分录,对母公司与子公司、子公司相互之间发生的经济业务对个别财务报表有关项目的影响进行调整抵销处理。编制调整分录与抵销分录,进行调整抵销处理是合并财务报表编制的关键和主要内容,其目的在于将因会计政策及计量基础的差异而对个别财务报表的影响进行调整,以及将个别财务报表各项目的加总数据中重复的因素等予以抵销。

第四,计算合并财务报表各项目的合并数额。在母公司和纳入合并范围的子公司个别财务报表各项目加总数额的基础上,分别计算财务报表中的资产项目、负债项目、所有者权益项目、收入项目和费用项目的合并数。其计算方法如下：

（1）资产类项目，其合并数根据该项目加总的数额，加上该项目调整分录与抵销分录的借方发生额，减去该项目调整分录与抵销分录的贷方发生额计算确定。

（2）负债类项目和所有者权益类项目，其合并数根据该项目加总的数额，减去该项目调整分录与抵销分录的借方发生额，加上该项目调整分录与抵销分录的贷方发生额计算确定。

（3）有关收益类项目，其合并数根据该项目加总的数额，减去该项目调整分录与抵销分录的借方发生额，加上该项目调整分录与抵销分录的贷方发生额计算确定。

（4）有关成本费用类项目和有关利润分配的项目，其合并数根据该项目加总的数额，加上该项目调整分录与抵销分录的借方发生额，减去该项目调整分录与抵销分录的贷方发生额计算确定。

第五，填列合并财务报表，即根据合并工作底稿中计算出的资产、负债、所有者权益、收入、成本费用类各项目的合并数，填列正式的合并财务报表。

14.2.5 编制合并财务报表需要调整抵销的项目

1. 编制合并资产负债表需要调整抵销的项目

合并资产负债表是以母公司和纳入合并范围的子公司的个别资产负债表为基础编制的。个别资产负债表则是以单个企业为会计主体进行会计核算的结果，它从母公司本身或从子公司本身的角度对自身财务状况进行反映。对于企业集团内部发生的经济业务，从发生内部经济业务的企业来看，发生经济业务的两方都在其个别资产负债表中进行了反映。

例如，集团内部母公司与子公司之间发生的赊购赊销业务，对于赊销企业来说，一方面，确认营业收入、结转营业成本、计算营业利润，并在其个别资产负债表中反映为应收账款；而对于赊购企业来说，在内部购入的存货未实现对外销售的情况下，则在其个别资产负债表中反映为存货和应付账款。在这种情况下，资产、负债和所有者权益类各项目的加总数额中，必然包含有重复计算的因素。作为反映企业集团整体财务状况的合并资产负债表，必须将这些重复计算的因素予以扣除，对这些重复计算的因素进行抵销处理。这些需要扣除的重复计算因素，就是合并财务报表编制时需要进行抵销处理的项目。

编制合并资产负债表时需要进行抵销处理的项目主要包括：

（1）母公司对子公司的股权投资项目与子公司的所有者权益（或股东权益）项目；

（2）母公司与子公司、子公司相互之间未结算的内部债权债务项目；

（3）存货项目，即内部购进存货价值中包含的未实现内部销售损益；

（4）固定资产项目（包括固定资产原值和累计折旧项目），即内部购进固定资产价值中包含的未实现内部销售损益；

（5）无形资产项目，即内部购进无形资产价值中包含的未实现内部销售损益。

2. 编制合并利润表和合并所有者权益变动表需要调整抵销的项目

合并利润表和合并所有者权益变动表是以母公司和纳入合并范围的子公司的个别利润

表和个别所有者权益变动表为基础编制的。个别利润表和个别所有者权益变动表作为以单个企业为会计主体进行会计核算的结果,从母公司本身或从子公司本身反映一定会计期间经营成果的形成及其分配情况。在以其个别利润表及个别所有者权益变动表为基础计算的收益和费用等项目的加总数额中,也必然包含有重复计算的因素。在编制合并利润表和合并所有者权益变动表时,也需要将这些重复计算的因素予以扣除。

编制合并利润表和合并所有者权益变动表时需要进行抵销处理的项目主要包括:
(1) 内部销售收入和内部销售成本项目;
(2) 内部投资收益项目,包括内部利息收入与利息支出项目、内部股份投资收益项目;
(3) 信用减值损失、资产减值损失项目,即与内部交易相关的内部应收账款、存货、固定资产、无形资产等项目的减值损失;
(4) 纳入合并范围的子公司利润分配项目。

3. 编制合并现金流量表需要调整抵销的项目

合并现金流量表是综合反映母公司及其子公司组成的企业集团在一定会计期间现金流入、现金流出数量及其增减变动情况的财务报表。合并现金流量表以母公司和子公司的现金流量表为基础,在抵销母公司与子公司、子公司相互之间发生内部交易对合并现金流量表的影响后,由母公司编制。

在以母公司和子公司个别现金流量表为基础编制合并现金流量表时,需要进行抵销处理的项目主要包括:
(1) 母公司与子公司、子公司相互之间当期以现金投资或收购股权增加的投资所产生的现金流量;
(2) 母公司与子公司、子公司相互之间当期取得投资收益收到的现金与分配股利、利润或偿付利息支付的现金;
(3) 母公司与子公司、子公司相互之间以现金结算债权和债务所产生的现金流量;
(4) 母公司与子公司、子公司相互之间当期销售商品所产生的现金流量;
(5) 母公司与子公司、子公司相互之间处置固定资产、无形资产和其他长期资产收回的现金净额与购建固定资产、无形资产和其他长期资产支付的现金;
(6) 母公司与子公司、子公司相互之间当期发生的其他内部交易所产生的现金流量。

14.3 取得子公司合并日合并财务报表的编制

在一般情况下,企业取得子公司的途径主要有两条:一是对外进行直接投资组建新的被投资企业使其成为子公司,这里包括单独投资组建全资公司、与其他企业合资组建非全资子公司等情况;二是通过企业合并,对现有企业的股权进行并购,使其成为子公司,即包括购买同一控制下的企业股权使其成为子公司、购买非同一控制下的企业股权使其成为子公司两种情况。

14.3.1 同一控制下取得子公司合并日合并财务报表的编制

根据现行企业会计准则,母公司在同一控制下取得子公司时可以编制合并日的合并资产负债表、合并利润表、合并现金流量表等合并财务报表。母公司在将购买取得子公司的股权登记入账后,可以编制合并日的合并资产负债表。在编制合并日合并资产负债表时,只需将对子公司长期股权投资与子公司所有者权益中母公司所拥有的份额相抵销。

例 14-1 甲公司 2022 年 1 月 1 日以 28 600 万元的价格取得 A 公司 80% 的股权。A 公司净资产的公允价值为 35 000 万元。甲公司在购买 A 公司过程中发生审计、评估和法律服务等相关费用 120 万元。上述价款均以银行存款支付。甲公司与 A 公司均为同一控制下的企业。A 公司采用的会计政策与甲公司一致。甲公司和 A 公司在 2022 年 1 月 1 日的资产负债表如表 14-3 所示。

表 14-3 资产负债表

2022 年 1 月 1 日　　　　　　　　　　　　　　　　单位:万元

资产	甲公司	A 公司	负债和股东权益	甲公司	A 公司
流动资产:			流动负债:		
货币资金	9 000	4 200	短期借款	12 000	5 000
交易性金融资产	4 000	1 800	交易性金融负债	3 800	0
衍生金融资产	2 000	800	衍生金融负债	23 200	12 000
应收票据	4 700	3 000	应付票据	10 000	3 000
应收账款	5 800	3 920	应付账款	18 000	4 200
预付款项	2 000	880	预收款项	3 000	1 300
其他应收款	4 200	0	应付职工薪酬	6 000	1 600
存货	31 000	20 000	应交税费	2 000	1 200
持有待售资产	3 200	1 300	其他应付款	4 000	4 000
一年内到期的非流动资产	720	240	持有待售负债	27 500	11 000
其他流动资产	1 300	1 200	一年内到期的非流动负债	15 220	1 340
流动资产合计	67 920	37 340	其他流动负债	1 200	700
非流动资产:			流动负债合计	125 920	45 340
债权投资	11 400	0	非流动负债:		
其他债权投资	10 000	0	长期借款	4 000	3 000
长期应收款	25 000	0	应付债券	20 000	2 000
长期股权投资	25 600	0	长期应付款	2 000	0
投资性房地产			其他非流动负债	0	0
固定资产	21 000	18 000	非流动负债合计	26 000	5 000
在建工程	20 000	3 400	负债合计	151 920	50 340

(续表)

资产	甲公司	A公司	负债和股东权益	甲公司	A公司
无形资产	4 000	1 600	股东权益:		
开发支出	35 000	22 000	股本	40 000	20 000
商誉	2 000	0	其他权益工具	0	0
长期待摊费用			资本公积	10 000	8 000
递延所得税资产			盈余公积	11 000	1 200
其他非流动资产	0	0	未分配利润	9 000	2 800
非流动资产合计	154 000	45 000	股东权益合计	70 000	32 000
资产总计	221 920	82 340	负债和股东权益总计	221 920	82 340

由于A公司与甲公司均为同一控制下的企业，因此按同一控制下企业合并的规定处理。根据A公司资产负债表，A公司股东权益总额为32 000万元，其中股本为20 000万元，资本公积为8 000万元，盈余公积为1 200万元，未分配利润为2 800万元。合并后，甲公司在A公司股东权益中所拥有的份额为25 600万元。甲公司对A公司长期股权投资的初始投资成本为25 600万元。至于购买该股权过程中发生的审计、评估等相关费用，则直接计入当期损益，即计入当期管理费用。

在本例中，甲公司为购买A公司所发生的审计及评估等费用实际上已支付给会计师事务所等中介机构，不属于甲公司与A公司所构成的企业集团内部交易，不涉及抵销处理的问题。编制合并日合并资产负债表时，假定不考虑留存收益恢复因素，甲公司应当进行如下抵销处理：

借：股本　　　　　　　　　　　　　　　　　　　　　　　　　20 000
　　资本公积　　　　　　　　　　　　　　　　　　　　　　　　8 000
　　盈余公积　　　　　　　　　　　　　　　　　　　　　　　　1 200
　　未分配利润　　　　　　　　　　　　　　　　　　　　　　　2 800
　贷：长期股权投资　　　　　　　　　　　　　　　　　　　　　25 600
　　　少数股东权益　　　　　　　　　　　　　　　　　　　　　 6 400

在同一控制下取得子公司长期股权投资后，母公司采用成本法对其进行核算，并以成本法核算的结果在母公司个别财务报表中反映。

根据上述抵销分录，甲公司编制合并工作底稿如表14-4所示。

表14-4　合并工作底稿　　　　　　　　　　　　　　　　　　单位：万元

| 项目 | 甲公司 | A公司 | 合计数 | 抵销分录 ||少数股东权益 | 合并数 |
				借方	贷方		
流动资产：							
货币资金	9 000	4 200	13 200				13 200
交易性金融资产	4 000	1 800	5 800				5 800

(续表)

项目	甲公司	A公司	合计数	抵销分录 借方	抵销分录 贷方	少数股东权益	合并数
衍生金融资产	2 000	800	2 800				2 800
应收票据	4 700	3 000	7 700				7 700
应收账款	5 800	3 920	9 720				9 720
预付款项	2 000	880	2 880				2 880
其他应收款	4 200	0	4 200				4 200
存货	31 000	20 000	51 000				51 000
持有待售资产	3 200	1 300	4 500				4 500
一年内到期的非流动资产	720	240	960				960
其他流动资产	1 300	1 200	2 500				2 500
流动资产合计	67 920	37 340	105 260				105 260
非流动资产:							
债权投资	11 400	0	11 400				11 400
其他债权投资	10 000	0	10 000				10 000
长期应收款	25 000	0	25 000				25 000
长期股权投资	25 600	0	25 600		25 600		0
投资性房地产							
固定资产	21 000	18 000	39 000				39 000
在建工程	20 000	3 400	23 400				23 400
无形资产	4 000	1 600	5 600				5 600
开发支出	35 000	22 000	57 000				57 000
商誉	2 000	0	2 000				2 000
长期待摊费用							
递延所得税资产							
其他非流动资产	0	0	0				0
非流动资产合计	154 000	45 000	199 000		25 600		173 400
资产总计	221 920	82 340	304 260		25 600		278 660
流动负债:							
短期借款	12 000	5 000	17 000				17 000
交易性金融负债	3 800	0	3 800				3 800
衍生金融负债	23 200	12 000	35 200				35 200
应付票据	10 000	3 000	13 000				13 000
应付账款	18 000	4 200	22 200				22 200
预收款项	3 000	1 300	4 300				4 300
应付职工薪酬	6 000	1 600	7 600				7 600
应交税费	2 000	1 200	3 200				3 200

(续表)

项目	甲公司	A公司	合计数	抵销分录 借方	抵销分录 贷方	少数股东权益	合并数
其他应付款	4 000	4 000	8 000				8 000
持有待售负债	27 500	11 000	38 500				38 500
一年内到期的非流动负债	15 220	1 340	16 560				16 560
其他流动负债	1 200	700	1 900				1 900
流动负债合计	125 920	45 340	171 260				171 260
非流动负债:							
长期借款	4 000	3 000	7 000				7 000
应付债券	20 000	2 000	22 000				22 000
长期应付款	2 000	0	2 000				2 000
其他非流动负债	0	0	0				0
非流动负债合计	26 000	5 000	31 000				31 000
负债合计	151 920	50 340	202 260				202 260
股东权益:							
股本	40 000	20 000	60 000	20 000			40 000
其他权益工具	0	0	0				0
资本公积	10 000	8 000	18 000	8 000			10 000
盈余公积	11 000	1 200	12 200	1 200			11 000
未分配利润	9 000	2 800	11 800	2 800			9 000
归属于母公司股东权益合计	70 000	32 000	102 000	32 000			70 000
少数股东权益						6 400	6 400
股东权益合计	70 000	32 000	102 000	32 000		6 400	76 400
负债和股东权益总计	221 920	82 340	304 260	32 000		6 400	278 660

14.3.2 非同一控制下取得子公司购买日合并财务报表的编制

根据现行企业会计准则,母公司在非同一控制下取得子公司时应当编制购买日的合并财务报表,包括购买日的合并资产负债表、合并利润表、合并现金流量表以及合并所有者权益变动表(或股东权益变动表)。母公司编制购买日的合并资产负债表时,因企业合并取得的子公司各项可辨认资产、负债及或有负债应当以公允价值在合并财务报表中列示。母公司合并成本大于取得的子公司可辨认净资产公允价值份额的差额,作为合并商誉在合并资产负债表中列示。

对于非同一控制下取得的子公司,母公司在编制购买日合并财务报表时,首先应当将非同一控制下取得的子公司财务报表按购买日资产、负债等的公允价值进行调整;然后,在按公允价值对子公司购买日财务报表进行调整的基础上,对其对子公司的长期股权投资与子公司的所有者权益等项目进行抵销处理;最后,通过编制合并工作底稿,编制购买日合并资产负债表。

1. 按公允价值对非同一控制下取得子公司的财务报表进行调整

对于合并后成为子公司的被投资企业来说,企业合并只是使其所有者发生了变更,合并前由另一投资者所拥有和控制,合并后由新的母公司所拥有和控制,其仍然作为持续经营的主体从事经营活动,只不过是在新的母公司控制下进行。在非同一控制下取得子公司的情况下,母公司为进行企业合并要对子公司的资产和负债进行估值,子公司作为持续经营的主体,一般情况下并不对其进行调整处理,即一般不将该评估所产生的资产、负债的公允价值变动登记入账,其对外提供的财务报表仍然是以各项资产和负债原来的账面价值为基础编制的,其提供的购买日财务报表一般也是以各项资产和负债原账面价值为基础编制的。因此,母公司要编制购买日的合并财务报表,就必须按照购买日子公司资产、负债的公允价值对其财务报表项目进行调整。这一调整是通过在合并工作底稿中编制调整分录来进行的,实际上相当于将各项资产、负债的公允价值变动模拟入账,然后以购买日子公司的各项资产、负债的公允价值为基础编制购买日的合并财务报表。

例 14-2 甲公司 2022 年 1 月 1 日以定向增发公司普通股股票的方式,购买取得 A 公司 70%的股权。甲公司当日资产负债表和 A 公司当日资产负债表及估值确认的资产负债数据如表 14-5 所示。甲公司定向增发普通股股票 10 000 万股(每股面值 1 元),甲公司普通股股票面值为每股 1 元,市场价格为每股 2.95 元。甲公司并购 A 公司属于非同一控制下的企业合并,假定不考虑所得税、甲公司增发该普通股股票所发生的审计和发行等相关费用。甲公司和 A 公司在 2022 年 1 月 1 日的资产负债表如表 14-5 所示。

表 14-5 资产负债表

2022 年 1 月 1 日　　　　　　　　　　　　　　　　　　　　　　单位:万元

资产	甲公司	A 公司		负债和股东权益	甲公司	A 公司	
		账面价值	公允价值			账面价值	公允价值
流动资产:				流动负债:			
货币资金	9 000	4 200	4 200	短期借款	12 000	5 000	5 000
交易性金融资产	4 000	1 800	1 800	交易性金融负债	3 800	0	0
衍生金融资产	2 000	800	800	衍生金融负债	23 200	12 000	12 000
应收票据	4 700	3 000	3 000	应付票据	10 000	3 000	3 000
应收账款	5 800	3 920	3 820	应付账款	18 000	4 200	4 200
预付款项	2 000	880	880	预收款项	3 000	1 300	1 300
其他应收款	4 200	0	0	合同负债			
存货	31 000	20 000	21 100	应付职工薪酬	6 000	1 600	1 600

(续表)

资产	甲公司	A 公司 账面价值	A 公司 公允价值	负债和股东权益	甲公司	A 公司 账面价值	A 公司 公允价值
合同资产				应交税费	2 000	1 200	1 200
持有待售资产	3 200	1 300	1 300	其他应付款	4 000	4 000	4 000
一年内到期的非流动资产	720	240	240	持有待售负债	27 500	11 000	11 000
其他流动资产	1 300	1 200	1 200	一年内到期的非流动负债	15 220	1 340	1 340
流动资产合计	67 920	37 340	38 340	其他流动负债	1 200	700	700
非流动资产:				流动负债合计	125 920	45 340	45 340
债权投资	6 000	0	0	非流动负债:			
其他债权投资	11 000	0	0	长期借款	4 000	3 000	3 000
长期应收款	25 000	0	0	应付债券	20 000	2 000	2 000
长期股权投资	32 000	0	0	租赁负债			
其他权益工具投资				长期应付款	2 000	0	0
其他非流动金融资产				预计负债			
投资性房地产				递延收益			
固定资产	21 000	18 000	21 000	递延所得税负债			
在建工程	20 000	3 400	3 400	其他非流动负债	0	0	0
生产性生物资产				非流动负债合计	26 000	5 000	5 000
油气资产				负债合计	151 920	50 340	50 340
使用权资产				股东权益:			
无形资产	4 000	1 600	1 600	股本	40 000	20 000	
开发支出	35 000	22 000	22 000	其他权益工具			
商誉	0	0	0	资本公积	10 000	8 000	
长期待摊费用				其他综合收益			
递延所得税资产				盈余公积	11 000	1 200	
其他非流动资产	0	0	0	未分配利润	9 000	2 800	
非流动资产合计	154 000	45 000	48 000	股东权益合计	70 000	32 000	36 000
资产总计	221 920	82 340	86 340	负债和股东权益总计	221 920	82 340	86 340

甲公司将购买取得 A 公司 70% 的股权作为长期股权投资入账,其账务处理①如下:

借:长期股权投资——A 公司　　　　　　　　　　　　29 500
　　贷:股本　　　　　　　　　　　　　　　　　　　10 000
　　　　资本公积　　　　　　　　　　　　　　　　　19 500

编制购买日的合并资产负债表时,将 A 公司资产和负债的公允价值与其账面价值的差额分别调增或调减相关资产和负债项目的金额。在合并工作底稿中调整分录②如下：

借：存货　　　　　　　　　　　　　　　　　　　　　1 100
　　固定资产　　　　　　　　　　　　　　　　　　　3 000
　贷：应收账款　　　　　　　　　　　　　　　　　　　 100
　　　资本公积　　　　　　　　　　　　　　　　　　4 000

上述调整实际上等于将资产、负债的公允价值变动模拟入账，通过这一调整，调整后的子公司资产负债表实际上是以公允价值反映资产和负债的。在此基础上，再与母公司的个别财务报表合并，即将子公司的资产和负债以公允价值反映在合并资产负债表中。

2. 母公司长期股权投资与子公司所有者权益抵销处理

在编制购买日的合并资产负债表时，需要将母公司对子公司的长期股权投资与子公司所有者权益中母公司所拥有的份额予以抵销。母公司对非同一控制下取得的子公司长期股权投资进行账务处理时，母公司是按子公司资产、负债的公允价值确定其在子公司所有者权益中所拥有的份额，合并成本超过这一金额的差额作为合并商誉处理。经过上述按公允价值对子公司财务报表进行调整处理后，在编制合并财务报表时则可以将长期股权投资与子公司所有者权益所拥有的份额相抵销。在非全资子公司的情况下，不属于母公司所拥有的份额在抵销处理时结转为少数股东权益。在抵销处理时，应当注意的是，母公司在子公司所有者权益中所拥有的份额是以资产和负债的公允价值为基础计算的，也是按公允价值进行抵销的，少数股东权益也是以资产和负债的公允价值为基础计算调整后的金额确定的。

例 14-3　基础资料同例 14-2。根据资产和负债的公允价值对 A 公司财务报表进行调整后，A 公司的股东权益总额为 36 000 万元，甲公司在其中所拥有的份额为 25 200 万元（36 000×70%）。甲公司对 A 公司长期股权投资的金额为 29 500 万元，超过其在 A 公司所拥有份额（25 200 万元）的金额 4 300 万元为合并商誉。少数股东权益为 10 800 万元（36 000×30%）。

因此，甲公司将长期股权投资与其在 A 公司所有者权益中拥有的份额抵销时，其抵销分录③如下：

借：股本　　　　　　　　　　　　　　　　　　　　20 000
　　资本公积　　　　　　　　　　　　　　　　　　12 000
　　盈余公积　　　　　　　　　　　　　　　　　　 1 200
　　未分配利润　　　　　　　　　　　　　　　　　 2 800
　　商誉　　　　　　　　　　　　　　　　　　　　 4 300
　贷：长期股权投资——A 公司　　　　　　　　　　29 500
　　　少数股东权益　　　　　　　　　　　　　　　10 800

3. 编制合并工作底稿并编制合并财务报表

在按公允价值对子公司财务报表项目进行调整，并编制合并抵销分录将母公司对子公司的长期股权投资与子公司所有者权益中母公司所拥有的份额抵销处理后，可以编制购买日合并工作底稿。

根据上述调整分录和抵销分录，甲公司编制购买日合并工作底稿如表 14-6 所示。

表14-6 合并工作底稿　　　　　　　　　　　　　　　　　　　　　　　　　单位：万元

项目	甲公司	A公司	合计数	调整分录 借方	调整分录 贷方	抵销分录 借方	抵销分录 贷方	少数股东权益	合并数
流动资产：									
货币资金	9 000	4 200	13 200						13 200
交易性金融资产	4 000	1 800	5 800						5 800
衍生金融资产	2 000	800	2 800						2 800
应收票据	4 700	3 000	7 700						7 700
应收账款	5 800	3 920	9 720		100②				9 620
预付款项	2 000	880	2 880						2 880
其他应收款	4 200	0	4 200						4 200
存货	31 000	20 000	51 000	1 100②					52 100
合同资产									
持有待售资产	3 200	1 300	4 500						4 500
一年内到期的非流动资产	720	240	960						960
其他流动资产	1 300	1 200	2 500						2 500
流动资产合计	67 920	37 340	105 260	1 100	100				106 260
非流动资产：									
债权投资	6 000	0	6 000						6 000
其他债权投资	11 000	0	11 000						11 000
长期应收款	2 5000	0	2 5000						2 5000
长期股权投资	32 000	0	32 000	29 500①			29 500③		32 000
其他权益工具投资									
其他非流动金融资产									
投资性房地产									
固定资产原价	30 000	20 000	50 000	3 000②					53 000
减：累计折旧	9 000	2 000	11 000						11 000
固定资产净值	21 000	18 000	39 000	3 000					42 000
在建工程	20 000	3 400	23 400						23 400
生产性生物资产									
油气资产									
使用权资产									
无形资产	4 000	1 600	5 600						5 600
开发支出	3 5000	2 2000	57 000						57 000
商誉	0		0			4 300③			4 300
长期待摊费用									
递延所得税资产									
其他非流动资产	0	0	0						
非流动资产合计	154 000	45 000	199 000	32 500		4 300	29 500		206 300
资产总计	221 920	82 340	304 260	33 600	100	4 300	29 500		312 560

(续表)

项目	甲公司	A公司	合计数	调整分录 借方	调整分录 贷方	抵销分录 借方	抵销分录 贷方	少数股东权益	合并数
流动负债：									
短期借款	12 000	5 000	17 000						17 000
交易性金融负债	3 800	0	3 800						3 800
衍生金融负债	23 200	12 000	35 200						35 200
应付票据	10 000	3 000	13 000						13 000
应付账款	18 000	4 200	22 200						22 200
预收款项	3 000	1 300	4 300						4 300
合同负债									
应付职工薪酬	6 000	1 600	7 600						7 600
应交税费	2 000	1 200	3 200						3 200
其他应付款	4 000	4 000	8 000						8 000
持有待售负债	27 500	11 000	38 500						38 500
一年内到期的非流动负债	15 220	1 340	16 560						16 560
其他流动负债	1 200	700	1 900						1 900
流动负债合计	125 920	45 340	171 260						171 260
非流动负债：									
长期借款	4 000	3 000	7 000						7 000
应付债券	20 000	2 000	22 000						22 000
租赁负债									
长期应付款	2 000		2 000						2 000
预计负债									
递延收益									
递延所得税负债									
其他非流动负债									
非流动负债合计	26 000	5 000	31 000						31 000
负债合计	151 920	50 340	202 260						202 260
股东权益：									
股本	40 000	20 000	60 000	10 000①			20 000③		50 000
其他权益工具									
资本公积	10 000	8 000	18 000	19 500① 4 000②			12 000③		29 500
其他综合收益									
盈余公积	11 000	1 200	12 200			1 200③			11 000
未分配利润	9 000	2 800	11 800			2 800③			9 000
归属于母公司股东权益合计	70 000	32 000	102 000	33 500		36 000			99 500
少数股东权益								10 800③	10 800
股东权益合计	7 000	32 000	102 000	33 500		36 000		10 800	110 300
负债和股东权益总计	221 920	82 340	304 260	33 500		36 000		10 800	312 560*

注：*312 560 = 304 260 + 33 500 − 36 000 + 10 800。

根据上述合并工作底稿计算得出的合并资产负债表各项目的合并数,甲公司就可以编制购买日的合并资产负债表了。本例编制的合并资产负债表略。

案例
美的集团的合并报表

美的由创始人何享健带领 23 位顺德北滘居民,于 1968 年集资 5 000 元创立。1980 年,美的正式进入家电行业。1981 年,美的品牌注册成立。2000 年,美的在广东佛山登记注册。2012 年,美的整体变更为股份有限公司,并于 2013 年在深圳证券交易所挂牌上市交易。目前,美的集团股份有限公司(以下简称"美的集团")已成为一家集智能家居、楼宇科技、工业技术、机器人与自动化、数字化创新五大业务板块于一体的全球化科技集团。

美的集团现有五大业务板块,分别是智能家居、工业技术、楼宇科技、机器人与自动化和数字化创新业务。其中,智能家居业务主要承担面向终端用户的智能化场景搭建、用户运营和数据价值发掘任务,致力于为终端用户提供最佳体验的全屋智能家居及服务;工业技术业务主要发展研发、生产、销售等能力,致力于将产品应用于家用电器、3C 产品、新能源汽车和工业自动化等领域;楼宇科技业务主要以楼宇数字化服务平台为核心,打通楼宇交通流、信息流、体验流、能源流,为用户提供智能化、数字化、低碳化的楼宇建筑整体解决方案;机器人与自动化业务主要围绕未来工厂相关领域,提供包括工业机器人、物流自动化系统及传输系统的解决方案,以及面向医疗、娱乐、新消费领域的相关解决方案等;数字化创新业务主要为企业数字化转型提供软件服务、无人零售解决方案和生产性服务等。

经过多年的发展,美的集团的业务与客户遍及全球。截至 2022 年年底,美的集团在全球拥有约 200 家子公司、35 个研发中心和 35 个主要生产基地,员工超过 16 万人,业务覆盖 200 多个国家和地区。其中,在海外设有 20 个研发中心和 18 个主要生产基地,遍布十多个国家,海外员工约 3 万人,结算货币达 22 种,同时美的集团为全球领先机器人智能自动化公司德国库卡集团最主要的股东,持股约 95%。

2020 年,突如其来的新冠疫情给许多企业带来负面冲击。但是美的集团当年实现的营业总收入为 2 857.10 亿元,营业利润为 314.93 亿元,净利润为 275.07 亿元,归属于母公司所有者的净利润为 272.23 亿元,少数股东损益为 2.84 亿元。2021 年,美的集团营业总收入增长到 3 433.61 亿元,营业利润为 332.81 亿元,净利润为 290.15 亿元,归属于母公司所有者的净利润为 285.74 亿元,少数股东损益为 4.42 亿元。根据年报,美的集团 2021 年实现的净利润主要来自母公司及其各子公司。其中,母公司贡献净利润 148.35 亿元,而对公司净利润影响达 10%以上的主要子公司有无锡小天鹅电器有限公司、广东美的厨房电器制造有限公司、芜湖美的厨房电器制造有限公司和佛山市顺德区美的电热电器制造有限公司,它们贡献的净利润分别为 20.13 亿元、19.37 亿元、17.23 亿元和 13.62 亿元。美的集团 2020—2021 年度合并及公司利润表资料如表 14-7 所示。

表 14-7　美的集团 2020—2021 年度合并及公司利润表　　　　　　　　单位：千元

	2020 年度		2021 年度	
	合并报表	母公司报表	合并报表	母公司报表
营业收入	284 221 249	1 852 312	341 233 208	1 865 278
加：利息收入	1 488 211		2 127 043	
手续费及佣金收入	269		574	
营业总收入	285 709 729	1 852 312	343 360 825	1 865 278
减：营业成本	216 798 413	51 350	264 525 999	58 510
利息支出	105 168		87 066	
手续费及佣金支出	6 972		13 015	
税金及附加	1 533 646	32 546	1 609 384	48 126
销售费用	23 563 455		28 647 344	
管理费用	9 264 148	701 711	10 266 283	684 794
研发费用	10 118 667		12 014 907	
信用减值损失	247 605	6 340	383 451	127 693
资产减值损失	705 209		483 420	
加：财务收入	2 638 032	1 421 019	4 386 111	2 107 914
其他收益	1 424 090	369 889	1 307 504	280 318
投资收益	2 362 462	12 578 455	2 365 773	12 462 103
其中：对联营企业和合营企业的投资收益	402 528	216 318	560 679	265 491
公允价值变动收益	1 762 950	108 605	-166 406	-203 057
资产处置收益	-60 523	146	58 257	-272
营业利润	31 493 457	15 538 479	33 281 195	15 593 161
加：营业外收入	384 986	102 429	624 744	31 358
减：营业外支出	214 904	116 120	188 395	48 783
利润总额	31 663 539	15 524 788	33 717 544	15 575 736
减：所得税费用	4 156 997	337 750	4 702 168	740 348
净利润	27 506 542	15 187 038	29 015 376	14 835 388
归属于母公司所有者的净利润	27 222 969	15 187 038	28 573 650	14 835 388
少数股东损益	283 573		441 726	

美的集团在编制 2021 年度合并财务报表时，合并范围包括本公司及其全部子公司。与往年相比，本年度合并范围的变更主要包含非同一控制下企业合并导致的合并范围变动和其他原因导致的合并范围变动两类。其中，非同一控制下企业合并增加的合并范围是美的集团通过收购新纳入合并范围的北京万东医疗科技股份有限公司及其子公司和 Hitachi Compressor（Thailand）Ltd.；其他原因导致的合并范围变动是美的集团通过新设纳入合并范围的子公司以及当年度不再纳入合并范围的子公司。根据年报，美的集团 2021 年通过新设纳入合并范围的子公司有 35 家，而通过注销和股权变更方式减少的子公司有 21 家。

另外,在非同一控制下的企业合并中,合并成本大于合并中取得的被购买方于购买日可辨认净资产公允价值份额的,两者的差额要确认为商誉。根据年报,从 2017 年到 2021 年,美的集团的商誉已经连续 5 年均处于百亿元以上。2020 年和 2021 年的商誉分别高达 295.57 亿元和 278.74 亿元。其中,2021 年的商誉主要是收购 KUKA Aktiengesellschaft(以下简称"KUKA 集团")及其子公司业务产生的商誉(约为 205.45 亿元)以及收购 Toshiba Lifestyle Products & Services Corporation(以下简称"TLSC")业务产生的商誉(约为 25.80 亿元)。按照美的集团 2021 年采用的主要会计政策和会计估计,美的集团以公允价值减去处置费用后的净额与预计未来现金流量的现值孰高者确定包含商誉的资产组和资产组组合的可收回金额,对商誉进行减值测试。测试结果表明,包含商誉的资产组和资产组组合的可收回金额高于其账面价值,因此无须对商誉计提减值准备。然而,由于上述收购 KUKA 集团及 TLSC 业务产生的商誉金额巨大,并且商誉减值测试中涉及重大的会计估计与判断,因此普华永道会计师事务所将该事项作为关键审计事项在审计报告中予以披露。

(本案例根据美的集团 2021 年年度报告及其他相关资料编写。)

思考:

1. 根据案例资料和合并报表相关知识,分析美的集团及其子公司的发展战略差异。
2. 根据案例资料,你认为美的集团是否存在"商誉爆雷"风险?浅析如何分析企业的商誉以及"商誉爆雷"对企业产生的危害。

本章小结

企业间的联合与兼并,会计上通常称之为合并,并将其划分为吸收合并、新设合并和控股合并等几种方式。会计概念上的企业合并,并不强调企业实物资产的合并(合并后的企业可以保持独立的法律实体),而是强调实质上的控制,即这些独立的法律实体的经济资源和经营管理活动处于同一个管理集团的控制之下。

我国现行企业会计准则将企业合并划分为两大类型:同一控制下的企业合并与非同一控制下的企业合并。企业合并的类型不同,所遵循的会计处理原则也不同。

企业合并带来的会计问题即如何反映母公司及其子公司的公司集团作为统一经济实体的财务状况和经营成果。

我国现行企业会计准则将合并财务报表的合并范围规定为"以控制为基础"。控制是指企业能够决定另一家企业的财务和经营政策,并能据以从另一家企业的经营活动中获取利益的权力。

国际上通常采用购买法编制合并财务报表,即对母公司各项目账面价值和子公司公允价值进行加总合并,对母公司合并时的取得成本与子公司可辨认资产公允价值之间的差额确认为商誉。

企业编制合并财务报表时,要对合并产生的相关项目进行抵销、合并与调整。

重要名词

合并财务报表(Consolidated Financial Statements)

企业合并(Consolidation)

吸收合并(Absorption and Merger)

控股合并(Acquisition of Majority Interest)
新设合并(New Merger)
购买法(Purchase Method)
权益结合法(Pooling of Interest Method)
反向购买(Reverse Purchase)
商誉(Good-will)
公允价值(Fair Value)
可辨认资产(Identifiable Assets)
抵销(Elimination)
商誉减值(Impairment of Good-will)
控制(Control)
权益法(Equity Method)
成本法(Cost Method)
母公司(或控股公司)(Parent Company)
子公司(Subsidiary)

思考题

1. 企业合并有哪些方式？通常出于哪些目的？能达到什么效果？
2. 同一控制下的企业合并与非同一控制下的企业合并的会计处理原则分别是什么？它们为什么不同？
3. 商誉是怎样产生的？商誉是否摊销会对财务报表产生什么影响？
4. 编制合并日的合并财务报表时应做哪些调整和抵销？为什么要进行这些调整和抵销？
5. 合并日后合并财务报表与合并日合并财务报表在编制方面有哪些不同？

练习题

1. 2022年7月1日，甲公司购买乙公司100%的普通股，耗资3 620 000元。乙公司当日的资产负债表如下表所示：

乙公司资产负债表

2022年7月1日　　　　　　　　　　　　　　　　　　　　　　　　单位:元

项目	账面价值	公允价值
现金	200 000	200 000
应收账款	235 000	250 000
存货	475 000	432 000
固定资产(净值)	2 145 000	2 470 000
商誉	130 000	
资产合计	3 185 000	
流动负债	50 000	70 000
资本公积	700 000	
普通股	1 000 000	
留存收益(2022/1/1)	1 200 000	
净利润	235 000	
负债及股东权益合计	3 185 000	

乙公司发行在外 1 000 000 股普通股,面值 1 元,最近三年未发放任何股利。

要求:计算合并产生的商誉。

2. 东方公司和西子公司均为同一控制下的企业,2022 年 1 月 1 日,东方公司发行股票 100 000 股,每股面值 1 元,市价 10 元,用以置换西子公司 80% 的普通股。股权置换前双方的资产负债表如下:

资产负债表
2021 年 12 月 31 日　　　　　　　　　　　　　　　　　　　　　　　　　单位:元

项目	东方公司	西子公司
现金	110 000	85 000
应收账款	140 000	80 000
存货	110 000	55 000
固定资产	1 500 000	800 000
累计折旧	(700 000)	(400 000)
递延所得税资产	—	120 000
资产合计	1 160 000	740 000
应付账款	200 000	100 000
应付债券	—	100 000
递延所得税负债	60 000	40 000
普通股股本	200 000	50 000
资本公积	400 000	200 000
盈余公积	250 000	230 000
未分配利润	50 000	20 000
负债及股东权益合计	1 160 000	740 000

要求:

(1) 请编制合并日东方公司投资的会计分录。

(2) 请编制合并资产负债表日的抵销分录。

(3) 阐述编制同一控制下合并财务报表和非同一控制下合并财务报表有什么不同。

3. 正大公司于 2022 年 3 月投资 100 000 元成立了独资子公司——康大公司。2022 年内,正大公司将成本为 200 000 元的商品以 250 000 元出售给康大公司,若将此批商品出售,售价应为 500 000 元。年末这批商品尚有 20% 留在康大公司的库存中,其余 80% 售出。正大公司向康大公司贷款 150 000 元,年末有 75 000 元未还。贷款利息为 10 000 元,其中康大公司只支付了 6 000 元。两公司的所得税税率均为 25%。

资产负债表
2022 年 12 月 31 日　　　　　　　　　　　　　　　　　　　　　　　　　　　　单位：元

项目	正大公司	康大公司
现金	85 000	15 000
应收账款和其他应收款	275 000	130 000
存货	440 000	60 000
固定资产	600 000	300 000
累计折旧	(200 000)	(30 000)
对康大公司的投资（权益法）	120 000	—
资产合计	1 320 000	475 000
应付账款和其他应付款	300 000	150 000
非流动负债	270 000	200 000
递延所得税负债	100 000	5 000
实收资本	50 000	100 000
留存收益	600 000	20 000
负债及股东权益合计	1 320 000	475 000

利润和利润分配表
2022 年度　　　　　　　　　　　　　　　　　　　　　　　　　　　　　　　　单位：元

项目	正大公司	康大公司
主营业务收入	2 000 000	600 000
其他业务收入	70 000	
营业收入	2 070 000	600 000
费用	1 700 000	540 000
净利润	370 000	60 000
期初留存收益	410 000	
支付股利	(200 000)	(40 000)
期末留存收益	580 000	20 000

要求：请具体说明 2022 年年底正大公司在编制合并财务报表时应调整和抵销的项目，并编制相关分录。

中英文术语对照表

B

备抵法(Allowance Method)
备用金(Petty Cash)
本金/面额(Principal/Face Amount)
不动产抵押公司债券(Real Estate Mortgage Bonds)
不记名公司债券(Bearer Bonds)

C

财务报表(Financial Statements)
财务报告(Financial Reports)
财务费用(Financial Expenses)
财务管理(Financial Management)
财务会计(Financial Accounting)
财务总监(Chief Financial Officer)
残值(Residual Value)
产品质量保证(Product Warrants)
长期待摊费用(Long-term Deferred and Prepaid Expenses)
长期股权投资(Long-term Equity Investment)
成本法(Cost Method)
成本与市价孰低法(Lower of Cost or Market Method)
成果法(Successful-efforts Method)
持续经营假设(The Going Concern Assumption)
持有至到期投资(Held-to-maturity Securities)
筹资活动现金流量(Cash Flows from Financing Activities)
存货(Inventory)
存货成本流转(Inventory Cost Flow)
存货跌价准备(Allowance to Reduce Inventory)
存货周转率(Inventory Turnover)
存货周转天数(Number of Day's Sales in Inventory)

D

贷方(Credit)
到期价值(Maturity Value)
到期日(Maturity Date)
递耗资产(Depletable Assets)
抵销(Elimination)
定期偿还公司债券(Term Bonds)
定期盘存制(Periodic Inventory System)
动产抵押公司债券(Chattel Mortgage Bonds)
短期借款(Short-term Loans)
短期投资(Short-term Investment)

F

法定盈余公积(Compulsory Surplus Reserve; Legal Reserve)
反向购买(Reverse Purchase)
非常损益(Extraordinary Gain or Loss)
非货币性资产交换(Exchanges of Nonmonetary Assets)
非流动负债(Long-term Liabilities)
费用(Expense)
分期偿还公司债券(Serial Bonds)
复合金融工具(Compound Financial Instruments)
付息日(Interest Date)
负债(Liability)

G

改良(Betterments)
个别计价法(Specific Identification Method)
公司债券(Corporate Bonds)
公允价值(Fair Value)
工作底稿(Work-sheet)
工作量法(Units-of-production Method)
购买法(Purchase Method)
估计使用年限(Expected Useful Life)
股票分拆(Stock Split)
股票股利(Stock Dividend)
股权投资(Equity Investment)
股权证(Stock Certificate)

固定资产(Fixed Asset)
固定资产处置(Disposal of Fixed Assets)
管理费用(Management Expenses)
管理会计(Managerial Accounting)
过账(Posting)

H

合并财务报表(Consolidated Financial Statements)
合同负债(Contract Liabilities)
合同资产(Contract Assets)
后进先出法(Last-in, First-out Method)
划分收益性支出与资本性支出原则(Classifying Revenue Expenditures and Capital Expenditures Principle)
坏账(Uncollectible Accounts)
坏账损失(Bad Debt Expense)
坏账准备(Allowance for Doubtful Accounts)
汇兑损益(Exchange Gains or Losses; Profit or Loss for Exchange)
货币计量假设(The Monetary Assumption)
或有负债(Contingent Liability)

J

及时性(Timeliness)
记名公司债券(Registered Bonds)
加权平均法(Weighted-average Method)
加速折旧法(Accelerated Depreciation Method)
间接法(Indirect Method)
减值(Impairment of Value)
减值准备(Allowance for Impairment)
交易性金融资产(Trading Securities)
结账(Closing)
借方(Debit)
谨慎性/稳健性(Conservatism)
经营活动现金流量(Cash Flows from Operating Activities)
净价法(Net-price Method)
净资产利润率(Return on Stockholders' Equity, ROE)

拒付(Dishonored)

K

可比性/一致性(Consistency)
可辨认资产(Identifiable Assets)
可变现净值(Net Realizable Value)
可供出售金融资产(Available-for-sale Securities)
可靠性/真实性(Reliance)
可理解性(Understandability)
可赎回债券(Callable Bonds)
可转换债券(Convertible Bonds)
控股合并(Acquisition of Majority Interest)
控制(Control)
库存股(Treasury Stock)
会计(Accounting)
会计分录(Journal Entries)
会计分期假设(The Periodicity Assumption)
会计估计变更(Change in Accounting Estimate)
会计循环(Accounting Cycle)
会计原则(Accounting Principles)
会计政策(Accounting Policy)
会计主体假设(The Accounting Entity Assumption)

L

累计折旧(Accumulated Depreciation)
历史成本原则(Historical Cost Principle)
历史汇率(Historical Exchange Rate)
利得(Gains)
利润/收益(Profit/Income)
利润表(Income Statement)
利息(Interest)
利息保障倍数(Times Interest Earned)
利息资本化(Capitalization of Interest)
联营法(Pooling of Interest Method)
流动比率(Current Ratio)
流动负债(Current Liabilities)
流动资产(Current Asset)

M

毛利(Gross Profit Margin)

毛利率（Gross Profit Margin on Sales）
每股收益（Earnings per Share，EPS）
美国注册会计师协会（American Institution of Certified Public Accountants，AICPA）
母公司（或控股公司）（Parent Company）

N

年数总和法（Sum-of-the-year's-digits Method）

P

配比原则（Matching Principle）
票面利率（即债券的名义利率）（Nominal Interest Rate）
平均汇率（Average Exchange Rate）
普通股（Common Stock）

Q

期间费用（Period Expenses）
其他权益工具（Other Equity Instruments）
其他应付款（Other Payable）
其他综合收益（Other Comprehensive Income）
企业合并（Consolidation）
全部成本法（Full-cost Method）
权益（Equity）
权益法（Equity Method）
权益工具（Equity Instrument）
权益结合法（Pooling of Interest Method）
权责发生制/应计制（Accrual Basis）

R

软件项目成本（Computer Software Costs）

S

商标权（Trademarks）
商业折扣（Trade Discounts）
商誉（Good-will）
商誉减值（Impairment of Good-will）
审计（Auditing）
实际利率法（Effective-interest Method）

实收资本（Paid-in Capital）
实现原则（Realization Principle）
实账户（Real Accounts）
实质重于形式（Substance over Form）
使用权资产（Right-of-use Asset）
市场利率（Market Interest Rate）
试算平衡（Trial Balancing）
试算平衡表（Trial Balance）
收付实现制/现金制（Cash Basis）
收入（Revenue）
收入确认原则（The Revenue Principle）
双倍余额递减法（Double-declining-balance Method）
税务会计（Taxation Accounting）
速动比率（Quick Ratio）
损失（Losses）
所得税会计（Income Tax Accounting）
所有者权益/股东权益（Owner's Equity/Stockholders' Equity）

T

摊销（Amortization）
特许经营权（Franchise Rights）
调整分录（Adjusting Entries）
贴现应收票据（Discounted Notes Receivable）
投资活动现金流量（Cash Flows from Investing Activities）

W

完工百分比法（Percentage-of-completion Method）
未分配利润（即留存收益）（Undistributed Profits；Retained Earning）
未决诉讼（Pending Litigation）
无担保公司债券（Unsecured Bonds）
无形损耗（Functional Depreciation）
无形资产（Intangible Asset）

X

息票债券（Coupon Bonds）

稀释每股收益(Diluted Earnings per Share, Diluted EPS)
吸收合并(Absorption and Merger)
先进先出法(First-in, First-out Method)
现金(Cash)
现金比率(Cash Ratio)
现金等价物(Cash Equivalents)
现金股利(Cash Dividends)
现金净流量(Net Cash Inflow)
现金流出(Cash Outflow)
现金流量表(Statement of Cash Flows)
现金流入(Cash Inflow)
现金折扣(Cash Discounts)
现时汇率(Current Exchange Rate)
相关性(Relevance)
销货百分比法(Credit Sales Estimation Method)
销售点确认收入(Point-of-sale Method)
销售费用(Sales Expenses)
销售成本(Cost of Goods Sold)
(销售)净利率(Profit Margin on Sales)
销售退回与折让(Sales Returns and Allowances)
新设合并(New Merger)
信用公司债券(Debenture Bonds)
虚账户(Nominal Accounts)

银行存款余额调节表(Bank Reconciliation)
应付票据(Notes Payable)
应付账款(Accounts Payable)
应付职工薪酬(Employee Benefits Payable)
应计折旧额(Depreciable Cost)
应交税费(Taxes Payable)
应收票据(Notes Receivable)
应收票据贴现(Discounting Notes Receivable)
应收账款(Accounts Receivable)
应收账款余额百分比法(Accounts Receivable Estimation Method)
应收账款周转率(Accounts Receivable Turnover)
营业利润(Operational Income)
营业利润率(Net Operating Margin on Sales)
营业外收支(Non-operating Income and Expenses)
盈余公积(Revenue Surplus; Revenue Reserve)
永续盘存制(Perpetual Inventory System)
优先股(Preferred Stock)
优先认股权(Preemptive Right)
有担保公司债券(Secured Bonds)
有形损耗(Physical Depreciation)
预收收入(Unearned Revenue)
预收账款(Deposit Received)
原始成本(Historical Cost)

Y

研发费用(Research and Development Expenses)
研究与开发支出(Research and Development Costs)
一揽子购入(Lump-sum Purchase)
一年内到期的非流动负债(Long-term Liabilities Due within One Year)
移动加权平均法(Moving-average Method)
以公允价值计量且其变动计入当期损益的金融资产(Fair Value Through Profit and Loss, FVTPL)
以公允价值计量且其变动计入其他综合收益的金融资产(Fair Value Through Other Comprehensive Income, FVOCI)
以摊余成本计量的金融资产(Amortized Cost)
银行存款(Bank Accounts)

Z

暂时性差异(Temporary Difference)
债权投资(Debt Investment)
债券面值(Bond Par Value)
债券溢价(Bond Premium)
债券折价(Bond Discount)
债务担保(Warranties for Other Debts)
账龄分析法(Aging of Accounts Receivable Estimation Method)
账面价值(Book Value)
折耗(Depletion)
折旧(Depreciation)
折旧费用(Depreciation Expenses)
折算差额(Translation Differences)

折算方法(Translation Methods)
证券抵押公司债券(Collateral Mortgage Bonds)
直接冲销法(Direct Inventory Reduction Method)
直接法(Direct Method)
直接注销法(Direct Write-off Method)
直线法(Straight-line Method)
中国注册会计师协会(Chinese Institution of Certified Public Accountants, CICPA)
重要性(Materialism Practice)
注册会计师(Certified Public Accountant, CPA)
著作权(Copyrights)
专利权(Patents)
资本公积(Capital Surplus)
资产(Asset)
资产负债表(Balance Sheet)
资产负债表债务法(Balance Sheet Liability Method)
资产负债率(Debt Ratio)
资产利润率(Return on Total Assets, ROA)
资产周转率(Total Assets Turnover)
子公司(Subsidiary)
自建资产(Self-constructed Assets)
自然资源(Natural Resources)
综合收益(Comprehensive Income)
总价法(Gross-price Method)
租赁(Lease)
租赁负债(Lease Liabilities)

附录　相关表格

附录1　复利终值系数表

$$FV_{r,n} = (1+r)^n$$

n	1%	2%	3%	4%	5%	6%	7%	8%	9%	10%
1	1.0100	1.0200	1.0300	1.0400	1.0500	1.0600	1.0700	1.0800	1.0900	1.1000
2	1.0201	1.0404	1.0609	1.0816	1.1025	1.1236	1.1449	1.1664	1.1881	1.2100
3	1.0303	1.0612	1.0927	1.1249	1.1576	1.1910	1.2250	1.2597	1.2950	1.3310
4	1.0406	1.0824	1.1255	1.1699	1.2155	1.2625	1.3108	1.3605	1.4116	1.4641
5	1.0510	1.1041	1.1593	1.2167	1.2763	1.3382	1.4026	1.4693	1.5386	1.6105
6	1.0615	1.1262	1.1941	1.2653	1.3401	1.4185	1.5007	1.5869	1.6771	1.7716
7	1.0721	1.1487	1.2299	1.3159	1.4071	1.5036	1.6058	1.7138	1.8280	1.9487
8	1.0829	1.1717	1.2668	1.3686	1.4775	1.5938	1.7182	1.8509	1.9926	2.1436
9	1.0937	1.1951	1.3048	1.4233	1.5513	1.6895	1.8385	1.9990	2.1719	2.3579
10	1.1046	1.2190	1.3439	1.4802	1.6289	1.7908	1.9672	2.1589	2.3674	2.5937
11	1.1157	1.2434	1.3842	1.5395	1.7103	1.8983	2.1049	2.3316	2.5804	2.8531
12	1.1268	1.2682	1.4258	1.6010	1.7959	2.0122	2.2522	2.5182	2.8127	3.1384
13	1.1381	1.2936	1.4685	1.6651	1.8856	2.1329	2.4098	2.7196	3.0658	3.4523
14	1.1495	1.3195	1.5126	1.7317	1.9799	2.2609	2.5785	2.9372	3.3417	3.7975
15	1.1610	1.3459	1.5580	1.8009	2.0789	2.3966	2.7590	3.1722	3.6425	4.1772
16	1.1726	1.3728	1.6047	1.8730	2.1829	2.5404	2.9522	3.4259	3.9703	4.5950
17	1.1843	1.4002	1.6528	1.9479	2.2920	2.6928	3.1588	3.7000	4.3276	5.0545
18	1.1961	1.4282	1.7024	2.0258	2.4066	2.8543	3.3799	3.9960	4.7171	5.5599
19	1.2081	1.4568	1.7535	2.1068	2.5270	3.0256	3.6165	4.3157	5.1417	6.1159
20	1.2202	1.4859	1.8061	2.1911	2.6533	3.2071	3.8697	4.6610	5.6044	6.7275
21	1.2324	1.5157	1.8603	2.2788	2.7860	3.3996	4.1406	5.0338	6.1088	7.4002
22	1.2447	1.5460	1.9161	2.3699	2.9253	3.6035	4.4304	5.4365	6.6586	8.1403
23	1.2572	1.5769	1.9736	2.4647	3.0715	3.8197	4.7405	5.8715	7.2579	8.9543
24	1.2697	1.6084	2.0328	2.5633	3.2251	4.0489	5.0724	6.3412	7.9111	9.8497
25	1.2824	1.6406	2.0938	2.6658	3.3864	4.2919	5.4274	6.8485	8.6231	10.835
26	1.2953	1.6734	2.1566	2.7725	3.5557	4.5494	5.8074	7.3964	9.3992	11.918
27	1.3082	1.7069	2.2213	2.8834	3.7335	4.8223	6.2139	7.9881	10.245	13.110
28	1.3213	1.7410	2.2879	2.9987	3.9201	5.1117	6.6488	8.6271	11.167	14.421
29	1.3345	1.7758	2.3566	3.1187	4.1161	5.4184	7.1143	9.3173	12.172	15.863
30	1.3478	1.8114	2.4273	3.2434	4.3219	5.7435	7.6123	10.063	13.268	17.449
40	1.4889	2.2080	3.2620	4.8010	7.0400	10.286	14.794	21.725	31.409	45.259
50	1.6446	2.6916	4.3839	7.1067	11.467	18.420	29.457	46.902	74.358	117.39
60	1.8167	3.2810	5.8916	10.520	18.679	32.988	57.946	101.26	176.03	304.48

（续表）

n	12%	14%	15%	16%	18%	20%	24%	28%	32%	36%
1	1.1200	1.1400	1.1500	1.1600	1.1800	1.2000	1.2400	1.2800	1.3200	1.3600
2	1.2544	1.2996	1.3225	1.3456	1.3924	1.4400	1.5376	1.6384	1.7424	1.8496
3	1.4049	1.4815	1.5209	1.5609	1.6430	1.7280	1.9066	2.0972	2.3000	2.5155
4	1.5735	1.6890	1.7490	1.8106	1.9388	2.0736	2.3642	2.6844	3.0360	3.4210
5	1.7623	1.9254	2.0114	2.1003	2.2878	2.4883	2.9316	3.4360	4.0075	4.6526
6	1.9738	2.1950	2.3131	2.4364	2.6996	2.9860	3.6352	4.3980	5.2899	6.3275
7	2.2107	2.5023	2.6600	2.8262	3.1855	3.5832	4.5077	5.6295	6.9826	8.6054
8	2.4760	2.8526	3.0590	3.2784	3.7589	4.2998	5.5895	7.2058	9.2170	11.703
9	2.7731	3.2519	3.5179	3.8030	4.4355	5.1598	6.9310	9.2234	12.166	15.917
10	3.1058	3.7072	4.0456	4.4114	5.2338	6.1917	8.5944	11.806	16.060	21.647
11	3.4785	4.2262	4.6524	5.1173	6.1759	7.4301	10.657	15.112	21.199	29.439
12	3.8960	4.8179	5.3503	5.9360	7.2876	8.9161	13.215	19.343	27.983	40.037
13	4.3635	5.4924	6.1528	6.8858	8.5994	10.699	16.386	24.759	36.937	54.451
14	4.8871	6.2613	7.0757	7.9875	10.147	12.839	20.319	31.691	48.757	74.053
15	5.4736	7.1379	8.1371	9.2655	11.974	15.407	25.196	40.565	64.359	100.71
16	6.1304	8.1372	9.3576	10.748	14.129	18.488	31.243	51.923	84.954	136.97
17	6.8660	9.2765	10.761	12.468	16.672	22.186	38.741	66.461	112.14	186.28
18	7.6900	10.575	12.375	14.463	19.673	26.623	48.039	85.071	148.02	253.34
19	8.6128	12.056	14.232	16.777	23.214	31.948	59.568	108.89	195.39	344.54
20	9.6463	13.743	16.367	19.461	27.393	38.338	73.864	139.38	257.92	468.57
21	10.804	15.668	18.822	22.574	32.324	46.005	91.592	178.41	340.45	637.26
22	12.100	17.861	21.645	26.186	38.142	55.206	113.57	228.36	449.39	866.67
23	13.552	20.362	24.891	30.376	45.008	66.247	140.83	292.30	593.20	1 178.7
24	15.179	23.212	28.625	35.236	53.109	79.497	174.63	374.14	783.02	1 603.0
25	17.000	26.462	32.919	40.874	62.669	95.396	216.54	478.90	1 033.6	2 180.1
26	19.040	30.167	37.857	47.414	73.949	114.48	268.51	613.00	1 364.3	2 964.9
27	21.325	34.390	43.535	55.000	87.260	137.37	332.95	784.64	1 800.9	4 032.3
28	23.884	39.204	50.066	63.800	102.97	164.84	412.86	1 004.3	2 377.2	5 483.9
29	26.750	44.693	57.575	74.009	121.50	197.81	511.95	1 285.6	3 137.9	7 458.1
30	29.960	50.950	66.212	85.850	143.37	237.38	634.82	1 645.5	4 142.1	10 143
40	93.051	188.88	267.86	378.72	750.38	1 469.8	5 455.9	19 427	6 6521	*
50	289.00	700.23	1 083.7	1 670.7	3 927.4	9 100.4	46 890	*	*	*
60	897.60	2 595.9	4 384.0	7 370.2	20 555	56 348	*	*	*	*

* >99 999

附录2 复利现值系数表

$$PV_{r,n} = \frac{1}{(1+r)^n}$$

n	1%	2%	3%	4%	5%	6%	7%	8%	9%	10%
1	0.9901	0.9804	0.9709	0.9615	0.9524	0.9434	0.9346	0.9259	0.9174	0.9091
2	0.9803	0.9612	0.9426	0.9246	0.9070	0.8900	0.8734	0.8573	0.8417	0.8264
3	0.9706	0.9423	0.9151	0.8890	0.8638	0.8396	0.8163	0.7938	0.7722	0.7513
4	0.9610	0.9238	0.8885	0.8548	0.8227	0.7921	0.7629	0.7350	0.7084	0.6830
5	0.9515	0.9057	0.8626	0.8219	0.7835	0.7473	0.7130	0.6806	0.6499	0.6209
6	0.9420	0.8880	0.8375	0.7903	0.7462	0.7050	0.6663	0.6302	0.5963	0.5645
7	0.9327	0.8706	0.8131	0.7599	0.7107	0.6651	0.6227	0.5835	0.5470	0.5132
8	0.9235	0.8535	0.7894	0.7307	0.6768	0.6274	0.5820	0.5403	0.5019	0.4665
9	0.9143	0.8368	0.7664	0.7026	0.6446	0.5919	0.5439	0.5002	0.4604	0.4241
10	0.9053	0.8203	0.7441	0.6756	0.6139	0.5584	0.5083	0.4632	0.4224	0.3855
11	0.8963	0.8043	0.7224	0.6496	0.5847	0.5268	0.4751	0.4289	0.3875	0.3505
12	0.8874	0.7885	0.7014	0.6246	0.5568	0.4970	0.4440	0.3971	0.3555	0.3186
13	0.8787	0.7730	0.6810	0.6006	0.503	0.4688	0.4150	0.3677	0.3262	0.2897
14	0.8700	0.7579	0.6611	0.5775	0.5051	0.4423	0.3878	0.3405	0.2992	0.2633
15	0.8613	0.7430	0.6419	0.5553	0.4810	0.4173	0.3624	0.3152	0.2745	0.2394
16	0.8528	0.7284	0.6232	0.5339	0.4581	0.3936	0.3387	0.2919	0.2519	0.2176
17	0.8444	0.7142	0.6050	0.5134	0.4363	0.3714	0.3166	0.2703	0.2311	0.1978
18	0.8360	0.7002	0.5874	0.4936	0.4155	0.3503	0.2959	0.2502	0.2120	0.1799
19	0.8277	0.6864	0.5703	0.4746	0.3957	0.3305	0.2765	0.2317	0.1945	0.1635
20	0.8195	0.6730	0.5537	0.4564	0.3769	0.3118	0.2584	0.2145	0.1784	0.1486
21	0.8114	0.6598	0.5375	0.4388	0.3589	0.2942	0.2415	0.1987	0.1637	0.1351
22	0.8034	0.6468	0.5219	0.4220	0.3418	0.2775	0.2257	0.1839	0.1502	0.1228
23	0.7954	0.6342	0.5067	0.4057	0.3256	0.2618	0.2109	0.1703	0.1378	0.1117
24	0.7876	0.6217	0.4919	0.3901	0.3101	0.2470	0.1971	0.1577	0.1264	0.1015
25	0.7798	0.6095	0.4776	0.3751	0.2953	0.2330	0.1842	0.1460	0.1160	0.0923
26	0.7720	0.5976	0.4637	0.3604	0.2812	0.2198	0.1722	0.1352	0.1064	0.0839
27	0.7644	0.5859	0.4502	0.3468	0.2678	0.2074	0.1609	0.1252	0.0976	0.0763
28	0.7568	0.5744	0.4371	0.3335	0.2551	0.1956	0.1504	0.1159	0.0895	0.0693
29	0.7493	0.5631	0.4243	0.3207	0.2429	0.1846	0.1406	0.1073	0.0822	0.0630
30	0.7419	0.5521	0.4120	0.3083	0.2314	0.1741	0.1314	0.0994	0.0754	0.0573
35	0.7059	0.5000	0.3554	0.2534	0.1813	0.1301	0.0937	0.0676	0.0490	0.0356
40	0.6717	0.4529	0.3066	0.2083	0.1420	0.0972	0.0668	0.0460	0.0318	0.0221
45	0.6391	0.4102	0.2644	0.1712	0.1113	0.0727	0.0476	0.0313	0.0207	0.0137
50	0.6080	0.3715	0.2281	0.1407	0.0872	0.0543	0.0339	0.0213	0.0134	0.0085
55	0.5785	0.3365	0.1968	0.1157	0.0683	0.0406	0.0242	0.0145	0.0087	0.0053

(续表)

n	12%	14%	15%	16%	18%	20%	24%	28%	32%	36%
1	0.8929	0.8772	0.8696	0.8621	0.8475	0.8333	0.8065	0.7813	0.7576	0.7353
2	0.7972	0.7695	0.7561	0.7432	0.7182	0.6944	0.6504	0.6104	0.5739	0.5407
3	0.7118	0.6750	0.6575	0.6407	0.6086	0.5787	0.5245	0.4768	0.4348	0.3975
4	0.6355	0.5921	0.5718	0.5523	0.5158	0.4823	0.4230	0.3725	0.3294	0.2923
5	0.5674	0.5194	0.4972	0.4761	0.4371	0.4019	0.3411	0.2910	0.2495	0.2149
6	0.5066	0.4556	0.4323	0.4104	0.3704	0.3349	0.2751	0.2274	0.1890	0.1580
7	0.4523	0.3996	0.3759	0.3538	0.3139	0.2791	0.2218	0.1776	0.1432	0.1162
8	0.4039	0.3506	0.3269	0.3050	0.2660	0.2326	0.1789	0.1388	0.1085	0.0854
9	0.3606	0.3075	0.2843	0.2630	0.2255	0.1938	0.1443	0.1084	0.0822	0.0628
10	0.3220	0.2697	0.2472	0.2267	0.1911	0.1615	0.1164	0.0847	0.0623	0.0462
11	0.2875	0.2366	0.2149	0.1954	0.1619	0.1346	0.0938	0.0662	0.0472	0.0340
12	0.2567	0.2076	0.1869	0.1685	0.1373	0.1122	0.0757	0.0517	0.0357	0.0250
13	0.2292	0.1821	0.1625	0.1452	0.1163	0.0935	0.0610	0.0404	0.0271	0.0184
14	0.2046	0.1597	0.1413	0.1252	0.0985	0.0779	0.0492	0.0316	0.0205	0.0135
15	0.1827	0.1401	0.1229	0.1079	0.0835	0.0649	0.0397	0.0247	0.0155	0.0099
16	0.1631	0.1229	0.1069	0.0980	0.0708	0.0541	0.0320	0.0193	0.0118	0.0073
17	0.1456	0.1078	0.0929	0.0802	0.0600	0.0451	0.0258	0.0150	0.0089	0.0054
18	0.1300	0.0946	0.0808	0.0691	0.0508	0.0376	0.0208	0.0118	0.0068	0.0039
19	0.1161	0.0829	0.0703	0.0596	0.0431	0.0313	0.0168	0.0092	0.0051	0.0029
20	0.1037	0.0728	0.0611	0.0514	0.0365	0.0261	0.0135	0.0072	0.0039	0.0021
21	0.0926	0.0638	0.0531	0.0443	0.0309	0.0217	0.0109	0.0056	0.0029	0.0016
22	0.0826	0.0560	0.0462	0.0382	0.0262	0.0181	0.0088	0.0044	0.0022	0.0012
23	0.0738	0.0491	0.0402	0.0329	0.0222	0.0151	0.0071	0.0034	0.0017	0.0008
24	0.0659	0.0431	0.0349	0.0284	0.0188	0.0126	0.0057	0.0027	0.0013	0.0006
25	0.0588	0.0378	0.0304	0.0245	0.0160	0.0105	0.0046	0.0021	0.0010	0.0005
26	0.0525	0.0331	0.0264	0.0211	0.0135	0.0087	0.0037	0.0016	0.0007	0.0003
27	0.0469	0.0291	0.0230	0.0182	0.0115	0.0073	0.0030	0.0013	0.0006	0.0002
28	0.0419	0.0255	0.0200	0.0157	0.0097	0.0061	0.0024	0.0010	0.0004	0.0002
29	0.0374	0.0224	0.0174	0.0135	0.0082	0.0051	0.0020	0.0008	0.0003	0.0001
30	0.0334	0.0196	0.0151	0.0116	0.0070	0.0042	0.0016	0.0006	0.0002	0.0001
35	0.0189	0.0102	0.0075	0.0055	0.0030	0.0017	0.0005	0.0002	0.0001	*
40	0.0107	0.0053	0.0037	0.0026	0.0013	0.0007	0.0002	0.0001	*	*
45	0.0061	0.0027	0.0019	0.0013	0.0006	0.0003	0.0001	*	*	*
50	0.0035	0.0014	0.0009	0.0006	0.0003	0.0001	*	*	*	*
55	0.0020	0.0007	0.0005	0.0003	0.0001	*	*	*	*	*

* <0.0001

附录 3　年金终值系数表

$$FVA_{r,n} = \sum_{t=1}^{n}(1+r)^{t-1} = \frac{(1+r)^n - 1}{r}$$

n	1%	2%	3%	4%	5%	6%	7%	8%	9%	10%
1	1.0000	1.0000	1.0000	1.0000	1.0000	1.0000	1.0000	1.0000	1.0000	1.0000
2	2.0100	2.0200	2.0300	2.0400	2.0500	2.0600	2.0700	2.0800	2.0900	2.1000
3	3.0301	3.0604	3.0909	3.1216	3.1525	3.1836	3.2149	3.2464	3.2781	3.3100
4	4.0604	4.1216	4.1836	4.2465	4.3101	4.3746	4.4399	4.5061	4.5731	4.6410
5	5.1010	5.2040	5.3091	5.4163	5.5256	5.6371	5.7507	5.8666	5.9847	6.1051
6	6.1520	6.3081	6.4684	6.6330	6.8019	6.9753	7.1533	7.3359	7.5233	7.7156
7	7.2135	7.4343	7.6625	7.8983	8.1420	8.3938	8.6540	8.9228	9.2004	9.4872
8	8.2857	8.5830	8.8923	9.2142	9.5491	9.8975	10.260	10.637	11.028	11.436
9	9.3685	9.7546	10.159	10.583	11.027	11.491	11.978	12.488	13.021	13.579
10	10.462	10.950	11.464	12.006	12.578	13.181	13.816	14.487	15.193	15.937
11	11.567	12.169	12.808	13.486	14.207	14.972	15.784	16.645	17.560	18.531
12	12.683	13.412	14.192	15.026	15.917	16.870	17.888	18.977	20.141	21.384
13	13.809	14.680	15.618	16.627	17.713	18.882	20.141	21.495	22.953	24.523
14	14.947	15.974	17.086	18.292	19.599	21.015	22.550	24.215	26.019	27.975
15	16.097	17.293	18.599	20.024	21.579	23.276	25.129	27.152	29.361	31.772
16	17.258	18.639	20.157	21.825	23.657	25.673	27.888	30.324	33.003	35.950
17	18.430	20.012	21.762	23.698	25.840	28.213	30.840	33.750	36.974	40.545
18	19.615	21.412	23.414	25.645	28.132	30.906	33.999	37.450	41.301	45.599
19	20.811	22.841	25.117	27.671	30.539	33.760	37.379	41.446	46.018	51.159
20	22.019	24.297	26.870	27.778	33.066	36.786	40.995	45.752	51.160	57.275
21	23.239	25.783	28.676	31.969	35.719	39.993	44.865	50.423	56.765	64.002
22	24.472	27.299	30.537	34.248	38.505	43.392	49.006	55.457	62.873	71.403
23	25.716	28.845	32.453	36.618	41.430	46.996	53.436	60.893	69.532	79.543
24	26.973	30.422	34.426	39.083	44.502	50.816	58.177	66.765	76.790	88.497
25	28.243	32.030	36.459	41.646	47.727	54.865	63.249	73.106	84.701	98.347
26	29.526	33.671	38.553	44.312	51.113	59.156	68.676	79.954	93.324	109.18
27	30.821	35.344	40.710	47.084	54.669	63.706	74.484	87.351	102.72	121.10
28	32.129	37.051	42.931	49.968	58.403	68.528	80.698	95.339	112.97	134.21
29	33.450	38.792	45.219	52.966	62.323	73.640	87.347	103.97	124.14	148.63
30	34.785	40.568	47.575	56.085	66.439	79.058	94.461	113.28	136.31	164.49
40	48.886	60.402	75.401	95.026	120.80	154.76	199.64	259.06	337.88	442.59
50	64.463	84.579	112.80	152.67	209.35	290.34	406.53	573.77	815.08	1 163.9
60	81.670	114.05	163.05	237.99	353.58	533.13	813.52	1 253.2	1 944.8	3 034.8

（续表）

n	12%	14%	15%	16%	18%	20%	24%	28%	32%	36%
1	1.0000	1.0000	1.0000	1.0000	1.0000	1.0000	1.0000	1.0000	1.0000	1.0000
2	2.1200	2.1400	2.1500	2.1600	2.1800	2.2000	2.2400	2.2800	2.3200	2.3600
3	3.3744	3.4396	3.4725	3.5056	3.5724	3.6400	3.7776	3.9184	3.0624	3.2096
4	4.7793	4.9211	4.9934	5.0665	5.2154	5.3680	5.6842	6.0156	6.3624	6.7251
5	6.3528	6.6101	6.7424	6.8771	7.1542	7.4416	8.0484	8.6999	9.3983	10.146
6	8.1152	8.5355	8.7537	8.9775	9.4420	9.9299	10.980	12.136	13.406	14.799
7	10.089	10.730	11.067	11.414	12.142	12.916	14.615	16.534	18.696	21.126
8	12.300	13.233	13.727	14.240	15.327	16.499	19.123	22.163	25.678	29.732
9	14.776	16.085	16.786	17.519	19.086	20.799	24.712	29.369	34.895	41.435
10	17.549	19.337	20.304	21.321	23.521	25.959	31.643	38.593	47.062	57.352
11	20.655	23.045	24.349	25.733	28.755	32.150	40.238	50.398	63.122	78.998
12	24.133	27.271	29.002	30.850	34.931	39.581	50.895	65.510	84.320	108.44
13	28.029	32.089	34.352	36.786	42.219	48.497	64.110	84.853	112.30	148.47
14	32.393	37.581	40.505	43.672	50.818	59.196	80.496	109.61	149.24	202.93
15	37.280	43.842	47.580	51.660	60.965	72.035	100.82	141.30	198.00	276.98
16	42.753	50.980	55.717	60.925	72.939	87.442	126.01	181.87	262.36	377.69
17	48.884	59.118	65.075	71.673	87.068	105.93	157.25	233.79	347.31	514.66
18	55.750	68.394	75.836	84.141	103.74	128.12	195.99	300.25	459.45	700.94
19	63.440	78.969	88.212	98.603	123.41	154.74	244.03	385.32	607.47	954.28
20	72.052	91.025	102.44	115.38	146.63	186.69	303.60	494.21	802.86	1 298.8
21	81.699	104.77	118.81	134.84	174.02	225.03	377.46	633.59	1 060.8	1 767.4
22	92.503	120.44	137.63	157.41	206.34	271.03	469.06	812.00	1 401.2	2 404.7
23	104.60	138.30	159.28	183.60	244.49	326.24	582.63	1 040.4	1 850.6	3 271.3
24	118.16	158.66	184.17	213.98	289.49	392.48	723.46	1 332.7	2 443.8	4 450.0
25	133.33	181.87	212.79	249.21	342.60	471.98	898.09	1 706.8	3 226.8	6 053.0
26	150.33	208.33	245.71	290.09	405.27	567.38	1 114.6	2 185.7	4 260.4	8 233.1
27	169.37	238.50	283.57	337.50	479.22	681.85	1 383.1	2 798.7	5 624.8	11 198.0
28	190.70	272.89	327.10	392.50	566.48	819.22	1 716.1	3 583.3	7 425.7	15 230.3
29	214.58	312.09	377.17	456.30	669.45	984.07	2 129.0	4 587.7	9 802.9	20 714.2
30	241.33	356.79	434.75	530.31	790.95	1 181.9	2 640.9	5 873.2	12 941	28 172.3
40	767.09	1 342.0	1 779.1	2 360.8	4 163.2	7 343.9	22 729	69 377	*	*
50	2 400.0	4 994.5	7 217.7	10 436	21 813	4 597	*	*	*	*
60	7 471.6	18 535	29 220	46 058	*	*	*	*	*	*

* >99 999

附录4 年金现值系数表

$$PVA_{r,n} = \sum_{t=1}^{n} \frac{1}{(1+r)^t} = \frac{1-\frac{1}{(1+r)^n}}{r} = \frac{1}{r} - \frac{1}{r(1+r)^n}$$

n	1%	2%	3%	4%	5%	6%	7%	8%	9%
1	0.9901	0.9804	0.9709	0.9615	0.9524	0.9434	0.9346	0.9259	0.9174
2	1.9704	1.9416	1.9135	1.8861	1.8594	1.8334	1.8080	1.7833	1.7591
3	2.9410	2.8839	2.8286	2.7751	2.7232	2.6730	2.6243	2.5771	2.5313
4	3.9020	3.8077	3.7171	3.6299	3.5460	3.4651	3.3872	3.3121	3.2397
5	4.8534	4.7135	4.5797	4.4518	4.3295	4.2124	4.1002	3.9927	3.8897
6	5.7955	5.6014	5.4172	5.2421	5.0757	4.9173	4.7665	4.6229	4.4859
7	6.7282	6.4720	6.2303	6.0021	5.7864	5.5824	5.3893	5.2064	5.0330
8	7.6517	7.3255	7.0197	6.7327	6.4632	6.2098	5.9713	5.7466	5.5348
9	8.5660	8.1622	7.7861	7.4353	7.1078	6.8017	6.5152	6.2469	5.9952
10	9.4713	8.9826	8.5302	8.1109	7.7217	7.3601	7.0236	6.7101	6.4177
11	10.3676	9.7868	9.2526	8.7605	8.3064	7.8869	7.4987	7.1390	6.8052
12	11.2551	10.5753	9.9540	9.3851	8.8633	8.3838	7.9427	7.5361	7.1607
13	12.1337	11.3484	10.6350	9.9856	9.3936	8.8527	8.3577	7.9038	7.4869
14	13.0037	12.1062	11.2961	10.5631	9.8986	9.2950	8.7455	8.2442	7.7862
15	13.8651	12.8493	11.9379	11.1184	10.3797	9.7122	9.1079	8.559	8.0607
16	14.7179	13.5777	12.5611	11.6523	10.8378	10.1059	9.4466	8.8514	8.3126
17	15.5623	14.2919	13.1661	12.1657	11.2741	10.4773	9.7632	9.1216	8.5436
18	16.3983	14.9920	13.7535	12.6593	11.6896	10.8276	10.0591	9.3719	8.7556
19	17.2260	15.6785	14.3238	13.1339	12.0853	11.1581	10.3356	9.6036	8.9501
20	18.0456	16.3514	14.8775	13.5903	12.4622	11.4699	10.5940	9.8181	9.1285
21	18.8570	17.0112	15.4150	14.0292	12.8212	11.7641	10.8355	10.0168	9.2922
22	19.6604	17.6580	15.9369	14.4511	13.1630	12.0416	11.0612	10.2007	9.4424
23	20.4558	18.2922	16.4436	14.8568	13.4886	12.3034	11.2722	10.3711	9.5802
24	21.2434	18.9139	16.9355	15.2470	13.7986	12.5504	11.4693	10.5288	9.7066
25	22.0232	19.5235	17.4131	15.6221	14.0939	12.7834	11.6536	10.6748	9.8226
26	22.7952	20.1210	17.8768	15.9828	14.3752	13.0032	11.8258	10.8100	9.9290
27	23.5596	20.7069	18.3270	16.3296	14.6430	13.2105	11.9867	10.9352	10.0266
28	24.3164	21.2813	18.7641	16.6631	14.8981	13.4062	12.1371	11.0511	10.1161
29	25.0658	21.8444	19.1885	16.9837	15.1411	13.5907	12.2777	11.1584	10.1983
30	25.8077	22.3965	19.6004	17.2920	15.3725	13.7648	12.4090	11.2578	10.2737
35	29.4086	24.9986	21.4872	18.6646	16.3742	14.4982	12.9477	11.6546	10.5668
40	32.8347	27.3555	23.1148	19.7928	17.1591	15.0463	13.3317	11.9246	10.7574
45	36.0945	29.4902	24.5187	20.7200	17.7741	15.4558	13.6055	12.1084	10.8812
50	39.1961	31.4236	25.7298	21.4822	18.2559	15.7619	13.8007	12.2335	10.9617
55	42.1472	33.1748	26.7744	22.1086	18.6335	15.9905	13.9399	12.3186	11.0140

（续表）

n	10%	12%	14%	15%	16%	18%	20%	24%	28%	32%
1	0.9091	0.8929	0.8772	0.8696	0.8621	0.8475	0.8333	0.8065	0.7813	0.7576
2	1.7355	1.6901	1.6467	1.6257	1.6052	1.5656	1.5278	1.4568	1.3916	1.3315
3	2.4869	2.4018	2.3216	2.2832	2.2459	2.1743	2.1065	1.9813	1.8684	1.7663
4	3.1699	3.0373	2.9137	2.8550	2.7982	2.6901	2.5887	2.4043	2.2410	2.0957
5	3.7908	3.6048	3.4331	3.3522	3.2743	3.1272	2.9906	2.7454	2.5320	2.3452
6	4.3553	4.1114	3.8887	3.7845	3.6847	3.4976	3.3255	3.0205	2.7594	2.5342
7	4.8684	4.5638	4.2882	4.1604	4.0386	3.8115	3.6046	3.2423	2.9370	2.6775
8	5.3349	4.9676	4.6389	4.4873	4.3436	4.0776	3.8372	3.4212	3.0758	2.7860
9	5.7590	5.3282	4.9464	4.7716	4.6065	4.3030	4.0310	3.5655	3.1842	2.8681
10	6.1446	5.6502	5.2161	5.0188	4.8332	4.4941	4.1925	3.6819	3.2689	2.9304
11	6.4951	5.9377	5.4527	5.2337	5.0286	4.6560	4.3271	3.7757	3.3351	2.9776
12	6.8137	6.1944	5.6603	5.4206	5.1971	4.7932	4.4392	3.8514	3.3868	3.0133
13	7.1034	6.4235	5.8424	5.5831	5.3423	4.9095	4.5327	3.9124	3.4272	3.0404
14	7.3667	6.6282	6.0021	5.7245	5.4675	5.0081	4.6106	3.9616	3.4587	3.0609
15	7.6061	6.8109	6.1422	5.8474	5.5755	5.0916	4.6755	4.0013	3.4834	3.0764
16	7.8237	6.9740	6.2651	5.9542	5.6685	5.1624	4.7296	4.0333	3.5026	3.0882
17	8.0216	7.1196	6.3729	6.0472	5.7487	5.2223	4.7746	4.0591	3.5177	3.0971
18	8.2014	7.2497	6.4674	6.1280	5.8178	5.2732	4.8122	4.0799	3.5294	3.1039
19	8.3649	7.3658	6.5504	6.1982	5.8775	5.3162	4.8435	4.0967	3.5386	3.1090
20	8.5136	7.4694	6.6231	6.2593	5.9288	5.3527	4.8696	4.1103	3.5458	3.1129
21	8.6487	7.5620	6.6870	6.3125	5.9731	5.3837	4.8913	4.1212	3.5514	3.1158
22	8.7715	7.6446	6.7429	6.3587	6.0113	5.4099	4.9094	4.1300	3.5558	3.1180
23	8.8832	7.7184	6.7921	6.3988	6.0442	5.4321	4.9245	4.1371	3.5592	3.1197
24	8.9847	7.7843	6.8351	6.4338	6.0726	5.4509	4.9371	4.1428	3.5619	3.1210
25	9.0770	7.8431	6.8729	6.4641	6.0971	5.4669	4.9476	4.1474	3.5640	3.1220
26	9.1609	7.8957	6.9061	6.4906	6.1182	5.4804	4.9563	4.1511	3.5656	3.1227
27	9.2372	7.9426	6.9352	6.5135	6.1364	5.4919	4.9636	5.1542	3.5669	3.1233
28	9.3066	7.9844	6.9607	6.5335	6.1520	5.5016	4.9697	4.1566	3.5679	3.1237
29	9.3696	8.0218	6.9830	6.5509	6.1656	5.5098	4.9747	4.1585	3.5687	3.1240
30	9.4269	8.0552	7.0027	6.5660	6.1772	5.5168	4.9789	4.1601	3.5693	3.1242
35	9.6442	8.1755	7.0700	6.6166	6.2153	5.5386	4.9915	1.1644	3.5707	3.1248
40	9.7791	8.2438	7.1050	6.6418	6.2335	5.5482	4.9966	4.1659	3.5712	3.1250
45	9.8628	8.2825	7.1232	6.6543	6.2421	5.5523	4.9986	4.1664	3.5714	3.1250
50	9.9148	8.3045	7.1327	6.6605	6.2463	5.5541	4.9995	4.1666	3.5714	3.1250
55	9.9471	8.3170	7.1376	6.6636	6.2482	5.5549	4.9998	4.1666	3.5714	3.1250